PARIS

MONUMENTAL & HISTORIQUE

PARIS.—IMPRIMERIE BONAVENTURE ET DUCESSOIS,
55, quai des Grands-Augustins, 55.

NOTRE DAME
Architecture des XIII & XIVe Siècles

PARIS

MONUMENTAL & HISTORIQUE

depuis son origine jusqu'à 1789

écrit pour la jeunesse et les gens du monde

PAR

Mme FANNY RICHOMME

Illustré de seize Vues, Intérieurs et Costumes
dessinés par Arnout et Janet Lange
et d'un grand nombre de vignettes sur bois intercalées dans le texte.

PARIS

Mme Ve LOUIS JANET, LIBRAIRE-ÉDITEUR

59, rue Saint-Jacques, 59.

TABLE DES MATIÈRES

PROLOGUE.—L'âme de Paris : Notre-Dame. XI
Introduction.—Berceau de Paris.
—Topographie de Paris, 1
Circonscription de Paris, 3
Origine du peuple de Paris,—
Religion, 4

PREMIÈRE PARTIE.

Domination romaine.—Conquête (Quatre premiers siècles.) 8

Le Sacrifice,—les Druides, 11
L'Aigle vainqueur,—Labiénus, 13
César, 15
Monuments de Lutèce sous les Romains, 18
L'empereur Julien à Lutèce. 22
Une scène au palais des Thermes, 24
Lutèce devient Paris, 27
Saint Martin,—Saint Marcel, 28
Division de l'année et des jours,
—Monnaies,—Voitures, 29
Costume, 30

Berceau de la monarchie française (ve siècle), *de 428 à 511.*

Apparition des Francs dans la Gaule, 32
Princes régnants, 33
La vierge de Nanterre, 34
Clovis et Clotilde, 39

DEUXIÈME PARTIE.

Monarchie française (vi^e siècle), *de 511 à 600.*

Princes régnants, 41
Coup d'œil sur ce siècle, 43
Coup d'œil sur Paris, 45
Monuments attribués à ce siècle, 46
Un drame sanglant, 49
Partage de la monarchie, 51
Mariages,—Une ruse de femme punie, 52
Une femme,—Une mère, 54
Prétextat, 57
Le départ d'une fiancée, 58
Leudaste, 59
Encore Frédégonde, 63
Un incendie, 64

viie *siècle (de 600 à 700).*

Princes régnants,—Coup d'œil sur ce siècle, 67
Coup d'œil sur Paris, 68
Une vision, 70
Champ de Mars,—Portrait des rois fainéants, 72
Charité de Clovis II et de saint Landry,—Un affront cruellement puni, 73
Inventions dues à ce siècle et au précédent, 75

VIIIᵉ siècle (de 700 à 800).

Princes régnants,—Coup d'œil sur ce siècle,	76
Coup d'œil sur Paris,	78
Saint-Vincent change de nom.	80
Un jugement de Dieu.—Épreuves,	81
Droit d'asile,	83
Sorts des saints,—Cérémonie des donations,	84
Costume,	85
Monnaies.—Inventions dues à ce siècle,	87

IXᵉ siècle (de 800 à 900).

Princes régnants,—Coup d'œil sur ce siècle,	89
Coup d'œil sur Paris,—Monuments et institutions,	91
Un roi prisonnier de son fils,	92
Première apparition des Normands,	93
Diverses apparitions des Normands,	95
Siége de Paris,	97
Usages,	104

Xᵉ siècle (de 900 à 1000).

Coup d'œil sur le Xᵉ siècle,	106
Coup d'œil sur Paris,	108
Le serment de Rollon,	110
Calamités,	111
L'alleluia d'Othon,	112
Avénement de la race dite des Capétiens,—La fin du monde,	113
Inventions dues à ce siècle,	114
Costumes,	115
ARCHITECTURE,	117

XIᵉ siècle (de 1000 à 1100).

Princes régnants,—Coup d'œil sur le XIᵉ siècle,	118
Coup d'œil sur Paris,	121
Le Castel de Vauvert,—L'excommunication,	122
Quelques traits de Robert,	125
Nouvelles calamités,	127
Vérification des reliques de saint Denis,	129
Un châtiment,	130

Armoiries,—Armes,—Chevalere.—Charges,	131
Musique,—Monnaie,—Institutions,	132

XIIᵉ siècle (de 1100 à 1200).

Princes régnants,—Coup d'œil sur le XIIᵉ siècle,	133
Coup d'œil sur Paris,	134
Ce que c'était qu'un roi de France au XIIᵉ siècle,	147
Deux frères,—Ruses contre ruses,	148
Brigands titrés,	150
Les pâques d'Innocent II. Singulier privilége,	151
Louis VII, dit le Jeune, Seconde croisade,	152
Le soupé du roi,	153
Le tapis de Sainte-Geneviève,—Une susceptibilité,	154
Droit de prise,—Hanse parisienne,	155

TROISIÈME PARTIE.

Nouvel aspect de Paris,	157
Philippe-Auguste et les Juifs,	159
Usages,—Inventions,—Institutions,	162

XIIIᵉ siècle (de 1200 à 1300).

Princes régnants.—Coup d'œil sur le XIIIᵉ siècle,	163
Coup d'œil sur Paris—Monuments civils et religieux,	165
Histoire.—Mœurs.—Faits divers,—Inondation,	176
Avénement de Louis IX,	177
Blanche et Marguerite,	178
Les pastoureaux,	179
Clémence de la reine Blanche,	180
Un mot de Joinville,	181
Proscription des tournois,	183
Costumes,—Usages,—Corps de métiers,	184
Ligue des amants,—Origine du nom de bourreau,	190
Inventions,—Institutions,	191

XIVᵉ siècle (de 1300 à 1400).

Princes régnants,—Coup d'œil sur le XIVᵉ siècle,	192

Coup d'œil sur Paris,	193
Etablissements sous Louis X, dit le Hutin,	196
Etablissements sous Philippe-le-Long et Charles-le-Bel,	197
Etablissements sous Jean-le-Bon et sous Charles V,	198
Histoire, — Mœurs, — Faits divers, —Jacques de Molay,	202
Séquestration d'un lépreux.—Peste noire,	204
Etienne Marcel,	206
Les chaperons bleus et rouges,	208
Châtiment d'un traître,	209
Le vœu d'un anglais,	211
Une réception royale au xive siècle,	212
Maillotins,	214
Entrée à Paris d'Isabeau de Bavière,	215
Le bal masqué,	216
Costumes, — Modes,	218
Inventions.—Institutions,	220

xve *siècle (de 1400 à 1500).*

Princes régnants,—Coup d'œil sur le xve siècle,	222
Coup d'œil sur Paris,—Etablissements religieux et civils,	224
Histoire, — Mœurs,— Faits divers,	226
Pauvre roi!	227
Pauvre prince !	229
Sermon paternel des Écorcheurs,	232
Périnet-le-Clerc,	234
Les Anglais à Paris,	236
Jeanne d'Arc au siége de Paris,	237
Théâtres,	240
Foire Saint-Germain,	243
Arbalétriers, — Archers, — Arquebusiers, Bohémiens,	244
Imprimerie,—Modes,	245
Usages,—Inventions,—Institutions,	247

QUATRIÈME PARTIE.

Renaissance.	249

xvie *siècle (de 1500 à 1600).*

Princes régnants,	250
Coup d'œil sur le xvie siècle,	251
Coup d'œil sur Paris,	253
Monuments religieux et civils,	254
Sciences, Costume, Modes,	267
Histoire,—Mœurs,—Faits divers, —Avènement de François 1er,	270
Mauvais-Garçons,—Armée d'enfants,	271
Mascarade de Luther,—L'estrapade, — La vierge d'argent,	272
Charles-Quint à Paris,	274
Chute du pont Saint-Michel,—Victoire des écoliers,	275
Un carrousel,	277
Progrès de la réforme,—Nouvelles scènes au Pré-aux-Clercs,	278
Beau désintéressement,	279
Catherine,—Protestants et catholiques,—Les cloches de Saint-Médard,	280
Henri et Marguerite,	283
Horrible drame,	284
Ambassade polonaise,	288
Derniers moments de Charles IX,	289
Portraits,	291
Noces de Joyeuse,	293
Le véritable roi de Paris,	295
Henri IV sous les murs de Paris, —Horrible famine,	298
Découvertes et inventions,	301

CINQUIÈME PARTIE.

SIÈCLE DE LOUIS XIV—xviie *siècle (de 1600 à 1700).*

Princes régnants,	303
Coup d'œil sur le xviie siècle,	305
Coup d'œil sur Paris,—Nouvelle topographie,	307
Institutions religieuses,	310
Eglises,	315
Hospices,	318
Monuments civils,	320
Hôtels,	325
Places,	329
Promenades,	331
Boulevards,—Fontaines,	333
Histoire,—Mœurs,—Faits divers, Assassinat de Henri IV,	334
Le maréchal d'Ancre et Picard le cordonnier,	338
Duel de Boutteville,	341
Une panique,	342
Louise de Lafayette et Anne d'Autriche,	343
Fin du ministre et du roi,—Baptême de Louis XIV,	347

Préludes de la Fronde,	348	Costumes et modes au xviiie siècle,	401
Journée des barricades,	349		
Quelques traits de la Fronde,	351	Notions statistiques,	404
Mademoiselle de Montpensier,	355	Inventions et découvertes au xviiie siècle,	405
Plaisirs, — Charité,	359		
La Brinvilliers et La Voisin,	361		
Institutions diverses,	362		
Théâtres,	364		
Costumes et modes du xviie siècle,	368		

MAISONS ROYALES
AUX ENVIRONS DE PARIS.

xviiie *siècle* (de 1700 à 1800).

		Chantilly,	407
Princes régnants, — Coup d'œil sur le xviiie siècle,	373	Château d'Ermenonville,	409
		Château de Compiègne,	410
Coup d'œil sur Paris. — Topographie,	377	Château de Madrid.—Bagatelle, Lonchamps,	412
Établissements religieux et de charité,	378	Château de Saint-Cloud,	416
		Versailles.	417
Établissements civils, — Institutions,	382	Les deux Trianon.	420
		Château de Meudon,	423
Théâtres,	388	Château de Saint-Germain-en-Laye,	424
Places,	392		
Marchés,	395	Château de Fontainebleau,	426
Catacombes,	396	Château de Vincennes,	429

FIN DE LA TABLE.

LISTE DES VIGNETTES

1. Frontispice : Notre-Dame.	
2. Restes du Palais des Thermes.	21
3. Abbaye de Saint-Germain-des-Prés.	121
4. Tour de Clovis, reste de l'Église de Sainte-Geneviève.	144
5. Costumes sous Louis IX.	184
6. Costumes sous Louis XI.	245
7. Le Louvre sous François Ier et la Tour de Nesle.	253
8. Costumes sous François Ier.	267
9. Costumes sous Charles IX.	268
10. L'Église de Saint-Eustache.	316
11. Costumes sous Louis XIII.	369
12. Costumes sous Louis XIV.	570
13. Intérieur de la Madeleine.	582
14. Hôtel-de-Ville.	584
15. Costumes sous Louis XV.	401
16. Costumes sous Louis XVI.	405

Avis au Lecteur

Nous prions le lecteur, en ouvrant ce volume, de se mettre à notre point de vue. Nous avions à reproduire un immense tableau, rich de détails de toute espèce, et le cadre qu'on nous imposait était étroit, resserré. Souvent entraînée par le récit de faits qui nous semblaient indispensables, il nous fallait quitter brusquement un sujet plein d'intérêt, pour ne pas dépasser les bornes prescrites. Nous étions comme un voyageur qui, parcourant une belle contrée, attiré par des sites pittoresques et charmants, s'y arrête, s'y complaît et se trouve ensuite obligé, pour arriver au terme de son voyage, de passer rapidement dans une ville ornée de monuments utiles ou même magnifiques. C'est un tort sans doute, et nous l'avouons pour qu'on nous le pardonne.

Réunir en un seul volume ce qui fait le sujet de longs et importants ouvrages, c'était une chose impossible; ne pouvant donc embrasser complétement toutes les parties de ce grand tout, nous nous sommes contentée d'en saisir les points essentiels : l'histoire des monuments constitue le Paris physique, comme les récits que nous avons choisis donnent un aperçu du Paris moral.

Ayant en vue notre jeune public, nous avons cherché, dans cette esquisse, à conserver autant que possible la partie anecdotique qui se rattache à la création des institutions et des monuments. Mais nous le répétons : ce livre, ou plutôt cette ébauche, ne peut avoir d'autre ambition que celle d'exciter dans ses lecteurs le désir d'étudier l'Histoire de Paris, qui devient presque celle de la France entière.

ERRATUM.—Page 115, ligne 16, *lisez* Sylvestre II *au lieu de* Célestin (qui se trouve dans quelques exemplaires seulement).

PROLOGUE

L'AME DE PARIS
NOTRE-DAME

—

Avant de dérouler le tableau des phases historiques de la capitale, consacrons un chapitre particulier à cette cathédrale qui a présidé à toutes les destinées de la ville ; expression de sa pensée morale et religieuse : son âme, si je puis m'exprimer ainsi.

Enté sur le culte des faux dieux, le christianisme a remplacé l'erreur ; il a placé au cœur même de la naissante cité le premier temple chrétien. Sous l'œil de cette jeune église, Paris a vu sa famille s'accroître et bientôt les murs de la Basilique ont manqué d'espace pour contenir les nombreux enfants qui se pressent autour de ses autels. Afin de répondre aux besoins renaissants de ces générations qui se multiplient, l'église elle-même se transforme ; elle meurt pour renaître plus spacieuse et plus belle.

S'élevant avec lenteur, plusieurs siècles viennent lui apporter les tributs de l'art mystique et chrétien, qui la pare successivement de la voûte romane, de l'ogive gothique et du chapiteau corinthien. Il découpe ses pierres en transparentes dentelles, lui fait une gracieuse ceinture de colonnettes, un diadème de rois et de saints ; auprès du lys virginal s'épanouissent les roses aux brillantes couleurs ; enfin il s'inscrit à son front le nom de MARIE comme le plus beau de ses ornements. L'ennemi du genre humain, l'esprit de ténèbres, contraint à prendre mille formes bizarres, tantôt se glisse comme un reptile au pied des colonnettes, tantôt, plus audacieux, s'enroule aux mille rinceaux de l'ogive ou bien grimace en gargouilles au faîte de l'édifice, comme pour se dérober au pouvoir de celle qui de son talon doit lui écraser la tête.

Nous avons parlé en son temps de la primitive église, dédiée à saint Étienne. NOTRE-DAME, telle que la représente notre frontispice, commencée au XIIᵉ siècle, ne fut achevée que plus de deux siècles après, ce qui fait dire à l'auteur de *Notre-Dame de Paris*[1] : « Tout est confondu, amalgamé dans Notre-Dame. Cette église centrale et génératrice est, parmi les vieilles églises de Paris, une sorte de Chimère ; elle a la tête de l'une, les membres de celle là, la croupe de l'autre, quelque chose de toutes ..... Les grands édifices sont comme les grandes montagnes, l'ouvrage des siècles ; souvent l'art se transforme, qu'ils pendent encore...... ; ils se continuent paisiblement selon l'art transformé. L'art nouveau prend le monument où il le trouve, s'y incruste, se l'assimile, le développe à sa fantaisie, et l'achève s'il peut. La chose s'accomplit sans trouble, sans effort, sans réaction, suivant une loi naturelle et tranquille : c'est une greffe qui survient, une sève qui circule, une végétation qui reprend. Il y a certes matière à de bien gros livres et souvent histoire universelle de l'humanité, dans ces soudures successives de plusieurs arts à plusieurs hauteurs sur le même monument. L'homme, l'artiste, l'individu s'effacent sur ces grandes masses sans nom d'auteur ; l'intelligence humaine s'y résume et s'y totalise : le temps est l'architecte, le peuple est le maçon. »

Notre-Dame a la forme d'une croix latine de 390 pieds de long sur 144 de large ; elle a six portes et contient 40 chapelles ; elle est soutenue par 128 gros piliers. La façade, large de 120 pieds, est flanquée de deux tours carrées de 204 pieds de haut. Dans l'origine, un degré de 11 marches conduisait à l'église ; l'exhaussement progressif du sol les a enva-

---

[1] Victor Hugo.

hies une à une, comme la tempête révolutionnaire a mutilé ou abattu les statues qui occupaient les niches des trois portails, et la série de 28 rois, depuis Childebert jusqu'à Philippe-Auguste, placés dans la galerie du premier étage ; elle a fait aussi disparaître la flèche supportant une croix qui surmontait le centre de la croisée.

Les portiques latéraux sont remarquables par leurs ornements en fonte de fer ; une tradition du moyen-âge attribue ce beau travail au démon : l'ouvrier serrurier, nommé Biscornet, ayant fait un pacte avec le diable, avait obtenu qu'il ferrerait lui-même les portes en échange de son corps et de son âme, que l'ouvrier lui abandonnait. La légende ajoutait que le diable n'avait pas osé ferrer la porte du milieu par où passait la procession du St-Sacrement. Ainsi Biscornet ne fut pas tenu d'acquitter sa promesse.

Dans la tour du sud se trouve la fameuse cloche nommée *le bourdon* ; son poids est de 32 milliers environ, son battant seul pèse 976 livres : refondue et baptisée en 1685, elle a eu pour parrain Louis XIV et pour marraine Marie-Thérèse d'Autriche.

L'intérieur de l'église, vaste et grandiose, offre une nef, un chœur et un double rang de bas-côtés, divisés par les piliers qui supportent les voûtes en ogives ; une galerie supérieure, ornée de 108 petites colonnes chacune d'une seule pièce, règne au-dessus des bas-côtés et tout autour du chœur. Cette galerie est destinée à recevoir des spectateurs lors des grandes cérémonies.

Le chœur, pavé en marbre, a 115 pieds de long sur 35 de large ; tout autour règnent des stalles en bois sculptées richement, et l'histoire de la Vierge est peinte dans les panneaux qui surmontent ces boiseries par les artistes les plus célèbres de l'époque : Philippe de Champagne, Jouvenet, Louis Boulogne et Lafosse. Le sanctuaire est fermé par de belles grilles en fer doré et poli. Derrière le grand-autel est un groupe de marbre appelé *le vœu de Louis XIII*, représentant une descente de Croix, par Coustou. Sur le mur extérieur du chœur une suite de figures en plein relief et coloriées représentent les scènes de l'Ancien et du Nouveau Testament. Ces sculptures originales et curieuses sont dues à Jean Ravy et Jean Bouteillier, qui s'intitulaient modestement *maçons de l'église*.

On voyait autrefois, près le premier pilier de la nef à droite, une statue colossale de saint Christophe ; elle fut érigée par Antoine Des Essarts (1413), en reconnaissance de ce qu'il avait échappé à la mort subie par son frère, Pierre Des Essarts, décapité aux Halles pour avoir suivi le parti du duc de Bourgogne. Cette figure avait 28 pieds de haut, son pied 1 mètre 20, son pouce seul 1 pied de roi. La statue équestre de Philippe-le-Bel, élevée après la victoire de Mons-en-Puelle, se voyait, avant 1780, au bout de la nef à côté du dernier pilier : figure curieuse pour l'étude des costumes et de l'art de l'époque. Le pavé du *sanctuaire*, exécuté en mosaïque et d'un travail admirable, présente dans le milieu les armes de France. De beaux vitraux, donnés par Suger, abbé de

Saint-Denis, garnissaient les nombreuses fenêtres en ogives : les admirables roses qui s'épanouissent aux portails latéraux de l'édifice font regretter ceux que le temps a détruits.

La chapelle de la Vierge, ajoutée derrière le chœur, est ornée d'une statue de Marie en marbre blanc, chef-d'œuvre de sculpture exécuté à Rome par A. Raggi, dit le Lombard, d'après le modèle du cavalier Bernin.

Ce qui fait la richesse de l'église de Notre-Dame et lui imprime un caractère particulier de grandeur, ce sont moins les tableaux, les marbres et les statues qui décorent les chapelles, effacés eux-mêmes par le grandiose de l'édifice. C'est moins encore ce qu'on appelle le trésor de la cathédrale et qui se compose d'une foule d'objets, servant au culte, plus ou moins riches, plus ou moins précieux, dons faits à l'église par les souverains français et étrangers depuis les premiers siècles de la monarchie. Ce sont bien plutôt les formes hardies du monument ; ses voûtes élancées, les colonnes légères qui les soutiennent et l'ordonnance harmonieuse de l'ensemble. Ce sont aussi les curieuses et fines sculptures prodiguées dans l'ornementation. Là se montre la foi de nos pères dans toute sa naïveté originale, personnifiant avec une vérité énergique poussée quelquefois jusqu'au cynisme les vices et les vertus de la nature humaine. L'imagination des artistes, avec une verve presque satanique, a sculpté tous ces petits drames où le démon, luttant avec l'humanité, est obligé de plier sous le pouvoir de Marie.

Trois portails divisent la façade : le sujet principal de celui du milieu est le Jugement dernier, entouré de vingt-quatre bas-reliefs représentant douze Vertus en opposition avec douze Vices ; sur le *portail Sainte-Anne*, à droite au midi, on voit l'Annonciation, le Mariage de la Vierge et la Naissance du Christ. A gauche du grand portail, du côté du nord, est le *portail de la Sainte-Vierge* ; dans le fond du cadre ogival se trouvent la Mort et le Triomphe de Marie. Le pourtour présente diverses statues de saints de l'Ancien et du Nouveau-Testament, puis des bas-reliefs représentant les douze signes du Zodiaque et l'emblème des travaux agricoles de chaque mois.

Le portail latéral du midi, surmonté d'une admirable rose, représente l'histoire de saint Étienne ; le portail latéral du nord offre encore des scènes relatives à la Vierge, et la *porte Rouge*, où Saint-Marcel, qui conduisait du sanctuaire au cloître, représente le Couronnement de la Vierge et les principaux traits de la vie de saint Marcel.

Sur le devant de la façade, au-dessus des trois grands portails, était la *galerie des Rois*, ainsi nommée parce qu'elle était décorée de vingt-huit statues de rois, depuis Childebert jusqu'à Philippe-Auguste. Ces statues, détruites en 1793, vont être, dit-on, rétablies.

La galerie *de la Vierge*, immédiatement au-dessus de celle des Rois, portait un groupe plus grand que nature, représentant Marie accompagnée de deux anges.

La galerie *des Colonnes*, au-dessus de la grande rose, est considérée comme un des plus beaux et des plus délicats ouvrages d'architecture.

La galerie *des Tours*, qui la surmonte, sert de communication entre les deux tours. Sur la plate-forme, entre les tours, près de la charpente du comble, on a placé deux réservoirs contenant chacun quatre-vingts muids d'eau pour s'en servir en cas d'incendie. Le pignon du grand comble, entre les deux tours, est surmonté d'un ange tenant une trompette. Le pignon méridional est surmonté d'une statue de saint Étienne.

Les voûtes de Notre-Dame sont contre-boutées à l'extérieur par vingt-huit grands arcs-boutants et dix-huit petits surmontés de pyramidions gothiques très-délicatement travaillés.

On pense généralement que la règle du chapitre des chanoines de Notre-Dame, nommés *Frères de Sainte-Marie*, date du règne de Charlemagne, et fut établie par Erchenrad. Les chanoines vivaient alors d'une vie commune et cloîtrés; mais comme il ne leur était pas défendu de posséder, le chapitre de la métropole devint peu à peu riche et puissant, et finit par se séculariser en 1165. Les chanoines acquirent alors le spacieux terrain qui entourait l'église du côté du nord et y firent bâtir de belles maisons pourvues de chapelles et qui étaient comme autant de fiefs. La maison de l'évêque avait d'abord été bâtie à côté de l'église au midi; plus tard le palais de l'archevêque, ainsi que ses jardins, s'étendit derrière le chevet du monument.

La première école publique prit, comme nous l'avons dit, naissance au cloître Notre-Dame, et servit d'abord à l'instruction des enfants de chœur.

Le chapitre de Notre-Dame a donné six papes à l'Église: Grégoire IX, Adrien V, Boniface VIII, Innocent VI, Grégoire XI et Clément VII; trente-deux cardinaux, trente-quatre archevêques et près de cent soixante évêques.

Parmi les usages de la cathédrale, on vit longtemps son parvis servir de salle de consultations aux *physiciens*, médecins du temps; les malades venaient là, demander à l'art leur guérison sous la protection de Marie.

Aux XIIIe, XIVe et XVe siècles, on avait la coutume, le jour de la Pentecôte pendant le service divin, de lancer du haut des voûtes des oiseaux, des fleurs, des pâtisseries. Au moment où l'on chantait le *Veni Creator*, on lâchait, pour simuler la descente du Saint-Esprit sur les apôtres, soit un pigeon blanc, soit des étoupes enflammées en forme de langues de feu, sorte de symbole que la foule ignorante prenait pour la réalité.

Aux processions des Rogations, on promenait dans la ville un énorme dragon d'osier; et le peuple, que ce spectacle amusait beau-

XVI

coup, s'exerçait à lancer dans la gueule béante du monstre des fruits et des gâteaux. Cet usage ne cessa que vers 1720. On croit que cette coutume rappelait le serpent monstrueux, dont, selon la légende de saint Marcel, cet apôtre de la religion délivra Paris.

Nous n'avons pas la prétention d'avoir pu donner une idée complète de Notre-Dame; nous n'avons retracé que les principaux traits de cet admirable chef-d'œuvre, une des gloires du Paris moderne comme de l'ancien [1].

---

[1] Des travaux considérables, qui s'exécutent dans ce moment à l'église Notre-Dame, en réparant les outrages du temps, nous rendront cet admirable temple avec la beauté de sa jeunesse.

INTRODUCTION

Berceau de Paris.

C E brillant Paris, aujourd'hui la tête et le cœur de notre belle France, eut une origine bien obscure, un modeste berceau. Pour nous former une idée juste de cette origine, renversons un instant tous ces édifices que le temps éleva, que l'art sut décorer et embellir de ses mille prestiges, et, passant la charrue sur ces carrières de pierres amoncelées en innombrables habitations, cherchons au sein des verdoyantes forêts qui couvrent le sol le point de départ de la capitale du monde civilisé.

Topographie de Paris.

A cette époque reculée, qui remonte à plusieurs siècles avant l'ère chrétienne, le bassin au milieu duquel coulait la Seine paisible et pure était dominé par des collines plus ou moins élevées, dont le temps a beaucoup modifié l'aspect en aplanissant et nivelant leur cime. Au nord, une chaîne de petites montagnes présente un plan à demi circulaire qui se compose des coteaux nommés aujourd'hui Bercy, Charonne, Ménilmontant, Belleville, la Villette et Montmartre. De cette montagne, le terrain va en s'abaissant jusqu'au plateau de Mouceaux, et de là se relève jusqu'à celui de Chaillot qui termine la première enceinte montagneuse de la partie septentrionale du bassin de la Seine.

Des éminences moins hautes composent l'enceinte du côté du midi ; leurs ondulations plus ou moins marquées forment, en partant de la rive gauche de la Seine, à l'est et au sudest, les plateaux de Livry, la butte des Cailles, près la barrière d'Italie ; de là, le sol s'abaisse jusqu'à la rivière de Bièvre, qui sillonne le vallon d'où s'élève la montagne Sainte-Geneviève et son plateau dominé par les hauteurs de Montsouris. Le terrain se courbe et se relève aux diverses barrières du sud pour aller par une pente douce s'unir à la plaine de Vaugirard, qui à l'ouest sépare ce bourg du cours de la Seine.

Au-delà, et à 4 kilomètres environ de cette chaîne de basses collines, il en est une autre plus élevée, formée des hauteurs de Villejuif, de Rungis, de Laï, de Bagneux, de Meudon et de Saint-Cloud : chaîne qui va s'appuyant au Mont-Valérien, montagne dite du Calvaire, la plus haute de toutes celles qui environnent Paris, et l'entoure, du levant au couchant, d'une double enceinte.

Quelques autres inégalités du terrain intérieur et portant le nom de Buttes ou voiries furent le résultat des bouleversements du sol, nécessités par les changements et agrandissements successifs de la ville et les amas de gravois et d'immondices déposés en un même lieu. Nous signalerons dans la partie septentrionale : le Monceau Saint-Gervais, la butte Saint-Roch, celle de Bonne-Nouvelle ou de Villeneuve-de-Gravois, etc., etc., dans l'île de la Cité, à son extrémité orientale, celle appelée le terrail ou le terrain. Sur la rive gauche de la Seine, la butte aux Copeaux, qui est devenue un des ornements du Jardin des Plantes; on l'a couverte d'arbres verts et couronnée d'une espèce d'observatoire, d'où la vue est très-étendue.

Mais laissons le nouveau Paris, et retournons à Lutèce ou Lucotèce, nom primitif de cette ville.

L'enfance a quelque chose de si frais et de si pur, et l'aspect riant d'une nature que la main des hommes n'a pas encore tourmentée a tant d'attraits! Voyez la Seine limpide roulant des eaux nonchalantes au milieu de vertes prairies et sous de frais ombrages : on dirait qu'elle s'y plaît, qu'elle les quitte à regret, car elle y fait mille détours. Elle baigne de ses ondes et entoure de jolies îles où elle entretient la fraîcheur et le mystère ; une de ces îles est Lutèce, aujourd'hui Paris !

Circonscription de Paris.

Lutèce ou Lucotèce se renfermait aux temps primitifs dans l'espace qu'on appelle aujourd'hui la Cité, et qui ne s'étendait du côté du couchant que jusqu'à la rue du Harlay; depuis, on y a joint deux petites îles situées à son extrémité occidentale, et sur ce nouvel emplacement ont été bâtis la place Dauphine et le terre-plein du Pont-Neuf; à la pointe de l'est on a ajouté le terrail ou le terrain, monticule factice composé de gravois.

La rive nord du fleuve était couverte d'épaisses forêts ; un ruisseau venant de Ménilmontant serpentait de ce côté de Paris, y formait des marais, et, après avoir arrosé les terrains où furent depuis les faubourgs Saint-Martin, Saint-Denis, la Grange-Batelière et la Ville-l'Évêque, allait rejoindre la Seine à l'endroit où se trouve aujourd'hui le quai de Billy.

Au midi et sur la rive gauche de la Seine, des vignes tapissaient les coteaux ; et la rivière de Bièvre, qui prend sa source dans les environs de Versailles, circulait dans la partie sud-est, traversait l'espace où depuis ont été bâtis les faubourgs Saint-Marcel et Saint-Victor, et versait ensuite ses eaux dans la Seine à l'emplacement du quai de l'Hôpital aujourd'hui.

Origine du peuple parisien.

La petite nation, les Parisii, qui s'était établie sur ce modeste territoire était une de ces nombreuses peuplades du nord venues par émigration dans la riche et belle contrée de la Gaule. Elle était si faible et si peu nombreuse que douze lieues de terrain lui suffisaient, et que la capitale ou plutôt le point centre de son domaine, sa forteresse ou place de guerre, tenait dans la petite île de la Cité, moins grande d'un cinquième qu'elle ne l'est aujourd'hui. La Seine lui servait d'enceinte ; deux ponts de bois y conduisaient.

Le territoire des Parisii était borné au nord par celui des Sylvanectes, dont le chef-lieu est représenté par la ville de Senlis, à l'est par celui des Meldi (Meaux), à l'est et au sud par celui des Senones (Sens capitale), au sud et à l'ouest par celui des Carnutes (Chartres).

Religion.

La religion des Gaulois, hôtes des Parisii, se composait du double culte des Gals, nation primitive, et de celui des Kimris ou Cimbres, leurs vainqueurs. Les Gals adoraient *Tarann*, (le tonnerre) ; *Belus*, (le soleil) ; *Hésus*, le Dieu de la guerre ; *Teutatès*, celui du commerce et de l'industrie ; *Ogmius*, le Dieu de l'éloquence ; *Vosège*, déification des Vosges ; *Pennin*, des Alpes ; *Arduinne*, des Ardennes, etc., et une foule d'autres dieux ou personnifications de la nature.

Les Kimris leur apportèrent des croyances d'un ordre plus élevé; mais leur culte moins matériel était cependant ensanglanté par des sacrifices humains : on ne sait s'ils les avaient institués ou seulement adoptés.

Leurs prêtres, les Druides, étaient à la fois leurs juges, leurs médecins, et dirigeaient l'instruction de la jeunesse. Les Druidesses partageaient une partie de ces fonctions, surtout celles qui regardent la divination et la médecine.

Leurs monuments religieux étaient d'énormes pierres brutes plantées en terre, sortes d'obélisques grossiers nommés *pierre-fixe* ou *pierre-fite*, d'où sans doute est venu le nom du village de Pierre-Fite. D'autres groupes de pierres d'une forte dimension servaient de pieds à une plus grande pierre disposée en table, et dont l'ensemble formait un autel rustique : on les nommait *Pierre-levées* ou *Dolmin*. Une rue de Paris située autrefois dans le quartier du Temple portait le nom de *Pierre-Levée*, à cause d'un monument pareil trouvé sur son emplacement. D'autres fois encore, de nombreuses et immenses pierres alignées et disposées en colonnades, et comme on en a retrouvé dans plusieurs endroits de la France, ou protégeaient leurs tombeaux, ou leur servaient de temples.

Mais les Dieux du Capitole devaient bientôt avoir des autels à côté des Dieux des Gaulois, César s'apprêtait à la conquête de la Gaule.

PREMIÈRE PARTIE

DOMINATION ROMAINE.
CONQUÊTE. — LES QUATRE PREMIERS SIÈCLES JUSQU'A 428.

Sommaire historique.

Le Sacrifice. — Les Druides. — L'aigle vainqueur. — Labiénus. — Monuments de Lutèce sous les Romains. — L'empereur Julien à Lutèce. — Une scène au palais des Thermes. — Lutèce devient Paris. — Saint Martin. — Saint Marcel. — Division de l'année. — Monnaies. — Voitures. — Costumes.

’est Jules-César qui le premier donna
aux Parisiens leur place dans l'histoire.
Cet illustre conquérant, après avoir
étendu la domination de Rome en sou-
mettant une partie des nations gauloises, convoqua plusieurs de ces nations
afin de leur demander des renforts
pour sa cavalerie. Celles des Treveri,
des Senones et des Carnutes manquèrent
à l'appel. Le fier Romain n'était pas d'humeur à supporter cet affront ; instruit que la
faible nation des Parisiens n'avait pas pris

part à cette résistance, il convoqua une nouvelle assemblée dans Lutèce, place forte des Parisii, et, marchant contre ceux qui osaient lui résister, les força à lui fournir le secours dont il avait besoin.

L'année d'après, cinquante-quatre ans environ avant l'ère chrétienne, les nations gauloises, voulant reconquérir leur indépendance, forment une ligue contre la domination romaine. Jules-César, vainqueur en Berry (Biturige) et battu en Auvergne (Arverne), est forcé de se retirer à Agedincum, qu'on croit être Provins, place située sur la frontière des Senones, où se trouvaient les légions commandées par Labiénus, son lieutenant. Une seconde fois Lutèce joue un rôle historique bien intéressant, car il ne s'agit rien moins que de la destinée de la Gaule.

A la première nouvelle de l'insurrection, Labiénus s'était dirigé vers cette place pour y châtier les peuples voisins des Parisiens, qui avaient aussi levé l'étendard de la révolte. Les Gaulois insurgés rassemblent leurs troupes sous le commandement de Camulogène, de la nation des Aulerques, vieillard estimé, dont l'expérience et la valeur guerrière étaient éprouvées, et marchent à la rencontre des Romains; ce chef fait camper son armée au nord de Lutèce, derrière un marais qui aboutissait à la Seine.

Le général romain essaie d'abord de combler ce marais; mais, rebuté par les difficultés, il prend une autre route, va assiéger Melun, une des places fortes des Senones, prend cette place, traverse la Seine, et, suivant le bord méridional de ce fleuve, vient placer son camp devant Lutèce, sur le plateau de la montagne Sainte-Geneviève.

Le nouveau succès des Romains, loin de décourager les Gaulois, ranime leur haine contre l'oppression de César, et leur courage pour s'y soustraire. Ils demandent à grands cris de marcher contre ces étrangers qui sont venus changer leurs mœurs, leur religion et leurs lois; Camulogène modère leur impatience, tout en exaltant leur ardeur; et pour se rendre les Dieux de la Gaule favorables, les Druides consultés ordonnent un sacrifice, pendant que le chef de l'armée, dans la crainte de surprise, fait incendier la forteresse des Parisiens et couper les deux ponts conduisant à Lutèce, qui pourraient offrir un passage à l'ennemi.

Le Sacrifice. — Les Druides.

Le sixième jour de la Lune, quand Dis[1] le père des ombres eut ramené la nuit dans les cieux, les soldats quittent leur camp, et la population sortant de ces petites huttes arrondies, seules demeures des Gaulois, se portent en foule vers le lieu sacré où s'accomplissent les mystères de la religion druidique.

Au sein d'une épaisse forêt, où les chênes séculaires entrelacent de vigoureux rameaux que la cognée n'a jamais émondés et que ne pénètrent point les faibles rayons de la lune, c'est à peine si ceux du jour peuvent la traverser, d'énormes pierres, que la main des géants seuls a pu remuer, forment une enceinte de grossières colonnes. Au centre est l'autel sur lequel on immolera la victime; des ossements épars sur le sol, la bruyère encore rougie par le sang, témoignent de la piété des Gaulois et des nombreux sacrifices offerts à leurs Dieux.

La longue procession s'avance; en tête marchent les Eubages, prêtres chargés de la divination; ils sont comme les autres Druides vêtus de longues robes blanches bordées de pourpre, et conduisent un taureau blanc. Après eux, les Bardes avec leurs larges pantalons noués à la cheville, leur tunique et leur court manteau à capuchon, tiennent la rotte,

---

[1] Dieu des ombres ou de la nuit, le même que Pluton, dont les Gaulois se flattaient de descendre.

espèce de lyre qui accompagne leurs chants à la louange des Dieux. Viennent les Vaormèdes, druides chargés des études; et les Causidici, interprètes des lois, suivis de leurs nombreux disciples. Le héraut d'armes, coiffé d'un chapeau auquel sont attachées des ailes mobiles et tenant en main une branche de verveine qu'entourent deux serpents, précède trois Druides vieillis dans les travaux, dont la barbe blanche descend jusque sur la poitrine; le premier porte un pain, le second un vase plein d'eau, et le troisième une longue framée [1]; la Druidesse paraît ensuite; sa courte tunique noire et sans manche est serrée autour de sa taille élancée par une ceinture d'airain, à laquelle une faucille d'or est suspendue; de sa tête, couronnée de chêne et de verveine, ses longs cheveux se déploient en ondes sur ses blanches épaules et sur son sein, et leur servent de voile. Une foule de peuple se presse après elle; les uns portent des branches de chêne et un flambeau; le plus grand nombre ont les bras chargés de lourdes chaînes en signe d'humilité.

Les chants ont cessé, on est arrivé à l'enceinte mystérieuse, vaste rotonde entourée du simulacre des dieux grossièrement travaillés, auxquels les Gaulois ont attaché les dépouilles des ennemis vaincus. Aux lueurs vacillantes des torches, la Druidesse s'avance vers un chêne où l'on a découvert le gui [2] sacré; on a dressé autour de l'arbre un autel de gazon, les Druides y brûlent un peu de pain, y répandent quelques gouttes d'un vin pur; ensuite un eubage monte sur le chêne et coupe le gui avec la faucille d'or de la Druidesse; une saie de laine blanche, étendue sous l'arbre, reçoit le rameau bénit, présage de bonheur : aussitôt la Druidesse s'en empare, le brise en morceaux et distribue ces fragments aux Gaulois, qui les reçoivent avec une profonde vénération. Cependant les Eubages immolent le taureau; son sang est reçu dans de

---

[1] Espèce de lance ou longue javeline.
[2] Plante parasite qui croît particulièrement sur le chêne.

larges coupes, les pieds de l'arbre en sont arrosés. La Druidesse contemple les convulsions de la victime pour y puiser la connaissance de l'avenir, puis elle monte sur le dolmin ou pierre sacrée, et, comme agitée par un funeste présage, elle promène des yeux égarés sur la foule, et s'écrie : Écoutez, enfants de Teutatès[1], descendants de Dis, prêtez une oreille attentive, les dieux vous parlent par ma bouche! Des étrangers vous ont ravi la liberté, se gorgent de vos richesses, et chaque jour voit tomber une à une vos institutions, vos lois et jusqu'à vos croyances. Tant que ces Romains efféminés souilleront le sol de la patrie, les dieux détourneront de vous leur face radieuse, l'astre du jour se voilera en signe de colère, Teutatès sera sourd à vos prières... Qu'est-ce, pour apaiser vos dieux, que le sang des taureaux? C'est celui de vos oppresseurs qu'il faut répandre sur leurs autels... Teutatès demande des victimes humaines : à ce prix seul il vous accordera la victoire!...

La Druidesse se tait comme accablée par ce qu'elle vient de dire, et la foule à grands cris réclame le fantôme d'osier. Les prêtres s'empressent; bientôt une sorte de pyramide faite de feuilles sèches et de foin est surmontée d'un grossier simulacre en osier à claire-voie, représentant un homme; dans cette affreuse cage, de misérables captifs romains sont entassés pêle-mêle, et malgré les hurlements des victimes, que ne peuvent couvrir les chants des bardes et les acclamations de la multitude, la flamme en quelques instants dévore cet affreux holocauste.

L'Aigle vainqueur. — Labiénus.

Pendant le temps que s'accomplissent ces abominables mystères, quelles sont ces barques nombreuses qui glissent en silence le long des rives désertes de la Seine? Elles sont

---

[1] Dieu du commerce et de l'industrie.

couvertes de soldats; à voir l'immobilité de ceux-ci on dirait que ce sont des ombres descendant au Tartare; leurs armes leurs costumes divers annoncent les corps différents auxquels ils appartiennent, et l'aigle surmontant le médaillon de César, et que porte un homme d'une stature gigantesque, couvert de la peau d'un lion dont la tête lui sert de casque, dit assez que ce sont des Romains.

Les Roraires, vêtus de la simple casaque militaire, sont armés de traits avec lesquels ils agaceront l'ennemi. Les Accenses ou frondeurs portent des pierres et la corde qui servira à les lancer au loin. Les Hastati, coiffés du casque, ayant au bras un bouclier d'airain et sur la poitrine le plastron de même métal, sont armés de javelots meurtriers, ou balancent au-dessus de leur tête la longue pique ou haste. Les Triaires, revêtus de la cuirasse faite de lames d'acier, portent également le javelot et la haste; les Archers protégés par une cuirasse d'écailles, sont armés d'arcs et de flèches. Le Buccinator, équipé à la légère, tient sa trompe ou buccine, silencieuse pour le moment, mais dont les sons rauques et effrayants donneront bientôt le signal du combat.

Chacune des barques est commandée par un chevalier romain, vêtu de la robe patricienne ornée de la bande de pourpre et ayant au doigt l'anneau, marque distinctive de sa noblesse. Le luxe à cette époque avait tellement multiplié cet ornement, que la plupart des chevaliers le portaient en pierres précieuses et en avaient à chaque phalange des doigts.

Labiénus, lieutenant de César, dirige lui-même cette petite flotte; avant de quitter son camp il a disposé ses cohortes de manière à ce que Lutèce pût croire à une attaque; mais Lutèce, retranchée dans son île, se repose sur ses remparts naturels, et pendant que la population est dans la forêt druidique, l'armée de César, favorisée par une nuit sombre et orageuse, passe à côté de la cité parisienne sans éveiller ses sentinelles; arrivé à peu près à la hauteur du pont de

Sèvres, une violente tempête, la pluie, le tonnerre, permettent à Labiénus de débarquer sur la rive où se trouve le camp des Gaulois; et quand le jour a remplacé la nuit, le général romain marche droit à ce camp, tandis que les barques remontent à grand bruit la Seine et que les cohortes restées en observation affectent des dispositions menaçantes.

Les Gaulois se voient au moment d'être attaqués sur trois points à la fois. Leur chef, disposant ses forces de manière à faire tête à ce triple danger, se porte avec les siens du côté où Labiénus vient de débarquer. Le combat dut s'engager sur les hauteurs de Chaillot, dans les plaines qui entourent cette position : il fut long et meurtrier ; les Gaulois, dans leur ardeur, dédaignant les armes préservatives, luttaient presque nus, portant seulement au bras un grand bouclier d'osier qui leur servait d'abri. Ils luttèrent, avec un énergique courage digne d'un meilleur sort, jusqu'à la mort de leur chef, Camulogène. Mais celui qui tient dans sa main la destinée des nations, et dont le culte pacifique devait, quelques siècles plus tard, remplacer les sanglants mystères de Teutatès, fit triompher l'aigle des César, et Rome devait commencer la civilisation des Gaulois pour les préparer à la grande régénération chrétienne.

César.

La défaite des Gaulois devant Lutèce n'avait pas vaincu leur esprit de résistance et le noble espoir qu'ils conservaient de chasser l'étranger. Bientôt après, on les voit réunis pour défendre la ville d'Alésia, assiégée par César en personne. Les Parisii n'avaient pas fait défaut à cette sainte ligue, et leur contingent de troupes fourni selon la mesure de leurs forces prouve leur union avec la Gaule contre l'ennemi commun. Mais Rome triompha encore cette fois, et la fière indépendance des Gaulois dut enfin céder à la fortune de César.

A cause de la faiblesse et du peu d'importance de la nation des Parisii, peut-être à cause de sa résistance devant Lutèce, elle ne fut pas comprise dans le rang des nations libres, indépendantes, alliées des Romains. Les Parisii ne devinrent nation privilégiée soumise à un régime municipal que dans le quatrième siècle.

César laissa aux Gaulois leurs autels et leurs dieux ; il leur interdit seulement les sacrifices humains. Peu à peu le culte des vainqueurs se mélangea à celui des vaincus : on en trouve la preuve en examinant les monuments de cette époque que l'on a découverts en fouillant le sol.

En 1711, en creusant sous le chœur de Notre-Dame, on a trouvé les débris d'un autel élevé à Jupiter par la compagnie des Nautes parisiens, ou bateliers de la Seine, sous le règne de l'empereur Tibère, c'est-à-dire entre les années 13 et 37 de J.-C. Les bas-reliefs de ce monument offrent un curieux mélange des dieux de la Gaule et de Rome. Ce monument par lui-même prouve que le commerce de Lutèce avait déjà acquis une grande importance, grâce à la situation de cette ville, placée comme au centre de la navigation des Gaules. Ces Nautes parisiens étaient une puissante corporation, ou négociants par eau, dans laquelle les savants ont cru voir l'origine de la *Hanse parisienne ou marchands de l'eau* qui formèrent plus tard la compagnie des Échevins, ou ce qu'on appelait l'Hôtel-de-Ville. Une flotte chargée de garder la navigation de la Seine, dont le préfet résidait à Paris, stationnait à Andresy, au confluent du fleuve avec l'Oise, et avait un bassin à la pointe de l'île de la Cité.

Mais tandis que Lutèce croît à l'ombre de la domination romaine, qu'elle grandit et se pare de monuments où brille l'art et le luxe des maîtres du monde, une étoile s'est levée à l'Orient ; elle guide des bergers jusqu'à l'étable de Bethléem, où venait de naître un enfant divin que les prophéties avaient annoncé au monde. Cet enfant, qu'ils trouvent couché dans une crèche, est le fils de Marie, le Sauveur, le Christ ! Et ces choses se passaient la 27ᵉ année du règne de César-Auguste, le successeur de Jules-César. Trente-trois ans plus tard, sous le règne de Tibère, Jésus, après avoir aimé et enseigné les hommes, mourait sur une croix pour les racheter de la mort éternelle; les Apôtres, ses disciples, simples et ignorants selon les hommes, mais éclairés par l'esprit de Dieu, allaient par le monde raconter ce qu'ils savaient de la divine doctrine, et ce qu'ils avaient vu de la vie et des miracles du Christ : la religion chrétienne était née.

Timide d'abord, elle se cache pour se dérober aux païens; mais bientôt elle lève la tête et brave la persécution. Le sang de ses martyrs, partout où il est versé, féconde le sol, y fait germer la sainte semence, et c'est bientôt par milliers qu'on peut compter les disciples de l'Évangile. Ils se répandent dans tous les pays, et dès le second siècle la Gaule méridionale reçoit leur prédication.

Saint Irénée, premier évêque de la Gaule, est martyrisé à Lyon, sous le règne de Septime-Sévère (an de J.-C. 203). Ce fut le tour de Lutèce d'entendre la parole divine : saint Denis et d'autres missionnaires, entre autres saint Rustique et saint Éleuthère, vinrent y prêcher la foi nouvelle et payèrent de leur sang les âmes qu'ils conquirent à Jésus-Christ; sous le règne d'Aurélien (245), ils souffrirent le martyre et eurent la tête tranchée sur la colline de Montmartre (*Mons martyrum*), appelée ainsi en leur honneur. L'on voit dans la légende de sainte Geneviève, seul monument de cette histoire, que les persécuteurs ordonnèrent qu'on jetât les trois corps dans la Seine; mais une pieuse femme parvint à les leur enlever et les fit enterrer secrètement dans un champ qu'elle possédait à Catolacum. Plus tard, et par les soins de sainte Geneviève, un oratoire s'éleva sur leur tombeau et devint l'origine de l'abbaye de Saint-Denis.

Le séjour de divers empereurs romains à Lutèce montre l'importance que prenait successivement cette ville ; mais c'est seulement au sein de la terre qu'il nous faut chercher les annales de son accroissement.

Monuments de Lutèce sous les Romains.

L'île de la Cité, alors dépourvue de murs d'enceinte, contenait, ainsi que tout concourt à le prouver, un édifice destiné à l'ordre municipal, situé sur l'emplacement actuel du Palais-de-Justice. A l'extrémité orientale de l'île se trouvait le monument élevé à Jupiter par les Nautes parisii ; il se composait d'un piédestal d'environ six pieds et qui devait porter la statue du dieu : la disposition des bas-reliefs retrouvés indique cette destination du monument ; de chaque côté se trouvaient deux autels : l'un destiné aux sacrifices, l'autre à faire brûler l'encens. C'est à cette même place lorsque le christianisme eut renversé les anciens dieux de la Gaule et de Rome, que fut élevée la première église chrétienne dédiée à saint Étienne.

Un cippe[1] antique de cinq pieds six pouces de hauteur, découvert dans la rue de la Barillerie, en face de la Sainte-Chapelle, présente, sur chacune des pierres composant ses faces, l'image d'une divinité ; l'étrangeté de ces figures et le mélange des attributs qui les entourent indiquent que ce monument doit dater du quatrième siècle environ, époque où les cultes orientaux mêlés au culte romain durent porter des altérations dans les attributs qui caractérisaient divers dieux.

Dans l'église de Saint-Landri, dans la Cité, l'on a retrouvé

---

[1] Demi-colonne sans chapiteau.

les restes d'un monument triomphal dont les sculptures et les emblèmes révèlent qu'il fut élevé par l'usurpateur Maxime après sa honteuse victoire sur l'empereur Gratien; les pierres ornées de bas-reliefs appartenant à ce monument ont servi plus tard à la construction d'un mur d'enceinte de la Cité, ce qui a fait conjecturer que, l'usurpateur renversé, le monument de son triomphe avait été détruit par le nouvel empereur, Valentinien (276).

Le terrain situé au nord de Lutèce, sur la rive droite de la Seine, était traversé par une voie romaine qui, partant de la Cité, du grand pont, aujourd'hui Pont-au-Change, se dirigeait au nord jusqu'à l'emplacement du marché des Innocents; là elle se partageait en deux branches, dont l'une passant par Clichy allait du côté de Pontoise, et l'autre se dirigeait vers les lieux nommés depuis Saint-Denis, Pierre-Fite, et allait à Senlis. Une autre voie suivant la direction de l'ouest à l'est conduisait à Cala ou Chelles.

L'on a retrouvé sur plusieurs points et jusqu'à la place Louis XV les restes d'un aqueduc partant des hauteurs de Chaillot; la ligne interrompue de cette construction semblait devoir aboutir au jardin du Palais-Royal, où l'on a constaté l'existence, à plusieurs pieds sous terre, de deux vastes bassins de structure romaine; et une grande quantité de médailles trouvées en même temps indiquent pour date la fin du quatrième siècle.

Non loin de là, de riches fragments de marbre appartenant à des tombeaux, des armes, des cuirasses attestent dans ce lieu l'existence soit d'un palais, soit au moins des habitations d'opulentes familles romaines et un lieu destiné à leur sépulture. D'autres tombeaux retrouvés du côté des rues de la Tixeranderie, de la Verrerie et du marché Saint-Jean, prouvent que dans ce lieu existait un autre cimetière romain.

Sur le revers nord de la montagne de Montmartre on a

cru reconnaître les restes d'un temple à Mercure, mais ce fait n'est point prouvé, la construction paraissant appartenir plutôt à une fonderie ; ce que dit à ce sujet Frodoart n'a que le caractère d'une légende. Il raconte que cet édifice fut, en l'an 944, renversé par un ouragan qui dévasta tous les environs: et le naïf historien ajoute : qu'alors on vit les démons sous la forme de chevaliers qui, après avoir démoli une église du voisinage, se servirent des poutres qu'ils en avaient tirées pour abattre les murs antiques de cet édifice très-solidement construit, et arrachèrent toutes les vignes qui tapissaient le coteau.

Montmartre est appelé par divers historiens Mont-de-Mercure ou de Mars ; par d'autres : Mont-des-Martyrs. Il a sans doute mérité ces différentes dénominations par les divers événements qui s'y sont accomplis.

Traversons maintenant le grand pont de la Cité et dirigeons-nous par le Petit-Pont vers la partie méridionale de Paris, où les Romains paraissaient avoir placé le point centre de leur établissement : nous y retrouvons les traces d'un vaste palais ; et des thermes ou bains, à l'instar de ceux de Dioclétien à Rome, dépendent de ce palais ; des arènes, lieu destiné aux spectacles publics, un camp, une place d'armes, un vaste champ de sépulture, une fabrique de poterie, un aqueduc portant l'eau d'Arcueil au palais, un temple à Bacchus, un à Isis.

Deux faubourgs s'étaient formés de ce côté : le premier nommé Locutitius sur la montagne dite Sainte-Geneviève aujourd'hui, et l'autre aux environs du temple d'Isis, remplacé plus tard par l'abbaye de Saint-Germain-des-Prés. Plusieurs voies romaines les sillonnaient ; les deux plus connues venaient aboutir au Petit-Pont ; la principale, partant de ce point et suivant la direction de la rue Saint-Jacques, avait à sa droite l'enceinte du palais des Thermes ; ensuite, s'élevant comme le coteau dont la pente n'était pas adoucie

RESTES DU PALAIS DES THERMES
Architecture Romaine.

comme en ce moment, elle laissait à gauche des vignobles et à droite un lieu consacré à Bacchus, puis les places et les avenues qui précédaient le palais ; parvenue à la hauteur du plateau, cette voie se prolongeait entre le camp romain et un vaste champ de sépulture, à travers l'ancien emplacement des Chartreux, et allait aboutir à Issy, de là à Orléans.

La seconde voie naissait de la précédente à l'endroit où la rue Galande débouche dans celle de Saint-Jacques, et, suivant la direction des rues Galande et de la Montagne-Sainte-Geneviève, s'élevait au milieu des vignobles jusqu'au plateau. Arrivée à ce point, elle avait à sa gauche un lieu appelé les Arènes, destiné aux spectacles publics, aux combats de bêtes féroces et de gladiateurs; à droite, et sur l'emplacement même du Panthéon, était une fabrique de poterie romaine ; cette voie suivait ensuite la direction de la rue Mouffetard, et, traversant le champ de sépulture déjà mentionné, aboutissait à un lieu nommé Mons-Cetardus : ce lieu reçut dans la suite le nom de Saint-Marcel, mais la rue qui y mène a conservé le premier nom, dont par corruption l'on a fait Mont-Cetard, puis Mouffetard.

Le palais des Thermes et les vastes jardins qui en dépendaient occupaient du midi au nord tout l'espace compris depuis les environs de la Sorbonne jusqu'à la Seine, et, laissant en dehors ce qui forme le jardin du Luxembourg, allait jusqu'à Saint-Germain-des-Prés ; du levant au couchant il s'étendait depuis la rue Saint-Jacques jusqu'au canal dit la Petite-Seine et qui correspondait avec cette rivière à l'emplacement où se trouve aujourd'hui la rue des Petits-Augustins. Quand le palais fut détruit les jardins se conservèrent longtemps sous le titre de Clos-de-Lias ou de Laas, c'est-à-dire Clos-du-Palais ou de la Citadelle.

Il reste encore du palais une vaste salle souterraine bien conservée, qui servait aux bains et que l'on connaît sous le nom de *Palais-des-Thermes*[1]; d'immenses souterrains que les décombres qui les obstruent ont empêché d'explorer paraissent s'étendre depuis l'hôtel de Cluny, bâti plus tard sur une partie de l'emplacement du palais des Thermes et sans doute de ses débris, jusqu'à la Seine. Ce fleuve bordait au nord les bâtiments et les jardins de la demeure impériale et lui servait de sûreté et d'embellissement ; on attribue la construction de cet édifice à l'empereur Constance-Chlore, souverain de la Gaule et qui séjourna quatorze ans à Lutèce, de 304 à 316.

Les restes plus ou moins conservés des monuments que nous venons de citer, restes qui nous ont révélé l'existence de ces monuments, sont dans le Musée des antiquités ; l'étude patiente a rassemblé jusqu'aux moindres vestiges de ces débris et les a examinés scrupuleusement, s'aidant du flambeau de l'histoire et à son défaut de conjectures au moins très-plausibles ; par ce moyen elle est parvenue à reconstruire le Paris romain pour mettre en situation les scènes qui s'y sont passées à cette époque reculée.

L'empereur Julien à Lutèce.

L'empereur Julien est un des hôtes les plus célèbres qui aient séjourné à Lutèce. Le premier il s'est plu à parler de cette ville, qui devait être le théâtre de son élévation à l'empire. Écoutons-le lui-même :

« Je me trouvais pendant un hiver à ma chère Lutèce (c'est
« ainsi qu'on appelle dans la Gaule la ville des Parisiens) :
« elle occupe une île au milieu de la rivière ; des ponts de
« bois la joignent aux deux bords : rarement la rivière croît
« et diminue ; telle elle est en été, telle elle demeure en
« hiver ; on en boit volontiers l'eau très-pure et très-riante
« à la vue, etc.

[1] L'entrée est rue de la Harpe.

« L'hiver est fort doux aux habitants de cette terre ; le sol
« porte de bonnes vignes ; les Parisiens ont même l'art d'é-
« lever des figuiers en les enveloppant de paille de blé
« comme d'un vêtement, et en employant les autres moyens
« dont on se sert pour mettre les arbres à l'abri de l'intem-
« périe des saisons.

« Or, il arriva que l'hiver que je passai à Lutèce fut
« d'une violence inaccoutumée : la rivière charriait des gla-
« çons comme des carreaux de marbre ; vous connaissez les
« pierres de Phrygie ? tels étaient, par leur blancheur, ces
« glaçons bruts, larges, se pressant les uns contre les autres
« jusqu'à ce que, venant à s'agglomérer, ils formassent un
« pont. Plus dur à moi-même et plus rustique que jamais,
« je ne voulus point souffrir qu'on échauffât à la manière
« du pays, avec des fourneaux, la chambre où je couchais. »

Julien dit ensuite que l'excès du froid le fit consentir à ce
qu'on apportât dans sa chambre quelques charbons allumés
pour en sécher les murailles humides, mais que la vapeur
du charbon faillit l'étouffer.

Julien, qui avait échappé au massacre de toute la famille
du grand Constantin, et que l'empereur Constance, son cousin, avait fait élever dans une jalouse tutelle, avait cependant
reçu de lui, en 335, le titre de César et le gouvernement de
la Gaule, de la Grande-Bretagne et de l'Espagne. L'empereur même lui avait fait épouser une de ses sœurs, nommée
Hélène ; mais en le comblant de faveurs, Constance lui donnait des chaînes. Julien, toujours entouré d'espions, ne pouvait rien faire par lui-même ; sa maison et jusqu'à sa table
étaient réglées par l'empereur.

« Dans les cinq années que Julien gouverna les Gaules,
« il courut d'une ville à l'autre ; d'Autun à Auxerre, d'Auxerre
« à Troyes, de Troyes à Cologne, de Cologne à Trèves,
« de Trèves à Lyon. On le voit assiégé dans la ville de Sens ;
« on le voit passant le Rhin cinq fois, gagnant la bataille

« de Strasbourg sur les Allemands, faisant prisonnier Chro-
« domaire, le plus puissant de leurs rois, rétablissant les
« cités, punissant les exacteurs, diminuant les impôts et
« enfin, ce qui nous intéresse par les liens du sang, soumet-
« tant les Camaves et les Franks-Saliens [1], » ces mêmes
Francs qui devaient à leur tour s'établir en conquérants dans
cette contrée que gouvernait Julien pour l'empire, et donner
leur nom à la nation nouvelle appelée à succéder à la Gaule
romaine : la France !

Constance devient bientôt jaloux des succès de Julien, et
sous prétexte de continuer la guerre contre Sapor, roi de
Perse, il lui demande la meilleure partie de ses troupes :
Julien ne peut qu'obéir, quelle que soit d'ailleurs sa pensée.

Une scène au palais des Thermes.

(360) Suivons la foule ; elle sort de Lutèce par le Petit-Pont
et se presse dans la voie romaine (rue Saint-Jacques aujourd'hui) qui longe le palais des Thermes ; le bruit a circulé
dans la ville qu'un message est arrivé d'Orient, et l'on sait
que Julien vient d'assembler ses légions pour le leur com-
muniquer. La population se porte avec curiosité à la place
d'armes, sur le plateau de la colline, entre le palais et le
camp. Là, un tribunal a été élevé, les troupes l'entourent, et
bientôt Julien, monté sur cette estrade, expose à ses soldats
les ordres suprêmes de l'empereur Constance, non sans exprimer les regrets qu'il éprouve de se séparer de ses chers
compagnons d'armes avant d'avoir eu le temps de les récompenser dignement. Un morne silence accueille d'abord la
harangue du César, mais on peut lire sur toutes ces phy-
sionomies l'expression des sentiments tumultueux qui les

---

[1] Chateaubriand.

agitent, et, retirés dans leur camp, de sourds murmures annoncent l'orage près d'éclater.

Le soir, rassemblés dans un banquet donné pour leur départ, les soldats s'animent au souvenir des bontés et de la valeur du chef dont on les sépare; ils regrettent les compagnons de leurs victorieux travaux et ce beau pays de la Gaule qu'il leur faut quitter pour aller dans de lointaines contrées : des libations nombreuses achèvent d'aigrir leur chagrin en égarant leur raison, et dans leur exaltation ils jurent de ne point abandonner Julien.

Minuit vient de sonner, les légions se portent en tumulte au palais des Thermes, elles l'entourent et, tirant leurs épées à la lueur des torches, elles s'écrient : « Julien, empereur ! Julien-Auguste ! » Pendant ce temps, le César, qui redoute et désire le résultat de la scène préparée par lui peut-être, placé à l'une des fenêtres de son palais, entend ces clameurs bien douces à l'oreille d'un ambitieux. Mais indécis il hésite encore et demande superstitieusement à tous les dieux un augure favorable sur l'empire qui lui est offert. Est-ce que l'augure ne répond pas à son attente ? ou bien veut-il porter jusqu'au délire l'enthousiasme de l'armée, qu'il se dérobe à son empressement en se cachant dans les souterrains secrets du palais? Mais c'est en vain qu'il résiste encore, il s'agit pour lui de la mort ou de l'empire ! Au point du jour les portes du palais sont enfoncées et Julien, arraché de force à sa retraite, est, malgré ses supplications, élevé sur un bouclier et salué empereur. Les ornements manquant à sa nouvelle dignité, une femme offre son collier pour lui former un diadème; Julien le refuse comme d'un mauvais augure ; il refuse de même un ornement de cheval, et c'est le collier d'un hastaire qui vient ceindre son front de la couronne impériale.

Pendant que s'accomplissaient ces événements, dans le camp le bruit circule que Julien est mort. Celles des troupes destinées à rester dans la Gaule et qui n'ont point pris part à l'élévation du nouvel Auguste, émues à cette nouvelle, se soulèvent, se portent tumultueusement au palais et ne s'apaisent qu'en voyant au milieu du consistoire [1] Julien revêtu des insignes de sa nouvelle dignité, et tenant son conseil au milieu de ses fougueux amis.

Julien adressa à Constance la relation de ce qui s'était passé à Lutèce, lui demandant de confirmer le titre que venaient de lui conférer ses légions; l'empereur rejeta la prière de son rival et lui ordonna de quitter la pourpre; le nouvel Auguste rassemble encore une fois à Lutèce et le peuple et l'armée, leur communique les ordres de Constance, leur demandant ce qu'il doit faire; la réponse fut telle qu'il la désirait sans doute et confirma de nouveau son élection.

Julien se prépare bientôt à marcher sur l'Orient avec ses fidèles compagnons d'armes, devenus des sujets dévoués. Mais l'ennemi qu'il allait chercher mourut, et Julien, cette fois, proclamé empereur par le sénat, dit adieu pour toujours à cette petite Lutèce qu'il aimait, qu'il avait embellie, où il avait réuni des savants, des philosophes et créé même une espèce d'académie. Oribase, le médecin, dont il reste quelques travaux, y rédigea son extrait de Galien, premier ouvrage publié dans cette ville qui devait un jour rassembler tant de richesses intellectuelles.

Les erreurs de Julien empereur, son apostasie, ses persécutions envers les chrétiens ne sont heureusement point de notre cadre. Ce prince laissa dans la Gaule un nom révéré; il s'y était acquis une gloire durable en en chassant les Barbares et en prenant de sages et habiles mesures pour réparer les désastres que ceux-ci y avaient causés.

---

[1] Salle des délibérations.

Lutèce devient Paris.

C'est à cette époque que Lutèce prit le nom de Paris Julien avait mis tous ses soins à faire disparaître les différences qui, avant lui, existaient entre les diverses cités tantôt libres, tantôt alliées, tantôt colonies vectigales [1], etc.; il rendit leurs droits égaux, mit de l'uniformité dans l'administration, détruisit les priviléges; les institutions de la nation furent concentrées dans son chef-lieu, qui reçut le nom de Cité. Le chef-lieu des Parisiens perdit alors son nom primitif et fut appelé *Civitas Parisiorum*, Cité des Parisiens, et plus brièvement, *Parisii*, Paris.

C'est pendant le séjour de Julien à Lutèce et sous l'épiscopat de Paul, successeur de Victorin, que se tint le premier concile de cette ville; saint Hilaire, de Poitiers, y assista; Julien lui-même, qui n'avait pas encore abjuré la foi chrétienne, se déclara pour le symbole de Nicée; la lettre synodale [2] est le plus ancien titre où Lutèce est nommée Paris.

Trois lois contenues dans le code Théodosien, signées de Valentinien et datées de Paris, prouvent que ce prince passa dans cette ville les années 365 et 366; il y reçut même la tête de l'usurpateur Procope, que Valens, son frère, empereur d'Orient, vainquit et fit décapiter.

Gratien, fils de Valentinien, associé de son vivant à l'empire, se plaisait aussi dans la petite capitale des Parisiens; c'est dans les forêts qui couvraient les rives de la Seine que ce jeune prince donnait sans doute carrière à ses goûts pour l'équitation et la chasse. Passionné pour ce dernier exercice, il avait même réuni dans l'enclos de son palais des ours, d'autres bêtes féroces et jusqu'à cent lions, pour avoir le plaisir de les combattre en champ-clos. Cette circonstance

---

[1] Soumises au tribut.
[2] Compte-rendu d'un synode ou concile.

peut donner une idée de l'espace que devait occuper l'enceinte du palais des Thermes.

Ce fut près de Paris que Gratien livra contre Maxime, usurpateur de l'empire, la dernière bataille où, trahi par les siens, ce jeune prince, digne d'un meilleur sort, fut obligé de s'enfuir à Lyon, où il fut arrêté par les généraux de Maxime, et mis à mort, en 383.

Saint Martin. — Saint Marcel.

La tradition rapporte à cette année la présence à Paris de saint Martin, évêque de Tours, l'un des plus grands hommes de l'Église d'Occident. Sulpice-Sévère, historien de sa vie, raconte que cet apôtre de la Gaule guérit un lépreux à l'entrée de la ville; la reconnaissance éleva sur le lieu du miracle d'abord un simple oratoire, qui fut remplacé au onzième siècle par la célèbre abbaye de Saint-Martin-des-Champs.

C'est au temps des empereurs Gratien et Théodose que Marcellus ou Marcel, un des trois grands patrons de Paris, fut évêque de cette ville. Né au sein même de la Cité [1], instruit dès sa jeunesse dans la religion chrétienne, sa vie exemplaire, sa piété, ses lumières le firent élever à l'épiscopat. La puissance de sa parole et l'exemple de ses vertus étendirent et affermirent la foi catholique.

Grégoire de Tours, l'historien de sa vie, raconte ses nombreux miracles; il dit qu'il délivra les Parisiens d'un affreux serpent qui désolait leur territoire. Cette victoire peut être considérée comme l'emblème de celle que le saint remporta sur l'idolâtrie. Il mourut en 436, et fut enterré sur l'éminence du Mont-Cetardus. Son tombeau, vénéré des fidèles, qui y venaient en foule réclamer l'assistance du saint, donna

---

[1] Rue de la Calandre, la cinquième maison en entrant par la rue de la Cité.

naissance à l'église de Saint-Marcel et au bourg qui dans la suite se forma à l'entour.

C'est dans ce siècle que le papier à écrire, venu d'Égypte et connu pour cet usage avant Alexandre-le-Grand, commença à être un commerce.

DIVISION DE L'ANNÉE ET DES JOURS. — On suivait dans les Gaules le calendrier de Jules-César, qui divisait l'année en 365 jours six heures (comme aujourd'hui), le mois en *kalendes*, *nones* et *ides* : on distinguait le jour civil compté de minuit à minuit, et le jour naturel de douze heures inégales, selon les saisons; la sixième heure correspondait à notre midi; la nuit se partageait en quatre parties, de trois heures chacune, appelées *prime, tierce, sexte* et *none*.

MONNAIES. — Les monnaies romaines avaient remplacé celles des peuplades gauloises, et les ateliers d'Arles, de Lyon et de Trèves, dirigés par *le comte des Largesses* sacrées, mettaient en circulation des pièces à l'effigie impériale.

VOITURES. — Les Gaulois se servaient pour voyager de voitures de poste; dans l'intérieur des villes ils avaient aussi des voitures, mais plus particulièrement des litières ou chaises à porteurs portées par deux esclaves, espèce de caisse posée entre deux brancards, s'arrondissant en berceau, couverte en cuir ou en étoffe et ornée de rideaux; l'intérieur était garni de coussins de plume et de pelleteries. On pouvait lire et sommeiller dans cette voiture.

La basterne, voiture des femmes, était traînée par deux chevaux, deux bœufs ou deux mulets, un placé devant, l'autre derrière; on y déployait souvent un grand luxe, on en voyait de dorées.

Les fonctionnaires publics étaient portés dans la *carruque*, voiture à deux roues, attelée de deux chevaux et ornée de ciselures et d'incrustations d'or, d'argent et d'ivoire; des coureurs la précédaient; un cocher la conduisait assis sur une sellette antérieure; elle avait la forme d'une tourelle, quelquefois d'un char grec retourné. Le *carpentum* était aussi une voiture d'apparat destinée aux grands dignitaires de l'État, aux femmes de distinction. C'était une caisse oblongue surmontée d'un toit plat et roulant sur quatre roues. L'intérieur du carpentum était rembourré de toisons, l'extérieur enrichi d'or, de pierres précieuses, de clous de métal disposés en losanges.

On employait plus généralement le *pilentum*, chariot à quatre roues, couvert d'une arcade d'étoffe, ou le *petorritum*, voiture gauloise découverte propre aux transports rapides.

COSTUME. — Les Gaulois, depuis la conquête, avaient perdu leur physionomie nationale, et leurs mœurs, leur langage, leurs costumes, s'étaient modifiés sur ceux de leurs vainqueurs. Les grands adoptèrent les modes romaines, le peuple seul conserva un peu de nationalité. Dans ces temps aristocratiques, chaque classe de la société avait pour ainsi dire un uniforme; celui du peuple était fort simple et composé d'étoffe grossière. Les nobles, au contraire, apportaient dans leurs vêtements une recherche et un luxe inouïs. Outre *l'intérula*, espèce de chemise de lin ou de soie, qui se mettait sur la peau, ils portaient des chausses justes au corps de la ceinture au mollet; des bas dont la partie supérieure se renfermait dans les chausses; des mules très-riches leur servaient de chaussure. Une tunique de soie brodée, à manches longues et justes, serrée au-dessus des hanches par une ceinture ornée de pierres précieuses, descendait aux genoux, tandis que la chlamyde, grand manteau qui avait la forme d'un carré long, s'agrafait ou se nouait sur l'épaule droite. Les Gaulois étaient coiffés d'une espèce de mortier en fourrure précieuse, ayant une queue d'étoffe rejetée en arrière. L'hiver on mettait trois ou quatre tuniques les unes sur les autres.

Le riche plébéien portait aussi l'interula, la tunique et les bas, mais il conservait les braies gauloises, et son manteau était fendu à droite de l'épaule en bas. Il n'avait que des pantoufles brodées et sur la tête un chaperon de drap ou la *penula*, capuchon d'hiver.

Les femmes portaient une longue tunique très-décolletée à plis fixes ou flottants, et dessous une espèce de corset nommé *strophium*, qui serrait et dessinait leur taille. Leur chlamyde était semblable à celle des hommes. L'or et les pierres précieuses ornaient leur ceinture, brillaient en broderie sur leur tunique et leur chlamyde; les perles et les diamants entouraient leur cou et leurs bras et se mêlaient dans leur chevelure. Elles se chaussaient de brodequins de pourpre brodés d'or. Les essences, les parfums, les cosmétiques, les fausses dents, les cheveux postiches, le fard, enfin tout le raffinement de la toilette romaine, avaient passé chez les Gauloises.

Le manteau des riches plébéiennes était fermé et plus long derrière que par devant, brodé de fleurs et garni de festons ou d'une bordure; quelquefois il était fendu du côté droit. Elles portaient des bas et des mules d'étoffe blanche. Leur bonnet était une espèce de calotte, mais elles se coiffaient souvent en cheveux et en ajoutaient beaucoup de faux, tirés du nord, parce que les blonds ardents étaient presque toujours de mode.

La courte tunique des femmes du peuple se terminait souvent par un feston; elles avaient un petit tablier, et leur manteau était fermé ou fendu; les jeunes mariées s'habillaient en jaune.

Malgré les lois somptuaires, le luxe était effréné; des citoyens couchaient sur un lit d'argent et se surchargeaient de bijoux précieux, de colliers, de pendants d'oreilles qu'ils attachaient à la partie supérieure de l'oreille.

BERCEAU DE LA MONARCHIE FRANÇAISE.

Apparition des Francs dans la Gaule, de 428 à 511, cinquième siècle.

Il n'est pas de notre ressort de dire comment la domination romaine allait en s'affaiblissant dans la Gaule, encore moins de constater les troubles et les luttes intestines du double empire d'Orient et d'Occident, et ces légions toutes-puissantes qui faisaient et défaisaient des empereurs au gré de leurs caprices ou de leurs intérêts : nous, borné au cadre de Paris, nous n'avons à parler que des faits qui vinrent s'accomplir sur ce théâtre. Mais il faut dire comment la décoration changea et comment Paris, de romain qu'il était, devint français.

Si la capitale du monde civilisé n'eut pour berceau que la petite île de Lutèce, la nation française n'eut pour ancêtres que des tribus sauvages venues du nord de la Germanie et qui s'étaient rendues redoutables aux Romains par leur belliqueuse audace.

Dès le troisième siècle, campés d'abord sur la rive droite du Rhin, les Francs s'étaient peu à peu étendus sur la Sambre et la Meuse. L'empereur Julien n'ayant pu les exterminer, ni même les refouler derrière le fleuve, leur avait donné le titre d'alliés perpétuels des Romains et les avait chargés de garder les passages du Rhin. Ils s'en étaient fidèlement acquittés en repoussant plusieurs nations qui voulaient franchir ces barrières.

D'autres Barbares, les Burgondes ou Bourguignons, originaires de la Vistule, avaient aussi pénétré à l'est et s'étaient fait donner la Haute-Germanie gauloise (l'Alsace), d'où ils s'étendirent bientôt jusqu'au lac de Genève, tandis que les

Wisigoths, franchissant les Alpes et pénétrant dans la Gaule par les provinces du midi, s'y étaient établis malgré les populations et le pouvoir qui les gouvernait.

L'empire romain, dans les convulsions qui le déchiraient, n'avait plus la force de défendre ses possessions de la Gaule, et c'en était fait de sa domination lorsque Aëtius, ce grand général, fit encore prévaloir la puissance des Romains sur les Barbares.

Il resserra les Bourguignons dans les gorges de la Savoie, enleva aux Wisigoths une de leurs provinces et repoussa dans leurs anciennes limites les Franks, qui, sous leur chef Clodion (455), s'étaient emparés de Cambrai et de tout le pays jusqu'à la Somme, et même avaient forcé Paris à leur payer de fortes contributions pour se racheter du pillage.

C'est de l'occupation du territoire de la Gaule par les tribus franques que l'on date ordinairement le commencement de la monarchie française, comptant pour premiers rois ces chefs militaires que les Barbares se choisissaient pour les conduire à la guerre.

PRINCES RÉGNANTS.

CLODION [1], de 428 à 448, règne 20 ans.
MÉROVÉE, présumé fils de Clodion, de 448 à 456, règne 8 ans.
CHILDÉRIC I, fils de Mérovée, de 456 à 481, règne 25 ans.
CLOVIS I, fils de Childéric, de 481 à 511, règne 30 ans.
CLOTILDE, femme de Clovis.

Sommaire historique.

La Vierge de Nanterre. — Clovis et Clotilde.

Clodion, surnommé le Chevelu [2], était de la puissante tribu

---

[1] Quant à l'orthographe des noms, pour plus de clarté nous adoptons l'usage reçu dans notre langue, sans nous préoccuper des diverses prononciations germaniques ou franques.

[2] Les Franks avaient apporté de Germanie l'usage de porter les cheveux longs comme signe d'indépendance, la coutume en tout pays étant de couper les cheveux aux esclaves.

des Franks-Saliens, qui finit par dominer toutes les autres. Clodion habitait Dispargum, aujourd'hui Duysborck, ville située entre Louvain et Bruxelles.

Sous le successeur de Clodion, Mérovée, les Franks, refoulés vers le nord par Aëtius, s'unirent à lui ainsi que les Bourguignons et les Wisigoths pour repousser la grande invasion des Barbares commandés par Attila, surnommé à juste titre *le fléau de Dieu !* Ce Scythe, indomptable, jusque-là, fut battu dans les plaines de Châlons-sur-Marne. Mérovée eut une grande part à ce triomphe, ce qui lui valut l'honneur de donner son nom à la première race de nos rois.

La Vierge de Nanterre.

Pendant que les Franks commençaient, par leurs conquêtes vers le nord de la Gaule, cette monarchie qui, avec le temps, finit par réunir sous une même domination tous ces peuples et toutes ces contrées formant aujourd'hui notre belle France, que l'empire se voyait enlever pièce à pièce le fruit de ses conquêtes dans l'Occident, Paris était encore une ville romaine; mais l'histoire se tait sur la part plus ou moins active qu'elle prenait aux événements qui se passaient autour d'elle. A défaut de l'histoire, la tradition reconnaissante nous a conservé une touchante légende : la vie de sainte Geneviève. Au milieu de la tourmente universelle et de la lutte terrible de la barbarie contre la civilisation, la Vierge de Nanterre apparaît comme l'ange de la patrie naissante; semblable à la colombe sortie de l'arche après le déluge, elle apporte à la terre le rameau d'olivier, présage de la bénédiction céleste.

Dans un petit bourg près de Paris, que les vieilles chroniques appellent *Namethodorum*[1], aujourd'hui Nanterre, Gene-

---

[1] Ou Nemptodorum. *Nem*, en celtique signifiait temple, et *Tor* était la principale divinité des Gaulois; aussi Nanterre eut-il un temple païen, qui fut détruit dans le cinquième siècle; une église catholique fut établie sur ses débris.

viève naquit de parents gaulois convertis au christianisme ; son père nommé Sévérus et sa mère Géronce l'élevèrent dans toute la ferveur de la foi nouvelle, et la piété de la jeune enfant, ses précoces vertus, répondirent à leurs soins.

Saint Germain, évêque d'Auxerre, et saint Loup, évêque de Troyes, allant en Bretagne pour combattre l'hérésie de Pélasge, passèrent à Nanterre, et la foule pieuse se pressa sur leurs pas, avide de les voir et d'entendre leurs paroles ; Geneviève accompagna ses parents, qui allèrent à l'église pour y recevoir la bénédiction des saints évêques, et ce moment décida sa vocation ; Geneviève sentit se révéler en elle cette grâce qui devait en faire une sainte, et dans sa jeune ferveur elle jura de se consacrer à Dieu. Saint Germain reçut en souriant la promesse de l'enfant : elle n'avait que sept ans ; et le lendemain au moment de son départ, lorsqu'il lui demanda si elle se rappelait le vœu qu'elle avait fait la veille, Geneviève répondit que, Dieu aidant, elle espérait bien y rester fidèle. Alors le saint apôtre lui donna une médaille sur laquelle était gravée la figure d'une croix, lui recommandant de la porter toujours en souvenir de sa résolution.

Geneviève passa de l'enfance à la jeunesse, toujours soumise à ses parents, travaillant de ses mains, car en gardant les troupeaux de son père elle filait le lin, ce qui ne l'empêchait pas de prier sans cesse. Quand vint l'âge où il lui fut permis de prendre un engagement solennel, elle se rendit à Paris.

A cette époque il n'y avait point encore de monastères de religieuses, et celles qui voulaient se lier par un vœu allaient se présenter à l'évêque, qui recevait leur promesse et leur donnait le voile. Geneviève reçut donc le voile des mains de l'évêque de Paris, et depuis ce jour elle vécut de la vie austère des premiers chrétiens, seulement occupée de Dieu et du bien qu'elle pouvait faire.

A la mort de ses parents elle se retira à Paris chez sa marraine[1]. C'était le temps où le farouche Attila, avec son innombrable armée de Scythes, ayant pénétré dans la Gaule, portait partout l'incendie, le meurtre et le pillage. Il s'approchait de la cité des Parisiens, cette ville se trouvait sur la route que devait suivre le Barbare : rien ne semblait pouvoir la préserver du sort qui la menaçait. Les populations voisines, refoulées dans son sein, augmentaient par leurs lamentables récits la frayeur toujours croissante des habitants, qui, se fiant peu à leurs murailles, voulaient se retirer dans une place mieux fortifiée. Au milieu de la consternation universelle, Geneviève, calme et sans crainte, quitte la sombre demeure où vouée aux rigueurs de la pénitence, seule avec Dieu, il daigne sans doute parler à sa fidèle servante. Avec la confiance de la foi elle reproche à ses concitoyens leur faiblesse ; elle les engage à rester dans leurs demeures, les invite à recourir au Seigneur et promet à leurs prières le secours céleste. « Ne redoutez poin le fléau de Dieu, leur disait-elle inspirée, il ne vous atteindra pas ! »

Geneviève, dont la piété est révérée par tous les chrétiens, Geneviève qu'ils offrent en exemple à leurs filles, à leurs femmes, exerce sur eux l'influence due à la vertu ; ils s'arrêtent à ces accents qui leur semblent venir du ciel. Cependant les incrédules, les idolâtres, encore en grand nombre, l'injurient, la traitent de fausse prophétesse et ameutent contre elle la vile populace ; on poursuit la sainte fille à coups de pierres : elle va être lapidée. Mais celui qui dit au flot de la mer : « Tu n'iras pas plus loin » enchaîna la fureur populaire, comme il arrêta le torrent dévastateur qu'on redoutait. La prophétie de Geneviève s'accomplit : Attila et

---

[1] La maison habitée par sainte Geneviève était située, dit-on, à l'endroit où a été construite la chapelle des Haudriettes, rue de la Mortellerie ; cette rue, depuis les ravages qu'y fit le choléra en 1832, a été en partie détruite, et ce qui en reste a pris le nom de rue de l'Hôtel-de-Ville.

ses Huns passèrent de la Champagne à Orléans et retournèrent de cette ville en Champagne, sans approcher de Paris; ils furent, comme on sait, battus bientôt après dans la plaine de Châlons-sur-Marne.

Nous n'avons pas mission de dire les épreuves qu'eut à supporter Geneviève; ses perfections éveillèrent l'envie; la sainteté de sa vie faisant rougir le vice, il se vengea par la calomnie; rien ne put ébranler le courage de celle que Dieu soutenait dans sa marche terrestre.

Mais écoutons encore la légende : « Les Franks, sous la conduite de leur chef, Childéric, avaient porté leurs armes jusqu'à Paris et tenaient cette ville assiégée[1]; les habitants, pressés par la famine, n'avaient plus le courage de se défendre, ils allaient succomber; lorsque Geneviève, bravant tous les dangers, se mit à la tête d'un convoi et alla dans la campagne leur chercher des vivres; onze bateaux, qu'elle parvint à faire remplir de provisions, rentrèrent à Paris à la vue des assiégeants et malgré une tempête qui menaçait de tout submerger.

Cependant Childéric devint maître de Paris : il y entra en vainqueur, en chassa les Romains; mais, frappé du courage de Geneviève, il lui accorda la vie d'un grand nombre de ses concitoyens; dans la suite, Geneviève exerça sur ce chef un si grand empire, qu'il ne pouvait rien lui refuser.

Childéric, ayant un jour résolu la mort de quelques coupables et voulant se dérober à l'intercession de la vierge de Nanterre, quitta secrètement Paris et en fit fermer les portes avec défense de laisser sortir personne jusqu'après l'exécution. Mais quelles portes peuvent rester closes devant l'ardente et ingénieuse charité de Geneviève? Elle trouve le moyen d'arriver auprès du souverain et finit par obtenir la grâce des condamnés.

---

[1] L'histoire ne parle pas de ce siége.

La vie de Geneviève, malgré ses austérités, se prolongea jusqu'à quatre-vingt-neuf ans, et Dieu lui donna la consolation de voir Clovis chrétien. Ce prince eut pour elle, comme Childéric, une profonde vénération, et lui accordait la liberté des prisonniers toutes les fois qu'elle intercédait en leur faveur.

Elle mourut le 9 janvier 511, cinq semaines après Clovis.

A peu de distance du palais des Thermes, sur le sommet de la montagne, s'élevait alors une basilique fondée par Clovis et dédiée aux apôtres saint Pierre et saint Paul. C'est dans son enceinte qu'on déposa le corps de Geneviève; le simple oratoire en bois construit sur sa tombe vit accourir la foule des fidèles, et de nombreux miracles signalèrent le pouvoir dans les Cieux de la vierge de Nanterre. Plus tard, et lorsque l'église fut achevée, le corps de la modeste bergère fut enfermé dans une châsse d'or et de pierreries, ouvrage de saint Éloi, argentier et ministre du roi Dagobert. Nous parlerons en leur temps des vicissitudes qui vinrent troubler sur cette terre le repos des restes vénérés de la patronne de Paris.

Clovis et Clotilde.

Le nuage qui obscurcit l'histoire des premiers rois ou chefs des Franks se dissipe à la venue de Clovis (481), et les exploits de ce jeune guerrier sont le véritable fondement de la monarchie française; mais Paris ne fut définitivement soumis aux Franks qu'à partir de l'époque où Clovis, après avoir gagné sur Siagrius, général pour les Romains, la bataille de Soissons, se trouva maître des provinces entre la Somme et la Loire.

Le mariage de Clovis produisit un grand événement qui, plus qu'aucun autre, hâta les progrès des Franks dans la Gaule et consolida l'établissement de la naissante monarchie : je veux parler de la conversion du jeune Barbare, que Clotilde, nièce de Gondebaud, roi des Bourguignons, princesse chrétienne, avait préparée par l'exemple et décidée par la persuasion.

Clovis se convertit au christianisme après avoir gagné sur les Allemands la bataille de Tolbiac (aujourd'hui Zulpich (496). Il fut baptisé par saint Remi, le jour de Noël, avec ses sœurs, Alboflède et Nanthilde, et trois mille Français.

Depuis ce moment les armes de Clovis, fortement secondées par l'influence du clergé, déjà tout-puissant dans la Gaule, étendirent et affermirent la domination française, et, comme nous l'avons dit, la défaite de Siagrius acheva d'anéantir la puissance romaine dans ces contrées.

C'est au retour de l'expédition contre les Wisigoths, après avoir gagné la bataille de Vouillé ou Vouglé, sur leur roi Alaric, que Clovis, devenu maître de toute l'Aquitaine, fidèle au vœu qu'il en avait fait avant la guerre, fit bâtir sur le mont Locotitius et dans l'emplacement du champ de sépultures romaines la basilique de saint Pierre et saint Paul.

Vers cette époque Paris fut déclaré ville capitale du royaume.

Clovis mourut à Paris dans sa résidence du palais des Thermes, et fut enterré dans cette église, qui reçut bientôt après, avec le corps de la bergère de Nanterre, le nom de Sainte-Geneviève.

Clovis permit aux nations qu'il subjugua de suivre les lois établies parmi elles ; ainsi, les Gaulois furent régis par les lois romaines ; les Wisigoths, les Bourguignons, les Bavarois et les Allemands par leur code national, et jugés suivant ce code.

Clovis fit rédiger la loi Salique, que les Franks suivaient seulement par tradition.

Après la mort de Clovis, ses quatre fils, avec l'assentiment des Franks, se partagèrent comme un bien de famille les États de leur père et les grandes villes qui en dépendaient. Metz échut à Thierry ou Théodoric ; Orléans à Clodomir ; Soissons à Clotaire, et Paris à Childebert.

Ici se termine tout à fait la période romaine, et la monarchie française est réellement établie. Les Romains expulsés du sol de la Gaule y laissèrent cependant leurs lois, que les Franks respectèrent d'abord ; il n'en fut pas de même de la civilisation qu'ils avaient apportée : elle fut bientôt étouffée par les mœurs germaniques, comme le paganisme se fondit devant la religion chrétienne.

DEUXIÈME PARTIE

MONARCHIE FRANÇAISE. — SIXIÈME SIÈCLE DE 511 A 600.

PRINCES RÉGNANTS.

CHILDEBERT Ier, de 511 à 558, règne 47 ans.
CLOTAIRE Ier, son frère, de 558 à 562, règne 4 ans sur les quatre États réunis.
CARIBERT, fils de Clotaire, de 562 à 567, règne cinq ans.

Sommaire historique.

Coup-d'œil sur ce siècle. — Coup-d'œil sur Paris. — Monuments. — Un drame sanglant. — Partage de la monarchie. — Mariages — Une ruse de femme punie. — Ultrogothe et sa fille rappelées. — Encore un partage. — Une femme, une mère. — Brunehaut et Frédégonde. — Prétextat déposé. — Scrupule de Chilpéric. — Le départ d'une fiancée. — Rigonthe, Leudaste — Encore Frédégonde. — Un incendie.

Frédégonde et à Brunehaut appartient la triste gloire d'avoir caractérisé ce siècle : la rivalité de ces deux femmes personnifiant dans leur haine mutuelle la lutte toujours incessante de la France germaine toute barbare contre la France romaine et sa civilisation, la position plus centrale de la Neustrie au milieu de cette civilisation, et la grande influence du clergé, devaient favoriser le développement de l'autorité royale. Aussi voit-on Chilpéric, aidé de ces éléments et secondé par le cruel génie de Frédégonde, l'emporter pendant cette époque sur la France du Nord ou Austrasie, malgré le génie actif et remuant de Brunehaut.

La guerre sacrilége que se firent les fils de Clovis, tout injuste qu'elle était, atteste le travail de cette société nouvelle, qui, éparse d'abord, tend par tous les moyens à se reconstituer en corps de nation, soit par la conquête, soit par l'usurpation, soit par l'hérédité, soit même par le meurtre.

Si nous voulions juger les premiers siècles de notre histoire avec nos idées actuelles, nous nous tromperions étrangement; les faits et les actions d'alors n'avaient pas pour leurs contemporains la valeur qu'ils ont pour nous. Les crimes mêmes, en nous plaçant au point de vue de la barbarie, ne devraient pas nous causer l'horreur qu'ils nous inspirent.

En effet, des nations ou tribus sauvages façonnées à une vie rude et nomade, ne connaissant que des soldats ou des vaincus, la victoire ou la mort, se jouant de la douleur physique, la défiant de leur arracher une plainte, ne pouvaient pas être fort accessibles à la pitié. Chefs suprêmes de la famille, ils étaient maîtres de la vie de leurs enfants et se rachetaient du meurtre avec de l'argent ou de l'or; chaque crime était tarifé.

Vivant de guerre et de rapine, le brigandage et le vol n'étant qu'un droit de conquête, les Francs ne devaient pas avoir beaucoup de respect pour la propriété; aussi les premiers siècles de la monarchie française offrent-ils un assemblage de désordres, d'injustices, de cruautés qui révoltent nos esprits accoutumés au respect de la loi, de la propriété et de la liberté individuelle. Mais, je le répète, en remontant à l'origine des choses on devient plus indulgent et l'on comprend que de tels hommes durent garder longtemps leurs instincts aventuriers, féroces et tyranniques ; la foi chrétienne n'agit même que bien lentement sur cette nature abrupte et la modifia seulement ; le temps seul a pu la changer.

Maintenant que nous nous sommes mis au point de vue, cherchons dans le récit des événements et des faits l'histoire des mœurs et la marche des idées à cette époque ; mais voyons d'abord le rôle que joua Paris.

Coup-d'œil sur Paris.

Admirablement placée au centre et favorisée d'un climat doux, un fleuve et de nombreux cours d'eau servant de véhicule à son commerce, cette ville, toute petite qu'elle était d'abord, fut bientôt appréciée, convoitée, éveilla l'ambition et devint enfin un sujet constant d'agressions et de guerres : tour à tour des frères ennemis se disputent cette proie. Paris au milieu de ces désordres renaissants, prospère, s'agrandit sous la paisible domination des évêques, et son commerce étend ses rameaux malgré les nombreuses entraves dont on l'avait surchargé. Ce commerce consistait en objets utiles, tels que vins, huiles, miel, garance, etc., et en bijoux, ornements, armes, baudriers, ceintures garnies d'or, de pierreries. Les Francs, passionnés pour le luxe et la richesse des vêtements, ne contrarièrent point le débit de ces marchandises importées du Midi et même de l'Orient par des marchands espagnols, lombards, juifs et syriens, qui y gagnèrent de grandes richesses.

Et cependant le commerce avait à redouter sur mer les attaques des pirates, sur la Seine celles des riverains ; mais les transports par terre étaient encore exposés à de plus grands dangers. Des troupes de brigands, commandées par des chefs francs des familles les plus distinguées, infestaient les routes et rançonnaient les marchands et les voyageurs. Échappées à ces dangers, des contributions énormes frappaient les marchandises à leur entrée dans Paris, et faisaient payer cher aux négociants le droit et l'abri que leur donnait le gouvernement de cette ville.

Les étoffes propres aux vêtements et aux meubles étaient manufacturées dans le pays ; chaque roi, chaque homme puissant avait son gynécée où des femmes, des esclaves filaient et tissaient la laine et le lin. Ces fabriques domestiques étaient à peu près les seules manufactures des Francs.

Monuments attribués à ce siècle ou existant à cette époque.

Le premier mur d'enceinte qui fortifia et défendit Paris, et dont on a retrouvé quelques vestiges dans les fouilles faites dans la Cité, était de construction romaine, sans qu'on puisse lui assigner une date précise. Plusieurs passages de l'histoire de Grégoire de Tours prouvent qu'il existait au sixième siècle. Cette muraille, qui suivait les sinuosités de l'île de la Cité, avait à son extrémité occidentale une tour forteresse ou citadelle, origine du palais actuel ; et à la tête des deux ponts, également défendus par des tours, se trouvaient des portes qui fermaient la ville.

Quoique, sous la domination romaine, Paris se fût considérablement accru dans la partie méridionale sur la rive gauche de la Seine, et qu'une seconde ville se fût même élevée dans la partie nord, rive droite du fleuve, il ne paraît pas qu'aucun mur d'enceinte protégeât ces faubourgs.

Les églises renfermées dans la Cité étaient, dans ce siècle : la cathédrale, dédiée à saint Etienne, à laquelle avait été jointe par Childebert, en 554, une seconde église sous l'invocation de sainte Marie : on la nommait encore basilique de Dame-Marie ; Saint-Jean-le-Rond, petite église tout près de la cathédrale et qui lui servait de baptistère : on y voyait une cuve ou bassin destiné au baptême par immersion ; Saint-Christophe, rue de ce nom ; Saint-Martial, sur l'emplacement contenu entre les rues de la Barillerie, de la Calandre et rue aux Fers; Saint-Denis-de-la-Chartre ou de la Prison, où l'on croit que Saint-Denis fut incarcéré : l'on y montrait à la piété des fidèles, dans une crypte souterraine, les anneaux, les chaînes et une pierre percée d'un trou rond, que l'on disait avoir servi aux tortures et au supplice de ce saint; Saint-Symphorien ou chapelle Saint-Leu, près l'emplacement du quai aux Fleurs : une prison appelée Glaucin occupait cet emplacement. Entre la cathédrale et le Palais ou forteresse, il y avait une vaste place consacrée au commerce. Les négociants avaient besoin dans ce temps-là d'abriter leurs marchandises dans un lieu sûr et fortifié.

A côté de la cathédrale se trouvaient la maison de l'église, qui, ainsi que tous les édifices de ce genre, avait le privilége d'être un asile inviolable; le baptistère, l'hospice des pauvres matriculaires, hospice qui fut l'origine de l'Hôtel-Dieu; enfin l'ensemble des constructions contenues ordinairement dans l'enceinte épiscopale qu'alors on nommait Atrium.

Lorsque les Francs se furent emparés de la Gaule et en eurent expulsé les Romains ou au moins leur domination, les évêques catholiques, alors tout-puissants parce que la ferveur d'une foi nouvelle leur donnait une grande influence, durent tourner l'esprit de la population vers les fondations religieuses : aussi voit-on dans ces premiers siècles le nombre des églises s'accroître rapidement; la Cité seule en comptait sept à l'époque où nous sommes arrivés : dans la partie méridionale, sur la rive gauche de la Seine, il y en avait neuf.

Aux alentours de la rue Saint-Jacques, Saint-Julien-le-Pauvre, servant d'hospice aux voyageurs; Saint-Séverin, Saint-Étienne-des-Grès; Saint-Benoît, dont le chevet tourné à l'ouest, contre l'usage et les rits de l'église, lui valut le surnom de Bétournée ou mal-tournée; Saint-Pierre et Saint-Paul, nommée depuis Sainte-Geneviève; Notre-Dame-des-Champs, rue d'Enfer; Saint-Marcel, ou Saint-Marceau, dans le quartier de ce nom; Saint-Vincent et Sainte-Croix, aujourd'hui St-Germain-des-Prés : cette basilique, fondée par Childebert (543) pour y placer les précieuses reliques qu'il avait rapportées d'Espagne, fut décorée avec beaucoup d'art et de richesse; les arceaux de chaque fenêtre étaient supportés par des colonnes de marbre très-précieux, des peintures rehaussées d'or brillaient au plafond et sur les murs; les toits, formés de lames de bronze doré, lorsque les rayons du soleil venaient à les frapper produisaient des éclats de lumière qui éblouissaient les yeux. Cet édifice, dont saint Germain fit la dédicace, était appelé par métaphore le palais doré de Germain. Childebert, mort en 558, y fut inhumé.

Dans la partie nord de Paris, sur la rive droite de la Seine, la basilique de Saint-Gervais et Saint-Protais, à la place où elle est aujourd'hui; Saint-Paul, rue de ce nom; Saint-Laurent, rue du Faubourg Saint-Denis; la basilique de Saint-Martin-des-Champs, rue Saint-Martin; Saint-Pierre, petite chapelle située au commencement de la même rue, prit le nom de Saint-Méderic ou Saint-Merry, après la mort de ce saint, qui y fut enterré (820). La basilique Saint-Germain-l'Auxerrois, à la place où elle est aujourd'hui, se nomma à son origine Saint-Germain, plus tard, Saint-Germain-le-Rond, parce que son édifice était élevé sur un plan circulaire; et enfin, lorsque l'abbaye de Saint-Vincent et Sainte-Croix prit le nom de Saint-Germain, pour éviter la confusion on la nomma Saint-Germain-l'Auxerrois, quoique le corps de l'évêque d'Auxerre n'y ait jamais été transféré.

Ces édifices étaient loin d'avoir alors les proportions qu'ils ont aujourd'hui. La plupart n'étaient que de simples chapelles qui furent successivement reconstruites, et acquirent plus d'importance par les établissements religieux qui s'y joignirent.

HISTOIRE, MOEURS, FAITS DIVERS.

Un drame sanglant.

Clotilde, veuve de Clovis, s'était retirée à Tours et venait rarement à Paris; mais après la mort de son fils Clodomir, roi d'Orléans, tué à la bataille de Véseronce contre les Bourguignons, cette princesse revint à Paris pour y surveiller l'éducation des trois fils de ce prince : elle espérait que, selon la coutume des Francs, ils succéderaient au royaume de leur père; mais cet héritage tenta l'ambition de leurs oncles Childebert et Clotaire, et pour se l'approprier ils ne reculèrent pas devant un crime. Grégoire de Tours nous a conservé les détails de ce drame cruel : laissons-le peindre lui-même cet horrible tableau.

« Tandis que la reine Clotilde habitait Paris, Childebert, voyant que sa mère avait porté toutes ses affections sur les fils de Clodomir, en conçut de l'envie, et craignant que par la faveur de la reine ils n'eussent part au royaume de leur père, il envoya secrètement vers son frère, le roi Clotaire, et lui fit dire : « Notre mère garde avec elle les fils de notre frère et veut qu'ils aient son royaume. Il faut que tu viennes à Paris et que nous prenions ensemble conseil sur ce qu'il faut faire d'eux savoir : S'ils auront les cheveux coupés comme le reste du peuple, ou bien si nous les tuerons et partagerons entre nous le royaume de notre frère. Clotaire, très-content de cette nouvelle, se hâta de venir à Paris; Childebert avait déjà répandu dans le peuple que le but de l'entrevue des deux rois était de mettre les trois enfants en possession de l'héritage de leur père. Ils adressèrent à la reine un messager chargé de lui dire : « Envoie-nous les enfants, afin que nous les élevions au trône. Elle, remplie de joie et ne sachant pas leur artifice, après avoir fait boire et manger les enfants, les envoya, en disant : « Je ne croirai pas avoir perdu mon fils, si je vous vois régner à sa place. » Les trois enfants arrivèrent au palais de leur oncle, accompagnés de leurs gouverneurs et de leurs serviteurs. Ils furent aussitôt saisis et enlevés aux gens de leur suite, qu'on enferma séparément.

«Alors Childebert et Clotaire envoyèrent à la reine Arcadius, portant des ciseaux et une épée. Quand il fut arrivé près de la reine il lui présenta les ciseaux et l'épée nue, en disant : « Nos seigneurs tes fils, glorieuse reine, attendent que tu « leur donnes conseil sur ce qu'il faut faire de ces enfants ; « veux-tu qu'ils vivent les cheveux coupés, ou veux-tu qu'ils « soient égorgés ? » Consternée à ce message, hors d'elle-même à la vue de cette épée et de ces ciseaux, Clotilde répondit dans sa douleur et sans trop savoir ce qu'elle disait : « Si on ne les élève pas sur le trône, j'aime mieux les voir morts que tondus. » Mais Arcadius, s'inquiétant peu de son désespoir, et ne cherchant pas à pénétrer ce qu'elle pensait réellement, revint en diligence près des deux rois qui l'avaient envoyé et leur dit : Vous pouvez continuer l'œuvre que vous avez commencée, vous avez l'aveu de la reine. »

« Clotaire et Childebert entrèrent dans le lieu où les enfants étaient gardés. Clotaire, prenant l'aîné par le bras, le jeta par terre et le tua en lui enfonçant son couteau sous l'aisselle. A ses cris son frère Gonthaire se prosterna aux pieds de Childebert et, lui saisissant les genoux, lui dit avec larmes : «Mon père, mon bon père, secours-moi, fais que je ne meure pas comme mon frère!» Childebert fut ému; il dit à Clotaire en pleurant : « Mon cher frère, je t'en prie, accorde-moi la vie de cet enfant, je te donnerai tout ce que tu voudras, je te demande seulement de ne pas le tuer. » Mais Clotaire, après l'avoir accablé d'injures, lui dit : « Repousse-le loin de toi, ou tu vas mourir à sa place ; c'est toi qui m'as excité à cette affaire, et voilà que tu reprends ta foi ! » Childebert effrayé repoussa l'enfant et le jeta à Clotaire, qui l'atteignit d'un coup de couteau entre les côtes, et le tua ; ensuite ils mirent à mort les gouverneurs et les domestiques.

« Après ces meurtres, Clotaire monta à cheval et se rendit ainsi que Childebert dans une maison de campagne située dans un faubourg de la ville.

« La reine, ayant fait porter sur un brancard les deux petits corps des jeunes princes morts, les conduisit avec une immense douleur à l'église de St-Pierre et de St-Paul, où ils furent inhumés. L'un d'eux avait dix ans et l'autre sept.

« Quant au troisième, Clodoald, de braves guerriers étaient parvenus à le faire évader ; il demeura caché pendant quelques années, et lorsqu'il fut devenu grand il se coupa les cheveux de sa propre main pour marque de son renoncement au monde; il se mit ensuite sous la conduite de saint Séverin, qui vivait retiré dans un monastère près de Paris; il reçut de lui l'habit monastique, et il finit ses jours dans ce lieu, qui fut depuis appelé Saint-Cloud (560). »

Partage de la monarchie.

A la mort de Childebert et à l'extinction de ses autres frères, Clotaire 1er réunit toute la Confédération des Francs et vient résider à Paris; mais il ne jouit pas longtemps de sa nouvelle puissance, il meurt deux ans après (558).

Son plus jeune fils, Chilpéric, commence par s'emparer du trésor de son père renfermé dans sa métairie de Braine, que Childebert habitait ordinairement; il distribue des largesses aux chefs francs pour se les attacher, et marche avec eux sur Paris, où ils entrent sans opposition. Chilpéric loge ses guerriers dans les tours qui défendaient les ponts de la ville. Les trois frères se réunissent contre celui qui voulait usurper l'héritage paternel, et Chilpéric, n'osant leur tenir tête, se soumet au partage.

Chilpéric est reconnu roi de Neustrie et de Soissons ; Sigebert, roi d'Austrasie et de Metz ; Gontran, roi de Bourgogne, et Caribert, roi de Paris et d'Aquitaine.

Ce qu'on appelait le royaume de Paris comprenait les pays ou comtés de Paris, de Melun, de Chartres et du Perche, la Normandie, la Bretagne : sa domination s'étendait aussi le long de la mer, dans une partie de l'Aquitaine, jusqu'aux Pyrénées.

Mariages.

Sigebert épouse Brunehaut, fille d'Athanagild, roi des Wisigoths, femme d'une grande beauté et d'un esprit cultivé. La splendeur de cette alliance éveille l'envie de Chilpéric. Il avait répudié sa femme Audovère, à l'instigation de la belle Frédégonde, servante de cette reine ; mais à l'exemple de son frère, il veut aussi une épouse de race royale, et fait demander Galswinthe, sœur aînée de Brunehaut. Bientôt las de cette princesse, dont les douces vertus, l'âme élevée et délicate ne pouvaient captiver un homme de mœurs grossières et dissolues, il fait étrangler Galswinthe, pour donner aussitôt après à Frédégonde la place et la couronne de la sœur de Brunehaut. De là l'origine de la haine qui maîtrisa ces deux femmes et les poussa aux plus féroces excès.

Une ruse de femme punie.

Le roi de Paris, Caribert, n'avait pas une conduite plus régulière que son frère Chilpéric, et la jalousie de sa femme Ingoberge était souvent et vivement excitée. Deux filles de service, Meroflède et Marcovèfe, lui causaient surtout de grandes inquiétudes, leur extrême beauté paraissant avoir fait impression sur le roi. Pour affaiblir leur influence, Ingoberge essaya de les avilir à ses yeux. Ces deux jeunes filles avaient pour père un cardeur de laine ; celui-ci fut mandé à la cour afin d'y remplir les fonctions de son état. Pendant qu'il travaillait dans une des cours du palais, la reine appela Caribert, disant qu'elle voulait lui montrer une chose extraordinaire. Le roi, penché à l'une des fenêtres, et n'apercevant dans la cour qu'un ouvrier subalterne, trouvait déjà la plaisanterie mauvaise; mais elle lui déplut bien davantage quand Ingoberge lui dit que cet artisan qu'il voyait sous ses yeux était le père de Meroflède et de Marcovèfe. Caribert sentit l'affront, ne l'oublia pas, et s'en vengea en répudiant Ingoberge. Bientôt après, la belle Meroflède devint l'épouse de Caribert et après la mort de cette reine, qui tarda peu, sa sœur Marcovèfe la remplaça; mais comme avait porté l'habit religieux, ce mariage encourut les censures ecclésiastiques, et saint Germain, sévère observateur des lois de l'Église, lança contre le roi une excommunication. Marcovèfe mourut subitement et comme frappée du jugement de Dieu. Caribert lui survécut peu de temps; il mourut à Paris en 567.

La reine Ultrogothe et ses deux filles, exilées par Childebert, avaient été rappelées à Paris par Caribert, qui leur avait donné le palais des Thermes. Il habitait, lui, le palais de la Cité.

Caribert mort, ses trois frères se disputent ses États et finissent par se les partager. Paris seul, objet des désirs de tous, reste indivis entre les trois frères; ils prennent l'engagement le plus sacré qu'aucun n'y entrera sans la permission des autres; ils conviennent de régner ensemble sur cette capitale.

Les trois frères ne pouvaient rester longtemps unis : l'avarice, l'ambition les poussent tantôt à se faire une guerre acharnée, tantôt à s'unir pour écraser l'un d'entre eux. La double haine de Brunehaut et de Frédégonde souffle le feu en excitant et entretenant ces mauvaises passions chez leurs époux, Chilpéric et Sigebert.

Une Femme, une Mère.

Chilpéric s'est emparé de plusieurs villes du midi faisant partie du lot de Sigebert. Le roi d'Austrasie envoie contre les fils de Chilpéric, guerroyant pour leur père, le duc Gontran-Boze, qui les défait et tue Théodebert l'un d'eux. Sigebert lui-même pénètre jusqu'à Paris, et pendant que ses Franks dévastent les environs et osent même piller l'abbaye de Saint-Denis, il se prépare à aller faire le siége de Tournay où s'était retiré Chilpéric, et où Frédégonde enceinte l'avait suivi.

La belle Brunehaut, heureuse d'humilier sa rivale, car elle ne doutait pas du succès de la guerre, arrive à Paris avec ses deux filles, son jeune fils, Childebert, âgé de cinq ans, et tous ses trésors, contenus dans de nombreux chariots.

Il semble[1] que par une vanité de femme elle voulût éblouir les yeux et se montrer magnifique dans sa parure, en même temps que terrible pour ses ennemis. Cette princesse, jeune encore et d'une beauté remarquable, répondait mieux que les autres épouses mérovingiennes à l'idée que la population gauloise se faisait d'une reine; elle commandait le respect par la dignité de ses manières et par la noblesse de sa naissance.

Le jour de son entrée à Paris, les habitants se portèrent en foule à sa rencontre; le clergé des églises et les gens de familles sénatoriales s'empressèrent de venir la saluer; mais l'homme que sa dignité à la fois ecclésiastique et municipale plaçait à la tête de la ville, l'évêque Germain, aujourd'hui honoré comme un saint, ne se présenta pas; il lui adressa une lettre grave et sévère quoique douce, dans laquelle il l'exhorte à faire cesser la guerre.

---

[1] Augustin Thierry.

« Répéterai-je, dit-il, les bruits qui courent dans le public ? Ils me consternent et je voudrais pouvoir les dérober à la connaissance de votre piété. On dit que c'est par vos conseils et votre instigation que le glorieux roi Sigebert s'acharne si obstinément à la ruine de ce pays ; si je rapporte de semblables propos, ce n'est pas que j'y ajoute foi, c'est afin de vous supplier de ne fournir aucun prétexte à de si graves imputations....

« Faites, ajoute-t-il plus bas, que ce pays ait à se féliciter de vous avoir reçue : montrez que vous venez pour le sauver et non pour le perdre ; en calmant la colère du roi, en lui persuadant d'attendre avec patience le jugement de Dieu, vous ferez tomber à néant les mauvais propos du peuple. » Etc., etc.

Ces exhortations furent inutiles ; le caractère vindicatif et implacable de Brunehaut ne lui permit pas de penser à la situation critique où elle-même se trouvait placée si son mari éprouvait un revers ; plus impatiente que jamais, elle pressa le départ de Sigebert.

« Lorsque le roi se mit en route, escorté de ses cavaliers d'élite, tous régulièrement armés de boucliers peints et de lances à banderoles, un homme pâle, en habits sacerdotaux, parut devant lui. C'était l'évêque Germain qui venait de s'arracher à son lit de souffrance pour faire une dernière et solennelle tentative : — Roi Sigebert, dit-il, si tu pars dans l'intention de mettre à mort ton frère, tu mourras ; car le Seigneur a dit par la bouche de Salomon : La fosse que tu prépares afin que ton frère y tombe te fera tomber toi-même. »

Le roi ne fut nullement troublé de cette allocution inattendue ; son parti était pris et il se croyait sûr de la victoire. Sa marche fut rapide et triomphante. Partout sur sa route il voit accourir à lui les vassaux de Chilpéric, qui viennent lui jurer foi et hommage et grossissent son cortége. Réunis dans la vaste plaine de Vitry, près de Douai, Sigebert est élevé par eux sur un bouclier et reconnu pour leur chef.

Le roi de Soissons, trahi par les siens, dépossédé de ses provinces, voit resserrer autour de lui le cercle qui rapproche son ennemi, et c'est au sein de la ville où il est bloqué, au milieu de toutes les horreurs d'un siége, que sa femme Frédégonde lui met au monde un fils. La reine, dans ses accès de terreur et de désespoir, se livre à des emportements de bête sauvage ; mais bientôt, appelant à son aide toute son astuce et sa féroce énergie, elle arme le bras de deux jeunes gens qu'elle a su fasciner, et Sigebert tombe sous leur poignard au milieu de son triomphe.

Les deux rivales ont changé de rôle, c'est au tour de Brunehaut de trembler.

La femme de Sigebert se croyait déjà reine de Neustrie et maîtresse du sort de ses ennemis; elle savourait par anticipation le plaisir de la vengeance, lorsque, surprise au milieu de ses espérances de puissance et de grandeur, le bruit de la mort de son mari arrive jusqu'à elle. Aussitôt abandonnée par les amis qui suivent la grandeur, n'osant sortir de Paris ni même de son palais, où elle sent bien qu'elle est prisonnière, Brunehaut ne songe qu'à sauver son fils, dont l'existence devait porter trop d'ombrage à Chilpéric pour être épargnée. Mais à qui peut-elle se fier dans son malheur ? à qui osera-t-elle confier la destinée du jeune roi d'Austrasie ? son instinct de mère lui inspire un heureux stratagème ; elle prépare l'évasion de son fils, aidée par le seul ami qui lui soit resté fidèle, le duc Gondovald.

Quand les ombres de la nuit couvrent la ville et que les rues qui entourent le vieux palais impérial sont désertes, Brunehaut place l'objet de son amour et de ses espérances dans un panier couvert, servant aux provisions, et, par l'une des fenêtres du palais, descend à l'extérieur des murs le jeune Childebert. Un serviteur zélé reçoit le précieux dépôt et s'empresse de le dérober à tous les regards en le transportant de nuit hors de la ville. Bientôt, par les soins de cet homme dévoué, Childebert arrive à Metz au grand étonnement et à la joie des Autrasiens.

Chilpéric, furieux à cette nouvelle, fait diligence pour que Brunehaut et ses trésors ne puissent au moins lui échapper, et bientôt la veuve de Sigebert est séparée brutalement de ses deux filles, qui sont envoyées à Meaux, tandis qu'elle-même est exilée à Rouen.

Le reste des aventures de cette princesse, son mariage avec un fils de Chilpéric Merové, auquel elle avait inspiré une violente passion, ne seraient plus de notre domaine si l'évêque Prétextat, qui avait eu la faiblesse de consacrer cette union, n'était devenu victime de la haine de Frédégonde.

Prétextat. — Cette femme altière et vindicative ne pouvait pardonner à Chilpéric l'espèce de clémence dont il avait usé envers celle que le sort venait de livrer entre ses mains; n'osant s'en venger sur lui, tout le poids de son ressentiment tombe sur le prêtre qui avait eu l'audace de prêter son ministère à ce qu'elle regardait comme une trahison. A son instigation, Chilpéric convoque à Paris un concile pour juger le vieillard ; décidé à le perdre, le roi exprime brutalement son opinion, et l'évêque de Tours, Grégoire, a seul le courage de lui résister. Son opinion hardie et clémente ne put prévaloir : Prétextat fut renvoyé de son siége, peine que son ennemie trouva trop douce. Prétextat fut plus tard assassiné par les ordres de Frédégonde.

Scrupule de Chilpéric. — Quoique Chilpéric eût exercé des actes d'autorité à Paris, cette ville ne lui appartenait pas exclusivement; cependant, au mépris de la convention faite avec ses frères, il l'habitait en 583, et donnait au peuple des spectacles dans le cirque romain qu'il avait fait réparer.

Pour faire taire des scrupules un peu tardifs au sujet du serment violé, il sortit de Paris et crut sanctifier son usurpation en y rentrant précédé d'une procession de reliques.

La même année, une inondation de la Seine et de la Marne causa de grands dégâts entre la Cité et l'église de Saint-Laurent.

Le Départ d'une Fiancée.

Chilpéric, qui avait accordé la main de sa fille Rigonthe à Récarède, roi des Wisigoths, fait enlever dans les domaines faisant partie du fisc royal une foule de familles pour servir d'escorte à la jeune reine. Beaucoup pleuraient et ne voulaient point partir : il les fit mettre en prison afin de les contraindre à suivre sa fille ; dans leur douleur, plusieurs s'ôtèrent la vie au moyen d'un lacet ; les autres firent leur testament, donnèrent leurs biens aux églises et demandèrent qu'au moment où la fiancée entrerait en Espagne, on ouvrît ces testaments comme si déjà eux-mêmes eussent été mis en terre.

Le cortége de Rigonthe se composait de plus de 4,000 hommes armés, et cinquante chariots avaient eu peine à contenir l'or, les joyaux, l'argent, les parures et les richesses de tous genres qu'emportait la royale fiancée.

En sortant de Paris par la porte méridionale, une roue de son char se brisa et la princesse tomba sur la route. Le peuple vit dans cet accident un triste présage ; l'augure se réalisa : la mort de Chilpéric rompit son mariage : Récarède à cette nouvelle prit une autre femme, et Rigonthe, pillée, dévalisée par les seigneurs de sa suite, n'alla pas plus loin que Toulouse.

Cette même Rigonthe, dit Grégoire de Tours, vivait avec Frédégonde en mauvaise intelligence ; toujours en querelle, la mère et la fille se battaient à coups de poing ; un jour la mère battue dit à Rigonthe : « Fille, pourquoi me maltraites-tu? Voilà les richesses que ton père a mises à ma disposition, prends-les et fais-en ce que tu voudras. » Elle entre dans un cabinet, ouvre un coffre, en tire divers ornements précieux, et puis elle dit à sa fille : « Je suis lasse, tire toi-même de ce coffre tout ce qu'il contient. » Rigonthe se penche dans l'intérieur du coffre ; aussitôt la mère en fait retomber le couvercle sur le cou de sa fille, le presse avec effort, l'étrangle, de sorte que les yeux de la patiente étaient prêts à lui sortir de la tête ; une suivante de Rigonthe, voyant le danger, s'écrie : « Au secours ! accourez vite, on étrangle ma maîtresse, et c'est sa mère qui l'étrangle ! » On accourt, on rompt les portes du cabinet, on délivre Rigonthe près d'expirer.

Quoique la conduite déréglée de Rigonthe et la férocité générale des mœurs du temps pussent en quelque sorte servir d'excuse à la violence de Frédégonde, ce dernier trait et ceux qu'on va lire achèvent de la faire connaître.

Leudaste.

Un certain Leudaste, fils d'un serf gallo-romain, dépendant des domaines du roi Caribert, de simple domestique employé dans les cuisines s'était élevé par son audace et la protection de la reine Marcovèfe jusqu'à la dignité de comte. L'ambition, l'amour des richesses, l'intrigue suscitèrent pour lui une foule de vicissitudes dont sa destinée aventureuse triompha d'abord : l'orgueil de Leudaste, qui s'accrut de ces succès, bientôt ne connut plus de bornes.

Nommé comte de Tours, la vertu de Grégoire, évêque de cette ville, devait gêner ses mœurs relâchées ; et d'ailleurs, jaloux de l'influence qu'exerçait cet homme éminent, Leudaste résolut de le perdre ; mais les ruses qu'il employa, les manœuvres et les intrigues qu'il fit jouer, tournèrent à son détriment. L'évêque, cité devant ses pairs, se lava des imputations de son ennemi, et la condamnation dont Leudaste voulait le frapper atteignit le comte lui-même. Convaincu de mensonge, Leudaste resta aux yeux de tous l'instigateur d'un complot qui avait pour but de renverser l'évêque de son siége, de faire répudier la reine Frédégonde en l'accusant auprès de Chilpéric, et même de détrôner ce roi en élevant à sa place son fils Clovis.

Leudaste, proscrit et excommunié, parvint à force de témérité et d'audace à rentrer en grâce auprès du roi. Au lieu de fuir et de se dérober au ressentiment de ceux qu'il avait outragés, il ose aller se mêler aux guerriers que Chilpéric allait conduire contre le roi de Bourgogne, Gontran. Grâce aux défauts même de son caractère hardi et souple et à sa jactance imperturbable, l'ex-comte de Tours acquiert une telle popularité dans l'armée, que celle-ci tout entière implore à grands cris la grâce du coupable. Chilpéric ne put ou n'osa refuser cette grâce; mais il recommanda au comte de la prudence jusqu'à ce qu'il eût apaisé la reine.

Leudaste avait suivi le roi jusqu'à Paris, où Frédégonde séjournait alors. Au lieu d'éviter cette ville dangereuse pour lui ou de ne faire que la traverser avec l'armée, il s'y arrêta, comptant que les bonnes grâces du mari seraient au besoin sa sauvegarde contre la rancune de la femme. Après quelques jours passés sans trop de précautions, voyant qu'il ne lui arrivait ni poursuites ni menaces, il se crut amnistié dans l'esprit de la reine, et jugea le temps venu où il pouvait se présenter devant elle.

Un dimanche que le roi et la reine assistaient ensemble à la messe dans la cathédrale de Paris, Leudaste se rendit à l'église, traversa de l'air le moins timide la foule qui entourait le siége royal, et se prosternant aux pieds de Frédégonde, qui était loin de s'attendre à le voir, il la supplia de lui pardonner.

A cette subite apparition d'un homme qu'elle haïssait mortellement, et qui lui semblait venu là moins pour l'implorer que pour braver sa colère, la reine se jeta aux pieds du roi en disant avec une expression de vive douleur et de dignité blessée : « Malheur à moi ! qui vois mon ennemi et qui ne peux rien contre lui ; mais puisqu'il ne me reste pas de fils sur qui je puisse me reposer du soin de poursuivre mes injures, c'est à toi, Seigneur Jésus, que j'en remets la poursuite ! » Cette scène émut tous les assistants, et plus que personne le roi Chilpéric, sur qui retombaient à la fois le reproche et le remords d'avoir trop aisément pardonné une insulte faite à sa femme : pour se faire pardonner à lui-même son indulgence prématurée, il ordonna que Leudaste fût chassé de l'église, se promettant désormais de l'abandonner sans pitié à la vengeance de Frédégonde.

Conduit simplement hors de l'église et laissé libre de s'enfuir grâce à la précipitation avec laquelle le roi avait donné ses ordres, l'imprudent Leudaste ne songea point à profiter de ce bonheur. Il s'imagina que s'il avait mal réussi auprès de la reine c'était pour avoir manqué d'adresse et s'être présenté brusquement devant elle, au lieu de faire précéder sa requête de quelques beaux présents. Cette folle idée le porte à visiter aussitôt les boutiques des orfèvres et des marchands d'étoffes les plus renommés.

Il y avait près de l'église cathédrale et sur le trajet de l'église au palais du roi une vaste place, limitée à l'occident par le palais et ses dépendances, et à l'orient par la voie où venait aboutir le pont qui joignait les deux rives du bras méridional de la Seine. Cette place destinée au commerce était bordée de comptoirs et de magasins où s'étalaient des marchandises de toute espèce.

Leudaste se mit à la parcourir, allant d'une boutique à l'autre. Là il maniait les étoffes les plus riches, ici il essayait sur lui des bijoux, soupesait la vaisselle de prix, et quand son choix était fixé, il disait d'un ton haut et avantageux : « Ceci est bien, mettez ceci à part; je me propose de prendre tout cela. »

Pendant qu'il achetait ainsi des choses de grande valeur sans s'inquiéter de savoir s'il trouverait de quoi les payer, le roi et la reine, sortant de la cathédrale après l'office, prirent le chemin le plus direct pour se rendre au palais et traversèrent la place du Commerce ; le cortége dont ils étaient suivis et le peuple qui se rangeait devant eux avertirent Leudaste de leur passage ; mais il ne s'en émut point, et continua de s'entretenir avec les marchands sous le portique de bois qui entourait la place et servait comme de vestibule aux différents magasins. D'un coup d'œil Frédégonde découvrit son ennemi au milieu de la foule des promeneurs et des acheteurs ; mais elle passa outre pour ne pas l'effaroucher, et bientôt dépêcha plusieurs de ses gens avec l'ordre de s'emparer du comte et de le lui amener garrotté.

L'un de ces serviteurs, trop impatient d'agir, met la main sur Leudaste avant que les autres fussent assez près pour lui prêter main-forte. Le comte tire son épée et frappe celui qui l'attaquait ; mais bientôt assailli à la fois par devant et par derrière, il reçoit un coup d'épée à la tête, qui lui enlève les cheveux et la peau sur une grande partie du crâne ; il réussit malgré sa blessure à écarter ses ennemis et s'enfuit tout couvert de sang vers le Petit-Pont, afin de sortir de la ville par la porte du sud.

Ce pont était de bois, et son état de dégradation, car il y avait des endroits où les planches pourries laissaient entre elles un espace vide, obligeait les passants à marcher avec précaution. Serré dans sa fuite, Leudaste n'a pas le loisir d'éviter les mauvais pas ; son pied s'engage entre deux solives mal jointes, il se casse la jambe et tombe entre les mains de ceux qui le poursuivaient. On le traîna en prison, où le roi lui envoya des médecins, moins pour le guérir que pour prolonger ses douleurs. Frédégonde se donna le plaisir d'inventer un supplice nouveau pour le faire périr.

Cette anecdote vient appuyer l'opinion des historiens sur la prospérité du commerce de Paris à cette époque. Cette place du Commerce, abritée dans les murs de la Cité, renfermait des richesses venues par eau de tous les pays, surtout de l'Orient. Des marchands syriens, juifs, y avaient des établissements; ces derniers même occupaient une rue de la Cité qui de leur nom s'appelait rue de la Juiverie. Les Syriens ont donné leur nom à celle des Arcis.

Nous avons vu Frédégonde venger cruellement sur Leudaste son honneur de femme outragée : la voici sous un autre point de vue.

Encore Frédégonde.

584. Thierry, un de ses fils, venait de mourir; Frédégonde dans sa douleur se persuade que des sortiléges, des enchantements ont causé cette mort soudaine, et sa fureur ne connaît plus de bornes; elle fait arrêter plusieurs femmes de Paris soupçonnées de s'adonner à la magie, elle les fait appliquer à la question. La douleur arrache des aveux à ces malheureuses; elles conviennent devant la reine qu'elles ont fait périr le jeune Thierry pour prolonger les jours du préfet Mumole, chef des domestiques ou maire du palais. Frédégonde, féroce dans son amour de mère, fait souffrir à ces femmes les plus affreux supplices; les unes sont brûlées vives, les autres expirent sur la roue. Mumole, mis à son tour à la question, n'avoua rien : on lui fit grâce de la vie, mais on le dépouilla de ses biens, et il mourut des suites de ses tortures.

Chilpéric à son tour tombe victime de cette furie couronnée; il est assassiné par les ordres de Frédégonde, dans sa maison de Chelles, en revenant de la chasse, et ceux mêmes qui l'avaient frappé s'écrient que le roi Chilpéric a été occis par les espions de son neveu Childebert. Le roi mort, tout le monde s'éloigna de lui ; ce fut Malulfe, évêque de Senlis, venu à Chelles pour parler au roi, qui lui rendit les derniers devoirs, et fit transporter son corps à Paris, où il fut enterré dans l'église de Saint-Vincent.

587-588. A la nouvelle de cette mort, les rois d'Austrasie et de Bourgogne, résolus de la venger, s'avancèrent sur Paris. Frédégonde effrayée se réfugia avec ses trésors dans l'asile de la cathédrale, auprès de l'évêque Ragnemode ; puis, craignant qu'on ne l'en arrachât, elle vint se mettre, avec son jeune fils Clotaire, sous la protection du roi de Bourgogne.. Gontran, touché de cette marque de soumission, se présenta devant Paris à la tête d'une puissante armée ; il fut reçu comme un souverain par les habitants, qui en même temps en refusèrent l'entrée à Childebert.

Gontran tint à Paris une assemblée où se rendirent les ambassadeurs du roi d'Austrasie, pour demander Frédégonde et la cession d'une portion de la ville. Gontran, se regardant comme le tuteur du fils de son frère, traita fort mal les envoyés de Childebert et surtout Gilles, évêque de Reims, chef de l'ambassade : pour leur prouver son mépris, il leur fit jeter de la boue et du fumier à leur départ. Ces menus détails si éloignés de nos mœurs servent à caractériser celles du temps, comme le récit, emprunté à Grégoire de Tours, qui va suivre peint les idées et donne des renseignements qui méritent d'être recueillis sur la topographie de Paris.

Un Incendie.

« Il y eut à Paris une femme qui cria tout d'un coup aux Parisiens :—Sauvez-vous, la ville est sur le point d'être consumée par le feu ; mais au lieu de profiter de son avis, on ne faisait que se moquer de ses paroles, parce qu'on les regardait comme le résultat de sortiléges ou de vains rêves; elle ajouta qu'elle avait vu en songe un homme tout éclatant de lumière sortir de la basilique de Saint-Vincent, un flambeau à la main, et brûler les maisons des marchands l'une après l'autre. Mais les visions de cette femme ne firent pas plus d'impression que ses discours; il arriva cependant, trois jours après, qu'un marchand étant entré le soir dans son magasin, laissa la lumière qu'il avait apportée auprès d'un vase rempli d'huile; cette huile s'enflamma bientôt et mit le feu à cette maison, qui était la plus proche de la porte méridionale de la ville. La flamme se communiqua bientôt aux autres maisons voisines jusqu'à la prison; comme elle menaçait les prisonniers, saint Germain leur apparut, brisa leurs fers et leur ouvrit les portes; ils coururent aussitôt se réfugier à l'église de Saint-Vincent, auprès du tombeau de leur saint libérateur. Comme les flammes étaient poussées par le vent, le feu gagnait toujours et consuma enfin les maisons jusqu'à l'autre porte de la ville, du côté du nord. Là se voyait une chapelle de Saint-Martin, élevée depuis peu en mémoire du miracle que le saint avait fait autrefois en guérissant un lépreux dans le même endroit. Celui qui l'avait bâtie avec des branches entrelacées s'y réfugia avec sa famille et son mobilier, et quoiqu'on leur criât plusieurs fois de sortir promptement pour n'être pas dévorés par les flammes qui les menaçaient, ils voulurent demeurer dans cette chapelle sous la protection de Dieu et de saint Martin : leur foi fut récompensée; l'incendie s'apaisa, et non-seulement la chapelle mais encore les maisons qui l'environnaient ne reçurent aucun dommage : tout le reste de la ville fut brûlé; il n'y eut que les églises préservées avec un petit nombre de maisons qui en dépendaient [1]. »

Le même historien dit ailleurs : « La ville de Paris avait

---

[1] Grégoire de Tours.

été anciennement consacrée, de sorte qu'elle devait être préservée d'incendies, de serpents et de loirs; mais dernièrement en curant l'égout d'un pont on trouva dans la vase un serpent et un loir d'airain; on les enleva, et tout aussitôt les serpents et les loirs reparurent, et la ville fut exposée aux incendies. » On voit que dans ces temps de naïve crédulité on ajoutait encore foi à la vertu des talismans.

Le traité d'Andelot vint terminer les contestations entre Childebert et Gontran, au sujet de la possession de Paris. Il y fut décidé que la troisième partie de cette ville et de son territoire, qui avait appartenu à Sigebert, resterait au roi Gontran.

Après la mort de Childebert, Brunehaut et Frédégonde, n'ayant plus aucun frein pour les contenir, donnent carrière à leur haine réciproque et à leur ambition. Cette dernière s'empare de Paris, saccageant tout ce qui s'oppose à son entrée; ensuite elle consolide son usurpation par une sanglante victoire remportée au nom de son fils Clotaire, contre les petits-fils de sa rivale, Théodebert et Thierry. Frédégonde n'eut pas le temps de jouir de ce succès, elle mourut à Paris (597), à l'âge de 50 ans, et fut inhumée dans l'église de Saint-Vincent, à côté de Chilpéric. La tombe de ces princes est l'une des plus rares antiquités de Paris.

SEPTIÈME SIÈCLE, DE 600 A 700.

PRINCES RÉGNANTS.

Fin du règne de CLOTAIRE II, de 600 à 628.
DAGOBERT I, fils de Clotaire, de 628 à 638, règne 10 ans.
CLOVIS II, fils de Dagobert, de 638 à 656, règne 18 ans.
CLOTAIRE III, fils de Clovis II, de 656 à 670, règne 14 ans.
CHILDÉRIC II, fils de Clovis II, de 670 à 673, règne 3 ans.
THIERRY III, fils de Clovis II, de 673 à 691, règne 21 ans en y comprenant les trois ans où il fut dans un monastère et pendant lesquels régna Childéric.
CLOVIS III, fils de Thierry III, de 691 à 695, règne 4 ans.
CHILDEBERT III, frère de Clovis III, de 695 à 711, règne 16 ans.
C'est à Thierry III que commence la suite des rois nommés fainéants.

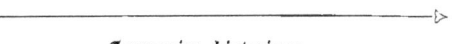

Sommaire historique.

Coup-d'œil sur ce siècle. — Coup-d'œil sur Paris. — Une Vision. — Champ-de-Mars. — Portrait des rois fainéants. — Charité de Clovis II et de saint Landry. — Un affront cruellement puni. — Inventions dues à ce siècle et au précédent.

Coup-d'œil sur ce siècle.

Le fait qui domine ce siècle, c'est l'affaiblissement de la royauté et l'origine de la puissance des Maires du Palais, qui tend à renverser cette royauté.

Le maire du palais, *majordome, gouverneur, préfet,* ministre de la maison du roi, choisi d'abord par le souverain, ne fut longtemps que son premier serviteur ; mais cette charge devint élective, et le roi eut à craindre un rival d'autant plus dangereux qu'il était indépendant. Nommé par les grands, il n'était point au pouvoir du roi de le destituer. Gouvernant l'État, commandant les armées, ces hommes doués d'un génie actif et ambitieux ne laissèrent peu à peu à celui qui portait la couronne que les vains honneurs d'un rang dont ils avaient usurpé la puissance ; et bientôt ils brisèrent l'idole pour se mettre à sa place.

Les Maires du Palais n'étaient pas les seuls ennemis de la royauté naissante ; tous les grands propriétaires en veulent à son pouvoir ; qu'ils soient Neustriens, qu'ils soient Austrasiens, ils n'ont qu'un même esprit, celui de la domination. Ce sont eux qui imposèrent à Clotaire la mort de Brunehaut ; ils ne pouvaient pardonner à cette reine, non les crimes dont elle s'était souillée, mais la fermeté avec laquelle son génie dominateur avait contenu leur ambition.

Nous avons vu dans le siècle précédent la Neustrie ou France-Romaine l'emporter sur l'Austrasie ou France-Germaine ; dans celui-ci, l'Austrasie devient prépondérante ; et l'élévation d'hommes supérieurs à la mairie du palais favorise ce mouvement. C'est en Austrasie que la charge de Maire du Palais devint d'abord héréditaire dans la puissante famille des Pépin. Les Francs du nord, ralliés autour de cette famille, qui les mena en conquérants par toute la Gaule, l'emportèrent sur les Francs de Neustrie ; il y eut comme une seconde invasion de la Gaule par les Germains, et les vainqueurs fondèrent un nouveau royaume, une nouvelle dynastie.

Coup-d'œil sur Paris.

Pendant cette période, la ville de Paris n'éprouva pas de notables changements, le monastère de Saint-Denis fut fondé par Dagobert, et c'est en l'honneur du saint martyr, patron de cette église et de la France, que le même roi institua une foire franche de tous les droits qui entravaient alors le commerce.

Saint Éloi, évêque, ministre du roi, orfèvre et grand monétaire, exécuta sous ce règne d'admirables travaux d'art en or et en argent ; il décora d'ornements artistement le tombeau de saint Denis ; il fabriqua une châsse toute d'or et de pierres précieuses pour contenir le corps de sainte Geneviève, l'humble vierge de Nanterre ; il en fit une autre pour sainte Colombe, et travailla un trône d'or massif pour le roi qui l'honorait de son amitié. Saint Éloi répara l'église de Saint-Martial, y plaça les reliques de ce saint et rassembla dans le monastère qui en dépendait trois cents religieuses. Le circuit de ce monastère, qui n'existe plus, porta pendant douze siècles le nom de ceinture de Saint-Éloi.

On doit à saint Landry, évêque de Paris, la fondation stable de l'hôpital de Saint-Christophe, qui fut depuis l'Hôtel-Dieu. Cet évêque assigna à cet établissement, qui jusque-là n'existait que de la charité publique, un revenu annuel fixe.

Une charte de Vandemir donne de grands biens à la cathédrale, aux deux abbayes de Saint-Vincent, dont l'une était Saint-Germain-l'Auxerrois, où saint Vincent était honoré ; à Saint-Denis, aux filles de Saint-Christophe qui desservent l'Hôtel-Dieu.

HISTOIRE, MOEURS, FAITS DIVERS.

Le génie de Frédégonde ne présidait plus à la Neustrie, Théodebert et Thierry prennent leur revanche sur Clotaire, qui, après la bataille de Dormeille, est mis en fuite et se retire dans Paris. Chassé bientôt de cette ville, il est forcé de demander la paix en perdant une partie de ses États : Paris tombe au pouvoir des petits-fils de Brunehaut ; mais la haine que cette princesse avait allumée et qu'elle excitait sans cesse entre les deux frères cause leur ruine et leur mort ; et Clotaire devient seul maître de la monarchie, après avoir fait ôter la vie au fils de Thierry, Sigebert. Brunehaut, sans soutien, est livrée par les grands d'Austrasie au vainqueur, Clotaire, qui reproche à cette princesse d'avoir fait mourir dix rois; et pour les venger, il lui fait subir des tortures cruelles, que son âge, quatre-vingts ans, rendaient plus atroces encore, et dont on a horreur de retracer les détails.

Il est resté de ces deux femmes qui rivalisèrent de crimes une mémoire détestée à juste titre; et cependant l'impartiale histoire remarque la prudence et l'activité avec lesquelles Frédégonde gouverna la Neustrie depuis la mort de Chilpéric; et d'immenses travaux d'utilité, tels que des routes, des ponts, des chaussées dont plusieurs restes se voient encore, ont gardé le nom de Brunehaut.

Une Vision.

622. Clotaire II associa au royaume son fils Dagobert, et lui donna l'Austrasie, à l'exception de quelques provinces. Il lui fait épouser, en 625, Gomatrude, sœur de sa femme Sichilde; les noces qui se célébrèrent à Clichy-la-Garenne, où le roi se plaisait à habiter, furent somptueuses; mais la cérémonie à peine achevée, le prince redemande hautement à son père la restitution des provinces qu'il avait détachées du royaume d'Austrasie. Clotaire dissimule son mécontentement et promet de s'en rapporter à l'arbitrage de douze seigneurs, quand une autre circonstance achève de l'aigrir contre son fils.

Fatigué d'un censeur importun, le jeune prince avait fait raser et enfermer dans un monastère son gouverneur, Landrigésile ou Landregisile; Clotaire ne put lui pardonner cette coupable injustice, et le fils, pour fuir l'indignation de son père, se réfugie dans l'oratoire de Saint-Denis, seul monument qui couvrît alors le tombeau du patron de la France. Là, dans le silence de cet asile consacré, l'âme du jeune homme s'ouvre au repentir, il prie avec ferveur et promet à saint Denis et aux saints martyrs qu'on honorait dans ce lieu de leur élever un temple magnifique s'ils lui accordent la grâce de lui rendre son père favorable. Les saints martyrs apparurent à Dagobert, lui promirent leur protection, et bientôt après, le fils, réconcilié avec son père, ne songea plus qu'à accomplir son vœu. Devenu en 628 maître de tout le royaume par la mort de Clotaire III, il ordonna qu'on bâtît l'église de Saint-Denis, et il la décora d'or, de pierreries et d'autres objets précieux. Éloi, célèbre d'abord comme sculpteur et comme orfèvre, et depuis évêque de Noyon, dirigea les constructions. Dagobert fit enle-

ver à Saint-Hilaire de Poitiers de superbes portes admirablement sculptées, dont il enrichit son église, ainsi qu'une cuve de porphyre qui servait aux fonts baptismaux : remarquable et précieux morceau d'art.

Le roi établit à Saint-Denis le *Laus perennis*, ou la psalmodie perpétuelle ; à toute heure du jour et de la nuit les moines y chantaient les louanges de Dieu. Dagobert mit son royaume sous la protection des saints martyrs patrons de cette église, et il lui donna une grande quantité de terres. Il est le premier roi qui y fut inhumé. Depuis, et successivement, plusieurs princes contribuèrent par leurs largesses à l'agrandissement et à l'embellissement de cette abbaye.

Saint Ouen, évêque de Paris et grand référendaire, prêta ainsi que saint Eloi de l'éclat au règne de Dagobert.

Champ-de-Mars. — Portrait des rois fainéants.

Clovis II, fils de Dagobert, qui lui succéda sous la régence de Nantilde, sa mère, choisit Paris pour sa résidence. A cette époque commence entre les maires du palais de Neustrie et ceux d'Austrasie cette rivalité que la sagesse de Nantilde contint d'abord ; mais après la mort de cette princesse, la guerre recommença sous le nom des rois qui régnaient plutôt de droit que de fait. L'histoire est là pour constater la puissance croissante de ces hommes dont le génie actif et ambitieux parvint à subjuguer les princes mérovingiens, qui les tinrent en tutelle et, les réduisant à une complète nullité, avancèrent la ruine de cette famille.

Ces rois, à qui la postérité a donné assez injustement le nom de *fainéants,* ne vivaient point à Paris ; mais, relégués dans de riches et agréables métairies, ils y menaient la vie de châtelains et ne paraissaient dans la capitale qu'une fois l'an, pour sanctionner tous les actes des maires de leur palais. Dans ces courtes et rares apparitions, qui avaient lieu au mois de mars, le roi, assis sur son trône, environné de l'armée et du maire du palais, qui se tenait debout devant lui, recevait les présents que le peuple avait la coutume d'offrir ces jours-là aux rois ; le peuple voyait avec étonnement et respect ces figures royales couronnées et parées de somptueux habits. Leur beauté, leur jeunesse, car on ne leur permettait pas de vivre longtemps, devait intéresser en leur faveur. Et si l'auréole glorieuse des hauts faits de la nation n'entourait pas leur couronne, le peuple, au moins, ne pouvait leur reprocher les maux dont il souffrait.

Charité de Clovis II et de saint Landry.

Quoique le règne de Clovis II ait été de dix-neuf ans et celui de Clotaire III, son fils, de quatorze ans, l'histoire particulière de Paris ne s'enrichit, pendant cette période, d'aucun fait important.

Cependant c'est Clovis II qui, pendant une famine de Paris, fit distribuer aux pauvres l'argent dont Dagobert avait fait couvrir le chevet de l'église de Saint-Denis ainsi que le tombeau du saint martyr (651).

Landry, évêque de Paris, après avoir donné tout le grain et les provisions qu'il tenait en réserve, vend sa vaisselle et ses meubles; ces sacrifices ne suffisant pas, il vend les vases sacrés et les ornements de son église pour secourir la misère du peuple.

La peste, suite assez ordinaire de la famine, désole Paris (666).

Un Affront cruellement puni.

Childéric, roi d'Austrasie, fut appelé en Neustrie à la mort de Clotaire III (670), et nommé roi de toute la France par l'influence de saint Léger, évêque d'Autun; mais bientôt, fatigué de l'empire qu'exerçait sur lui le prélat, il le fait enfermer au monastère de Luxeu, où la jalousie des grands d'Austrasie et leurs justes mécontentements avaient fait confiner Ebroin, maire du palais. Childéric, après le départ de saint Léger, se livre sans retenue à la fougue de ses passions et soulève contre lui tous les grands.

Un jeune seigneur nommé Bodilon représentant au roi l'injustice d'un nouvel impôt qu'il veut établir, le roi s'emporte, et pour châtier la hardiesse de celui qui osait lui résister, il le fait outrageusement fouetter de verges, peine qu'on n'infligeait qu'aux esclaves. Bodilon ne pouvait pardonner un pareil affront. Childéric est assassiné dans la forêt de Livri. La vengeance du meurtrier n'est pas satisfaite ; la reine Blichilde, qui était enceinte, subit le même sort. Childéric et sa femme furent enterrés à Saint-Vincent de Paris (673).

La mort de Childéric, qui rend la liberté à saint Léger et à l'ambitieux Ebroin, donne lieu à une lutte acharnée entre ces deux hommes d'une nature si différente. Par l'influence du premier, Thierry III, qui n'avait paru qu'un moment sur le trône, est rappelé. Ebroin, à la tête d'une armée de mécontents, veut produire un prétendu fils de Clotaire III, et avec son roi il marche sur Paris. Peu s'en fallut qu'il n'y surprît Thierry. Ce prince, dans sa fuite précipitée, abandonne ses trésors, qui deviennent la proie d'Ebroin. Non content de cette capture, Ebroin ravage encore les environs de la capitale, et livre à ses troupes la dépouille des églises ainsi que les biens de ceux qui refusent d'entrer dans son parti.

Ebroin tout-puissant fait crever les yeux à saint Léger, et débarrassé de ce rival, il abandonne son fantôme de roi pour se rallier à Thierry, et devient maire de son palais.

Si l'administration tyrannique de ce ministre fit détester le roi Thierry, elle ne fut pas sans quelque gloire pour la Neustrie ; et surtout, elle retarda l'envahissement de l'Austrasie. Après avoir remporté de grands avantages sur ce royaume, Ebroin mourut assassiné par un seigneur français (681).

Après lui, Pépin, qui gouvernait l'Austrasie, marche contre Thierry et son maire Berthaire, et gagne sur eux la fameuse bataille de Testri, entre Péronne et Saint-Quentin. Thierry se réfugie à Paris; Pépin l'y suit, et vient mettre le siége devant cette ville, dont les bourgeois lui ouvrent les portes. Maître de la personne du roi, qu'ils lui livrent, le duc Pépin commence à régner sur toute la France, sans prendre cependant le titre de roi : il laisse ce vain honneur à Thierry jusqu'à sa mort.

Inventions dues à ce siècle et au précédent.

(550) Introduction des cloches en France.
(630) L'empereur Justinien envoie deux moines dans la Sérique, province de Chine, pour en rapporter les vers à soie.
(650) Invention des moulins à vent par les Arabes.
(693) Les plumes à écrire sont substituées aux roseaux qui servaient à cet usage.

HUITIÈME SIÈCLE, DE 700 A 800.

PRINCES RÉGNANTS.

Fin du règne de CHILDEBERT III, jusqu'à 711.
DAGOBERT III, de 711 à 716, règne 5 ans.
CHILPÉRIC II, de 716 à 721, règne 5 ans.
THIERRY IV, dit de Chelles, de 721 à 737, règne 17 ans.
Interrègne de 5 ans pendant lequel gouverne CHARLES MARTEL, duc d'Austrasie.
CHILDÉRIC III, dernier des rois fainéants, 742 à 750, règne 7 ans.

DEUXIÈME RACE DITE DES CARLOVINGIENS.

PÉPIN, surnommé le Bref, de 750 à 768, règne 17 ans.
CHARLEMAGNE, fils de Pépin, de 768 à 814, règne 46 ans.

Sommaire historique.

Coup-d'œil sur ce siècle. — Coup-d'œil sur Paris. — Saint Vincent change de nom. — Un jugement de Dieu. — Épreuves. — Droit d'asile. — Sort des Saints. — Cérémonies des donations. — Costumes. — Monnaies.

Coup-d'œil sur ce siècle.

Nous avons vu dans le siècle précédent l'origine et le commencement du pouvoir des Maires du Palais ; ces ministres ambitieux remplissent celui-ci de leurs intrigues, de leurs luttes et de leurs succès ; ils sont à proprement parler les véritables rois, Grimoald, Ebroin en Neustrie, en Austrasie l'illustre famille des Pépin, dans laquelle la mairie devint héréditaire, Charles Martel, sont les héros actifs de cette période ; ils font et défont les rois, les tiennent dans une jalouse tutelle et les réduisent à une entière nullité.

Pendant que ces princes servent seulement à contre-signer les actes de leurs ministres ou plutôt de leurs maîtres, la ligue d'Austrasie contre la Neustrie continue, et ceux qui dirigent ce mouvement, qu'on pourrait appeler national, le conduiront, avec des succès débattus, jusqu'au moment où le génie de Charlemagne, venant dominer son époque, fondra en un seul empire tous ces éléments divers, et réunira sous une seule et énergique domination l'Allemagne, l'Italie et la Gaule.

Ces nations, d'intérêts, de mœurs et de langages différents, qu'il avait réduites par les armes, Charlemagne sut les conserver et les maintenir par la force de son génie organisateur autant que guerrier.

Pendant la longue suite de rois nommés Fainéants et qui n'appartiennent à l'histoire que par leur nom, la Révolution marche, elle arrive, et le dernier de ces princes glisse du trône sans qu'on paraisse l'en avoir poussé. Mais les grands événements qui amenèrent le changement de dynastie se passant sur un théâtre éloigné, les faits qui caractérisèrent ce changement n'appartiennent point à notre cadre : aussi, passerons-nous sans nous arrêter sur des temps fort intéressants pour l'histoire, mais dont nous n'avons pas mission de faire le récit.

Pépin, Charles Martel, par leurs hauts faits, leurs conquêtes, et surtout une sage administration, attirèrent à eux des populations rivales, heureuses de venir se ranger sous la domination qui pouvait les protéger. Pépin fut trente-quatre ans maire de l'Austrasie, qu'il avait agrandie, et gouverna souverainement toute la France pendant dix-sept ans, sous quatre de ses rois.

Charles Martel, après avoir soumis à l'Austrasie la plupart des peuples de l'Allemagne, affranchit encore la France du joug des Sarrazins qui l'avaient à demi envahie, et par sa victoire sur Abdérame, qui lui valut le surnom de Martel, il se concilia une nation à laquelle il avait conservé sa religion et son territoire.

Coup-d'œil sur Paris.

Paris se ressentit au dedans de ces luttes extérieures et sans cesse renaissantes. Déjà fort inférieure en grandeur à toutes les autres villes, en l'absence des rois, qui n'habitaient plus cette capitale, elle ne joua qu'un rôle secondaire; et son accroissement, rapide sous la domination romaine, s'arrêta tout-à-fait à la fin de la première race.

Dans le vaste empire de Charlemagne, la France n'était plus qu'une province. Paris devint la résidence d'un comte et le chef-lieu du duché de France. Ce duché comprenait une partie de la Neustrie, depuis Laon jusqu'à Orléans.

Les comtes de Paris résidaient au palais situé à l'ouest de la Cité, tandis que l'évêque avait le sien à l'est de l'île. Des vicomtes étaient chargés de l'administration de la ville.

La juridiction n'avait à cette époque aucun caractère d'unité: le comte, l'évêque, les abbés de Paris, exerçaient, chacun sur le territoire qui lui était départi, une autorité sans limites. Ils levaient des contributions et même des armées. En dehors de ces petits souverains était le peuple, divisé en hommes libres et esclaves, tous livrés à la plus complète ignorance.

Charlemagne, non-seulement guerrier mais législateur, chercha aussi à rétablir le culte des lettres. Il avait formé une espèce d'académie dans son propre palais. Le savant Alcuin, venu à sa prière de la Grande-Bretagne (779), prit la direction d'une école qui suivait l'empereur dans ses diverses résidences, et dans laquelle on enseignait les mathématiques, la grammaire, l'astronomie et le plain-chant. Cette école ne fut donc à Paris que temporairement; mais elle y fit naître le goût de la science. En 780 et 781, Gisèle et Rotrude, filles de Charlemagne, reçurent à Paris, au palais des Thermes, des leçons d'Alcuin.

Les monastères de Saint-Denis et de Saint-Germain-des-Prés, peuplés d'hommes savants, offrirent bientôt à la jeunesse studieuse les bienfaits de l'instruction. Les célèbres Abbon, Hincmard, Hilduin, Usuard, furent élèves de ces écoles.

Le premier qui ait professé publiquement à Paris est un moine de Saint-Germain d'Auxerre, nommé Remi, qui enseignait la dialectique et la musique.

HISTOIRE, MOEURS ET FAITS DIVERS.

Au milieu de l'inaction des derniers Mérovingiens, nous remarquerons cependant les efforts de Chilpéric II, qui, de concert avec Rainfroi, maire de son palais, essaya de lutter contre Charles Martel, et porta la guerre en Austrasie. Cette audacieuse tentative ne fut point couronnée de succès. Chilpéric dut céder à la fortune du conquérant. Défait une première fois près de Cologne (716), il revient à la charge l'année suivante ; mais Charles Martel remporte une victoire plus décisive encore, et, poursuivant ce roi jusqu'à Paris, il le remplace par un Clotaire, qui ne vécut que quelques mois. A la mort de ce dernier, Charles rappelle Chilpéric, et se contente d'être maire du palais. Malgré son pouvoir réel, tout se faisait au nom du roi. Charles Martel, avec le modeste titre de duc des Français, réunit pendant vingt-cinq ans sous sa domination toute la monarchie française, et mourut (741) à Quersy-sur-Oise, à l'âge de cinquante-deux ans ; son corps fut transféré à Saint-Denis.

Sous ses deux fils, Pépin et Carloman, entre lesquels il avait partagé l'empire, l'interrègne cessa. Pépin en Neustrie (742) fait déclarer roi Childéric III ; mais bientôt, maître de tout l'empire par la retraite de son frère Carloman, qui se fait moine au mont-Cassin, Pépin se décide à monter sur le trône après avoir soumis au pape la fameuse question : « Lequel doit être roi, de celui qui en a le titre sans en avoir la puissance, ou de celui qui en a la puissance sans en avoir le titre ? » La question résolue comme il le désirait, Pépin se fit sacrer d'abord par Boniface, archevêque de Mayence (751), et en 754, à Saint-Denis, par le pape Etienne III, après avoir fait enfermer au monastère de Saint-Bertin le dernier des Mérovingiens, Childéric III.

Ainsi finit cette dynastie, après avoir duré 271 ans. Elle fut remplacée par la famille des Carlovingiens, qui commence dans la personne de Pépin, surnommé le Bref, père de Charlemagne.

Saint-Vincent change de nom.

Quelques jours avant le sacre de Pépin, la translation du corps de saint Germain donna lieu à une auguste solennité à laquelle assistèrent le roi et ses fils, Carloman et Charles, qui fut depuis Charlemagne. Les restes de l'ancien évêque de Paris furent transportés de la chapelle de Saint-Symphorien, contigüe au monastère de Saint-Vincent, dans l'église elle-même. Cette pieuse cérémonie fut célébrée avec grande pompe ; Pépin voulut avoir l'honneur de porter lui-même les reliques vénérées du saint évêque ; et, aidé de quelques seigneurs, il descendit le corps dans la fosse. Pour conserver la mémoire de ce jour, il fit don au monastère, qui prit alors le nom de Saint-Germain-des-Prés, d'une terre située à Palaiseaux.

Le tombeau de saint Germain attira dès lors un nombreux concours de pèlerins. Tassillon, duc de Bavière, après avoir juré fidélité à Pépin (757) dans l'assemblée de Compiègne, vint renouveler son serment aux tombeaux de saint Denis et de saint Germain-des-Prés.

Après avoir partagé ses États entre ses deux fils Carloman et Charles, Pépin mourut (768) et fut enterré, selon qu'il l'avait désiré, sous le vestibule de Saint-Denis, la face contre terre en signe d'humilité.

Charles ou Charlemagne, qui avait eu la Neustrie dans son partage, devint par la mort de son frère (771) seul maître de toute la monarchie des Francs, et par ses conquêtes au nord, à l'occident et au midi, il agrandit encore cet empire dont le siége, Aix-la-Chapelle, devint comme le centre. Mais Paris oublié, délaissé, ne vit pas souvent son souverain; il y fit de courts séjours; il y célébra pourtant à plusieurs reprises les fêtes de Noël et de Pâques.

Un Jugement de Dieu.

Dans les rares circonstances où Charlemagne se trouva à Paris, il eut à décider sur une discussion qui s'était engagée entre Fulrad, abbé de Saint-Denis, et l'évêque de Paris Erchenrad, au sujet du monastère de Plaisir, dont tous deux réclamaient la possession. Selon l'usage, il fut ordonné que le *Jugement de Dieu* devant le roi terminerait le différend. Deux hommes, l'un représentant l'abbé de Saint-Denis, l'autre l'évêque, soutinrent l'épreuve en présence du roi et de ses grands, parmi lesquels l'histoire fait mention de Gérard, comte de Paris.

Cette épreuve consistait à étendre les bras en croix pendant qu'un prêtre récitait des psaumes. Le champion de l'église de Paris ayant le premier baissé les bras par lassitude, le monastère de Saint-Denis fut déclaré propriétaire du prieuré de Plaisir.

Épreuves.

Dans ces temps d'ignorance, une foi naïve remplaçait les lumières qui manquaient encore, et dans l'impuissance de résoudre certaines questions douteuses on s'en remettait au

Jugement de Dieu, qui, lisant dans les cœurs, devait faire triompher la bonne cause.

Tout homme accusé, pour se purger d'un crime, pouvait recourir au serment judiciaire. Il choisissait, parmi ses pairs, des *conjurateurs* qui, lorsqu'il avait juré qu'il était innocent, levaient la main droite et s'écriaient : J'affirme qu'il a dit la vérité. Leur nombre était proportionné à la gravité du délit; il y avait certains jours assignés pour prêter ce serment : c'était toujours le matin, à jeun, dans une église. On jurait sur l'autel, sur la croix, le livre des évangiles, le tombeau, la châsse ou les reliques d'un saint ; l'accusé avait les mains étendues sur celles des témoins lorsqu'ils faisaient leurs dépositions, protestant qu'il était innocent.

A défaut de conjurateurs, le prévenu pouvait requérir les épreuves par l'*eau froide*, l'*eau chaude* ou le *fer rouge*.

L'EAU FROIDE : L'accusé est plongé dans une cuve remplie d'eau, la main droite liée au pied gauche ; s'il surnage, il est jugé coupable.

L'EAU CHAUDE : L'accusé doit chercher et saisir, au fond d'une chaudière d'eau bouillante ou au milieu de charbons ardents, une boucle de fer ; sa main, soigneusement enveloppée et marquée du sceau de l'église, ne doit présenter au bout de trois jours aucune trace de brûlure pour que son innocence soit reconnue.

LE FER ROUGE : L'accusé doit impunément porter un fer brûlant l'espace de neuf pieds, ou marcher sur neuf socs de charrue rougis au feu.

Faute de preuves en justice, on permettait le duel ou combat judiciaire ; c'était le moyen dont se servaient les nobles pour terminer leurs différends. Les ecclésiastiques mêmes n'étaient point affranchis de cette coutume barbare ; mais comme des mains destinées à offrir le sacrifice non sanglant ne pouvaient répandre le sang, des champions se battaient pour eux.

L'accusé et l'accusateur jetaient un gage : un gant, d'ordinaire. Aussitôt on envoyait en prison sous bonne garde les deux combattants, jusqu'à ce que le seigneur haut-justicier eût fixé le jour du combat, désigné le champ et livré les armes. On portait les armes en grande pompe au son des fifres et des trompettes ; un prêtre les bénissait ainsi que le lieu du combat. Les deux champions commençaient par se donner des démentis, s'injurier, puis, se radoucissant, ils se mettaient à réciter dévotement des prières, après quoi ils en venaient aux mains ; la victoire prouvait l'innocence du victorieux et la légitimité de sa cause. La peine du vaincu, lorsqu'il n'avait pas succombé sous le fer de son ennemi, était celle que méritait le crime dont il était accusé.

Il y avait encore l'épreuve par *le pain et le fromage*. On réunissait dans l'église les accusés de vol ; on leur donnait à manger du pain et du fromage, après avoir supplié Dieu de dévoiler la vérité en ne permettant pas qu'ils pussent avaler ces aliments s'ils étaient coupables. A l'appareil qu'on mettait à cette épreuve se joignait l'appréhension du coupable pour le frapper de terreur et faire souvent réussir l'épreuve.

Droit d'asile.

Si l'Église rendant la justice était redoutable au crime, miséricordieuse comme son divin maître, elle ouvrait ses bras à tous les malheureux. Hommes libres, esclaves, criminels même, trouvaient dans son sein un asile inviolable. L'opprimé, quel qu'il fût, se présentant sans armes, afin de montrer qu'il se fiait seulement à la protection divine, saisissait l'anneau placé à la grande porte de l'église et y passait le bras. Nul pouvoir ne pouvait l'en arracher, et comme il fallait que le réfugié pût vivre, la faculté tutélaire de l'asile s'étendait au parvis, aux vestibules et aux portiques attenant à l'église.

Sorts des Saints.

La religion chrétienne, tout en s'établissant sur les ruines du paganisme, ne parvint que longuement à triompher des superstitions païennes, et, ne pouvant les détruire, elle essaya de sanctifier leur but. Ainsi c'était l'habitude en Grèce, en Italie, d'ouvrir au hasard un volume et de tirer un pronostic des premières lignes de la page. On consultait les sorts d'Homère, de Virgile, de Claudien; ils furent remplacés dans la Gaule, après l'établissement du christianisme, par les *sorts des saints*, qui consistaient à ouvrir un livre saint soit pour lui demander une prédiction, soit un conseil salutaire.

Dans les Gaules comme en Italie, le commencement de l'année était solennisé par des réjouissances qui réunissaient les éléments des étrennes et du carnaval; comme ces fêtes gardaient quelque chose de leur origine païenne, elles furent longtemps et en vain censurées et combattues par les Pères de l'Eglise.

La fête que les Romains faisaient tous les ans à leurs vieux habits donna naissance aux mascarades du carnaval.

Cérémonie des donations.

Dans ce siècle et dans le précédent, il faut remarquer l'influence du clergé, qui allait toujours croissant. Eux seuls possédaient l'instruction, et les lumières qu'ils avaient acquises à l'ombre des cloîtres devaient leur donner une grande prépondérance sur le reste de la nation, et surtout la population franque encore barbare. D'ailleurs, la douceur d'une domination que la religion chrétienne rendait plus miséricordieuse devait, dans ces temps de troubles et de luttes, leur attirer les respects de la multitude, qui trouvait toujours dans l'église un refuge contre la tyrannie; aussi les dons aux églises, aux monastères, se multiplièrent-ils dans cette période. En enrichissant les établissements religieux, on avait un triple motif, celui d'expier ses crimes ou ses fautes, de se rendre le saint patron du lieu favorable, en même temps qu'on espérait trouver des protecteurs dans les ministres de Dieu.

Les cérémonies qui accompagnaient ces donations étaient toutes symboliques. On donnait en partageant du pain bénit avec le donataire, en lui passant un anneau au doigt; d'autres fois, le donateur déposait sur l'autel une branche d'arbre plantée dans une motte de la terre qu'il abandonnait : c'était la transmission par *l'herbe et la terre*, par *la motte et le rameau* ; ou bien l'on substituait à la branche d'arbre tout autre objet symbolique, qui exprimait l'essence de la chose qu'on abandonnait.

Costume.

Le costume changea peu pendant les trois derniers siècles ; et, comme les habitants de la France présentaient à cette époque trois populations distinctes, les Austrasiens, au nord, conservaient l'habit et les usages des Francs ; au midi, les Aquitains et les Provençaux restaient fidèles à ceux des Gallo-Romains ; et ces coutumes étaient presque confondues en Bourgogne et en Neustrie ; mais la révolution dans laquelle les Austrasiens domptèrent ces puissances et leur donnèrent des rois remit en vigueur les lois et les mœurs françaises.

Charlemagne n'aimait que l'habit français (dit Éginhard). Sur une chemise et des caleçons de lin il vêtait une tunique bordée d'une bande de soie ; puis il mettait ses bas et serrait ses pieds avec sa chaussure, et ses jambes avec des bandelettes. En hiver, il couvrait ses épaules et sa poitrine d'un collet fait de peau de loutre ; il portait une saie bleue et il était toujours armé de son épée ; il paraissait dans les solennités avec un habit en tissu d'or, sa chaussure ornée de pierreries, et coiffé d'un diadème d'or chargé de pierres précieuses.

Les femmes portaient des robes de soie si fines et si collantes qu'elles ne faisaient que teindre pour ainsi dire le haut du corps d'une couleur brillante, puis, s'élargissant progressivement depuis le bas des hanches jusqu'aux pieds, y formaient une foule de plis qui tombaient gracieusement. Comme dans la nature, le corps n'était plus divisé qu'en deux parties par une ceinture précieuse ; la robe externe était plus courte.

Leur coiffure se composait de deux longues nattes tombant de chaque côté du visage et pendant jusqu'aux pieds, où elles se terminaient par des pierres précieuses. Un long voile, assujetti sur leur tête par de grandes épingles, couvrait leur visage, ou, rejeté en arrière, les enveloppait à demi. Les femmes âgées y ajoutaient une guimpe qu'elles ajustaient sous leur voile. La chlamyde fourrée était toujours de mode ; le blanc et le pourpre, les couleurs le plus en faveur.

Les jeunes filles laissaient leurs cheveux épars, sans ornements. Aussi l'on disait de celles qui tardaient à s'établir : *Remanent in capillo* : elles restent en cheveux. Les femmes mariées devaient s'abstenir de couper leur chevelure, que Dieu leur avait donnée pour marquer leur sujétion ; mais elles pouvaient la natter, y mêler des bandelettes de pourpre. Leurs coiffes ou chaperon ressemblaient à l'ancienne mitre.

Pour les hommes, la toilette de la tête était arbitraire : les uns portaient la barbe, d'autres les seules moustaches ; quelques-uns laissaient pousser leurs cheveux, tandis que le plus grand nombre les coupait en rond par derrière, vers le bas du cou.

Le luxe était devenu une telle passion pour les nobles, qu'ils ne portaient que des draps d'or, des brocarts, des fourrures précieuses, des étoffes de soie de la plus grande beauté que l'on surchargeait de broderies, d'ornements en or, de perles et de pierreries, depuis les souliers jusqu'au chaperon, souvent orné d'un panache ondoyant, tandis que les pauvres paysans, les serfs à demi nus, n'avaient qu'une mauvaise saie et un petit manteau de gros drap ou de peau.

MONNAIES. — Les monnaies dont on se servait sous la première race étaient le sou, le demi-sou, le tiers de sou ou triens, lesquels étaient d'or.

Il y avait un sou d'argent qui ne valait que douze deniers; on en taillait vingt-deux dans une livre d'argent, et le chef de la monnaie devait en retenir un.

Le sou d'or valait 9 f. 28 c. ; le demi-sou, 4 f. 64 c. ; le triens, 3 f. 9 c.

Le sou d'argent valait 2 f. 78 c.; le demi-sou, 1 f. 39 c.; le triens, 92 c.; le denier d'argent, 23 c.

A cette époque l'argent avait presque dix fois la valeur qu'il a aujourd'hui.

Inventions dues à ce siècle.

(740) Les Arabes établissent en Provence les premières manufactures de tapis.

(754) Les marchands lombards, pour faciliter les transactions du commerce, inventent les lettres de change.

(757) L'empereur Constantin Copronyme envoie à Pépin les premières orgues que l'on vit en France; le roi les fit placer à Compiègne, dans sa chapelle.

(760) Le pape Paul III lui envoie une horloge à rouages; les heures sonnaient au moyen de boules tombant dans un bassin de métal.

Pépin est le premier roi de France qui ait employé la formule : « Par la grâce de Dieu. »

C'est sous ce roi que les assemblées nommées Champ-de-

Mars prirent le nom de Champ-de-Mai, parce qu'elles furent transférées dans ce mois.

(**760**) Les cours plénières se tenaient par le roi, à Pâques et à Noël.

(**779**) L'établissement de la dîme date de cette année : c'était la dixième portion des récoltes qu'on payait aux seigneurs tant ecclésiastiques que laïques.

Formation de la langue romance, mélange du latin et de l'idiome franc ou teutonique; origine de la langue française.

NEUVIÈME SIÈCLE, DE 800 A 900.

PRINCES RÉGNANTS.

Fin du règne de CHARLEMAGNE, de 800 à 814.
LOUIS I, surnommé le Débonnaire, fils de Charlemagne, de 814 à 840, règne 26 ans.
CHARLES, surnommé le Chauve, fils de Louis I, de 840 à 877, règne 38 ans.
LOUIS II, dit le Bègue, fils de Charles-le-Chauve, de 877 à 879, règne 2 ans.
LOUIS III et CARLOMAN, fils de Louis-le-Bègue, de 879 à 884, règnent 5 ans.
CHARLES III, dit le Gros, fils de Louis-le-Germanique, de 884 à 888, règne 3 ans.
EUDES, comte de Paris, fils de Robert-le-Fort, duc de France, roi par élection, de 888 à 898, règne 10 ans.
CHARLES IV, dit le Simple, fils de Louis II, de 898 à 923, règne 25 ans.

Sommaire historique.

Coup-d'œil sur ce siècle. — Coup-d'œil sur Paris. — Diverses apparitions des Normands. — Le Siége de Paris. — Usages et Inventions.

Coup-d'œil sur ce siècle.

Ce siècle, qui vit mourir Charlemagne, vit se démembrer, sous ses pâles successeurs, ce vaste empire qu'avait formé et que soutenait son immense génie. Les fils de Louis-le-Débonnaire, armés contre leur père, et de son vivant se disputant son héritage, remplirent la moitié de cette période de leurs parricides dissensions; l'autre moitié est livrée aux Normands (Northman).

Ces pirates, accourus du Jutland, après avoir désolé la Gaule, portent leurs ravages jusqu'au cœur de la monarchie. Paris est au moment d'être ruiné de fond en comble : un double motif conduit ces Barbares, l'espoir du butin et la soif de la vengeance.

Refoulés vers le Nord par les armes de Charlemagne, les peuples qu'il n'avait pas vaincus, mais à qui sa puissance opposait une barrière infranchissable, prirent le chemin de la mer pour attaquer d'un autre côté cette Gaule dont ils convoitaient les richesses. Ils remontent les rivières et s'avancent d'abord timidement, se contentant de piller leurs rives. Ils s'enhardissent bientôt, car ils ne trouvent plus de digue capable de les arrêter : Charlemagne était mort. Ses faibles successeurs, que leur incapacité et aussi le malheur des temps rendaient inhabiles à repousser le fléau, ne pouvant vaincre ces Barbares, essaient de les éloigner à prix d'or. Leur roi Harold avait obtenu de Louis une province pour un baptême ; bientôt ils se firent baptiser pour avoir des habits : on n'en pouvait trouver assez pour tous ces néophytes. A mesure qu'on leur refusa le sacrement dont ils se faisaient un jeu lucratif, ils devinrent plus furieux : dès que leurs cors d'ivoire retentissaient dans les airs, tout fuyait, personne ne regardait derrière soi.

Les fils de Louis-le-Débonnaire, dans leurs guerres sacriléges, se servent de ces auxiliaires les uns contre les autres, et forment avec leurs chefs de coupables alliances qui doublent l'audace de ces aventuriers. Pendant dix ans, ils ravagent les bords de la Loire et toute l'Aquitaine. En 841, la Seine les voit sur ses bords ; ils dévastent de préférence les riches abbayes et tous les lieux consacrés à la religion, comme par représailles de l'espèce de violence que Charlemagne avait exercée sur la croyance de leurs frères du Nord, en les forçant à devenir chrétiens. En 845, ils poussent jusqu'à Paris. Nous allons voir ce que fit cette ville pour leur résister.

C'est dans ce siècle qu'on trouve l'origine de la féodalité, système qui dut sa naissance à la faiblesse des rois, à l'instabilité de leurs États, et au besoin qu'ils avaient d'intéresser à la défense d'un pays toujours sur le point d'être envahi les grands propriétaires et les chefs militaires, en leur donnant à perpétuité les fiefs que d'abord ceux-ci ne tenaient qu'à cens et à vie.

Coup-d'œil sur Paris. — Monuments et Institutions.

Voyons maintenant la situation physique de Paris dans la malheureuse période que nous allons parcourir.

La royauté n'habite plus cette ville qu'à de longs intervalles. Un comte et un évêque s'y partagent l'administration et la juridiction. Les seuls monuments de cette époque sont les travaux de fortifications exécutés pour défendre la ville contre les attaques des Normands.

Ces Barbares, dans leurs diverses apparitions, ruinèrent les deux faubourgs du midi et du nord de Paris. Ils renversèrent les faibles enceintes qui les protégeaient, détruisirent les habitations qu'elles renfermaient, ravagèrent le palais des Thermes et démolirent l'aqueduc de Chaillot; mais ils ne purent pénétrer dans la cité, défendue non-seulement par le fleuve, mais encore par une enceinte de murailles munie de tours.

Charles-le-Chauve fit bâtir un grand pont pour remplacer celui qui avait été détruit et interdire aux Normands la navigation de la Seine. Ce pont, construit en bois comme toutes les constructions de cette époque, était situé, à ce qu'on croit, à l'extrémité occidentale de l'île de la Cité, à peu près en face de la rue du Harlay aujourd'hui. Alors les deux petites îles qu'on a jointes depuis à la Cité en étaient encore séparées, et les jardins du palais où habitait le comte de Paris occupaient cette pointe occidentale de l'île. Ce pont allait aboutir sur la rive droite de la Seine, dans la direction du Fort-l'Evêque. Protégé d'un côté par les fortifications du palais et de l'enceinte, et de l'autre par une tour en bois élevée à son extrémité et environnée de fossés, ce pont fut donné à l'évêque de Paris ; et, au point où il aboutissait, se trouvait la justice de l'évêque, c'est-à-dire le Fort-l'Evêque.

Nous placerons dans ce siècle l'origine de quelques églises, dont la date n'est pas précisée, mais qui existaient sous la première et la seconde race.

Dans la Cité : Saint-Barthélemy, située rue de la Barillerie, en face le Palais ; Saint-Landry, d'abord nommée Saint-Nicolas, située rue Saint-Landry ; Saint-Germain-le-Vieux, nommée d'abord Saint-Jean-Baptiste, située place du Marché-Neuf ; Saint-Pierre-des-Arcis, rue de la Vieille-Draperie.

L'île Saint-Louis ou de Notre-Dame, située à l'orient de la cathédrale, appartenait en 820 à l'église de Paris, qui jouissait du cinquième de ses revenus. Les comtes de Paris en avaient usurpé la propriété : Charles-le-Chauve la restitua à la prière d'Enée, évêque de Paris.

C'est sous le règne de Charles-le-Chauve que fut établie la célèbre foire du Landit, où l'abbaye de Saint-Martial exposait à la vue des fidèles les saintes reliques que l'empereur avait données à cette église.

HISTOIRE, MOEURS ET USAGES.

Au milieu des règnes désastreux qui se partagèrent cette époque, cherchons les principaux événements qui intéressent Paris.

800. Charlemagne, allant en Italie pour y ceindre la couronne d'empereur d'Occident, passa par Paris, accompagné de sa fille Théodrade. Cette jeune princesse parut dans cette circonstance avec une magnificence toute royale ; peu de temps après, elle se retira dans un cloître.

Un roi prisonnier de son fils.

814. Louis-le-Débonnaire signala son avènement à la couronne et son règne pieux en venant visiter les églises de

Paris ; il ne revint plus dans cette ville que prisonnier de son fils Lothaire.

La désunion qui éclata bientôt entre des frères ambitieux et avides mit fin à la captivité du roi. Lothaire le laisse libre dans l'abbaye de Saint-Denis qui lui avait servi de prison. Louis fait honneur de sa délivrance au saint patron de la France, et, comme monument de sa gratitude, il engage le savant Hilduin, alors abbé de Saint-Denis, à rédiger la vie et les actes de saint Denis.

Après la mort de Louis, ses fils, malgré le partage qu'il avait fait entre eux de son royaume, se disputent son héritage. Lothaire s'avance vers Paris pour s'emparer de la part de son frère, Charles-le-Chauve. Gérard, comte de Paris, infidèle à ses serments, sert l'ambition de Lothaire, et, pour défendre le passage de la Seine, fait couper les ponts jetés sur cette rivière. Charles-le-Chauve remonte la Seine, de Rouen à Paris, avec trente-huit barques chargées de troupes, repousse le comte Gérard, et peut aller librement rendre ses actions de grâces aux tombeaux de Saint-Denis et de Saint-Germain-des-Prés. Après la sanglante et fameuse bataille de Fontenai, près d'Auxerre (841), où Charles triompha de Lothaire, il fut obligé de revenir à Paris pour soumettre une seconde fois le comte Gérard, qui, ayant cru au bruit de la mort du roi, refusait de se soumettre à celui que Charles avait envoyé.

Charles-le-Chauve résida parfois à Paris.

Première apparition des Normands.

Pour la première fois en 845, Paris est le théâtre de la première invasion des Barbares qui remplirent ce demi-siècle de leurs brigandages.

Sous la conduite de leur chef Ragenaire, ces pirates venus du Danemark entrent dans la Seine avec 120 vaisseaux et arrivent à Paris. Surpris au dépourvu, dans l'impossibilité de se défendre, les habitants prennent la fuite. Les religieux de Sainte-Geneviève et ceux de Saint-Germain-des-Prés transportent les corps de leurs saints patrons, les premiers à Draveil, les autres en Brie, pour les soustraire à la profanation des Danois. Ceux-ci se jettent avec fureur dans l'abbaye de Saint-Germain-des-Prés et enlèvent tout ce qu'ils peuvent emporter; se répandant ensuite dans les campagnes, ils massacrent les habitants, brûlent les villages et les monastères : ce n'était là que le prélude de leurs ravages. Mais une maladie qui se déclare parmi eux en décime un grand nombre, et Ragenaire, effrayé, fait des propositions de paix. Charles se trouve heureux d'acheter le départ de ces cruels hôtes au prix de 7,000 livres d'argent.

Ragenaire, de retour en Danemark, offrit au roi Horic la serrure de l'une des portes de Paris et une poutre enlevée à Saint-Germain-des-Prés. Horic eut l'air de désapprouver ce chef, il fit même punir ceux qui revinrent de l'expédition ; et cependant, malgré la paix, les courses des Normands continuèrent. C'est en vain que, pour en faire des alliés, les rois qui ne purent les vaincre leur concédèrent des terres ; ils prirent ces terres et continuèrent leurs brigandages. Non contents du pillage, ils emmenèrent les hommes en servitude, et l'effroi qu'inspira leur approche et jusqu'à leur nom devint tel, « que, dit un annaliste, un roi (Louis III) bâtit un château de bois qui servit plutôt à fortifier les païens (Normands) qu'à défendre les chrétiens, car ledit roi ne put trouver personne à qui en remettre la garde. »

Nous ne suivrons pas les Normands dans leurs courses vagabondes; la mer les transporte dans toutes les contrées de la Gaule dont elle baigne les côtes; leur audace ne connaît point de bornes ; ils s'aventurent en remontant les fleuves jusqu'au cœur de ses plus belles provinces, et partout ils portent la mort et la dévastation. Ne pouvant leur résister, plusieurs des habitants se joignent à ces Barbares et se font païens comme eux ; quelques-uns même devinrent leurs chefs : le fameux Hastings était natif des environs de Troyes.

Mais l'appât des trésors renfermés dans les riches abbayes ne les attire pas seul : ils prennent plaisir à profaner tout ce qui est l'objet de la vénération des chrétiens ; on voit qu'ils ont juré au christianisme une guerre d'extermination.

Diverses apparitions des Normands.

En 857 Paris les voit de nouveau, et les mêmes malheurs signalent leur présence. La basilique de Saint-Pierre et Saint-Paul, où reposait, à côté de Clovis et de Clotilde, l'humble bergère de Nanterre, la patronne de Paris, devient la proie des flammes. Les autres églises situées hors de la Cité subissent le même sort ; Saint-Etienne-des-Grés, l'abbaye de Saint-Denis et celle de Saint-Germain-des-Prés se rachetèrent de l'incendie à prix d'or. Un million et demi de notre monnaie suffit à peine pour payer la rançon de l'abbé de Saint-Denis.

C'est en vain que le roi Charles-le-Chauve négocie avec les Normands qui exploitent la Somme pour combattre ceux qui ravagent la Seine. Les 3,000 livres d'argent qu'il promet à ces nouveaux auxiliaires n'empêchent point que les Normands de la Seine ne reparaissent pour la troisième fois à Paris, en 861. Saint-Germain-des-Prés est de nouveau le théâtre de leurs brigandages.

Tout avait fui du monastère : vingt moines seulement étaient restés dans ce poste dangereux ; résignés au sort qui les attendait, les pieux religieux chantaient matines le saint jour de Pâques, quand leur retraite fut envahie ; ils parvinrent cependant à se cacher dans les souterrains ; un seul fut tué. Les Normands égorgèrent plusieurs serviteurs de l'abbaye, pillèrent le monastère et mirent le feu au cellier.

Les négociants de la ville qui essayèrent de s'enfuir par la Seine, emportant avec eux ce qu'ils avaient de précieux, furent pillés et faits prisonniers, et ne recouvrèrent la liberté qu'en payant de fortes rançons. Les faubourgs de la ville, surtout ceux du midi, souffrirent beaucoup de cette invasion.

Charles-le-Chauve, après la retraite des Normands, rendit un capitulaire pour que tous ces ravages fussent réparés et ordonna de construire un grand pont sur la Seine pour la défense de la ville, les barques des Normands étant trop grandes pour passer au travers des piles d'un pont..

Les quinze dernières années du règne de Charles sont remplies de ses luttes contre ses frères et de ses tentatives infructueuses pour éloigner les Normands. Tantôt il les combat, tantôt il négocie avec eux, et, par d'onéreux marchés, il épuise son royaume. Cependant, quelques succès passagers vinrent couronner ses efforts et donner courage à la population; elle apprit enfin que ces Barbares n'étaient pas invincibles, et Paris dut à ces avantages quelques années de répit.

Ramenés par leur chef Rollon, en 877, les Normands redescendent la Seine jusqu'à Rouen; Charles leur fait offrir 5,000 livres d'argent, à la condition qu'ils sortiront du royaume, et pour réunir la somme promise une taxe est établie sur les propriétés civiles et ecclésiastiques. En même temps le roi ordonne de réparer les châteaux sur les rives de la Seine et de la Loire, entre autres le château de Saint-Denis. La mort de Charles arrêta ces dispositions, que ses faibles successeurs n'eurent pas le temps de compléter.

Du côté de la Meuse, Charles-le-Gros, impuissant à combattre des ennemis trop redoutables, compose avec eux; il accorde à Godefroy, un de leurs chefs, la main de Gisla, fille de Lothaire, et plusieurs comtés sur le Rhin; il lui paye même un tribut : et comme ce chef paraît disposé à embrasser la foi catholique, il lui sert de parrain.

La guerre continue sur d'autres points ; le royaume est dévasté jusqu'à l'Oise par ces avides étrangers, et malgré les succès remportés sur eux par Carloman et le comte de Paris, Hugues l'abbé, 12,000 livres d'argent suffisent à peine pour leur faire repasser la Somme.

Godefroy élève de nouvelles prétentions et réclame trois autres villes sur le Rhin ; Charles-le-Gros, ne voulant pas accéder à sa demande, le fit tuer par trahison. Ce juste motif de vengeance ramena les Normands : ils forment une ligue générale, et Paris les voit bientôt sous ses murs, décidés à ruiner cette ville et tout le royaume.

Siège de Paris.

885. Eudes et Gozelin gouvernaient alors Paris, le premier comme comte, l'autre comme évêque ; tous deux hommes de cœur et d'exécution, et dont la courageuse énergie, en sauvant Paris, sauva la monarchie française.

Et cependant cette ville était bien déchue de la splendeur dont l'avaient dotée et la domination romaine et les temps glorieux de Clovis. Ruinée par des guerres intestines pendant un quart de siècle, elle était devenue la proie de l'étranger qui l'avait dévastée. Refoulée dans l'île, son berceau, il semblait qu'elle dût être sans force pour lutter contre cette armée de Barbares qui voulaient l'anéantir ; et cependant elle résista. Une année entière leurs efforts réunis s'acharnèrent pour la réduire ; mais sous des chefs habiles et déterminés, son courage grandissant avec le danger décupla ses forces : elle triompha des Normands.

L'armée des Normands qui se présenta devant Paris était forte de 40,000 hommes à peu près, et conduite par quatre rois de leur nation. 700 grandes barques et u nombre double de petites couvraient la rivière dans un espace de plus de huit kilomètres au-dessous de la ville.

Sigefroy, l'un des chefs qui dirigeaient l'expédition, fait demander à Gozelin le passage pour lui et ses troupes, l'assurant qu'il ne veut que remonter le fleuve, et promettant que lui et le comte Eudes n'en recevront aucun dommage. Sur le refus de l'évêque exprimé en termes dignes et respirant une noble indépendance, le Barbare s'emporte en menaces, et des deux côtés l'on se prépare au combat.

Le 27 novembre, au point du jour, la tour située à l'extrémité du pont, du côté de Saint-Germain-l'Auxerrois, est attaquée par les Normands à coups de pierres et de flèches ; cette tour en charpente n'était pas complétement achevée, mais reposait sur une base en maçonnerie fort solide. Gozelin, son neveu Ebles, le comte Eudes et son frère Robert, qui s'y étaient enfermés ainsi que d'autres guerriers intrépides, résistent avec un héroïque courage. Entraînés par l'action jusqu'au pied de la tour, ils combattent corps à corps, et Gozelin est légèrement blessé. Les Normands repoussés sur ce point se retirèrent et laissèrent le temps aux Parisiens de réparer pendant la nuit le dommage fait à la tour.

« Les Normands la saluent de nouveau avec le soleil, dit Abbon, et envoient aux fidèles de terribles combats. » Les assiégés faisaient pleuvoir sur eux de la poix, de la cire fondue, de l'huile bouillante, et les précipitaient dans le fleuve en leur criant : « Allez rafraîchir vos brûlures dans la Seine, les eaux répareront votre chevelure et la rendront plus lisse. » Ceux qui retournaient au camp, rebutés par les obstacles, étaient insultés par leurs femmes : « D'où viens-tu ? te sauves-tu d'un four ? » elles parlaient ainsi de la tour par dérision, à cause de son peu de hauteur : « Je le vois, fils du diable, vous ne pourrez jamais en triompher. Quoi ! ne t'ai-je pas donné du pain, du vin, de la chair de sanglier ? et tu reviens sitôt à ton gîte ! »

L'ennemi, fatigué de plusieurs assauts où il avait été vigoureusement repoussé, se jette, pour faire diversion, sur la rive droite de la Seine, en massacre les habitants, pille et profane les lieux saints; l'église de Saint-Germain-l'Auxerrois seule est préservée de leurs fureurs, parce qu'elle se trouve renfermée dans leur camp : ils s'y étaient retranchés comme dans une citadelle.

Le 26 janvier, les Barbares font approcher des murailles de la ville une tour en bois à trois étages, armée de béliers, montée sur seize roues et portant 60 hommes; cette tour qu'ils avaient construite dans leur camp était à peine achevée, on y travaillait encore, lorsque une baliste, lançant des pierres du haut de la tour qui protégeait le pont, vint frapper de mort les deux inventeurs, et empêcher ainsi les Normands de se servir de cette machine de guerre. Non rebutés par cet échec, le lendemain ils attaquent Paris de deux côtés à la fois : un corps de troupes se dirige vers la tour et travaille à l'abattre en se mettant à couvert des matières bouillantes qu'on jetait des murailles, sous des peaux de bœufs fraîchement tués. Un autre corps attaque le pont par la rivière, et met tout en œuvre pour le détruire; dans cet assaut, plus terrible que les précédents, une grêle de pierres, de flèches et de balles de plomb vole dans la ville. Le son des cloches appelle tous les habitants sur les remparts. C'est en vain que les ennemis égorgent à leurs yeux tous les prisonniers, qu'ils jettent leurs cadavres dans les fossés pour les combler; les Parisiens ne se laissent pas abattre. D'ailleurs, les comtes Eudes, Robert, Ebles excitent leur courage par l'exemple, et le valeureux évêque Gozelin ranime leur confiance en Dieu, qui seul peut faire triompher leur sainte et juste cause.

Les assiégés respirent un moment pendant que la soif du butin entraîne les Normands dans la campagne : Saint-Germain-des-Prés est encore une fois pillée par eux; mais ils deviennent victime de leur avidité : surpris à l'improviste par une sortie des guerriers qui gardaient la tour du midi, un grand nombre succombent sous les armes de ces valeureux défenseurs.

Cette victoire des Parisiens est suivie d'une catastrophe qui vient porter la consternation parmi les assiégés, et rappelle à la curée les Normands épars aux alentours de Paris. Dans la nuit du 6 au 7 février, une crue subite des eaux de la Seine renverse la moitié du pont qui communique de la ville à la rive gauche ; cet accident vient isoler la tour élevée à la tête du pont et sépare de l'armée les douze guerriers qui s'y trouvent renfermés. Les Normands, à la vue de ce désastre, s'empressent d'en profiter ; ils traversent la Seine, investissent la tour et l'attaquent de toutes parts.

Les citoyens retranchés dans l'enceinte voudraient en vain courir au secours de leurs frères, ils ne peuvent en approcher, et voient du haut de leurs murailles la lutte acharnée mais inégale qui va leur ravir la fleur de leurs guerriers.

Les Normands, étonnés de la résistance qu'ils rencontrent, ne pouvant s'emparer de la tour, approchent de ses portes une charrette chargée de matières combustibles et y mettent le feu ; les nobles enfants de la France, craignant que la flamme du bûcher ne suffoque leurs faucons, coupent les liens qui les retiennent, et les laissent partir en liberté ; puis ils se défendent longtemps encore, cherchant à éteindre l'incendie ; ne pouvant y parvenir, ils se retirent sur la partie du pont qui tenait encore à la tour, et dans cette position résistent jusqu'au soir. Écoutons le récit d'Abbon ; il va nous dire lui-même la mort généreuse de ces preux, dont l'histoire fidèle a enregistré les noms : Ermenfred, Ervée, Eriland, Odoacre, Ervic, Arnold, Salie, Gozbert, Uvid, Ardrade, Aimard et Gozuin.

« Javelots, pierres, flèches rapides, tout est mis en œuvre contre ces héros par le peuple ennemi de Dieu ; mais comme les efforts des Normands ne pouvaient triompher : « Guerriers, s'écrièrent-ils avec perfidie, venez vous remettre à notre foi; vous n'avez rien à craindre. » O douleur! ils se confient à ces paroles mensongères, espérant pouvoir se racheter par une riche rançon. Hélas! désarmés, ils subissent le glaive d'une nation sanguinaire, et tandis que leur sang coule, leurs âmes s'élevant vers le ciel vont y recevoir la palme du martyre qu'ils ont si glorieusement achetée. » Bientôt après tous les autres, Ervée se montre à ces païens : à sa beauté, à son port majestueux, ils le croient un roi, et l'espérance d'une si riche proie a suspendu leurs coups ; mais lui, jetant les yeux sur ce qui l'entoure, et voyant ses chers compagnons massacrés, tel qu'un lion à la vue du sang, il entre en fureur, s'efforce d'échapper aux mains qui le retiennent, se roule, se débat contre ses liens et cherche des armes pour venger la mort de ses frères et la blessure faite à sa patrie ; mais ne pouvant y parvenir, sa voix, qui du moins est restée libre, retentit comme un tonnerre aux oreilles de ces furieux : « Voici ma tête, frappez ; pour aucune somme d'argent je ne marchanderai ma vie : quand mes frères meurent, pourquoi me laisser vivre ? Hommes avides, n'attendez rien de moi. » On le mit à mort; mais ce ne fut que le lendemain et après avoir égorgé tous les autres: un seul parvint à leur échapper.

Les Normands, maîtres de la rive méridionale par la chute de la tour qu'elle protégeait, se répandirent dans tout le pays, qu'ils pillèrent, et portèrent leurs dévastations jusqu'à la Loire.

Le reste de ce siége si long et si mémorable est rempli des audacieuses attaques des Barbares, de l'héroïque et patiente résistance des Parisiens. Mais arrivons aux derniers événements qui vinrent enfin le terminer.

Sigefroy commençait à se lasser, et, par des négociations, préparait son départ. Il avait obtenu de l'évêque Gozelin soixante livres d'argent ; mais son armée ne voulant rien écouter, on se dispose à un nouvel assaut. Cette fois, les Normands, qui avaient transporté leur camp à Saint-Germain-des-Prés, pénètrent dans les îles de la Cité par le côté du midi, en font le tour, cherchant à escalader les murailles ou à forcer les portes. En cette extrémité les assiégeants redoublent de valeur, et, faisant une sortie, ils repoussent l'ennemi, qui perd deux de ses chefs ou rois. Sigefroy profite de cette circonstance pour réclamer la levée du siége; il reste sans influence sur ses soldats et le siége continue avec acharnement : cette fois, il coûte aux Parisiens une perte cruelle, irréparable, celle de l'évêque Gozelin. Ce guerrier, ce prélat, ce héros si humain, l'un des hommes qui furent le plus utiles à la défense de Paris par son éclatante bravoure, sa fermeté et son habileté dans le commandement, leur est enlevé. A cette mort, qui les plonge dans la désolation, vient se joindre la famine, les maladies, tous les maux inséparables d'un si long siége, et le découragement, le plus grand de tous !

Eudes part alors pour aller demander des secours à Charles-le-Gros, laissant en son absence le comte Ebles, qui obtint quelques succès. Le retour du comte Eudes et de l'armée du duc de Saxe ranima les assiégés. Eudes rentra dans la place malgré les Normands ; mais le duc Henri, en faisant une sortie, devint la victime de leurs embûches : son cheval s'abattit sous lui dans un fossé recouvert de branchages et de gazon ; il y trouva la mort, et ses soldats, privés de leur chef, reprirent le chemin de la Saxe.

A leur tour les Normands perdent un chef, le dernier des quatre rois qui s'étaient ligués pour assiéger Paris ; il se noya en traversant le fleuve : les Barbares n'en furent que plus déterminés à forcer la ville ; ils l'attaquent avec fureur de tous côtés, dirigeant surtout leurs efforts vers la pointe orientale de l'île. Aux chaleurs du mois d'août se joignait, pour corrompre l'air, l'infection produite par les corps morts ;

la rivière presque à sec livrait un passage trop facile : les Parisiens étaient exténués. Dans leur misère, ils invoquent la Vierge, saint Germain et sainte Geneviève. La châsse de cette sainte patronne de Paris est portée sur le théâtre du danger, au milieu des guerriers abattus. Cette vue les ranime ; ils repoussent les Normands de ce côté, tandis que, sur un autre point, ceux-ci venaient de pénétrer dans la ville et s'y portaient à d'horribles massacres. Dans cette lutte affreuse, inégale, à laquelle il faut succomber, le corps de saint Germain est apporté au plus fort de la mêlée : un saint enthousiasme, une vive confiance remplacent le découragement. Tous ces guerriers, pleins d'une nouvelle énergie, se ruent sur les Barbares, et les chassent des remparts et de la grande tour, à laquelle ils essayèrent de mettre le feu : ils ne purent l'endommager.

Charles-le-Gros arrivait au secours de Paris avec une armée nombreuse, mais son assistance se borna à conclure un traité avec l'ennemi au moyen de 7,000 livres d'argent, payables l'année suivante ; il leur permit pendant ce temps d'aller ravager la Bourgogne, rebelle à ses lois.

Les Parisiens ayant interdit aux Normands le passage de la ville par la Seine, ceux-ci s'avisèrent d'un expédient qui offrait de grandes difficultés, dont ils vinrent à bout. Ils tirèrent leurs barques hors de l'eau et les transportèrent à bras d'hommes l'espace de deux mille pas. A leur retour, l'année suivante, ils laissèrent leurs barques au-dessus de la ville, et vinrent camper dans le pré Saint-Gervais. Quand ils eurent reçu la somme qu'on leur avait promise, au lieu de reprendre le chemin de la mer, ils remontèrent la Seine pour faire de nouvelles courses dans le pays.

En apprenant cette insigne trahison, le nouvel évêque Anschéric et le comte Ebles jurèrent de punir la perfidie ; ils appellent les citoyens aux armes, les placent sur les remparts, et Ebles lui-même perce d'une flèche celui qui dirigeait la première barque. Les Normands, privés de leurs chefs, demandent la paix, promettant de respecter leur traité, et donnent des otages. Les Parisiens, confiants se fient à leur parole; ils les reçoivent dans la ville, fraternisent avec eux, leur font partager leurs maisons, leur nourriture, et quand, au bout de quelques jours, ces hommes sans foi reprirent le chemin de la Bourgogne, ils entraînèrent une vingtaine de chrétiens qu'ils égorgèrent ou firent expirer sous le fouet; puis ils entrèrent dans la Marne malgré leurs serments. Les représailles furent cruelles : les Parisiens exaspérés massacrèrent malgré l'évêque ceux des Normands laissés en otage. Anschéric, fidèle observateur du traité, sauva la vie à plusieurs; mais cinq cents furent tués dans la ville.

Ainsi finit ce siége mémorable, après avoir duré un an. On ne peut comparer au courage des Parisiens, dans cette circonstance, que l'acharnement des Barbares.

Le reste de ce siècle est rempli de la lutte du nouveau roi, Eudes, contre les mêmes ennemis. Ce prince, élu librement par les Français en reconnaissance des services qu'il avait rendus et de l'habileté qu'il avait montrée dans la défense de Paris, fut sacré à Compiègne par l'archevêque de Sens, Wautier, en **888**, et son avènement au trône fut salué avec ivresse. La France austrasienne s'en réjouit quoiqu'il fût Neustrien, parce qu'elle ne trouvait parmi ses enfants personne qui lui fût comparable; et la Neustrie, parce qu'il faisait sa gloire. Sa mort, en **898**, rendit la couronne à Charles-le-Simple, que sa jeunesse avait deux fois fait exclure du trône.

Usages.

On avait vu déjà, dans les siècles précédents, des évêques guerriers; mais les malheurs de cette période vinrent légitimer cette infraction aux lois de l'Église.

C'est aussi au milieu des désordres de l'administration d'alors que l'on vit des bénéfices religieux donnés à des laïcs et même à des femmes qui en possédaient les revenus, et de riches abbayes données à des comtes ou usurpées par eux, qui en devenaient évêques sans avoir reçu les ordres sacrés.

A cette époque, la plupart des évêques étaient mariés; les saints réformateurs de la discipline ecclésiastique firent longtemps de vains efforts pour proscrire le mariage, contre lequel il n'existait pas encore de défense absolue.

Les ravages des Normands furent la cause qu'un grand nombre de reliques et de corps saints furent déposés dans les églises de la Cité, afin de les mettre à couvert de la profanation des Barbares. Cette cause amena le changement de nom de plusieurs de ces églises, qui prirent celui du saint qui leur était confié.

L'ordre de la noblesse se forma tout naturellement après l'édit de Charles-le-Chauve qui rendit les fiefs héréditaires. Ces souverainetés n'avaient été d'abord que la juste récompense du mérite; elles devinrent des propriétés ou des fiefs héréditaires dépendant en apparence du souverain, mais indépendants par le fait. Ces seigneuries donnaient aux petits princes leurs possesseurs des noms, des titres et des espèces de sujets nommés vassaux, qui à leur tour tranchaient du souverain par des *sous-inféodations*. Celui qui s'était emparé de quelques bourgades rendait hommage à celui qui commandait une province, et celui qui ne possédait qu'un château relevait de celui qui avait usurpé une ville. Le vassal, en certaines occasions, était obligé de marcher contre le roi même, sous peine de perdre son fief.

(850) Le sucre, dont la fabrication avait été trouvée par les Arabes, est introduit en Europe.

DIXIÈME SIÈCLE, DE 900 A 1000.

ROIS RÉGNANTS.

Fin du règne de CHARLES IV, dit le Simple, de 900 à 923.
RAOUL, beau-frère de Hugues-le-Grand, de 923 à 936, règne 13 ans.
LOUIS IV, dit d'Outremer, fils de Charles-le-Simple, de 936 à 954, règne 18 ans.
LOTHAIRE, fils de Louis-d'Outremer, de 954 à 986, règne 31 ans.
LOUIS V, fils de Lothaire, de 986 à 987, règne 1 an.

TROISIÈME RACE DITE DES CAPÉTIENS.

HUGUES CAPET, fils de Hugues-le-Grand, de 987 à 996, règne 9 ans.
ROBERT, fils de Hugues Capet, de 996 à 1031, règne 35 ans.

Sommaire historique.

Coup-d'œil sur le Xme siècle. — Coup-d'œil sur Paris. — Le serment de Rollon. — Calamités. — L'Alleluia d'Othon. — Avènement de Hugues Capet. — La fin du monde. — Inventions. — Costumes. — Architecture.

Coup-d'œil sur le Xme siècle.

Trois grands événements se partagent cette période, et leur triple influence modifie le gouvernement, le territoire, et vient changer la dynastie; mais celui qui le marque d'un sceau particulier, c'est l'institution de la féodalité, qu'on a vue poindre dans le siècle précédent.

Depuis l'établissement de l'empire et son siége transporté à Aix-la-Chapelle, la France d'occident ou de Neustrie, hors du centre, et éloignée de l'empereur son défenseur naturel, se trouvait livrée aux brigandages audacieux de ces hommes du nord qui y avaient fait irruption et bientôt l'exploitèrent dans tous les sens. Les peuples opprimés, sentant le besoin d'une protection immédiate et forte, la cherchent auprès de ces grands propriétaires, de ces seigneurs à qui Charles-le-Chauve vient d'accorder l'hérédité des fiefs et des comtés qu'ils gouvernent, pour les intéresser à leur conservation.

« Ces libérateurs du pays (dit Michelet) occuperont les défilés des montagnes, les passes des fleuves, ils y dresseront leurs forts, ils s'y maintiendront à la fois et contre les Barbares et même contre le prince qui de temps en temps aura la tentation de ressaisir le pouvoir qu'il a abandonné à regret ; mais les peuples n'ont plus que haine et mépris pour un roi qui ne sait point les protéger, ils se serrent autour de leurs défenseurs, autour des seigneurs et des comtes : rien de plus populaire que la féodalité à sa naissance. »

Chaque château fort devient bientôt un obstacle à la marche des Normands, chaque comté leur oppose une armée d'autant plus déterminée qu'elle combat pour son territoire.

Les Barbares se découragent et se résignent au repos. La cause première de la féodalité vint de la nécessité de résister aux Barbares ; son premier effet fut de les chasser, le second d'amener la chute de la dynastie des Carlovingiens, car tous ces comtes étaient plus rois que le roi.

Le second événement remarquable de ce siècle, et dont l'influence fut grande sur la France, est la cession que fit Charles-le-Simple aux Normands, en 912, de la partie de la Neustrie qu'ils occupaient aux environs de la Seine, à la condition d'en rendre hommage au roi de France. Ce marché, que la faiblesse força de conclure, vint opposer à la rapacité des Barbares la digue la plus forte, celle de leur propre intérêt : et la Normandie devint une barrière qui mit la France à couvert de nouvelles incursions.

Le troisième événement, aussi intéressant que les deux autres, le changement de dynastie, eut pour cause la faiblesse des derniers Carlovingiens, faiblesse augmentée de tout le pouvoir qu'ils avaient laissé prendre aux seigneurs.

De la longue lutte contre les Normands venait de surgir

un nouveau roi pour la France, roi que sa valeur et l'appui qu'il avait donné à la population opprimée par ces étrangers et presqu'abandonnée par ses protecteurs naturels les chefs de la monarchie avaient élevé au trône. Si le comte Eudes, cependant, ne fonda pas une dynastie, il prépara l'avènement d'une royauté qui, se substituant au gouvernement des Francs établi par la conquête, fut une royauté vraiment nationale. Depuis Eudes jusqu'à Hugues Capet, un siècle s'écoula encore; dans cette agonie, l'ancienne famille des Carlovingiens chercha en vain pour se relever et se soutenir l'appui des puissances germaniques: cette influence que la nation repoussait hâta la chute de la dynastie. A la mort de Louis V, dernier de ses princes, les grands déférèrent la couronne à Hugues Capet, duc de France, le seigneur le plus puissant du royaume.

Le sceptre avait été déjà deux fois dans la maison des comtes de Paris. Eudes et Robert, l'un et l'autre, fils de Robert-le-Fort, comte d'Anjou, l'avaient porté sans pouvoir alors le conserver à leurs descendants. Hugues Capet, chef de la troisième race de nos rois, fit entrer pour la troisième fois la couronne dans cette illustre famille, qui l'a possédée plus de huit cents ans.

La circonscription des États du nouveau roi se trouva d'abord bien restreinte, et ne comprit pendant assez longtemps que les possessions qui constituaient le duché de France. Mais laissons la nouvelle monarchie s'affermir sur ses bases, secouer la poussière de la barbarie, fonder sa législation, reculer peu à peu ses barrières, et la France nous apparaîtra radieuse et fière, étendant sur le monde le sceptre de la civilisation.

Coup-d'œil sur Paris.

Après les ravages des Normands, qui continuèrent pendant une grande partie de ce siècle, et lorsque la sécurité se fut rétablie, les églises de Paris qui avaient le plus souffert de leurs dévastations furent réparées ou reconstruites.

La Cité avait offert un abri aux saintes reliques que possédaient les églises et monastères établis hors de son enceinte; après la retraite des Barbares, chaque établissement religieux reprit ses précieuses richesses; mais pour reconnaître l'hospitalité que ces reliques avaient reçue de la Cité, les possesseurs en abandonnèrent une partie, et ces reliques vinrent ajouter au nom du patron de l'église qui les avait abritées celui d'un saint vénéré. Ainsi, la chapelle de Saint-Nicolas prit le nom de Saint-Landry, après avoir obtenu des abbés de Saint-Germain-le-Rond, depuis Saint-Germain-l'Auxerrois, une partie des reliques de ce saint évêque.

Saint-Barthélemy-du-Palais reçut (965) les corps de dix-huit saints, que Salvator, évêque d'Aleth en Bretagne, avait soustraits aux désastres de la guerre que se faisaient Richard, duc de Normandie, et Thibaud, comte de Chartres. Hugues Capet, alors roi de France, fit déposer solennellement ces reliques dans sa chapelle. Salvator, en se retirant dans son diocèse, laissa à Hugues Capet le corps entier de saint Magloire; le roi fit à cette occasion agrandir l'église et la changea en abbaye; elle fut dédiée sous le titre de Saint-Barthélemy et Saint-Magloire.

L'église de Sainte-Opportune dut sa fondation à une même cause : les reliques de cette sainte furent données à l'évêque de Paris, qui les déposa, quand le calme fut rétabli, dans une chapelle du faubourg septentrional de Paris, nommée *Notre-Dame-des-Bois* parce qu'elle était située à l'entrée de la forêt qui couvrait alors tous les environs jusqu'à Montmartre.

Le roi Robert fit reconstruire et augmenter le palais de la Cité; il prêta son concours à Morard, abbé de Saint-Germain-des-Prés, pour reconstruire cette abbaye, ruinée de fond en comble par les Barbares; mais ces travaux ne commencèrent que dans le siècle suivant.

Robert fit aussi reconstruire l'église de Saint-Germain-l'Auxerrois, mais il ne reste plus rien de cette ancienne construction. Celle que l'on voit aujourd'hui appartient aux XIIe, XIIIe et XIVe siècles.

On lui doit encore la fondation d'un monastère à Saint-Germain-en-Laye (999), qui fut l'origine du château de Saint-Germain.

HISTOIRE, MOEURS, FAITS DIVERS.

Le serment de Rollon.

Charles-le-Simple, comme nous l'avons dit, n'avait pas trouvé de moyens plus sûrs pour arrêter les brigandages des Normands que de leur céder la partie de ses États qu'ils avaient envahie. Il donna à leur chef, Rollon, la main de sa fille Gisèle, et cette partie de la Neustrie appelée depuis Normandie, à la double condition que ce chef embrasserait la foi catholique et lui ferait hommage du duché qu'il lui concédait. Le Normand accepta l'offre et reçut le baptême la veille de Pâques (912). La seconde condition parut à la fierté du Barbare plus difficile à remplir. Il vint cependant à l'assemblée que le roi avait convoquée et lui rendit hommage ; mais une des cérémonies de cet acte exigeait qu'il baisât les pieds du monarque : ne voulant pas s'abaisser jusque-là, il avait commis un de ses gens pour remplir cette formalité ; le Normand, aussi fier que son chef, soit par maladresse ou plutôt à dessein, leva si brusquement le pied du roi qu'il le renversa par terre. Charles pensa qu'il valait mieux rire de l'insulte que la punir.

Calamités.

945. Un orage épouvantable, et tel qu'on n'en avait jamais vu, éclate sur Paris et particulièrement sur Montmartre. Il ravage tout le revers nord de la montagne, déracine les arbres, renverse les édifices ; l'église ainsi qu'une maison de construction antique que l'on croit avoir été un temple païen sont abattus ; rien ne résiste à la violence de l'ouragan.

Les guerres qui venaient de désoler la France avaient paralysé l'agriculture. Les paysans découragés, après avoir vu tant de fois brûler leurs récoltes et dévaster leurs champs, ne cherchaient plus leur nourriture dans la culture de la terre ; plus de labourage, plus de semence, et, partant, plus de fruits : ils aimaient mieux souffrir de la disette que de prodiguer leurs sueurs pour alimenter d'avides étrangers. Mais bientôt, sur ces terres en friche et désolées la famine apparaît, traînant à sa suite les maladies pestilentielles engendrées par la mauvaise qualité des aliments et le manque de nourriture. *Le feu sacré*, ou maladie des ardents, vient attaquer le territoire des Parisiens et y fait d'horribles ravages. Les malheureux qui en étaient frappés se sentaient dévorés par un feu intérieur qui les consumait ; ils succombaient bientôt dans d'horribles tortures. Dans sa misère, le peuple, sentant l'impuissance de tout secours humain, courait aux églises demander à Dieu le terme de sa souffrance, ou au moins un peu d'espoir. La cathédrale de Notre-Dame n'était pas assez vaste pour contenir les malades; les parvis en étaient encombrés. Hugues, comte de Paris, voyant leur détresse, en fit assez longtemps nourrir un grand nombre de ses propres deniers; mais ce n'est pas en vain qu'ils venaient implorer Marie : leur confiance et leur foi n'étaient point trompées, un grand nombre s'en retournaient guéris.

L'Alleluia d'Othon.

Parmi le peu de faits qui se rattachent à Paris sous le règne des derniers Carlovingiens, nous citerons une partie audacièusement jouée par Lothaire contre l'empereur d'Allemagne, Othon II, fils d'Othon-le-Grand. Lothaire, dont la puissance restreinte ne s'étendait pas plus loin que le duché de France, était forcé d'être témoin, sans pouvoir les empêcher, des guerres que se faisaient entre eux les grands vassaux de la couronne, dont plusieurs se trouvaient plus puissants que lui. Après quelques tentatives infructueuses contre la Normandie, il veut reprendre la Lorraine à Othon II (978). A la tête de son armée, il se dirige vers cette province, où il entre à l'improviste, va droit à Aix-la-Chapelle avec tant de promptitude, qu'Othon, qui était dans cette ville et prêt à se mettre à table, eut à peine le temps de monter à cheval pour s'enfuir. Lothaire, après avoir séjourné en vainqueur à Aix-la-Chapelle, alla recevoir à Metz le serment des Lorrains.

Au mois d'octobre suivant, Othon prenait une revanche hardie : conduisant une armée de soixante mille hommes, il fait une irruption en France, et, satisfait d'avoir porté le fer et le feu jusqu'aux portes de Paris, il fait entonner à ses soldats un alleluia sur la montagne de Montmartre, ce qui ne l'empêcha pas d'être chassé par Lothaire : c'est avec peine qu'il put regagner ses frontières.

Avènement de la troisième race dite des Capétiens.

Le dernier des Carlovingiens, Louis V, surnommé le Fainéant, et qui ne régna qu'une année, venait de mourir. Hugues, surnommé Capet, soit à cause de la grosseur de sa tête, soit à cause d'une espèce de chaperon qu'il porta le premier, duc de France, comte de Paris et d'Orléans, abbé de Saint-Martin de Tours, de Saint-Denis et de Saint-Germain-des-Prés, fils de Hugues-le-Grand dont il tenait tous ces titres par héritage, et de Hatwin ou Hatwige, fille de Henri l'Oiseleur, roi de Germanie, se fit élire roi (987) dans une assemblée de ses vassaux et de quelques seigneurs voisins de ses domaines, qui lui étaient dévoués, et fut sacré à Reims le 3 juillet suivant par l'archevêque Adalbéron. Le nouveau monarque établit sa résidence à Paris ; il eut à soutenir son élévation contre Charles de Lorraine, dernier représentant de la race carlovingienne, qui, trahi et livré par les siens, expia dans une prison où il mourut sa lutte contre le nouveau roi.

Sous Hugues Capet, la France s'étendait entre l'Océan, le Rhin, la Suisse, les Alpes, la Méditerranée ; mais le roi n'avait guère en souveraineté que le duché de France, dont Paris était la capitale, l'Orléanais, et des domaines assez étendus en Champagne et en Picardie, ainsi que quelques forteresses sur divers points.

Toutes les autres provinces étaient aux mains de seigneurs plus ou moins puissants, qui devaient longtemps encore contre-balancer l'autorité royale et lui faire une rude guerre.

La fin du monde.

C'était dans ce siècle une croyance universellement répandue par toute la chrétienté que le monde allait finir avec l'an Mil de l'Incarnation. Les maux, les calamités de tous genres qui, dans le siècle précédent et à cette époque, avaient désolé la France, guerres, invasions, famines, pestes, donnaient du crédit à cette opinion. N'avait-on pas vu dans tous les lieux saints l'abomination de la désolation qui, selon le prophète, devait précéder la destruction du monde? L'attente d'une fin prochaine, en frappant de terreur tous les esprits, paralysait toute transaction, arrêtait toute pensée d'avenir. Les âmes pieuses ne songeaient qu'à faire pénitence; et, dans le but d'amasser des trésors pour l'autre vie et de se préparer des avocats auprès de Dieu, elles faisaient aux églises de pieuses donations. Les incrédules, les hommes cupides, les gens sans foi ni loi, profitaient de la consternation générale pour s'emparer des propriétés qu'on avait à peine le courage de défendre. Le désordre et la misère régnaient partout, la peur subjuguait tous les esprits et s'augmentait à mesure qu'on approchait du terme fatal. Mais nous allons voir sonner l'an Mil, il s'accomplira tout entier; et l'année qui lui succédera, en venant rassurer le monde, saura prouver que Dieu dans sa miséricorde infinie a fermé à ses enfants le livre où il marquait sa destinée.

Inventions dues à ce siècle.

(901) Établissement à Paris des premières écoles publiques de grammaire, de chant et de dialectique.

(954) Le droit de primogéniture ou la coutume de laisser ses biens à l'aîné de la famille date de Hugues-le-Grand, comte de Paris.

(987) Invention du Catalogue des Saints, par le Pape Jean XV.

Ulric est le premier saint canonisé.

La première horloge exécutée en France date du règne de Hugues Capet. Elle fut inventée par le célèbre Gerbert, archevêque de Reims; elle était réglée par un balancier. On s'est servi de ce mobile jusqu'au XVIIᵉ siècle, où Huyghens substitua le pendule au balancier.

C'est encore à Gerbert qu'on doit l'introduction en France des chiffres appelés improprement arabes, parce qu'il les emprunta des Arabes établis en Espagne, qui les tenaient eux-mêmes des Grecs.

Rien de plus extraordinaire que la vie de cet homme, qui, simple moine, chassé d'un obscur couvent à Aurillac, quitte le froc pour aller à Cordoue étudier les lettres et l'algèbre ; de là se rend à Rome, devient par son mérite précepteur du fils et du petit-fils de l'empereur Othon ; professe ensuite aux fameuses écoles de Reims, a pour disciple notre bon roi Robert ; secrétaire et confident de l'archevêque, il obtient sa place par l'influence de Hugues Capet. Obligé de se retirer près d'Othon, il devient archevêque de Ravennes, enfin pape sous le nom de Célestin.

Dans des aventures aussi merveilleuses la crédulité populaire crut voir du surnaturel. Gerbert, pour abréger le temps de ses études, aurait alors fait un pacte avec le diable, qui ne lui aurait livré la science et les honneurs qu'en échange de son âme.

Un astrologue avait prédit que Gerbert mourrait à Jérusalem : un jour qu'il siégeait à Rome dans une chapelle appelée Jérusalem, le diable se présente, réclame le pape et l'emporte... Voilà comment on expliquait au Xᵉ siècle le résultat de la science et du génie.

Costumes.

Le costume ne subit dans ce siècle que de légères modifications. La majorité des Français, toujours fidèle au costume national, conserva le grand manteau de soie, la veste et le caleçon, qu'on allongea jusqu'à la chaussure. Un des caractères de la fin du Xᵉ siècle est la plissure des tuniques:

on plissait les manches, du coude au poignet; et la ceinture, large pièce d'étoffe plissée en travers, des hanches jusqu'à la poitrine, enveloppait et dessinait la partie du corps qu'elle recouvrait; le jupon partait de cette ceinture et descendait en plis nombreux jusqu'aux pieds.

L'usage des souliers noirs devint presque général à cette époque; cependant la chaussure de luxe était toujours les souliers blancs ou rouges. On s'enveloppait les pieds avec de l'étoffe, et toutes ces chaussures étaient retenues par des bandelettes de divers tissus ou de cuir; les bas étaient blancs, bleus ou violets.

Dans ce siècle on commença à porter les cheveux courts, à raser les côtés du front et la barbe, ne conservant que deux longues moustaches à la chinoise. A la fin de cette période on les porta courtes et horizontales. La coiffure était toujours le chaperon plat ou conique et pointu, et pour les serfs une simple calotte de laine.

L'élégant et riche costume que portaient les femmes sous Charlemagne avait été remplacé, sous ses successeurs, par un costume plus sévère et plus simple : leur longue tunique très-ample, formant quelques plis au milieu de la poitrine, n'était serrée par aucune ceinture; une longue chlamyde et un petit voile adroitement drapé complétaient leur toilette. Pour leur coiffure, elles avaient abandonné les longues tresses; le voile remplaçait le chaperon élégant, si en faveur jusque-là.

Plus tard, elles portèrent deux tuniques, dont l'une plus courte en-dessus ayant des manches courtes et larges: les manches de celle de dessous, longues et serrées, formaient, ainsi que celles des hommes, une foule de plis vers le poignet; le voile, alors devenu plus grand, les couvrait de la tête aux pieds.

Vers la fin du siècle, les femmes âgées portaient deux tuniques, la chlamyde, la guimpe, et un voile formant un gros bouillon au-dessus de chaque oreille. Les jeunes femmes avaient repris les robes justes, montantes ou décolletées, qu'on orna d'une écharpe ou ceinture formant, ainsi que le jupon, une multitude de plis.

Les seigneurs ornaient leur tête d'un cercle d'or; le front des femmes était paré d'un bandeau de pierreries, d'une couronne de fleurs ou d'un réseau d'or; et leurs cheveux, délivrés des entraves qui les retenaient au commencement du siècle, flottaient en boucles sur leurs épaules.

Le droit de posséder le faucon était devenu une prérogative de la noblesse; on le portait à la chasse, en visite, en voyage, à l'église; les dames l'ornaient de vervelles, de rubans et de sonnettes; le poing sur lequel il reposait était couvert d'un gant brodé d'or et de perles.

Architecture.

L'architecture religieuse avait gardé l'impulsion donnée par Charlemagne, et bientôt le style lombard, dont il reste un exemple précieux dans l'église de Boscherville, fut porté à la perfection. Quant aux habitations particulières, elles n'avaient fait aucun progrès : toutes les villes étaient alors composées de baraques en bois entassées sans ordre dans des rues fangeuses ; au milieu d'elles s'élevaient des églises magnifiques et ordinairement deux palais, celui du comte et celui de l'évêque.

Dans ce siècle, la fière architecture des châteaux éleva ses formes menaçantes sur toutes les montagnes, sur tous les rochers de la France.

ONZIÈME SIÈCLE, DE 1000 A 1100.

PRINCES RÉGNANTS.

Fin du règne de ROBERT Ier, de 1000 à 1031.
HENRI Ier, fils de Robert, de 1031 à 1061, règne 29 ans.
PHILIPPE Ier, fils de Henri Ier, de 1061 à 1108, règne 49 ans.

Sommaire historique.

Coup-d'œil sur le XIe siècle. — Coup-d'œil sur Paris. — Le castel de Vauvert. — L'excommunication. — Quelques traits de Robert. — Nouvelles calamités. — Vérification des reliques de Saint-Denis. — Un châtiment. — Usages et inventions.

Coup-d'œil sur le XIe siècle.

Le XIe siècle voit naître et s'accomplir une révolution religieuse qui eut d'immenses résultats sur le monde. Il ne s'agit plus seulement d'un changement de dynastie, de voir passer le sceptre d'une famille dans une autre. Il s'agit de l'élévation d'un pouvoir qui doit les primer tous, et étendre sa domination sur tous les royaumes où la foi du Christ est établie.

Les troubles de tous genres, les calamités, les guerres, les invasions des Barbares, en désolant le monde pendant plusieurs siècles, avaient relâché tous les ressorts de la discipline ecclésiastique. Depuis que le clergé, pour défendre ses domaines, était entré dans la hiérarchie féodale, il fléchissait sous l'autorité des princes ou de leurs grands vassaux. Il se faisait un honteux trafic des dignités de l'Église, décernées non au plus digne comme autrefois, mais au plus avide ou au plus offrant. Des évêques, des prêtres mariés, d'autres guerriers se dévouant aux intérêts du siècle et de la famille, oubliaient leur sainte origine et négligeaient le ciel pour la terre.

Un moine de Cluny, le fameux Hildebrand, qui depuis fut pape sous le nom de Grégoire VII, voyant avec indignation et douleur l'abaissement de l'Église et l'empiétement du pouvoir temporel sur l'autorité spirituelle, rêve de ramener l'Église à sa pureté primitive, et de lui rendre sa vertu, sa splendeur, enfin toute sa puissance. Conseiller du pape Nicolas II, Hildebrand prêche hardiment une réforme, et commence par proscrire le mariage des prêtres et des évêques. Ces liens, selon lui, tendent à les détourner de la vie spirituelle, substituant l'affection de la famille à l'amour de la grande famille humaine, qui n'est autre que la charité chrétienne dans sa plus grande extension.

L'Église ramenée, non sans peine, à cette austérité des premiers chrétiens, dut trouver dans son sacrifice même l'accroissement de son influence et de son pouvoir. Hildebrand, devenu pape sous le nom de Grégoire VII, après avoir fait une rude guerre à Henry IV, empereur d'Allemagne (1077), affranchit la papauté du joug de l'empire ; et par l'établissement d'un collége de cardinaux il soustrait à l'influence des empereurs la nomination des papes, et trace ainsi la ligne de démarcation entre les deux pouvoirs spirituel et temporel. Dès ce moment se trouve fondée la monarchie universelle des papes.

Le même esprit qui venait d'inspirer et de déterminer cette révolution religieuse préside au fait intéressant dont l'idée germe et se développe dans ce siècle : les Croisades. Depuis longtemps la Terre-Sainte, tombée sous le joug des musulmans, et les chrétiens de la Palestine gémissant sous un dur esclavage, étaient un sujet de douleur et d'indignation pour leurs frères en la même foi. Aller sur le tombeau du Christ pleurer les insultes des Infidèles paraissait alors l'acte le plus efficace pour l'expiation des péchés : aussi un grand nombre de pèlerins se rendaient-ils à Jérusalem, poussés d'ailleurs par les calamités et les troubles qui assiégeaient l'Europe.

D'aventureux chevaliers allaient chercher aussi dans l'Orient de nouveaux champs à leurs exploits : peu en revenaient ; mais avec quel respect on les recevait au retour ! avec quelle avide attention l'on écoutait le détail de leurs infortunes, de leurs souffrances ! comme le sentiment religieux s'enflammait au tableau des profanations exercées par les musulmans sur les objets de la vénération des chrétiens ! Ces récits occupaient le foyer du manoir comme celui de la chaumière, ils arrachaient des larmes à tous les yeux ; et, l'imagination frappée, le cœur ému, tous ceux qui les écoutaient auraient voulu prendre les armes pour aller délivrer le saint tombeau du Sauveur.

Pierre-l'Ermite quitte Amiens, sa patrie, pour accomplir un pèlerinage à Jérusalem ; la vue des Saints-Lieux exalte au plus haut degré sa pieuse ferveur : au retour, il se rend en Italie et, par ses exhortations, il décide le pape Urbain II à se mettre à la tête des puissances chrétiennes, pour concourir à la délivrance des lieux où se sont accomplis les mystères de la foi du Christ. Il persuade le pontife, et tandis que celui-ci assemble un concile, Pierre-l'Ermite parcourt l'Occident, et par ses ardentes prédications échauffe l'imagination des peuples et des rois, fait passer dans leurs cœurs l'enthousiasme qui est dans le sien (1095), et bientôt c'est au cri de *Dieu le veut !* qu'une innombrable armée arrive après bien des désastres sous les murs de la cité de David, et, partie pour conquérir un tombeau, fonde le royaume de Jérusalem (1099).

Le résultat des Croisades fut immense pour la civilisation, il compensa, bien au-delà sans doute, les maux qu'il put produire.

La première période des Croisades, période de foi et de

ABBAYE S^t G^{main} DES PRES

conviction, vit naître la chevalerie : dévouement religieux à Dieu, à son roi et à sa dame ; cette trinité de devoirs, tant qu'on y fut fidèle, enfanta de grandes choses, donna lieu à de glorieux exploits.

Coup-d'œil sur Paris.

L'an Mil avait sonné : il s'était écoulé tout entier, et la triste prédiction qui annonçait la destruction du monde ne s'était pas réalisée. Les populations, dans l'ivresse des jours de grâce que leur accordait le Seigneur, prodiguaient l'or pour élever des églises ou des monastères : la France s'en couvrit à cet époque. Le règne du pieux Robert vint faciliter ce mouvement ; à lui seul, il fonda quatorze monastères et sept églises hors du diocèse de Paris, sans parler de la reconstruction de Saint-Germain-l'Auxerrois, par laquelle il avait signalé son avènement, et celle de Saint-Germain-des-Prés qu'il favorisa en aidant de ses libéralités l'abbé Morard dans cette grande entreprise.

Pour mettre l'abbaye de Saint-Germain-des-Prés à l'abri des invasions nouvelles, on l'entoura de fortes murailles crénelées. L'édifice était surmonté d'une haute tour, qui est celle que l'on voit encore aujourd'hui, espèce de forteresse, au haut de laquelle on mit des cloches ; des fossés alimentés par l'eau de la Seine l'entouraient de toutes parts ; l'on ne pouvait y pénétrer qu'en passant sur des ponts-levis. Cette abbaye avait été brûlée trois fois par les Normands.

Pendant le siége de Paris, elle servit un moment de retraite aux Barbares, qui y avaient déposé le butin fait dans les campagnes d'alentour. Dans l'église, changée par eux en étable, la grande quantité d'animaux qu'ils égorgeaient en ce lieu causa une telle infection, que presque tous ceux qui restaient, ayant péri, furent jetés dans la rivière.

Sous le règne de Henri 1er s'éleva, dans la Cité, la petite église de Sainte-Marine, où l'on célébrait les mariages ordonnés par le tribunal de l'Officialité.

L'église Saint-Martin-des-Champs, rue Saint-Martin (n°s 208 et 210), détruite par les Normands, fut alors reconstruite, entourée de murailles garnies de tourelles, que sa position au milieu des champs et éloignée de la ville rendait nécessaires pour la mettre à l'abri; elle devint une véritable forteresse. Les abbés étaient seigneurs, hauts-justiciers dans leur enclos. Une tour de la prison a survécu aux diverses démolitions; elle existe encore à l'angle de la rue du Vertbois.

Sous Philippe Ier on commença à parler de la prévôté de Paris; cette charge avait remplacé celle de vicomté; le prévôt de Paris en remplissait les fonctions, il était chef du Châtelet et représentait le roi dans cette Cour de justice.

L'époque de la construction du grand et du petit Châtelet n'a pas de date précise; mais l'origine de ces forteresses est attribuée à la domination romaine. Elles furent successivement rendues plus solides pour résister aux invasions et servir de défense à la Cité, et l'on voit dans ce siècle que le Grand-Châtelet, situé au bout du pont appelé aujourd'hui Pont-au-Change, était un édifice qui servait à la justice.

HISTOIRE, MŒURS ET FAITS DIVERS.

Le Castel de Vauvert. — L'Excommunication.

La piété, la douceur du bon roi Robert sont devenues proverbiales; il eut à exercer grandement ces deux vertus sous l'empire de l'altière Constance, sa seconde femme, celle qui remplaça la douce Berthe.

Hugues Capet, par une politique bien entendue et afin de gagner les Normands établis à Blois, avait fait épouser à Robert Berthe, sa cousine, veuve du comte de Blois, Eudes Ier, princesse aussi belle que bonne. C'est dans les premières années de leur trop courte union que Robert, pour lui complaire, fit bâtir le castel de Vauvert, situé à peu près dans l'emplacement actuel du Luxembourg ; il s'était plu à embellir cette retraite, bien solitaire, où la reine se plaisait beaucoup.

Pour y conduire sa chère Berthe, sur le point alors de devenir mère, le roi sortait avec elle des jardins de son palais situés à la pointe occidentale de l'île ; une barque qu'il conduisait lui-même leur faisait traverser la rivière et les portait sur l'autre rive, dans les vastes jardins du palais des Thermes. Ils les parcouraient tout en devisant de leurs affaires ou de leur affection ; puis, se trouvant dans la campagne. Ils allaient à petits pas, Berthe appuyée sur le bras de son mari, jusqu'au castel, don d'amour de Robert. Les travaux avançaient : c'est là que Berthe voulait que vînt au monde l'enfant dont Dieu avait béni leur mariage, et le bon roi se réjouissait de l'espoir de voir bientôt un fils s'ébattre sur les frais gazons de la royale demeure. Berthe et Robert, tout entiers à leurs bonheur, oubliaient qu'ils étaient rois ; ils oubliaient qu'il y eût au monde d'autres intérêts que celui de leur mutuelle et sainte affection ; et cependant l'orage de l'ambition grondait au loin.

Berthe avait malheureusement des droits sur le royaume de Bourgogne, et pouvait, par son mariage, les transmettre à la maison de France. L'empereur d'Allemagne, Othon II, s'en alarme, car lui aussi couve des yeux cette province ; à tout prix il veut la posséder et en frustrer la France. Mais comment y parvenir ? L'union de Robert n'est pas de celles formées seulement par la politique et que la politique peut rompre : comment le séparer de Berthe ? Un moyen se présente : Berthe est sa cousine, et de plus sa commère ; il a tenu sur les fonts de baptême le fils aîné de Berthe, double empêchement au mariage selon la discipline de l'Église. Le pape est dans les intérêts de l'empire ; bientôt il fait savoir à Robert que son mariage offense la loi de Dieu, et qu'il ait à quitter Berthe au plus tôt, sous peine d'encourir les censures ecclésiastiques. Robert résiste, Berthe supplie ; leurs ennemis sont sans pitié. Robert veut braver des ordres trop rigoureux, le pape les rend plus rigoureux encore en frappant le prince indocile d'excommunication, et lançant l'interdit sur le royaume entier. Prières, sacrements, tout est suspendu ; un voile funèbre s'étend sur les églises et cache les statues des saints ; les voûtes sacrées sont muettes, la désolation est dans le lieu saint et parmi les fidèles. Robert, abandonné de ses amis, de ses serviteurs, se voit livré à l'opprobre et à l'isolement. Deux pauvres esclaves lui restent dévoués; encore passent-ils par le feu les vases qui ont servi aux repas du monarque, et jettent aux chiens les restes de sa table.

La douleur de sa chère Berthe vient augmenter la sienne; obligé de se séparer d'elle pour qu'elle ne souffre pas de sa misère, il la laisse à Vauvert, voulant porter seul le poids de l'affreuse malédiction qui pèse sur lui. Et cependant, chassé du giron de l'Église, Robert n'en prie pas moins avec ferveur; chaque jour on le voit humblement agenouillé sur le parvis de l'église Saint-Barthélemy, demandant merci et se frappant la poitrine comme le publicain. L'Église répond à ses supplications par l'ordre de quitter Berthe. Sa douce compagne n'a d'autres armes que ses pleurs; mais ces pleurs retombent sur le cœur du bon Robert et lui ôtent le courage d'obéir à l'Église.

Au milieu de tant d'angoisses et de douleurs, Berthe devient mère d'un enfant mort, et la crédulité populaire répand le bruit qu'elle a donné le jour à un monstre. Berthe et Robert voient dans ce dernier malheur un châtiment céleste, ils n'osent plus résister : ils se séparent.

Pour que rien ne manque à l'amertume de ce sacrifice, on dit parmi le peuple que le castel de Vauvert, profané par la présence de deux excommuniés, est devenu la proie du diable qui s'en est emparé, l'habite depuis leur départ ; et ces lieux qui virent la tendresse de Robert, la chaste affection de Berthe, ces échos qui répétèrent les aimables entretiens des deux époux, résonnent maintenant aux accents diaboliques ; le rire infernal des démons s'entend sous la feuillée ; aux approches de la nuit des figures étranges se montrent aux pâles rayons de la lune, et le maître nouveau de ce manoir est un grand diable vert qui, entouré de ses affreux suppôts, porte l'effroi dans tous les cœurs. L'on fuit cette demeure maudite ; le voyageur s'en détourne et passe en se signant, et l'artisan, l'homme du peuple font un long circuit pour éviter l'approche de ces murs. Le temps accrédita cette croyance, qui se perpétua jusqu'au XVe siècle.

Le château de Vauvert fut, sous le règne de Louis XII, abandonné aux chartreux, qui s'y établirent et firent cesser le prestige. Peu à peu la croyance populaire s'effaça ; il en reste un proverbe ; l'on disait et l'on dit encore : « Aller au diable de Vauvert », et, par corruption, « au diable au vert » ; ce qui signifiait : aller bien loin dans un quartier perdu, hanté par de malins esprits.

Quelques traits de Robert.

La douce et sensible Berthe a été remplacée, non dans le cœur de Robert, mais sur son trône. L'altière et belle Constance, fille du comte de Toulouse, est devenue reine de France. Aux aimables conversations, aux douceurs de la vie intérieure ont succédé la violence, les emportements, les dures paroles. Robert leur oppose le calme et la patience ; sa piété tendre et sincère vient le consoler de ces débats domestiques ; il trouve dans son ardente charité un aliment pour son cœur. Un infortuné ne l'approche pas en vain ; mais en lui donnant, comme saint Martin, un morceau de son manteau ou les ornements d'or qui le couvrent, il leur dit naïvement : « N'en dites rien à Constance... »

Un odieux complot a été tramé contre la vie du roi ; les coupables sont convaincus de leur crime : rien ne peut les sauver. Robert cependant cherche un moyen de les arracher à la mort, et sa piété venant en aide à sa charité lui suggère un heureux expédient. Il demande qu'il soit permis aux criminels d'approcher du tribunal de la pénitence, et accorde à leur repentir la grâce de la communion. Au sortir du banquet sacré Robert leur fait ouvrir son palais, en disant qu'il ne peut condamner ceux que son divin maître vient d'admettre à sa table, et il les reçoit à la sienne.

Robert était musicien et poëte ; mais consacrant ces dons à l'auteur de la nature, les poésies qu'il composait, dont plusieurs nous restent encore, étaient des hymnes à la louange de Dieu, et sa voix harmonieuse leur prêtait un double charme.

Robert avait horreur du parjure ; mais, dans sa naïve superstition, il ne croyait un serment obligatoire qu'autant qu'il était prêté sur les reliques des Saints ; et pour préserver d'un faux serment ceux dont la parole lui inspirait peu de confiance, il avait imaginé de faire retirer les reliques des châsses sur lesquelles ils devaient jurer, ou bien il leur présentait un reliquaire qu'il avait fait faire à cet usage, et qui ne contenait que l'apparence des objets vénérés de sa foi.

Un seul trait vient défigurer le portrait de ce juste, qui semblait avoir pris à tâche de soulager le malheur par une charité sans bornes, et de désarmer la rigueur du ciel par une patience angélique et la pratique de la plus fervente dévotion. Ce trait, que nous voudrions omettre, tient aux mœurs du temps ; il les caractérise. Robert, le doux Robert partagea les rigueurs cruelles de Constance contre les manichéens, et cet homme, qui dérobait à la mort ceux qui venaient d'attenter à sa vie, crut faire un acte de piété en assistant aux tortures de douze de ces hérétiques condamnés à être brûlés vifs (1022). Parmi eux se trouvait Étienne, un ancien confesseur de la reine ; celle-ci, qui se tenait sur le chemin du bûcher, poussée par un odieux fanatisme, fit sauter avec une baguette l'œil du malheureux que la justice allait punir.

Malgré les efforts de Robert pour maintenir dans son intérieur la paix domestique, il vit même ses fils ne pouvoir supporter le joug tyrannique de leur mère. Hugues, poussé à bout par ses mauvais traitements, quitte secrètement la cour, et, de concert avec d'autres seigneurs de son âge, il se livre à des brigandages et commet des dégâts sur les terres du domaine royal et celles qui l'environnaient. Hugues, fait prisonnier par le comte du Perche, Guillaume Talvas, qui l'avait surpris sur ses terres, fut renvoyé par lui à son père, dont il obtint facilement le pardon.

Robert vit encore ses fils armés par l'ambitieuse Constance, qui voulait substituer à Henri 1er, sacré du vivant de son père, Robert, celui de ses fils qu'elle préférait. Après la mort du roi (1031), Henri eut à soutenir cette guerre pour maintenir son élection, et, forcé de fuir de Paris, il se réfugia chez le duc de Normandie, Robert-le-Diable, qui, ainsi que l'Église, l'aida à se consolider sur le trône.

Nouvelles calamités.

Pendant le règne de Henri 1er, les calamités qui avaient fait croire à la fin du monde se renouvellent et viennent fondre sur les Gaules ; une famine épouvantable réduit les Parisiens aux plus horribles extrémités. Les pauvres, les habitants des campagnes rongeaient les racines des forêts, et mêlaient de la craie à la farine de leur pain. On vit en plusieurs lieux les hommes se dévorer entre eux, et dans quelques villes on osa faire marché de chair humaine !... C'est en vain que la charité prodigue les aumônes, que les églises vident leurs trésors et vendent jusqu'aux vases sacrés, la misère publique ne trouve dans ces moyens qu'un faible soulagement. D'ailleurs, la contagion ou mal des ardents reparaît de nouveau, et Paris est à moitié consumé par un affreux incendie (1034), le sixième depuis Jules-César.

Dans ce siècle, sur soixante-treize années, il y en eut quarante-huit de famine et d'épidémie qui ravagèrent le monde ; des pluies continuelles pourrissaient la semence, des froids excessifs ou d'affreuses sécheresses détruisaient tour-à-tour les récoltes ; il semblait que l'ordre des saisons fût interverti, et que les éléments suivissent une loi nouvelle. A la suite de ces fléaux, des troupes de loups affamés parcouraient les campagnes et venaient jusque dans les villes. Les seigneurs, plus violents et plus rapaces que les bêtes féroces, se faisaient des guerres barbares de châteaux à châteaux : la désolation était universelle. C'est en vain que les évêques font entendre des voix conciliatrices, qu'ils font parler le ciel, que des conciles ordonnent de déposer les armes et publient (1035) la *Paix de Dieu*, menaçant d'excommunication ceux qui oseraient violer cette loi sainte : digue impuissante contre des passions indomptables. Renonçant à les vaincre, l'Église essaie au moins de les régulariser et publie (1040) la loi connue sous le nom de *Trêve de Dieu*, qui interdisait tout combat, toute effusion de sang depuis le coucher du soleil le mercredi soir, jusqu'à son lever le lundi matin, ainsi que les jours de jeûne ou de fête. Une sauve garde perpétuelle était accordée aux églises, aux moines, aux clercs non armés. La trêve s'étendait aux paysans, aux troupeaux, aux instruments du labourage. Cette loi, dont les effets furent si salutaires dans presque toute la Gaule, Henri Ier refusa seul de la reconnaître, prétendant qu'en voulant l'établir, le clergé empiétait sur son autorité.

Sous le règne de Henri Ier, dépourvu de faits intéressants, un concile fut convoqué à Paris (1050) pour juger l'hérésie de Béranger contre le dogme de l'Eucharistie ; cette hérésie fut condamnée, et les sectaires forcés de se rétracter sous peine de la mort.

Vérification des reliques de Saint-Denis.

Trois ans après (1053), nouveau concile pour vérifier un fait qui intéressait vivement le clergé et toute la population. Le bruit s'était repandu que le corps du premier évêque de Paris avait été dérobé à l'abbaye de Saint-Denis, au temps de l'abbé Ebles (892) et transporté à Ratisbonne, où le pape Léon IX, alors en Bavière, l'avait visité et venait de reconnaître l'authenticité de cette relique par une bulle du 7 septembre (1052). A cette nouvelle, Paris s'émeut et croit avoir perdu son protecteur; l'alarme est si générale et si grande, que le roi de France, pour imposer silence à ces bruits étranges, se décide à faire solennellement l'ouverture de la véritable châsse du saint, précieusement conservée à l'abbaye de Saint-Denis, et à l'exposer aux yeux du public. Il ordonna à cet effet une cérémonie qui eut lieu le 9 juin 1053, en présence d'Eudes, frère du roi, et de toute la noblesse. On tira, d'un caveau profond, situé derrière le grand autel, les coffres d'argent où le roi Dagobert avait fait déposer le corps de saint Denis et de ses deux compagnons, avec les reliques de la passion de J.-C. : le tout enfermé dans une espèce d'armoire enrichie extérieurement d'or et de pierreries. Dans l'un des coffres, on trouva les ossements de saint Denis enveloppés dans un voile tellement rongé de vétusté qu'il tomba en poussière entre les mains de ceux qui le touchèrent. Après que tous les assistants eurent contemplé les reliques du martyr, on les enveloppa de nouveau dans un voile précieux donné par le roi; elles furent pendant quinze jours, sur le grand-autel, exposées à la vénération du peuple, et pendant tout ce temps l'église ne cessa pas de retentir jour et nuit de chants d'actions de grâces.

Un châtiment.

Philippe 1er, qui avait succédé à son père (1060), se livre, après la mort de son tuteur, Baudouin, comte de Flandre, à tous les écarts trop ordinaires à la noblesse de son temps. Chevauchant sur les grandes routes, accompagné de jeunes seigneurs, il livre combat aux marchands se rendant aux foires dans l'intérieur du royaume, il les rançonne ou pille leurs marchandises. Enhardi par le succès de ces usurpations dont il se fait un jeu, Philippe, entraîné par Étienne, prévôt de Paris, qu'il venait d'instituer à cette charge, pénètre avec lui et quelques hommes dévoués dans l'abbaye de Saint-Germain-des-Prés, dans le but de s'emparer de l'or, de l'argent et des pierres précieuses qui décorent la châsse de saint Germain. Ce qui éveille principalement la cupidité d'Étienne, c'est la grande croix d'or ornée de pierreries que Childebert avait rapportée d'Espagne, œuvre d'un grand prix et pour le travail et pour la matière. Au moment de porter la main sur le sacré trésor, Étienne est frappé de cécité. Ce malheur, que Philippe regarde comme un prodige et la juste peine de l'action coupable qu'ils allaient commettre, le force à se retirer, il n'ose donner suite à sa criminelle entreprise.

Cette circonstance peut-être, l'âge, et les remontrances des évêques et même du pape, vinrent modifier ces dispositions du jeune prince ; mais bientôt un égarement d'un autre genre lui fit encourir les censures de l'Église (1093). Dominé par sa passion pour la belle Bertrade, femme du comte d'Anjou, Foulque-le-Réchin, il l'enlève, l'épouse après avoir répudié sa femme Berthe. Le reste de la vie et du règne de ce prince est rempli des embarras que lui suscita cette faute. Excommunié par le pape Urbain (1094), il quitte Bertrade, la reprend, est de nouveau censuré pour la quitter encore et la garder à la fin, Berthe étant morte, et le comte d'Anjou ne voulant plus d'une femme infidèle.

Pendant que Philippe, tout occupé de ses intérêts et de ses plaisirs, sacrifiait tout à sa passion insensée, le grand événement de la première croisade occupait tous les cœurs, s'emparait de tous les esprits ; mais les exploits qui fondèrent la royauté de Jérusalem s'accomplirent sans sa participation.

Usages et inventions.

ARMOIRIES. — La première expédition des Croisades consacra et rendit propres à chaque famille les emblèmes qui ornaient les écus des chevaliers. Ces images, jusque-là de fantaisie, servaient plutôt à caractériser l'humeur de celui qui les adoptait qu'à distinguer sa famille. Les brillants exploits qui signalèrent la première croisade firent regarder comme un grand honneur d'y avoir pris part, et l'on dut conserver avec un religieux respect le symbole qu'on avait adopté pour se faire reconnaître dans les combats. On l'arbora sur ses étendards, on le fit peindre sur son écu, broder sur sa cotte d'armes et graver sur son sceau.

ARMES. — A cette époque, l'art militaire changea, la cavalerie devint la plus grande force des armées. Les exercices du corps, l'équitation, le maniement de la lance et de l'épée devinrent l'unique occupation de la noblesse ; — la vente des armures, la principale branche de commerce en Europe.

CHEVALERIE. — Cette première période de la confédération féodale vit naître la chevalerie, le respect pour les femmes, la langue, la poésie et le roman.

CHARGES. — Hugues-Capet avait aboli la mairie du palais en la donnant à son fils Robert, et pour ne pas blesser les grands, il avait remplacé cette charge par la création de douze pairs du royaume : grands vasseaux qui relevaient immédiatement de la couronne.

MUSIQUE. — Sous le règne de Robert, Gui d'Arezzo, que ce prince avait attiré à la cour, inventa le chant en partie, la gamme ou les six syllabes, *ut, ré, mi, fa, sol, la;* le *si* ne fut trouvé qu'au dix-septième siècle. La figure ou caractère des notes fut inventée par un Parisien nommé de Mœurs, en 1330.

ALTÉRATION DES MONNAIES. — C'est Philippe Ier qui eut le triste honneur d'altérer les monnaies en mêlant de l'alliage à l'or et à l'argent qui les composaient.

L'architecture gothique ou sarrasine prit un grand élan sous le règne de Robert.

(1041) Rédaction des lois relatives aux tournois.

(1042) Institution de la fête des Morts par saint Odilon.

(1048) Le pape Léon XI adopte la tiare pour couronne papale.

(1086) Commencement de l'ordre des Chartreux.

(1097) Commencement de l'ordre de Citeaux.

DOUZIÈME SIÈCLE, DE 1100 A 1200.

PRINCES RÉGNANTS.

Fin du règne de Philippe Ier, de 1100 à 1108.
LOUIS VI, dit le Gros, fils de Philippe Ier, de 1108 à 1137, règne 29 ans.
LOUIS VII, dit le Jeune, fils de Louis-le-Gros, de 1137 à 1180, règne 43 ans
PHILIPPE II, surnommé Auguste, de 1180 à 1223, règne 43 ans.

Sommaire historique.

Coup-d'œil sur le XIIe siècle. — Coup-d'œil sur Paris et sa nouvelle topographie. — Ce que c'était qu'un roi de France au XIIe siècle. — Deux frères, ou ruses contre ruses. — Brigands titrés. — Les Pâques d'Innocent II. — Louis VII, dit le Jeune. — Deuxième croisade. — Le souper du roi. — Le Tapis de sainte Geneviève. — Droit de prise. — Une susceptibilité. — Hanse parisienne. — Troisième partie. — Philippe-Auguste et les juifs.

Coup-d'œil sur le XIIe siècle.

Parmi les faits qui résument ce siècle, il faut remarquer le mouvement qu'imprimèrent à l'esprit les écoles fameuses de Guillaume de Champeaux et d'Abailard. Ces deux rivaux, dans leurs luttes orgueilleuses et hardies, commencèrent l'œuvre de l'affranchissement de la pensée, et si leurs disputes métaphysiques, soutenues de part et d'autre avec une égale passion, ne firent pas faire de grands pas à la science, quelques lumières en jaillirent et vinrent éclairer la nuit profonde où la France se trouvait plongée. Les nombreux disciples de ces deux hommes célèbres, dans le culte fanatique qu'ils rendaient à leurs maîtres, puisèrent le goût et le besoin de l'étude : et Paris devint un centre où vint affluer une jeunesse avide de s'instruire.

Le second fait important de cette période est le commencement de l'affranchissement des communes sous Louis VI, dit le Gros : l'origine de la liberté. La croisade dans son mouvement immense devint l'occasion, donna l'impulsion ; les villes achetèrent d'abord une à une du roi, et à prix d'or, ces franchises qui devaient plus tard amener leur indépendance des seigneurs, et donner naissance à cette troisième classe placée entre les grands et le peuple, classe bourgeoise qui, sous le nom de tiers-état, finit par triompher de la féodalité.

Un troisième fait dont les résultats devinrent funestes pour la France fut le divorce d'Éléonore d'Aquitaine, qui, séparée de son mari Louis VII, dit le Jeune, donna sa main et ses possessions à Henri, comte d'Anjou, duc de Normandie, qui plus tard devint roi d'Angleterre sous le nom de Henri II. Cette faute politique accrut la puissance de l'Angleterre, mit la France dans ses mains, et donna lieu aux interminables guerres qui pensèrent perdre la monarchie française.

Deux nouvelles croisades remplirent la seconde moitié du siècle, une sous Louis VII, et l'autre sous Philippe-Auguste.

Ces deux expéditions, dont les résultats ne furent pas glorieux pour la France, concoururent cependant à asseoir la royauté, en éloignant du pays la moitié de ces seigneurs qui l'opprimaient, et en ouvrant un nouveau champ à leur turbulente ambition.

Coup-d'œil sur Paris.

L'accroissement physique de Paris fut considérable dans cette période, des monuments religieux s'élevèrent, d'autres s'agrandirent, une muraille vint ceindre la ville et ses faubourgs, et protéger les nombreuses habitations qui s'étaient groupées sur les deux rives de la Seine, dont la Cité devint comme le cœur.

Nous avons parlé des écoles dont la naissance signala ce

siècle ; la première fut établie dans l'abbaye de Saint-Victor, par Guillaume de Champeaux (1108), sous le règne de Louis VI. Guillaume, fils d'un laboureur, prit le nom du lieu de sa naissance : Champeaux en Brie ; il devint par son mérite archidiacre et chef de l'école de l'évêché de Paris.

Abailard, jeune gentilhomme breton, se distingua bientôt parmi ses disciples, finit par surpasser son maître et devint un orgueilleux rival. Guillaume de Champeaux, voyant la désertion de ses écoliers qui se portaient en foule aux cours d'Abailard, se retira dans l'église de Saint-Victor, où il prit l'habit de chanoine régulier : la gloire de cette maison date de cette époque. Louis-le-Gros et plusieurs seigneurs et évêques la dotèrent richement. Guillaume de Champeaux, sollicité par les élèves qui lui étaient demeurés fidèles, reprit plus tard ses fonctions à Saint-Victor, tandis qu'Abailard, devenu chef d'une école à Paris, professait en plein champ, sur la montagne Sainte-Geneviève : aucun local n'étant assez vaste pour contenir les écoliers qui affluaient de toutes les provinces, et se pressaient autour du maître, avides d'entendre sa parole fascinatrice et persuasive. De ses disciples, cinquante devinrent évêques ou archevêques, vingt cardinaux ; et un fut pape sous le nom de Célestin II.

L'école Saint-Victor fut célèbre par les savants religieux qu'elle forma. L'abbaye de Saint-Victor était étroitement liée à la cathédrale ; les évêques de Paris y avaient un appartement, où ils se retiraient souvent ; plusieurs de ces évêques voulurent y être inhumés.

Sous Louis XIV on avait commencé à construire, à l'angle du quai et de la rue des Fossés-Saint-Bernard, une Halle aux vins ; en 1813, quand on voulut agrandir cet établissement, on détruisit les bâtiments de Saint-Victor, cette destruction fait dire à l'auteur des *Promenades historiques dans Paris*[1] :

---

[1] Ch. Nodier.

« Où est la célèbre abbaye de Saint-Victor ? Qu'est devenue cette charmante église dont les contre-nefs étaient si élégantes, dont les vitraux étaient si brillants, dont les roses étaient si capricieuses, dont le chœur surpassait tous les ouvrages du même genre en science et en délicatesse ? Qu'est devenu ce beau portail formé de trois pendentifs de pierre, suspendus dans les airs, que nos vieux auteurs appellent le chef-d'œuvre de l'architecture gothique et la plus hardie ? Qu'a-t-on fait de ces pierres monumentales du sanctuaire, qui couvraient la dépouille mortelle de Maurice de Sully, d'Étienne de Senlis, de Guillaume d'Auvergne et de tant d'autres évêques de Paris ? Et cette salle basse soutenue par des piliers antiques dont les voûtes avaient résonné aux accents d'Abailard ? Et ces jardins immenses, couronnés de magnifiques ombrages sous lesquels Santeul évoquait le génie fantasque et sublime qui lui inspira ses vers, qu'en a-t-on fait ? Demandez à l'industrie... on en a fait l'Entrepôt des vins, qu'il fallait faire sans doute, mais qu'on aurait pu faire ailleurs ! »

La faveur dont jouissaient l'école Saint-Victor et celle d'Abailard, attirant les écoliers sur la rive gauche de la Seine, fut une des causes qui firent établir sur la Montagne Sainte-Geneviève le siége de l'Université de Paris, qui fut fondée par Pierre Lombard (1158).

Ainsi que l'abbaye de Saint-Victor, Saint-Germain-des-Prés, Sainte-Geneviève avaient aussi des écoles. Celle de Saint-Germain-l'Auxerrois donna son nom au quai de l'École.

La chapelle de Saint-Agnan, située dans la Cité et dans la dépendance du cloître de Notre-Dame, fut bâtie par le célèbre Étienne de Garlande, archidiacre de Paris (1118). Elle n'était ouverte au public que le 17 novembre, jour de la fête du saint.

A cette chapelle se rattache un trait de la vie de saint Bernard : Un jour, ce saint personnage était allé prêcher dans les écoles de Paris, situées alors au cloître Notre-Dame, pour tâcher d'opérer quelque conversion parmi les écoliers; mécontent de n'en avoir attiré aucun, il se retira dans la chapelle de l'archidiacre qui l'avait emmené chez lui, et là, il se répandit en pleurs et en gémissements; l'archidiacre, étonné et curieux de connaître la raison de cette douleur, apprit de Renaud, abbé de Foigny, qui accompagnait saint Bernard, que le saint, attribuant le peu de succès de son sermon à quelque offense qu'il aurait commise envers Dieu, lui en demandait pardon.

Saint-Lazare, rue du faubourg Saint-Denis, était (1110) un amas de cabanes servant d'hôpital pour les pauvres lépreux, placé sous l'invocation de saint Lazare ou saint Ladre. Ce fut en leur faveur que Louis-le-Gros établit la foire Saint-Lazare; Guillaume de Garlande, sénéchal, fit don à cette maison d'une partie de son clos de Garlande, situé à Paris. La foire Saint-Lazare commençait le lendemain de la Toussaint et durait huit jours; elle se tenait le long de la route qui conduit à Saint-Denis, entre le village de la Chapelle et Paris. Louis VII ajouta à cette foire huit autres jours; mais Philippe-Auguste l'acheta pour accroître son fisc (1185), et la transféra au lieu dit *les Champeaux*, où furent établies en suite les halles ou le marché des Innocents. Il donna en échange à Saint-Lazare la *Foire Saint-Laurent*.

Dans l'enclos de cet hôpital était un bâtiment appelé le *logis du roi;* c'était là que les rois recevaient le serment de fidélité des habitants de Paris avant de faire leur entrée dans la ville, et l'on y déposait leurs cercueils avant de les porter à Saint-Denis.

« Une coutume sublime voulait que les dernières dépouilles des rois et des reines fussent quelque temps déposées à Saint-Lazare avant d'être portées à Saint-Denis, et qu'elles y reçussent l'absolution de l'eau bénite de tous les prélats du royaume représentés par l'archevêque de Paris. Jamais la déférence du monarque à l'égalité chrétienne que l'Évangile a proclamée ne s'est manifestée par un symbole plus touchant[1]. »

Saint-Jacques-la-Boucherie, petite et pauvre église d'abord, devait son origine à une chapelle de Sainte-Anne ou de Sainte-Agnès, datant du Xe siècle. Passée dans le domaine de Saint-Martin-des-Champs, qui, entre autre droits, avait celui de s'approprier le produit de la moitié des offrandes, elle commença (1119) à prendre rang parmi les églises, étant devenue nécessaire au faubourg septentrional de Paris; sa situation proche de la Grande-Boucherie en fit plus tard la paroisse des bouchers. C'est au XIVe et au XVe siècle que cette église devint puissante et riche. Le territoire de la paroisse renfermait tout l'espace compris entre la Seine, les rues Saint-Denis et Saint-Martin et la rue Aubry-le-Boucher. Ce quartier, le plus populeux de la ville, quartier du commerce, les Lombards, banquiers de l'époque, l'habitaient: une de ses rues leur doit son nom.

Le fameux Nicolas Flamel fut un des bienfaiteurs de cette église; cet homme, d'abord simple écrivain, commença l'immense fortune qui le fit soupçonner de magie dans une échoppe de la rue des Écrivains. Plus de science qu'on n'en avait alors, beaucoup d'économie et surtout de savoir-faire, peut-être des spéculations avec les Juifs, lui firent amasser des trésors qui donnèrent à penser qu'il avait trouvé le moyen de faire de l'or. Il sut exploiter ce préjugé de la crédulité publique en vendant des livres d'alchimie.

Il avait épousé, jeune encore, une femme beaucoup plus âgée que lui. Pernelle lui avait apporté de grands biens; vivant avec parcimonie comme son mari, et mettant tous ses soins à dissimuler ses richesses, elle participa à la réputation mystérieuse de celui-ci.

[1] Ch. Nodier.

Nicolas Flamel, voulant sanctifier sa fortune, en donna une grande part aux églises, et s'attacha surtout à embellir et à décorer celle de Saint-Jacques-la-Boucherie. Il fit élever à ses frais le portail de la rue Marivaux, sur lequel il fit sculpter son image et celle de sa femme, à genoux tous deux aux pieds de la Vierge (1399).

La tour, seul reste de cette église, ne fut élevée que sous François Ier, et avec les libéralités de Thoines, curé de

Sanois. Ce monument curieux, délicat morceau d'architecture, est une des ruines les plus intéressantes du vieux Paris. Sa hauteur est de 155 pieds ; elle est de forme carrée, et chacun de ses côtés a près de 34 pieds; sa construction date de 1508, elle fut achevée en 1522, et coûta 1,350 livres. Les sculptures dont elle est décorée, les bizarres et capricieux ornements qui la couronnent, offrent aux regards une foule d'animaux fantastiques qui rappellent les mystères diaboliques dont s'entoura son bienfaiteur, Nicolas Flamel, qui pourtant mourut marguillier de sa paroisse. Cette mort, la crédulité populaire ne voulut pas l'admettre : le bruit courut que Nicolas et Pernelle avaient été emportés par le diable dans la Haute-Égypte, où ils devaient vivre éternellement, et que l'église, croyant les enterrer, avait donné la sépulture à deux bûches mises à leur place.

L'église de Saint-Jacques avait droit d'asile, elle s'en servit dans plusieurs circonstances, et fit même construire (1405) une chambre pour ceux qui venaient *s'y mettre en franchise*.

Plusieurs usages singuliers étaient particuliers à cette église. Le jour de Noël on donnait aux fidèles le spectacle de la *Gésine Notre-Dame*, où la naissance de Jésus-Christ était représentée avec toutes ses circonstances.

A la fête de Saint-Nicolas on faisait descendre, par un trou de la voûte, un pigeon blanc et des petits oiseaux, et le jour de la Pentecôte on jetait dans la nef, par ce même trou, des étoupes enflammées, en imitation de la descente du Saint-Esprit sur les apôtres.

Parmi les objets d'art que renfermait cette église, on remarquait un bas-relief d'albâtre représentant la mort de la Vierge, de Quentin Varin, un Christ en bois, de Jacques Sarrasin, qui excellait dans ce genre de sculpture, et de beaux vitraux en grisaille, de Pinaigrier, qu'on peut voir encore au musée des monuments français. La haute statue de saint Jacques, qui couronnait le faîte de la tour, et les animaux, symboles évangéliques placés aux quatre angles, sont dus à Raoult ou Raulf, *tailleur d'images* (sculpteur).

Pendant la révolution, l'église de Saint-Jacques fut démolie pour l'assainissement du quartier. Les douze cloches à la sonnerie harmonieuse et musicale furent transportées à la monnaie; la statue de saint Jacques fut impitoyablement abattue.

Sainte-Geneviève des Ardents dut son origine à un miracle opéré par la châsse de sainte Geneviève. Cette patronne de Paris, descendue de la montagne où elle reposait depuis plusieurs siècles, à l'occasion d'une grande calamité, fut promenée en procession dans la cathédrale, où les malheureux, attaqués du *mal des ardents*, se pressaient avec foi autour de la sainte relique. La chronique raconte que tous furent guéris, à l'exception de trois incrédules.

Le pape Innocent, qui se trouvait à Paris en 1131, ordonna, en commémoration de ce miracle, une fête annuelle qui aurait lieu le 26 novembre sous le titre de *l'excellence de la bienheureuse* Geneviève. Depuis, cette fête fut appelée : *la fête du miracle des Ardents*. A partir de ce moment la petite église, située en face de la cathédrale, nommée d'abord : *Notre-Dame la petite, Sainte-Geneviève la petite*, devint l'église de *Sainte-Geneviève des Ardents*.

Le premier collége établi à Paris (1147) fut celui *des Danois* ou *de Dace*, situé d'abord rue Sainte-Geneviève. Il fut fondé par les Danois, lorsque Guillaume, sous-prieur de Sainte-Geneviève, et trois de ses confrères, allèrent au douzième siècle dans l'île d'Eschil établir la réforme de leur ordre; ces circonstances amenèrent à Paris plusieurs Danois qui vinrent y étudier, et leur réunion fut l'origine du collége.

Les croisades donnèrent lieu à la fondation de l'ordre des chevaliers du Temple, moines soldats veillant à la sûreté des routes et protégeant les pèlerins contre les entreprises des infidèles.

Le Temple, couvent des religieuses de l'Adoration perpétuelle du Saint-Sacrement, rue du Temple, n° 80. Les chevaliers de l'ordre du Temple (1147) possédaient plusieurs maisons à Paris; celle-ci devint par la suite un palais, ou plutôt une ville forte. C'est là que les rois déposaient leurs trésors. Philippe-Auguste, par son testament fait avant de partir pour la croisade, ordonna que ses revenus seraient apportés à Paris à trois époques de l'année, reçus par six bourgeois de la ville et déposés au Temple. Nous parlerons plus tard de l'accroissement prodigieux de cette maison, des richesses de l'ordre, et des persécutions qu'il eut à subir et qui se terminèrent par sa destruction.

Église cathédrale de Notre-Dame. Maurice de Sully, évêque de Paris, d'une origine obscure, mais distingué par son mérite et sa science, conçut le projet (1161) de faire élever une nouvelle cathédrale. L'ancienne basilique bâtie par Childebert était, au douzième siècle, avant sa destruction, environnée de plusieurs petites églises dont nous avons parlé en leur temps : à gauche, vers l'orient, Saint-Étienne qui déjà tombait en ruines; derrière l'abside, Saint-Denis-du-Pas; à droite du cloître, Saint-Jean-le-Rond. Maurice de Sully, secondé par les libéralités des fidèles, fit d'abord abattre l'ancienne église et jeta les fondements de celle que l'on voit aujourd'hui. Le pape Alexandre III, alors réfugié en France, posa la première pierre (1163). Maurice de Sully fit également (1164) percer la rue Neuve-Notre-Dame en face de la nouvelle cathédrale. La construction de l'église, du moins celle du chœur, était assez avancée lorsque le patriarche de Jérusalem, Héraclius, vint à Paris pour y prêcher la croisade : il put y célébrer la messe (1185). Maurice de Sully n'eut cependant pas la gloire de terminer ce monument; il mourut (1196), laissant par son testament cent livres[1] pour le couvrir en plomb, et plusieurs

---

[1] Aujourd'hui cinq mille francs.

biens pour être employés en fondations au profit de son chapitre et des pauvres clercs de l'église. Entre autres ornements dont il avait enrichi la nouvelle basilique, se trouvaient une table d'autel en or, pesant 20 marcs, un calice, un encensoir également en or, et des tables d'argent. C'est aussi Maurice de Sully qui avait fait rétablir le palais épiscopal.

Eudes de Sully, son successeur, signala sa piété éclairée par la suppression d'une fête, reste de tradition païenne, qui s'était introduite dans la plupart des églises, particulièrement à Notre-Dame : on l'appelait la fête des Fous, des *Sous-diacres* ou des *Diacres-saouls*, par allusion à l'état d'ivresse où se trouvait une partie de ceux qui la célébraient. Cette burlesque représentation était une singerie scandaleuse des cérémonies les plus saintes de la Religion. La fête commençait le jour de Noël et se prolongeait jusqu'à celui des Rois ; pendant tout ce temps, la foule en délire se livrait aux extravagances les plus licencieuses et courait la ville en costumes bizarres, avec le visage couvert de masques hideux.

Saint-Jean-de-Latran. Cette maison, fondée en 1171, située place de Cambrai, était destinée aux chevaliers de Rhodes et de Malte, nommés encore *hospitaliers de Saint-Jean de Jérusalem*. Ce nom indique le but de cet établissement, qui était d'offrir un asile aux pauvres pèlerins. Il possédait un clos qui s'étendait de la place Cambrai à la rue des Noyers, et renfermait un hôtel, une église et une grande tour carrée à quatre étages, où logeaient les pauvres pèlerins qui se rendaient à Jérusalem. Toutes sortes d'habitants occupaient dans cet enclos des maisons mal bâties, mais ils y jouissaient du droit de franchise.

Église Saint-Nicolas-des-Champs, d'abord simple chapelle pour les serviteurs du monastère de Saint-Martin-des-Champs, fut érigée en paroisse vers l'an 1176. La dévotion à saint Nicolas était grande à Paris, surtout parmi les écoliers ; et la fête du saint patron de cette église se chômait avec solennité. Plusieurs usages bizarres s'étaient introduits dans cette dévotion. Le jour de la fête patronale, les paroissiens de Saint-Nicolas-des-Champs représentaient des mystères où les bourgeois du quartier figuraient Jésus-Christ, les apôtres ou d'autres personnages de l'Histoire Sainte. Les enfants de chœur de Notre-Dame avaient la coutume de s'y rendre en masques, faisant en chemin mille folies, débitant force facéties ; les écoliers, surtout les plus jeunes, ne manquaient pas à ce divertissement, qui dégénéra en licence, comme nous le verrons plus tard.

L'Hôpital Saint-Gervais, ou *Hospitalières de Saint-Anastase*, date de 1171. Dans leur ardente pitié pour les pauvres, un maçon nommé Garin, et Harcher son fils, prêtre, consacrèrent leur propre maison située au parvis Saint-Gervais à recevoir de pauvres passants. Louis VII favorisa cette pieuse fondation, et les papes Alexandre III et Nicolas VI placèrent cette maison sous la protection du Saint-Siège (1179-1190).

L'église de Sainte-Geneviève éprouva dans ce siècle de notables changements au temporel comme au spirituel ; les malheurs et les troubles des temps avaient fort relâché la règle de son monastère ; elle fut réformée. On introduisit dans l'abbaye des chanoines de Saint-Victor, et son église et son monastère, ruinés par les Normands, furent réparés et embellis sous l'abbé Étienne de Tournai (1177).

La reconstruction de cette église dura quinze ans. Il en reste une tour carrée fort élevée, qui se trouve engagée dans les anciens bâtiments de l'abbaye, faisant aujourd'hui partie du collége Henri IV. La partie inférieure de la tour est d'un style qui appartient au XIe siècle ; celui de la partie supérieure indique le XIIIe siècle.

Dans la crypte ou chapelle souterraine, était primitive-

TOUR DE CLOVIS
Batie au VIe Siècle

ment le tombeau de la patronne de Paris, mais les reliques en avaient été retirées pour les soustraire à la profanation des Normands. Lors de la reconstruction de l'église, la châsse qui les contenait, et que la munificence des princes s'était plu à embellir, fut déposée dans l'église supérieure, derrière le grand-autel.

La congrégation de Sainte-Geneviève possédait en France 900 maisons de son ordre et pouvait nommer à 500 cures. Son abbé prenait le titre de général, et avait droit à porter la mitre, la crosse et l'anneau. Il était électif.

Parmi les richesses que renfermaient l'église et l'abbaye de Sainte-Geneviève, telles que tableaux de maîtres, sculptures et ornements de tous genres, le plus précieux trésor était la Bibliothèque, devenue avec le temps une des plus considérables et des plus curieuses de Paris. Les PP. Tourteau et Lallemant, qu'on doit regarder comme les fondateurs, y rassemblèrent en peu d'années 7 à 8,000 volumes qui s'accrurent rapidement ; à l'époque de la Révolution, cette collection en contenait 80,000 ; 2,000 manuscrits, ainsi qu'un riche cabinet d'antiquités, d'estampes et de médailles.

Saint-Martin, près Saint-Marcel.—*Saint-Hippolyte*, rue de ce nom, quartier Saint-Marcel.—*Saint-Médard*, rue Mouffetard.—*Saint-Hilaire*, sur le mont Saint-Hilaire.— *Saint-Bont*, rue de ce nom.—*Les Saints-Innocents*, rue Saint-Denis, au coin de la rue aux Fers. Rien de bien remarquable ne se rattache à l'origine de ces églises ; cette dernière fut rebâtie et agrandie par Philippe-Auguste, avec le produit des biens confisqués aux Juifs.

Topographie de Paris. — Clos et Courtilles.

Paris au douzième siècle s'était considérablement accru, comme on peut le voir par les monuments religieux que nous venons de citer. Les habitations particulières avaient suivi la même progression, et les faubourgs du nord et du midi, quand Philippe Auguste les fit enclore d'une muraille, présentaient une ceinture déjà fort étendue.

Avant cette époque, ces faubourgs n'étant défendus par aucun mur de clôture, les habitants avaient senti le besoin d'opposer un obstacle aux brigandages des étrangers et à ceux de l'intérieur : de là, la multitude de clos qui couvrirent les deux rives extérieures de la Seine. Ces clos étaient de vastes terrains cultivés, semés d'habitations et entourés d'enceintes et d'assez fortes murailles.

Du côté du midi ils étaient nombreux et vastes, en partie plantés de vignes. Sur la rive droite de la Seine, que le terrain et l'exposition rendaient moins favorable à cette culture, le sol présentait un autre aspect : les vastes marais qui couvraient ce côté avaient peu à peu été défrichés au douzième siècle et convertis en *cultures* ou *coultures,* dans lesquelles on établit, sous le nom de *Courtilles*, des jardins en vergers, environnés de haies, qui servaient à la promenade des habitants. A cette époque existaient encore les marais de Sainte-Opportune, s'étendant jusqu'au pied de la Montagne de Montmartre, et entretenus par le ruisseau de Ménilmontant qui les traversait.

Pour compléter ce tableau de Paris au douzième siècle, il ne faut pas omettre le *Pré-aux-Clercs*, vaste terrain situé sur le territoire de l'abbaye Saint-Germain-des-Prés; il s'étendait le long de la Seine dans l'espace compris entre la rue Mazarine et les Invalides. Depuis l'établissement des écoles, qui avaient attiré à Paris un grand nombre d'écoliers de toutes les provinces, ceux-ci avaient choisi ce lieu pour s'y promener et s'y livrer à toutes sortes de jeux et de divertissements ; et c'est de ces hôtes joyeux et turbulents, nommés *Clercs* au moyen-âge, que ce terrain prit le nom de *Pré-aux-Clercs*. Un canal, large de quatorze toises, qui communiquait des fossés de l'abbaye Saint-Germain avec la Seine, divisait le Pré-aux-Clercs en deux parties inégales. Celle de l'orient comprise entre la clôture de l'abbaye et la ville s'appelait le *Petit Pré-aux-Clercs*; l'autre, qui s'étendait le long de la Seine vers le couchant, le *Grand Pré-aux-Clercs*: le canal de division se nommait la petite Seine ; il occupait à peu près l'emplacement de la rue des Petits-Augustins aujourd'hui.

Malgré l'accroissement qu'avait pris Paris au douzième siècle, les rues n'étaient point encore pavées ; et, percées sans symétrie, elles étaient sales, tortueuses et malsaines.

Dans ce siècle fut rétabli le Petit-Pont ; on construisit us un double rang de maisons.

HISTOIRE, MOEURS ET FAITS DIVERS.

Ce que c'était qu'un roi de France au XIIe siècle.

C'était une pauvre royauté que celle de France sous le règne de Louis VI, dit le Gros. Ce roi possédait un petit État fort circonscrit, comme nous l'avons dit déjà, et ses possessions morcelées étaient encore dominées par celles d'une foule de seigneurs qui, du haut de leur donjon, et selon leur bon plaisir ou les intérêts de leur ambition, tenaient le roi en charte privée. S'il voulait aller à Melun ou en sortir, les comtes de Champagne le harcelaient sans cesse. Quand, de Paris, il prenait la route de Corbeil, les hommes d'armes du comte Eudes lui barraient le passage ; et s'il voulait aller à Étampes, les seigneurs de Montlhéry, de Châteaufort et de la Ferté-Baudouin l'en empêchaient. Quand il se dirigeait vers Orléans il rencontrait les troupes du château du Puiset. Et cependant la possession de Paris et son titre de roi de France donnaient à Louis une grande prépondérance sur tous ces seigneurs féodaux. Mais pour soutenir cette suprématie et anéantir de dangereux rivaux il fut obligé de lutter sans cesse, et dut à son infatigable activité le surnom de *batailleur, d'éveillé*.

Louis attaqua successivement tous les seigneurs trop voisins de son petit État, principalement ceux qui relevaient du duché de France, et ce ne fut pas sans peine qu'il fit cesser les brigandages qu'ils commettaient chez leurs voisins. Philippe de Mantes, frère du roi, fut un des plus difficiles à réduire, poussé qu'il était par sa mère Bertrade.

Ce prince avait épousé l'héritière de Montlhéry, et, maître de Mantes et de la forteresse de Montlhéry, il profitait de cette position, comme l'avait fait son beau-père, pour piller et mettre à contribution les marchands qui passaient sur ses terres en se rendant d'Orléans à Paris. Ou bien il portait le trouble aux environs de la capitale, prêtant ses deux forteresses à la faction redoutable dirigée par Bertrade.

Ce fut en vain que le roi somma Philippe de comparaître devant ses pairs; celui-ci s'y refusa, déclarant qu'il ne connaissait d'autres juges que les armes de ses chevaliers. Louis se vit contraint de mettre le siége devant Mantes (1109). Le château, réduit à la dernière extrémité, capitula, et bientôt Montlhéry fut sous la dépendance du roi. Philippe, dépossédé de ses deux seigneuries, se retira chez son oncle Amaury de Montfort, qui lui donna le commandement d'Évreux. La belle et ambitieuse Bertrade, obligée de renoncer au plus cher de ses vœux, celui de voir Philippe roi de France, se retira à l'abbaye de Fontevrault, où elle prit le voile.

Deux Frères. — Ruses contre ruses.

Louis eut à soutenir une véritable guerre excitée par la famille des Montmorency, qui se trouvait alliée à tous les seigneurs de fiefs voisins de Paris. La haute faveur accordée par Louis aux trois frères Garlande, propriétaires du château de Garlande, en Brie, avait fait des jaloux. L'aîné, Ansel de Garlande, nommé à la place de sénéchal, qu'avait occupée son beau-père, Guy-le-Rouge, comte de Rochefort, fut un motif déterminant ; et la famille de Montmorency, alliée aux comtes de Rochefort, voulut venger leur affront. Elle somma les amis et les parents, et tous se réunirent à elle pour faire la guerre à Louis ; Eudes de Corbeil, qui seul refusa d'entrer dans cette coalition, fut arrêté, et conduit à la Ferté-Baudouin (1108).

Le roi, afin de délivrer son sujet fidèle, persécuté pour sa cause, marche sur la Ferté-Baudouin. Ansel de Garlande conduisait l'avant-garde du roi, composée de quarante chevaliers ; soit hasard ou à dessein, la porte de la Ferté se trouvait ouverte ; Ansel s'y précipite avec un audacieux mais imprudent courage, et le pont-levis, se redressant aussitôt derrière lui, le livre au pouvoir d'ennemis qu'il ne voyait pas et dont le nombre l'accablent. Renversé de son cheval, il est bientôt porté dans le même cachot où languissait le comte de Corbeil, qu'il avait voulu délivrer.

Les deux prisonniers durent la vie à l'absence des seigneurs du lieu : le comte de Rochefort et son fils Hugues de Crécy. Ce dernier mit tout en œuvre pour rentrer dans son château ; mais Guillaume de Garlande faisait trop bonne garde. Une lutte d'un nouveau genre s'établit entre ces deux chevaliers, tous deux jeunes, tous deux vaillants ; lutte de ruse et de finesse. Après avoir vainement essayé la force ouverte, le jeune Hugues se présentait tantôt sous le déguisement d'un jongleur, tantôt sous celui d'une femme. Guillaume de Garlande devinait tous ces stratagèmes et, redoublant de surveillance, déjouait les plans les mieux concertés. Quelquefois les deux chevaliers s'abordaient franchement et faisaient assaut de bravoure. D'autres fois, Guillaume rendait ruse pour ruse, finesse pour finesse ; et, malgré leur titres d'ennemis, les deux champions avaient peine à prendre au sérieux une guerre faite avec de pareilles armes, et ils se jouaient plus d'un tour avec toute la gaieté de la jeunesse.

Mais pour Guillaume il s'agissait de la vie de son frère, et Hugues de Crécy ne put rentrer à la Ferté, qui, enfin, réduite par la constance de Louis, rendit à la liberté Ansel de Garlande et le comte de Corbeil.

La lutte de Louis contre Hugues-le-Beau, neveu du comte de Corbeil, et devenu, par la mort de son oncle, seigneur du Puiset, présente des scènes intéressantes ; mais notre cadre ne nous en permet pas le récit. Le résultat seul est de notre domaine.

Louis parvint à réduire tous ces mutins, et les châteaux du Puiset et de Montlhéry furent mis hors d'état de le braver : il affranchissait ainsi peu à peu son domaine. Ce domaine se bornait en quelque sorte aux cinq villes de Paris, Orléans, Étampes, Melun et Compiègne ; c'était de là qu'il tirait ses principales ressources en argent, l'on comprend l'intérêt qu'avait le roi à favoriser des cités auxquelles il devait toute sa puissance et les moyens de lutter contre une noblesse turbulente. Louis leur concéda le droit de régir elles-mêmes leurs affaires ; il protégea leur commerce, le défendit contre la rapacité des seigneurs : ses armes faisaient rendre aux gentilshommes ce qu'ils avaient volé aux marchands.

Brigands titrés.

C'était, il faut en convenir, un étrange spectacle que ces nobles seigneurs se faisant chefs de brigands, attendant les marchands sur les routes pour les dépouiller du fruit de leur labeur. Ceux qui se respectaient davantage avaient imaginé mille moyens pour se faire payer un tribut : tantôt un seigneur châtelain qui n'avait pas le moindre cours d'eau dans ses terres n'en mettait pas moins une planche sur deux ais, forçant les voyageurs à traverser *le pont* et les obligeant au péage. Un autre, ayant donjon sur la route, exigeait un impôt parce que les moutons en passant soulevaient la poussière du chemin. Celui-ci faisait piller le marchand par ses gens, et l'obligeait à payer la moitié de la valeur de son bagage pour le retirer, ou bien, s'il n'avait pas d'argent, à laisser la moitié ou le quart de ses marchandises pour avoir le reste.

Les Pâques à Paris d'Innocent II.

Le pape Innocent II, réfugié à Paris (1131), célébra les fêtes de Pâques à Saint-Denis avec une grande magnificence. Le dimanche matin il partit du prieuré de Saint-Denis-de-l'Estrée, suivi de ses cardinaux à cheval, tandis que les barons et les chapelains de l'abbaye marchaient à pied, lui servaient d'écuyers, tenant son cheval par la bride. Les Juifs de Paris étaient accourus à ce spectacle ; ils présentèrent au vicaire de Dieu le livre de la loi en rouleau, couvert d'un voile. Le pape leur dit avec onction et bonté : « Plaise à Dieu d'ôter le voile de vos cœurs ! »

Arrivé à la grande église richement décorée, il y célébra la messe et descendit avec toute sa suite dans les cloîtres, où l'on avait dressé les tables du banquet. L'assemblée, couchée sur des tapis à la manière des anciens, mangea d'abord l'agneau pascal. Ensuite on s'assit à l'ordinaire pour continuer le repas. En sortant de Saint-Denis, le pape vint à Paris, où toute la population se porta à sa rencontre pour honorer son entrée. Le roi et Philippe son fils le reçurent avec toutes les marques du respect le plus profond, et tous les habitants de la ville le reconduisirent, au départ, avec de grands honneurs.

Singulier Privilège.

La mort de ce jeune Philippe qui devait succéder à son père Louis-le-Gros, arrivée deux ans plus tard, causa un deuil général, car il donnait à la nation de grandes espérances. Un jour que ce prince s'amusait dans un des faubourgs de Paris à pousser son cheval après un de ses écuyers, un pourceau, s'échappant de chez un boucher, vint se jeter entre les jambes de son cheval ; l'animal se cabre et renverse son cavalier contre une borne. Philippe succomba dans la nuit à ses blessures, et sa mort fit monter sur le trône Louis VII, dit le Jeune (1137).

On raconte qu'après ce funeste accident, il fut défendu de laisser vaguer les pourceaux dans les rues ; mais dans la suite, ceux de l'abbaye Saint-Antoine furent privilégiés, les religieuses ayant représenté que ce serait manquer à leur patron que de ne pas excepter ses cochons de la règle générale.

Louis VII, dit le Jeune.—Seconde croisade.

Ce prince, dont la vie et les habitudes pieuses offrent quelque analogie avec celles du bon roi Robert, eut encore maille à partir avec les seigneurs voisins de ses États que n'avait pas réduits son père ; mais il parvint à en triompher. Une lutte plus sérieuse s'engagea bientôt entre lui et le pape Innocent II au sujet d'empiétement de pouvoirs. Louis, malgré son respect pour l'Église, attira sur lui les foudres du pontife romain : tout son royaume fut mis en interdit. Le roi, pour conserver l'indépendance qu'il s'était acquise, ne veut point céder ; Thibaud, comte de Champagne, prend parti pour le pape, et la guerre s'allume et se poursuit avec acharnement de part et d'autre. Un de ses résultats funestes fut la dévastation de la Champagne et le désastre de Vitry : 1300 personnes furent brûlées dans une église où elles s'étaient rassemblées.

Ce sanglant épisode d'une guerre qui ne finit que deux ans après par la mort d'Innocent II fut un cruel remords pour la conscience de Louis ; il le poursuivait sans cesse, la nuit comme le jour : c'est en vain qu'il demanda et obtint l'absolution du successeur d'Innocent, Calixte II, il ne put trouver de calme que dans la résolution qu'il forma d'une seconde croisade. La ville d'Édesse traîtreusement saccagée par les musulmans, les chrétiens massacrés, réduits en esclavage, étaient un puissant motif : et bientôt à la voix de saint Bernard l'Europe s'ébranla une seconde fois.

Louis, après avoir confié à l'abbé Suger le soin de son royaume, se prépara à partir pour une expédition sans gloire qui vint anéantir une belle et nombreuse armée. Au retour, Louis avait perdu sa popularité : sa femme Éléonore demandait le divorce, l'obtenait, et bientôt après portait en dot au duc de Normandie, qui devint roi d'Angleterre sous le nom de Henri II, la plus belle partie de la France.

Au milieu de ce vaste tableau saisissons quelques traits de localité parisienne qui particularisent les mœurs et donnent une idée des priviléges de certaines classes à cette époque.

Le soupé du roi.

Un jour que le roi revenait à Paris il fut surpris par la nuit et coucha au village de Créteil, appartenant aux chanoines de Notre-Dame. Les habitants s'empressèrent de fournir à la dépense de son séjour. Le lendemain, Louis, se rendant à Notre-Dame, selon son habitude, pour assister aux offices, trouva les portes de l'église fermées : il demanda la cause de cet affront, ajoutant que si quelqu'un avait offensé le chapitre, il était tout prêt à le dédommager. — « Vraiment, sire, lui répondirent les chanoines, c'est vous-même qui, contre les coutumes et libertés de cette sainte église, avez bien soupé à Créteil, non à vos dépens, mais à ceux des habitants de ce village. Voilà pourquoi l'église a suspendu les offices et vous a fermé les portes : plutôt que de souffrir la moindre atteinte aux droits de leur église, tous les chanoines sont prêts, s'il est nécessaire, à endurer toutes sortes de tourments. »

Le roi s'excusa aussi humblement qu'il lui fut possible sur ce que la nuit l'avait surpris en chemin. « Je n'ai point, ajouta-t-il, forcé les habitants de Créteil, mais pouvais-je repousser leur obligeant accueil? etc. » Le roi restait devant la porte de l'église : l'évêque négociait en sa faveur auprès des chanoines, qui ne se rendirent que lorsque l'évêque leur eut donné deux chandeliers d'argent pour gage de la parole royale du roi ; alors seulement ils lui ouvrirent les portes de leur église.

Le tapis de Sainte-Geneviève.

Vers 1145, le pape Eugène III, chassé de Rome qui avait tenté de relever la République, était venu se réfugier à Paris, où il fut reçu avec des honneurs extraordinaires. Un jour qu'il avait célébré la messe à Sainte-Geneviève, dont il honorait spécialement la patronne, les chanoines de cette église firent étendre devant l'autel, pour faire honneur au pape, un tapis de soie, étoffe fort rare alors, sur lequel il s'agenouilla pour faire sa prière. Après l'office, les officiers de sa suite voulurent enlever ce tapis, alléguant que, selon la coutume, tout ce que le pape avait touché appartenait à sa maison. Les serviteurs des chanoines contestent vivement ce droit. Les deux partis s'arrachent le tapis, qui, dans la lutte, ne tarde pas à être mis en pièces. La dispute s'anime ; des paroles on en vient aux coups, la bataille s'engage dans l'église même, et le roi, qui veut interposer son autorité, la voit méconnue : il est même frappé dans la mêlée. Les officiers du pape eurent le dessous, et, réduits à un fort triste état, ils se réfugièrent auprès de leur maître. Eugène III demanda raison de cette insulte à Louis VII, qui, déjà prévenu contre les moines de l'abbaye de Sainte-Geneviève, commit à l'abbé Suger le soin de les punir.

Une Susceptibilité.

Un dernier trait fera comprendre les droits des établissements religieux à cette époque et à quel point ils en étaient jaloux.

Le pape Alexandre III, chassé de Rome par un puissant compétiteur, se trouvait à Paris (1163). Il se transporta à l'église Saint-Germain-des-Prés, nouvellement rebâtie, pour en faire la dédicace solennelle, sur la demande de Hugues de Monceaux. Au moment de la cérémonie, les religieux de Saint-Germain-des-Prés, apercevant parmi eux Maurice de Sully, portèrent plainte au pape de cette infraction à leurs priviléges; ils protestèrent que l'évêque de Paris n'ayant aucune juridiction sur leur église, ils ne souffriraient pas que la cérémonie commençât en sa présence. Le pape fut obligé de prier Sully de se retirer.

Droit de Prise.

Depuis l'établissement de la féodalité, *prendre* était devenu un droit que tout seigneur s'arrogeait et défendait selon ses forces ou sa position. Le roi, comme premier seigneur, l'exerçait; mais Louis VII signala à Paris l'année 1165 par l'abolition de cette coutume qui pesait sur les habitants. Quand le roi venait dans la ville, les officiers de sa maison y avaient ce qu'on appelle le *droit de prise*; ils entraient chez les habitants et pouvaient, sous le prétexte du service et des besoins du roi, enlever tout ce qu'ils jugeaient à propos d'emporter. Louis VII libéra les Parisiens de ce droit, dont on abusait trop souvent.

Hanse Parisienne.

Louis-le-Jeune confirma les priviléges de la hanse de Paris (1170), corporation dite des *marchands de l'eau*, qui exploitaient le commerce des rivières, surtout celui de la Seine. Ces marchands avaient formé une association qui devint puissante par ses richesses et jalouse à l'excès de ses prérogatives. Nul ne pouvait faire le commerce par eau s'il n'était pas *bourgeois hansé de Paris.* Celui qui ne faisait pas partie de l'association et qui voulait apporter et débiter à Paris quelque marchandise était obligé, avant d'avoir entrée dans le port, de s'assurer d'un compagnon de la hanse, qui, lui prêtant l'appui de son nom et de sa position pour exploiter son produit, devenait son associé et prenait la moitié de ses bénéfices.

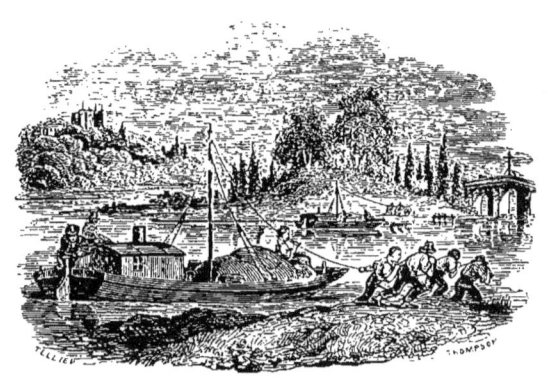

TROISIÈME PARTIE

NOUVEL ASPECT DE PARIS

Philippe-Auguste, et les Juifs.

Le fait qui signale l'avénement au trône du fils de Louis VII, Philippe, surnommé Auguste (1180), est l'expulsion des Juifs du royaume de France. Cet épisode bien injuste peut avoir pour excuse la jeunesse du roi, il avait quatorze ans, l'éducation toute religieuse qu'il avait reçue, et les préjugés de l'époque contre une race qu'on regardait comme maudite : on ne comprenait guère alors la charité chrétienne.

Philippe, dans sa jeune et ardente ferveur, avait recueilli avec avidité toutes les calomnies dont on accablait ces hommes, à qui l'on faisait pourtant une condition bien dure. Ils étaient serfs et tributaires; ils faisaient partie des propriétés du roi et des seigneurs; ils ne pouvaient quitter les demeures qui leur étaient assignées; payaient d'énormes tributs : à ces conditions seules il leur était permis de rester en France. Ceux de Paris, relégués hors de la ville, aux Champeaux, occupaient là de petites maisons étroites, mal bâties, dans des rues tortueuses, obscures et closes à toutes leurs issues. C'étaient les rues de *la Poterie*, de *la Triperie*, de *la Chaussetterie*, de *Jean de Beausse* et de *la Cordonnerie*. Méprisés pour leur nom, haïs pour leur usure et jalousés pour leurs richesses, ils étaient en butte aux plus grossières calomnies, qui, malgré leur absurdité, trouvaient créance parmi le peuple.

On prétendait que chaque année, pendant la sainte semaine consacrée aux mystères de la foi du Christ, les Juifs pour insulter au deuil des fidèles célébraient un sacrifice impie et immolaient un chrétien ; qu'ils se livraient dans leurs réunions souterraines à une foule d'odieuses pratiques, qui toutes tendaient à prouver leur mépris pour les objets vénérés des chrétiens, faisant boire et manger leurs enfants dans les vases sacrés, les profanant même par les plus bas usages. A Pontoise, disait-on, un jeune enfant avait été crucifié dans une de leurs fêtes ; et le corps de cet enfant arraché de leurs mains avait été inhumé avec grande pompe dans l'église des Innocents-des-Champeaux, sous le nom de saint Richard. Enfin on leur attribuait des infamies de tous genres. L'imagination du jeune Philippe, frappée de ces affreux récits, s'était enflammée d'un saint zèle, et, dans l'horreur des faits odieux qu'on attribuait aux Juifs, le premier acte qu'il fit de son pouvoir fut de signer leur sentence. En même temps le roi libéra tous les chrétiens de son royaume des dettes qu'ils avaient contractées envers eux. Le 16 février 1180, un samedi, les Juifs furent saisis dans leurs synagogues par toute la France, dépouillés de leur or, de leur argent, et même de leurs vêtements.

Philippe-Auguste employa les dépouilles des Juifs à une foule de créations utiles; les chevaliers du Temple obtinrent l'établissement d'une boucherie dans leurs domaines pour la commodité de la partie de la ville qu'ils habitaient. Il fit reconstruire et clore les grandes halles; il fit également clore de hautes murailles le cimetière des Innocents, le bois de Vincennes. Il traça une nouvelle enceinte autour de Paris, jeta les fondements du château du Louvre, et ordonna le pavage des rues de la ville.

L'arrivée à Paris (1185) d'Héraclius, patriarche de Jérusalem, de Roger de Moulins, prieur des Hospitaliers, et d'Arnauld de Tourrouge, grand-maître de l'ordre du Temple, tous trois envoyés par Baudouin IV, roi de Jérusalem, pour implorer le secours des chrétiens contre les infidèles qui menaçaient encore la cité sainte, détermina une troisième croisade; mais Philippe-Auguste laissa partir d'abord l'élite de ses chevaliers, payant sur les biens de la couronne les frais de l'expédition.

La naissance d'un fils (1187), qui fut depuis Louis VIII, devint l'occasion de fêtes splendides que le roi donna aux Parisiens. Les réjouissances durèrent sept jours entiers; toute la ville pendant la nuit était illuminée de flambeaux; des spectacles, des banquets étaient offerts au peuple, dont l'allégresse ne cessa de se manifester par des danses et des chants.

Le roi, se voyant un héritier, tranquille sur l'avenir de la nation, se disposa à partir pour la Terre-Sainte après avoir fait son testament (1190).

Usages, Inventions et Institutions.

(1102) Fondation de l'ordre de Saint-Jean de Jérusalem, religieux hospitaliers introduits en France en 1130.

(1105) Moulins à vent connus des Arabes, importés en France au retour de la croisade.

(1112) La ville de Laon reçoit de Louis-le-Gros la première Charte des communes ; la ville d'Amiens, en 1114.

(1114) Saint Bernard fonde le monastère de Clairvaux.

(1118) Fondation à Jérusalem de l'ordre des Templiers, par neuf gentilshommes français, nommés d'abord *Pauvres Chevaliers de la sainte cité*. Cet ordre fut introduit en France en 1128.

(1142) Louis VII prit pour sceau la fleur-de-lys. De son règne date la solde régulière des troupes,—l'organisation d'une garde royale.

(1147) Pierre-le-Vénérable, abbé de Cluny, rapporte que les Arabes fabriquaient du papier avec de vieux chiffons.

(1156) Fondation de l'Université, par Pierre Lombard.

(1182) Premières rues pavées à Paris. Gérard de Poissy, célèbre financier, donna pour cette entreprise mille marcs d'argent. On ne pava d'abord que les rues formant ce qu'on appelait la croisée de Paris : deux rues se réunissant au centre de la ville, l'une se dirigeant du midi au nord, l'autre de l'est à l'ouest.

(1188) Établissement, par Philippe-Auguste, de la dîme saladine, impôt d'un dixième du revenu levé sur les biens de ceux qui refusaient de se croiser.—L'arrangement d'une armée en bataille date de ce règne.

(1198) Fondation de l'ordre de la Rédemption des captifs, par Jean de Matha et Félix de Valois.

TREIZIÈME SIÈCLE, DE 1200 A 1300.

PRINCES RÉGNANTS.

Fin du règne de Philippe-Auguste, de 1200 à 1223.
LOUIS VIII, fils de Philippe-Auguste, de 1223 à 1226, règne 3 ans.
LOUIS IX, fils de Louis VIII, de 1226 à 1270, règne 44 ans.
PHILIPPE III, dit le Hardi, fils de Louis IX, de 1270 à 1285, règne 15 ans.
PHILIPPE IV, dit le Bel, fils de Philippe-le-Hardi, de 1285 à 1314, règne 29 ans.

Sommaire historique.

Coup-d'œil sur le XIIIe siècle. — Coup-d'œil sur Paris. — Monuments sous Philippe-Auguste. — Sous Louis VIII. — Sous Louis IX. — Sous Philippe III. — Histoire, mœurs et faits divers. — Inondation. — Avénement de Louis IX. — Un mot de Joinville. — Proscription des tournois. — Costume, usages, corps de métiers. — Ligue des amants. — Origine du nom de *bourreau*.

Coup-d'œil sur le XIIIe siècle.

Deux règnes, celui de Philippe-Auguste et de saint Louis, dominent ce siècle et lui donnent une double physionomie : l'une, belliqueuse, conquérante ; l'autre, équitable, juste, législative et vraiment chrétienne. Philippe-Auguste, dont nous avons vu les premiers actes dans la période qui vient de finir, devenu moins religieux mais plus politique, rappelle en France les Juifs, que, dans sa jeune ferveur, il avait proscrits, et sait faire tourner leurs richesses à l'avantage de son trésor et du commerce de Paris.

Par ses conquêtes, par ses victoires, il sut faire fléchir l'orgueil de ses grands vassaux, et obtint sur eux la supériorité que son titre de roi ne suffisait pas à lui assurer.

L'appui et l'encouragement qu'il donna aux études et aux lettres amenèrent dans sa capitale la jeunesse des provinces et de l'étranger. Philippe-Auguste favorisa ce mouvement en accordant une haute protection à cette classe studieuse d'abord ; si elle en abusa parfois, l'élan donné à l'instruction n'en contribua pas moins à la civilisation du pays.

L'Université, mot qui signifiait l'universalité des sciences enseignées dans les écoles de Paris, doit à ce roi ses premiers priviléges ; il confirma une bulle du pape Célestin III par laquelle les écoliers étaient soustraits à la juridiction civile et placés sous la juridiction ecclésiastique. L'Université grandit ainsi sous le double patronage du Saint-Siége et de la royauté. L'Université comprit dans la suite tous les étudiants, les classa selon leurs pays, et Paris vit s'élever une multitude de colléges sous la dénomination des nations auxquelles appartenaient les élèves ; mais un même esprit les dirigeait, et l'Université devint l'âme du corps enseignant.

Des impôts permanents et réglés permirent à Philippe d'exécuter de grands et utiles travaux pour l'embellissement de Paris, et de solder la milice.

Philippe-Auguste reconstruisit la France et donna au peuple soumis à son sceptre le sentiment de la nationalité. L'affermissement des communes, en s'appuyant sur la royauté, consolida la monarchie ; elles se prêtèrent un mutuel secours.

Mais si la France avait vu sur le trône des hommes habiles, des conquérants, Louis IX lui montra un saint. A côté de ce prince vinrent s'asseoir l'équité, le respect des droits et l'amour du bien public ; la sévérité des mœurs tempérée par la mansuétude chrétienne. Cette religion qu'il aimait avec passion, il sut la faire aimer aux autres, et s'il paya un tribut aux idées de son siècle il ennoblit jusqu'à ses faiblesses ; il fut grand jusque dans ses revers, et ses ennemis, forcés de l'estimer, le pleurèrent.

Les croisades auxquelles prirent part ces deux princes ne furent pas heureuses ; mais pour Philippe-Auguste ce n'était qu'une expédition plus ou moins glorieuse : pour saint Louis c'était une affaire de conscience et de foi. A son retour de sa première croisade d'Égypte, où il avait trouvé la captivité, il s'occupa de la réforme de son royaume. Il acheva d'abattre l'autorité des seigneurs en les dépouillant du droit de rendre arbitrairement la justice. La découverte du Code de lois romaines désigné sous le nom des *Pandectes de Justinien* vint seconder son entreprise : Louis appela pour les expliquer des hommes versés dans l'étude des lois ; il les constitua en cour de justice, composée de trois hauts barons, trois prélats, dix-neuf chevaliers, et dix-huit clercs ou hommes de loi, prononçant les arrêts. Ce fut l'origine du parlement.

Ce roi pieux et humain défendit les combats judiciaires, les remplaçant par les débats juridiques. Il ordonna, avant de recourir aux armes, une trêve de quarante jours, nommée *quarantaine le roi*. On lui doit aussi *la pragmatique-sanction* qui devint la base des libertés de l'Église gallicane et réglait les droits de la cour de Rome envers la France.

Coup d'œil sur Paris.

Philippe-Auguste, à la fin du siècle précédent, avait ordonné d'enclore Paris d'un mur d'enceinte, et ces travaux s'exécutèrent avec activité. Commencés en 1190, ils furent achevés avant 1210. L'enceinte entière avait environ 312 hectares ; elle était couronnée de créneaux et fortifiée de distance en distance par des tours rondes engagées dans les murs ; elle était percée de 13 portes principales.

L'enceinte avait compris dans la ville plusieurs bourgs

et villages qui touchaient presque aux rues du nouveau Paris, tels que le Bourg-Thiboust, le Beau-Bourg, le Bourg-l'Abbé ; elle enveloppait d'une part tout ce qui environnait le Châtelet, et de l'autre les terrains qui s'étendaient autour de l'enceinte du palais des Thermes ; et les murs flanqués de tours qui défendaient cette ville nouvelle, en aboutissant de part et d'autre à la Seine sous la forme d'un demi-cercle, touchaient aux riches abbayes de Saint-Martin des Champs, au nord ; au midi, de Saint-Germain des Prés, de Sainte-Geneviève et de Saint-Marcel. Et même une partie des terres qui dépendaient de ces monastères se trouvaient enclavées dans les murs, sans cesser pourtant d'être soumises à la juridiction des abbés ; de même que les terres qui appartenaient à l'évêque ou chapitre de la cathédrale dans l'intérieur de Paris ne reconnaissaient que la juridiction de leur seigneur spirituel, et c'est à eux que les habitants payaient les us et redevances de coutume. La justice distinguait donc les terres du roi, celles de l'évêque, du chapitre et des abbés.

Autour des abbayes laissées en dehors de l'enceinte, s'étaient formés d'autres bourgs, devenus faubourgs de Paris.

La ville nouvelle présentait donc la figure presque régulière d'un œuf que la Seine divisait en deux parties, la pointe du côté du midi. Aux quatre points des deux demi-cercles se trouvaient quatre tours fortifiées et placées en regard sur les bords du fleuve. A l'est, la Tournelle, sur la rive gauche, correspondait à la tour de Billy, élevée sur la rive droite. Une tour intermédiaire se trouvait au milieu de l'île Notre-Dame, aujourd'hui Saint-Louis. Au couchant, la tour du Bois, ou tour qui fait le coin, flanquait la porte méridionale du château du Louvre ; en face d'elle, sur la rive gauche et dans l'emplacement de l'Institut, se trouvait la tour Philippe Hamelin, nommée depuis tour de Nesle. De grosses chaînes tendues sur la rivière et portées sur des bateaux attachés à des pieux, unissaient ces tours, continuaient la ligne de fortifications de Paris et fermaient le cours de la Seine.

Philippe-Auguste fit bâtir ce qu'on appelait la *Tour Neuve du Louvre*, massive et lourde construction occupant le centre du palais du Louvre et qui avait, comme la plupart des châteaux de ce temps, la triple destination de demeure royale, de prison et de forteresse.

Sous le règne de ce prince, dix églises s'élevèrent ou s'agrandirent; quatre couvents deux hôpitaux et quatre colléges furent fondés; ne pouvant parler de tous ces établissements, nous nous bornerons à ce qu'il y a eu de particulier parmi eux. Les colléges des *Bons-Enfants*. L'épithète de *bons enfants* s'appliquait autrefois à tous les jeunes gens qui se livraient à l'étude; on appelait, par contre, *mauvais garçons* ceux qui menaient une vie déréglée; les uns et les autres donnèrent leur nom à plusieurs rues de Paris.

Le *collége des Dix-Huit*, sur l'emplacement du jardin de

la Sorbonne, doit son origine à Josse de Londres qui, à son retour de Jérusalem, acheta à perpétuité une chambre de l'Hôtel-Dieu, destinée à recevoir dix-huit pauvres écoliers à qui l'on fournirait des lits. Josse assigna en outre à ces jeunes clercs douze écus par mois, à la condition que chacun à leur tour ils porteraient la croix et l'eau bénite devant les corps morts de l'Hôtel-Dieu, et qu'ils réciteraient chaque nuit les psaumes de la pénitence et les oraisons pour les morts. Ils habitaient d'abord en face l'Hôtel-Dieu.

Couvent des Jacobins, rue des Grès. Cet ordre, fondé par saint Dominique dans le but de former des religieux destinés à la propagation de la foi, s'introduisit à Paris en 1217, sous le nom de *Frères Prêcheurs*. Ces religieux obtinrent de la libéralité de Jean Barastre une maison et une chapelle du titre de saint Jacques attachées à l'hôpital de Saint-Quentin, institué pour les pèlerins. C'est de cette chapelle que la rue Saint-Jacques a tiré son nom, et que les Dominicains ont été appelés Jacobins.

Saint Louis combla ces religieux de bienfaits; il fit achever leur église et leur abandonna une partie de l'amende à laquelle avait été condamné Enguerrand, sire de Coucy, pour avoir fait pendre trois écoliers qui chassaient dans ses terres. C'est parmi les Jacobins que saint Louis choisit son confesseur, Geoffroi de Beaulieu.

L'abbaye *Saint-Antoine-des-Champs*, rue du faubourg de ce nom, dut son origine aux nombreuses conversions opérées par un simple curé de Neuilly-sur-Marne, Foulques, qui, par la puissance de sa parole, ramena à la vertu une foule de femmes perdues; il leur ouvrit cet asile qui devint bientôt la célèbre abbaye de Saint-Antoine, dont les premières religieuses furent des personnes repenties, et plus tard des personnes du rang le plus distingué et même des princesses du sang royal.

Couvent des Mathurins ou *des religieux de la Sainte-Tri-*

nité de la Rédemption des Captifs, rue des Mathurins. Cet ordre s'introduisit en France par la protection de Philippe-Auguste et les libéralités de plusieurs personnages de distinction. Gaucher III de Châtillon donna à ces religieux le lieu même où les deux pieux fondateurs avaient concerté le généreux dessein de racheter les captifs. Ce lieu appelé Cerfroid est situé sur les confins du Valois.

Les religieux de la Trinité suivaient une règle très-austère; il leur était défendu de voyager à cheval, et la seule monture qui leur fût permise leur avait fait donner le surnom de *frères aux ânes*.

L'Université, depuis le commencement de ce siècle, tenait ses assemblées dans une des salles de cette maison.

Couvent des Cordeliers ou *Frères-Mineurs*, appelé aussi grand couvent de l'Observance de Saint-François, situé rue de l'École-de-Médecine au coin occcidental de celle de l'Observance; ordre institué par saint François d'Assise, introduit en France en 1217. Cette corporation ne resta pas longtemps fidèle à l'esprit de son fondateur et devint une des plus turbulentes communautés religieuses.

Hôpital Sainte-Catherine, rue Saint-Denis, n°s 53-55. Le but de cette fondation était de loger et de nourrir, pendant trois jours seulement, les femmes et les filles qui cherchaient à se mettre en condition. *Hôpital de la Trinité*, rue Grenétat, à l'usage des pauvres de cet endroit.

L'église de *Saint-Étienne-du-Mont* s'éleva d'abord sur un terrain dépendant de Sainte-Geneviève; on ne pouvait y entrer que par la porte de cette abbaye. Nous verrons plus tard l'augmentation considérable des habitants de ce quartier nécessiter l'agrandissement de cette église et son isolement de celle de Sainte-Geneviève.

Saint-Côme et Saint-Damien, église paroissiale située rue de l'École-de-Médecine au coin de la rue de La Harpe, fondée en 1212 par les religieux de Saint-Germain-des-Prés.

Dans cette église, quoique petite, on avait établi un cimetière et un charnier, ainsi qu'un lieu où tous les lundis de chaque mois plusieurs chirurgiens visitaient les pauvres malades qui s'y présentaient. Plus tard on y bâtit un local pour le pansement des pauvres. C'est en 1255 que fut érigée la confrérie de saint Côme et de saint Damien, patrons des chirurgiens.

Eglise de la Madeleine, rue de la Juiverie dans la Cité; ancienne synagogue, donnée avec d'autres à Maurice de Sully, lorsque les Juifs furent chassés du royaume, pour les convertir en églises.

La confrérie des marchands de l'eau de Paris, nommée aussi confrérie de Notre-Dame, aurait été érigée en l'église de la Madeleine. La reine Blanche de Castille, mère de saint Louis, s'étant fait inscrire de cette confrérie (1224), les femmes y furent admises depuis ce temps, et le nombre des confrères, d'abord de soixante-douze, ne fut plus limité. De grands biens lui furent donnés, entre autres le *Clos des Bourgeois*, par Louis IX.

Saint-Nicolas-du-Louvre, église située dans la rue Saint-Thomas-du-Louvre. C'est à sa position près de la Seine que le port Saint-Nicolas doit son nom. *Saint-Jean-en-Grève*, rue du Martroi, derrière l'Hôtel-de-Ville, a été illustré par le célèbre Jean Gerson, curé de cette paroisse, auteur de l'*Imitation de Jésus-Christ*.

Sous Louis VIII.

Le *couvent des Filles-Dieu*, situé rue Saint-Denis sur l'emplacement où sont bâtis la rue et le passage du Caire, fut fondé sous ce règne par Guillaume d'Auvergne (1226). Un usage bizarre s'était perpétué dans ce couvent. Un vieux crucifix de bois était placé sous un dais à l'extérieur du chevet de l'église. On conduisait devant ce crucifix, au moyen-âge, les criminels qu'on allait exécuter à Montfaucon; ils le baisaient et recevaient de l'eau bénite. Les

Filles-Dieu leur apportaient ensuite trois morceaux de pain bénit et un peu de vin : on appelait ce triste repas *le dernier morceau du patient*.

Sous Louis IX.

Paris vit s élever un grand nombre d'établissements religieux. L'église de *Saint-Eustache*, à la place qu'elle occupe aujourd'hui entre les deux rues du Jour, Montmartre et le marché des Prouvaires, paraît avoir été dans l'origine une chapelle dédiée à sainte Agnès, bâtie sur l'emplacement d'un ancien temple à Cybèle, comme le témoignerait une tête colossale de cette déesse, trouvée tout près de là, rue Coquillière. En 1223, sans qu'on connaisse la cause de ce changement, cette chapelle prit le nom de Saint-Eustache.

L'existence de ce saint, fort peu connue d'abord, avait été contestée; aussi, un curé de cette paroisse disait plaisamment, en parlant du célèbre docteur Jean de Launoy, qui, à raison des recherches consciencieuses et critiques faites par lui sur la vie des Saints, était surnommé le *dénicheur de saints*, et, suivant l'expression de D. Bonaventure d'Argonne, avait plus détrôné de saints du paradis que dix papes n'en avaient canonisé ; le bon curé disait à son sujet : « Quand je rencontre le docteur de Launoy je le salue jusqu'à terre ; je ne lui parle que le chapeau à la main, afin qu'il veuille bien laisser tranquille le saint de ma paroisse. »

Nous reparlerons, à son temps, de la reconstruction de cette église telle qu'elle est aujourd'hui.

Sainte-Catherine du Val des Ecoliers, maison religieuse située rue Saint-Antoine sur l'emplacement actuel du marché Sainte-Catherine. L'inscription de son portail expliquait son origine ; elle portait : « A la prière des sergents d'armes, Monsieur Saint Louis fonda cette église et y mit la première pierre (1229) ; ce fut pour la joie de la victoire qui fut au pont de Bovine, l'an 1214. Les sergents d'armes pour le temps gardoient le dit pont, et vouèrent que si Dieu leur donnoit la victoire ils fonderoient une église à sainte Catherine ; ainsi fut-il. »

Son surnom de *Val des Ecoliers* explique que cet ordre enseignant s'était joint à la maison de Sainte-Catherine.

La Sainte-Chapelle. Cette église fut construite dans l'enceinte du palais, sur l'emplacement d'une chapelle dédiée à saint Nicolas. Saint Louis la fit élever pour contenir les précieuses reliques que Beaudoin II, empereur de Constantinople, avait engagées chez les Vénitiens pour une somme de 156,000 livres. Beaudoin ne pouvant remplir ses engagements, Louis racheta ce trésor. Au nombre de ces reliques figuraient entre autres la sainte couronne d'épines, un morceau de la vraie croix, le fer de la lance qui avait percé le côté du Sauveur, et l'éponge qui l'avait abreuvé de vinaigre.

La précieuse couronne lui fut d'abord envoyée ; le roi alla jusqu'à Sens avec la reine sa mère, ses frères et un nombreux cortége de seigneurs pour la reconnaître et la recevoir. La couronne était renfermée dans une triple cassette ; la première était en bois : on l'ouvrit et l'on vérifia les sceaux de l'empereur apposés sur la seconde cassette d'argent. Après les avoir rompus, elle fut ouverte et l'on trouva dedans une cassette d'or qui contenait la sainte couronne. Louis, mis en possession de cet objet sacré, le rapporta à Paris. On avait dressé hors de la ville, près de Saint-Antoine-des-Champs, un grand échafaud d'où plusieurs prélats montrèrent en grande pompe, au peuple accouru pour la contempler, cet instrument du supplice du Christ. Puis tous les chapitres de Paris vinrent processionnellement, portant les reliques et les châsses des Saints de leurs églises, pour former un digne cortége à la sainte couronne.

Le roi avait quitté ses habits royaux, et, vêtu d'une simple tunique et les pieds nus, il portait, avec le comte d'Artois, son frère, le brancart sur lequel était déposée la sainte couronne. Un grand nombre d'évêques, de seigneurs, de chevaliers, marchaient devant, la tête, les pieds nus ; cet immense et pieux cortége, augmenté par la foule, se rendit d'abord à la cathédrale, puis enfin à la chapelle Saint-Nicolas ; et là, en présence des deux reines, la précieuse relique fut placée dans un oratoire particulier.

Quelques mois après, saint Louis était possesseur des autres reliques, et faisait élever la Sainte-Chapelle.

Commencée en 1242, elle fut achevée six ans après, et coûta 40,000 livres, ce qui représente à-peu-près six millions de notre monnaie, somme énorme pour l'époque.

Cette église, construite par Pierre de Montreuil, est un des monuments les plus parfaits que nous ait légués le moyen-âge. « Merveilleuse petite église : s'écrie un de nos historiens [1], toute mystique, toute arabe d'architecture ; un monde de

---

[1] Michelet.

religion et de poésie : tout un orient chrétien est dans ces vitraux, fragile et précieuse peinture! »

Ce délicieux morceau d'architecture s'est conservé jusqu'à nos jours; et l'on peut admirer encore ces vitraux aux brillantes couleurs. L'épine cruelle qui ceignit le front du Christ se mêle à tous les ornements ; elle se découpe délicatement sur l'azur du ciel, s'enroule aux gracieuses colonnettes, couronne les élégants clochetons : double emblème de la souffrance humaine et de la royauté divine.

La piété de Louis IX introduisit en France de nombreuses congrégations et fonda pour elles des couvents. Il établit les *Frères Sachets*, ou *de la Pénitence de J.-C.*, au bord de la Seine, sur une partie du territoire du clos de Laas, occupé aujourd'hui par la halle à la volaille.—Les *Sœurs Sachettes*, rue du Cimetière-Saint-André-des-Arcs, nommée au treizième siècle rue des Sachettes. Cet ordre mendiant tirait son nom du sac qui lui servait de vêtement.

Les Grands-Augustins vinrent ensuite prendre la place des Frères Sachets, et donnèrent successivement une grande extension aux bâtiments de ce couvent.

Le couvent des Béguines, situé rue des Barrés. Les Béguines n'étaient pas cloîtrées, ne faisaient pas de vœux, pouvaient se marier, mais suivaient une règle monastique. Elles étaient renommées par une grande austérité de mœurs.

Les Chartreux obtinrent de saint Louis le vieux château de Vauvert, dont nous avons déjà parlé. Ces religieux, en s'établissant dans ce lieu que la croyance populaire s'imaginait être habité par le diable, firent cesser le prestige, et la vieille tradition du diable de Vauvert s'effaça tout-à-fait.

Les Carmes du Grand-Couvent, que la bigarrure de leur vêtement, composé mi-parti de blanc et de noir, fit surnommer Barrés, nom qu'a retenu la rue conduisant au port Saint-Paul qu'ils habitèrent d'abord.

Les Blancs-Manteaux ou *Serfs de la Vierge Marie*. Le

premier nom leur venait du vêtement qu'ils portaient. Ils obtinrent du roi la permission de s'établir vers la vieille porte du Temple, dans la rue qui a pris leur nom.

Hôpital des Quinze-Vingts, autrefois rue Saint-Honoré, au coin de la rue Saint-Nicaise; déjà avant le treizième siècle, de pauvres aveugles s'étaient réunis pour vivre en commun du fruit de la charité publique. Saint Louis, voyant leurs ressources insuffisantes, fonda un hôpital destiné à recevoir les aveugles au nombre de trois cents; ils devaient être entretenus et nourris aux frais de la couronne (1225).

Si les établissements religieux avaient été nombreux sous ce règne, les colléges ne le furent pas moins. On en compte sept et parmi eux celui de *la Sorbonne,* fondé par Robert de Sorbon, chapelain de saint Louis (1283), pour de pauvres écoliers sans fortune. Ce collége, qui prit d'abord le titre de *pauvre maison,* et les professeurs celui de *pauvres maîtres,* acquit peu à peu une grande importance, et cette association, si humble dans son origine, devint le tribunal redoutable chargé de prononcer sur les ouvrages et les opinions théologiques, qui alla jusqu'à condamner les décisions des papes et des rois.

Sous Philippe-le-Hardi, fut fondé le collége d'Harcourt, un des plus célèbres de l'Université. Le *couvent des Cordelières Saint-Marcel,* maison située rue de l'Oursine, faubourg Saint-Marcel, fut fondé par Marguerite de Provence, veuve de saint Louis. Blanche sa fille fut une des bienfaitrices de ce couvent, où l'on conservait comme un précieux trésor le petit habit gris que saint Louis, qui était du tiers ordre de Saint-François, portait sous les habits royaux; on conservait également son manteau royal tout parsemé de fleurs-de-lys d'or en broderie toute bordée de petites perles; on en fit des ornements d'église qui servaient le jour de la fête du saint roi.

Pilori des halles. Le pilori était un endroit destiné aux

exécutions judiciaires; c'était ordinairement un pilier ou poteau garni de carcans et de chaînes, insignes de la haute justice, et surmontés des armes du seigneur auquel il appartenait. Au moyen-âge, la ville de Paris était semée de monuments patibulaires de tous genres, sans parler de ceux de la banlieue, parmi lesquels se trouvait le fameux gibet de Montfaucon. L'abbé de Saint-Germain, le prieuré du Temple avaient chacun leur pilori. Celui du roi était aux halles et sur la place où se trouve aujourd'hui le marché à la marée. Il se composait d'une tour octogone surmontée d'une construction de bois mobile, tournant sur un pivot; cette machine était percée de trous circulaires, juste assez larges pour que le condamné pût y passer la tête et la main; il restait dans cette position un temps plus ou moins long, et par intervalles on tournait le pivot : de cette façon la multitude pouvait jouir de sa vue ; elle avait même la permission de lui jeter au visage les plus sales projectiles, pourvu qu'ils ne fussent pas de nature à le blesser.

HISTOIRE, MOEURS ET FAITS DIVERS.

Philippe-Auguste signale son retour de la Terre-Sainte par le rappel des juifs; le territoire de la ville s'était considérablement augmenté, depuis la nouvelle enceinte; ils purent sortir de leurs anciens quartiers, et habitèrent principalement les rues de la Harpe, de Saint-Bont, des Lombards, Quincampoix, des Billettes; quelques-uns derrière le petit Saint-Antoine et dans un impasse de la rue de la Tixeranderie, dans l'impasse de Saint-Faron et sur la montagne Saint-Geneviève. Les plus pauvres retournèrent habiter l'ancienne juiverie des Champeaux.

Inondation.

Paris vit cette année (1206) une affreuse inondation ; la

Seine débordée couvrit la campagne et la ville, des villages avaient été submergés, les ponts de Paris menaçaient ruine, on allait en bateau dans les rues, et l'eau ébranlant les maisons jusque dans leurs fondations causa de nombreux malheurs; on eut recours aux prières publiques : toutes les églises de la ville avec les châsses de leurs saints s'assemblèrent à Sainte-Geneviève, et formèrent une procession générale qui se rendit à la cathédrale malgré le péril qu'il y avait à passer sur le Petit-Pont dont plusieurs pierres s'étaient déjà détachées ; la procession le traversa deux fois, les fidèles confiants dans la protection de sainte Geneviève. Leur foi trouva sa récompense : la châsse de la sainte était à peine rentrée dans son église que trois arches du pont s'écroulèrent, entraînant dans leur chute les maisons qu'elles soutenaient; mais les nombreux fidèles servant de cortége à la patronne de Paris furent soustraits au danger.

Avènement de Louis IX.

Le court règne de Louis VIII, père de saint Louis, avait été rempli par la triste croisade contre les Albigeois, entreprise que lui avait léguée Philippe-Auguste. « On avait appris, en marchant contre les infidèles, à marcher contre les chrétiens [1]. »

Une mort précoce (1226) vint arrêter Louis VIII au milieu de ses succès : les barons du royaume espéraient profiter de la faiblesse d'une femme étrangère et de l'inexpérience d'un enfant de douze ans; mais cet enfant fut Louis IX, et cette femme la pieuse Blanche de Castille, la même qui disait : « que mieux aimeroit ses fils morts que coupables « de péchés mortels. » L'enfant répondit au vœu de sa mère, et la règle de toute sa vie se trouve renfermée dans cette phrase de Blanche de Castille.

L'avénement de Louis IX et son couronnement furent

---
[1] Châteaubriand.

habilement préparés et si promptement exécutés, que les ambitieux furent obligés de se soumettre. La récente mort du roi fut une excuse pour interdire les fêtes. Le jeune roi signala les premiers jours de son règne en rendant la liberté aux captifs de la bataille de Bouvines; le comte Ferrand sortit du Louvre, où il avait passé douze ans (1226).

Blanche et Marguerite.

Louis IX, pendant une cruelle maladie, fit vœu de se croiser, et l'accomplit malgré l'opposition que sa mère apporta d'abord à un projet dont elle entrevoyait peut-être les funestes résultats. Cette femme énergique avait porté le sceptre pendant la jeunesse de son fils, dont elle avait affermi la puissance et conduit les affaires avec une rare sagacité et une immense supériorité morale sur tous les seigneurs qui l'entouraient.

Cependant la douce Marguerite de Provence qu'elle avait fait épouser à Louis avait eu beaucoup à souffrir de la dure et impérieuse domination de cette reine. Blanche était jalouse même de l'influence de la femme de son fils, à tel point que les deux époux étaient obligés de se cacher d'elle pour se réunir, et le jeune Louis avait habitué les huissiers de salles à battre les chiens afin que les cris de ces animaux vinssent l'avertir de l'arrivée de sa mère.

« Un jour, dit un bon chroniqueur, madame Blanche trouva, en la chambre de madame Marguerite, le roi son mari, qui l'était venu voir parce qu'elle était en péril de mort, à cause d'un enfant qu'elle avait eu. Le roi Louis était caché derrière la reine de peur que sa mère ne le vît; mais elle l'aperçut bien et le vint prendre par la main, lui disant : — Venez-vous-en, car vous ne faites rien ici. — Et elle sortit hors de la chambre. Quand la reine Marguerite vit que la reine Blanche la séparait de son mari, elle s'écria à haute voix : —Hélas ! ne me laisserez-vous donc voir mon seigneur ni en la vie, ni en la mort? — et ce disant, elle se pâma; on croyait qu'elle fût morte ; et le roi, qui ainsi le croyait, retourna la voir subitement et la fit revenir de pâmoison. »

La tendre Marguerite trouva un grand bonheur à partager les souffrances et les dangers qui assaillirent Louis dans sa malheureuse expédition, et se montra digne de son époux. Un moment séparée de lui pendant la captivité du roi à Damiette, elle frémit de tomber au pouvoir des Turcs, et manda à un vieux chevalier qui ne la quittait pas de lui accorder une grâce, celle de la percer de son épée avant que les musulmans eussent pu s'emparer d'elle : — « J'y songeois, Madame, » répondit ce vieux guerrier... — Le roi fut rendu à la liberté et put revoir la France (1254) ; mais la reine Blanche n'était plus.

Les Pastoureaux.

Blanche, nommée régente du royaume, avait gouverné, en l'absence de son fils, avec une tête et une volonté toutes viriles, tandis que sa finesse et sa grâce de femme l'avaient souvent fait triompher des difficultés sans nombre que lui suscitait l'ambition des grands.

Cependant il se forma, sous sa domination, une association mystique dont elle ne prévit pas le danger et qui faillit bouleverser le royaume : les pastoureaux ; leur chef, qui se faisait appeler le grand-maître de Hongrie, se disait inspiré de la sainte Vierge, qui lui avait commandé d'aller secourir saint Louis, et conquérir la Terre-Sainte. Beaucoup de seigneurs et d'évêques le favorisèrent d'abord ; la reine Blanche elle-même crut devoir tolérer cette croisade dans l'espoir que son fils en tirerait quelque secours ; mais bientôt d'affreux désordres suivirent les progrès de cette nouvelle armée, qui s'accrut avec une rapidité inconcevable. Qu'on se figure la terreur que devait inspirer une troupe indisciplinée, composée de plus de cent mille hommes, à laquelle venaient se mêler des voleurs, des homicides, des hommes prêts à commettre tous les crimes : le meurtre et le pillage suivaient leurs pas ; aucun pouvoir, aucune loi ne pouvait les contenir ni s'opposer à leurs brigandages. Ces furieux vinrent jusqu'à Paris et s'y livrèrent à tous les excès. Cependant on les laissa impunément sortir de la ville, dans l'impuissance où l'on était de les punir ; la France entière eût été dévastée si leurs fureurs mêmes ne les avaient perdus. Leur chef fut assassiné près de Bourges par un bourreau qui, déguisé, s'était glissé derrière le nouveau prophète, et fit voler sa tête d'un coup de hache dans le moment qu'il annonçait les prétendus miracles de sa mission. La mort du chef dispersa cette armée, permit de la combattre et enfin de la détruire.

Clémence de la reine Blanche.

Les habitants de deux villages voisins de Paris, Orly et Chatenay, serfs du chapitre de la cathédrale, n'ayant pas pu ou voulu acquitter quelques tailles imposées par leurs seigneurs, furent saisis et jetés dans la prison seigneuriale située près du Cloître-Notre-Dame. Le triste sort de ces malheureux cruellement traités, manquant même de nourriture, parvint aux oreilles de la reine, qui fut émue de pitié. Elle envoya prier les chanoines de vouloir bien, à sa prière, délivrer ces paysans sous caution, assurant qu'elle aurait soin de s'informer de l'affaire et leur ferait raison de tout ce qu'ils demandaient.

Le chapitre, jaloux de son pouvoir, répondit avec arrogance à la reine qu'elle n'avait point à s'occuper de ses sujets et des actes de sa juridiction, et pour montrer ce pouvoir, les prisonniers furent resserrés plus étroitement, et leurs femmes, leurs enfants emprisonnés avec eux. La reine, indignée de tant d'inhumanité, manda la noblesse et les bourgeois de Paris, leur ordonna de prendre les armes et les conduisit elle-même à la prison du chapitre ; là, commandant d'enfoncer les portes, elle donna l'exemple en frappant le premier coup avec un bâton qu'elle tenait à la main. On s'empressa de l'imiter, et bientôt la prison ouverte donna passage à une multitude d'hommes, de femmes et d'enfants, qui se jetèrent aux pieds de leur libératrice. Blanche leur fit rendre justice ; et dans son indignation contre le chapitre, elle fit saisir ses revenus jusqu'à entière satisfaction.

La mort de la reine Blanche rappela Louis IX à Paris ; il y fut reçu avec une joie extrême, et les habitants lui firent de telles fêtes qu'elles effarouchèrent la simplicité du roi. Ne pouvant souffrir si grandes dépenses et vanités, il s'en retourna bien vite à son château de Vincennes, dont la solitude et les magnifiques ombrages convenaient à ses goûts. C'est là qu'assis sous un chêne, vêtu d'une simple robe de *camelin pers* (vert bleu) fourrée de pattes de lièvres, il se plaisait à rendre la justice, laissant approcher sans étiquette grands et petits, écoutant de préférence les requêtes de ces derniers. Le sire de Joinville, son conseiller, son historien, ne le quittait guère ; il méritait l'amitié de son roi : un mot de lui en fera juger.

UN MOT DE JOINVILLE. — Louis IX, à son retour de la Palestine, avait débarqué aux îles d'Hyères ; l'abbé de Clugny lui envoya deux chevaux magnifiques, et obtint du roi une audience qui fut fort longue. — « N'est-il pas vrai, lui dit Joinville, que le présent du moine n'a pas peu contribué à le faire écouter si longuement ? » — Le prince en convint. — « Jugez donc, Sire, ce que feront les gens de votre conseil si vous ne leur défendez pas de recevoir des présents. »

Ce bon roi, austère dans ses mœurs, mit tous ses soins à réformer celles de ses sujets et à combattre les vices du temps par de sages ordonnances. Il supprima le duel en matière judiciaire, et y substitua la preuve par témoins. Il réforma la prévôté de Paris, auparavant vénale, il assigna des gages au prévôt, et nomma à cette dignité Étienne Boileau, homme intègre et zélé, qui divisa les marchands et les artisans en confréries ou corps de métiers.

Une police, sous le nom de *guet*, composée de 60 sergents à pied ou à cheval, commandée par le chevalier du guet, étant insuffisante pour la garde de Paris, Louis permit aux bourgeois de faire eux-mêmes le guet; cette première milice nationale prit le nom de guet des métiers ou des bourgeois.

Louis prit des mesures sévères pour réprimer l'usure des juifs; il les obligea à porter sur leurs habits deux marques de drap rouge en forme de roues, afin qu'on les reconnût à ce signe. Il défendit les jeux de hasard et tous les lieux dangereux pour les mœurs.

La littérature prit de grands développements sous ce règne : Joinville écrit son *Histoire de saint Louis;* Guillaume de Villeneuve publie un poëme sur les *Crieries de Paris;* Jean de Meung fait paraître son fameux *Roman de la Rose;* Gauthier de Coinsy celui de *Sainte Léocade;* Thibaut, comte de Champagne, ses chansons; Gauthier de Metz, sa Mappemonde; Guyot, un poëme où il dépeint la boussole.

Les arts brillèrent aussi d'un vif éclat; l'architecture, la sculpture, produisirent des ouvrages remarquables; la peinture sur verre nous a laissé des morceaux inimitables. La musique fit de grands progrès.

Le règne de Philippe III, dit le Hardi, entre un père comme Louis IX et un fils comme Philippe-le-Bel, présente peu d'intérêt historique; quant à ce qui peut rentrer dans notre cadre, nous voyons Philippe rapportant de l'Afrique à Paris les restes du saint roi son père, de son frère Jean Tristan, et d'Isabelle sa femme; les corps de ces objets révérés et chéris furent portés à la cathédrale de Notre-Dame, resplendissante de lumières, au milieu d'un grand concours de peuple et de nobles qui veillèrent toute la nuit en chantant les vigiles; le lendemain, 22 mai 1271, Philippe, portant le corps de son père sur ses épaules, le conduisit ainsi jusqu'à Saint-Denis, accompagné de tout le clergé de Paris, marchant en procession et chantant le service des morts, qui s'acheva avec une pompe noble et touchante, au milieu des larmes sincères répandues pour un roi *qui tant aimoit son pauvre peuple.*

Le corps de saint Louis fut mis dans une tombe d'argent et d'or richement travaillés, les ossements de Pierre, son chambellan, placés à ses pieds « en telle manière et ainsi comme il gisoit à ses pieds quand il étoit en vie. » Madame Isabelle fut enterrée assez près du bon roi et messire Jehan Tristan, comte de Nevers, à côté de lui.

Proscription des Tournois.

Nous voyons Philippe frappé dans ses affections de famille au sujet de la chevalerie conférée à Robert, comte de Clermont, son jeune frère : un tournoi avait été ordonné pour célébrer dignement cette cérémonie. Quoique le clergé condamnât fort ces sortes de jeux, qu'il les défendît même, Philippe y avait appelé l'élite des chevaliers de la Flandre et des pays voisins. Maintes prouesses signalèrent l'adresse et la valeur de ces nobles champions, excitées encore par de nombreux spectateurs. Dans un des brillants pas d'armes qui eurent lieu en cette circonstance, le nouveau chevalier, accablé du poids de son armure, et frappé sur la tête de rudes coups de masse d'arme, eut le cerveau si violemment ébranlé qu'il tomba en démence, et cette fête dont il devait être le héros devint le tombeau de sa raison.

Après ce funeste événement, les tournois furent de nouveau proscrits par Nicolas III, qui imposa des pénitences expiatoires au roi et à tous les chevaliers; vaine défense, les tournois subsistèrent encore pendant plusieurs siècles : les guerres lointaines avaient donné à ces sortes de joutes, passe-temps de la chevalerie, le double attrait de la gloire et du plaisir, et cette noble jeunesse, dans les temps du repos, retrouvait, au milieu de ces combats factices, l'image des dangers qu'elle avait surmontés, et par ces luttes elle entretenait son adresse et sa vigueur.

Avant de terminer le tableau de ce siècle, disons quelques mots des querelles sans cesse renouvelées entre les écoliers et les bourgeois de Paris. Cette classe des écoles devenue si nombreuse, et composée d'individus de tout pays et de tout âge, se portait à tous les excès et ne voulait sentir aucun frein. Les rixes, les voies de fait devenaient le complément de toutes ses parties de plaisir ; les écoliers avaient-ils bu dans un cabaret, ils voulaient se retirer sans payer ; une lutte s'ensuivait, des hommes morts et blessés de part et d'autre nécessitaient l'emploi de la force contre leur criminelle turbulence ; aussitôt l'Université réclamait les coupables et voulait les soustraire à la peine qu'ils méritaient. Si on résistait, l'Université cessait toutes les études, et même à plusieurs reprises elle se retira dans des villes de province, forçant ainsi les rois à toutes les concessions, pour rappeler cette population nombreuse dont la fuite faisait tort à la capitale. C'est dans de pareilles circonstances que Philippe-Auguste, Louis VIII, Louis IX et Philippe-le-Hardi donnèrent à l'Université des franchises et des priviléges.

Costume. — Usages. — Corps de métiers.

Le roi fit une loi somptuaire (1294) : un des articles réglait la quantité de mets qu'on pourrait servir sur les tables.

Alors le souper était encore le grand repas ; la loi défend de servir dans ce repas plus de deux mets et un potage au lard. Au dîner, nommé *petit-repas*, *petit-manger*, un mets et un entremets ; si c'est jeûne, on pourra donner deux potages aux harengs, et deux mets, ou bien un potage et trois mets ; jamais plus de quatre plats pour le jour de jeûne ; jamais plus de trois pour les jours ordinaires.

Le deuxième article de cette loi dit que les comtes et barons qui auront six mille livres de terre ne pourront donner

COSTUMES SOUS LOUIS IX
13e Siecle

à leurs femmes plus de quatre robes par an, ni en avoir davantage ; les prélats et les chevaliers, deux ; le chevalier qui a trois mille livres de terres a la permission d'en avoir trois; une dame ou demoiselle qui a deux mille livres de terres n'en aura qu'une, à moins qu'elle ne soit châtelaine. Le prix même de l'étoffe dont ces robes étaient faites était réglé par la loi.

Les bourgeoises ne peuvent avoir des chars, ni se faire accompagner la nuit avec des torches de cire, ce qui est également défendu à l'écuyer ou simple clerc et au roturier ; enfin les fourrures telles que le menu-vair (1), le petit-gris, l'hermine leur sont interdits ainsi qu'à leurs maris. Ils ne peuvent porter non plus ni pierres précieuses, ni couronnes d'or ou d'argent.

Parmi les foires les plus célèbres de ce temps-là, celle du Lendit, qui se tenait pendant le mois de juin, dans la plaine de Saint-Denis, attirait une foule immense; c'était une époque de réjouissance, de surprise et de vives émotions. On en attendait le moment avec impatience; on s'y préparait longtemps d'avance; marchands, étrangers, bourgeois, écoliers, baladins, filous même accouraient en ce lieu. C'est là qu'on mettait au jour les produits de l'industrie et des arts. Là se réunissaient tous les divertissements capables d'émerveiller les bons bourgeois ; et les amusements qu'excluait de la ville la vie simple et monotone de l'année y étaient tolérés. En un mot, le Lendit devenait la fête de toutes les classes de la société.

Paris, à cette époque, voyait dans ses rues étroites, sombres et tortueuses, se grouper les habitants par corps de métiers, et la profession que ceux-ci exerçaient donnait son nom à la rue : ainsi les ouvriers tisserands à la rue de la Tixeranderie; les maçons à celle de la rue de la Mortellerie; les charrons à celle de la Charronnerie; trois ou quatre rues

---

1 Le menu-vair était composé de deux peaux, l'une blanche et l'autre grise.

ue la Tannerie montraient que les tanneurs les habitaient. Ceux qui avaient besoin d'eau pour leur profession se réunissaient sur les bords de la Seine et dans les rues avoisinant cette rivière, tels que les mégissiers, les teinturiers, etc.; d'autres professions occupaient des rues entières autour des halles. Tous ces gens de métiers, amis, rivaux, membres de la même confrérie, cherchaient à l'emporter les uns sur les autres, en dépit des règlements qui leur défendaient d'appeler l'acheteur avant qu'il eût quitté l'étal du voisin. Les fripiers sous les piliers des halles ont conservé un peu des coutumes des marchands parisiens du XIII° siècle.

Le soir, quand la cloche de Notre-Dame, celle de Sainte-Opportune ou celle de Saint-Méry avait sonné l'*Angelus*, toutes les boutiques se fermaient. D'ailleurs, il était défendu à la plupart des métiers de travailler à la lumière : aussi la cloche du couvre-feu faisait succéder un morne silence à l'activité bruyante de la ville, qui restait plongée jusqu'au jour dans la plus profonde obscurité et laissait le champ libre aux filous et aux malfaiteurs de tous genres. Le Parisien, d'ailleurs, n'avait rien de mieux à faire que de se coucher, car alors les spectacles, les cafés, les bals ne pouvaient lui offrir, comme de notre temps, les moyens de passer la nuit.

Le samedi tout travail cessait de bonne heure pour se préparer à la solennité du dimanche, et s'occuper des achats de toute espèce qui n'avaient point lieu le jour consacré au Seigneur. Le commerce se concentrait le samedi aux halles : c'est là qu'on allait s'approvisionner de tout. Chaque profession, chaque branche de commerce y avait sa place marquée, et plusieurs villes manufacturières s'y faisaient représenter par leurs fabricants, qui y trouvaient une place fixe et leurs siéges. Ainsi Beauvais, Amiens, Douai, Pontoise, Gonesse, Lagny y envoyaient les produits de leur industrie.

Le dimanche tout commerce cessait dans la ville; les

nombreuses églises recevaient toute la population, qui, après les offices, allait se promener en famille dans les courtils, hors des murs, où de modestes tavernes leur fournissaient des rafraîchissements peu variés, mais qui n'en avaient pas moins de charmes pour eux.

Outre le vin, une boisson fort en vogue était *la cervoise*, sorte de bière faite avec du grain; *le clairet*, ou vin miellé, épicé; le vin rouge, le vin de romarin et d'autres, dont les Parisiens se régalaient dans leurs parties de plaisir.

La première corporation des pâtissiers ou *oubliers* se forma dans ce siècle. Ils faisaient des gaufres, des nieules, et les feuilles légères appelées *oublies*, que l'on criait dans les rues de Paris comme on les crie encore aujourd'hui sous le nom de *plaisir*. Le roi avait son *oublier*, personnage considérable dans la hiérarchie culinaire de la cour.

La corporation des bouchers se vantait d'une ancienne origine et remontait aux Romains, dont elle avait conservé les statuts; la boucherie de Paris était exercée par un certain nombre de familles; les étaux se transmettaient de père en fils.

Les marchands, pour débiter et faire connaître leurs denrées, se servaient de crieurs : tout se criait dans la ville, marchandises, objets perdus, décès, invitations aux obsèques, enfin les avis de toute espèce : ce qui avait donné lieu à la corporation des crieurs ou ce qu'on appelait les *criages* ou *crieries de Paris*.

Les regrattiers vendaient les légumes, le sel, le poisson, la cire, la bière; ils tenaient lieu d'épiciers, qui ne se formèrent en corporation qu'au XIVe siècle.

Parmi les poissons de mer débités par la corporation des poissonniers, le marsouin servait à un double usage : on mangeait sa chair, et la peau velue de cet amphibie se plaçait en bordure aux vêtements sous le nom d'*orle de porpois de mer*.

Plusieurs corporations subsistaient, au XIIIe siècle, de la confection des chapelets, qui étaient un objet indispensable à la dévotion, et que le luxe variait de mille manières.

Les ouvriers de la sellerie et de la harnacherie, tels que selliers, chapuiseurs, cuireurs, bourreliers, lormiers ou faiseurs de mors, étaient très-occupés par la chevalerie et la noblesse. On dorait les selles, on les peignait des armes du chevalier. Ces peintres habitaient généralement la rue Saint-Jacques, auprès des selliers et des lormiers; les cuirs les plus estimés et connus sous le nom de *cordouan*, venaient d'Espagne ; ils étaient préparés et teints à la manière du maroquin. Ceux qui faisaient les chaussures se nommaient basaniers, savetaniers, cordouaniers, selon les cuirs dont ils se servaient.

Les chavenaciers vendaient et fabriquaient les toiles de chanvre.

Les drapiers, teinturiers et foulons formaient trois corporations, dont les premiers étaient les plus puissants et les plus riches.

On faisait peu d'usage du coton ; la soie n'était qu'à la portée des riches, on la filait et tissait à Paris ; les merciers la faisaient venir de l'étranger et la donnaient à apprêter aux fileresses de la ville.

Les brodeuses étaient nombreuses à la fin du XIIIe siècle, ainsi que les ouvriers qui faisaient les bourses ornées de broderies que les femmes portaient à la ceinture. Le nom d'aumônière sarrazine rappelait la destination de ces bourses.

Le Petit-Pont et ses abords étaient peuplés de pelletiers : les riches seuls pouvaient border leurs robes d'hermine; mais tous les bourgeois un peu aisés portaient des vêtements bordés de *vair* et de *gris*, c'est-à-dire des fourrures d'écureuils et d'animaux sauvages de nos contrées, ou d'amphibies de nos mers.

Le mercier offrait au riche le siglaton et le sandal, les soieries du Levant et de l'Italie, l'hermine et le vair ; les femmes élégantes trouvaient chez lui le molesquin, fin tissu de lin ; les fraises à col attachées avec des boutons d'or, les tressons qu'elles entrelaçaient dans les cheveux ; l'orfrois ou la broderie en or ou en perles qui rehaussait l'éclat d'une coiffure, ou servait à border la robe de soie ou de velours.

La rue Quinquempoix ou *qui-qu'en-poist* était alors le rendez-vous du beau monde qui allait chercher dans les boutiques d'orfèvres et de merciers qui s'y tenaient exclusivement les plus riches et les plus élégants atours. Les merciers étaient aussi dans la grande galerie du Palais, appelée Galerie-aux-Merciers, et dans la *grange* de la mercerie, faubourg Saint-Antoine, sur la route royale du château de Vincennes.

Les femmes ornaient assez souvent leur coiffure de plumes de paon, sans doute plus rares qu'aujourd'hui, ce qui avait donné lieu au métier des *paoniers* ou *chapeliers de paon*.

L'art de la chirurgie au XIIIe siècle était généralement pratiqué par des barbiers ; celui de la médecine, d'ailleurs peu avancé, était confié à des *physiciens* ou *mires*, presque tous ecclésiastiques. L'église de Notre-Dame fut assez longtemps le lieu où ceux-ci donnaient leurs consultations ; ils s'y assemblaient autour des bénitiers et y recevaient les malades dont la foule encombrait le parvis ; le tumulte de ces assemblées, contrastant avec le respect dû au saint lieu, obligea le chapitre à éloigner les physiciens de l'église.

Jean Pitard, chirurgien de saint Louis, obtint du roi la permission d'établir, sous l'invocation de saint Côme et de saint Damien, une confrérie de chirurgiens qui seraient soumis à des règlements propres à prévenir les abus.

Les jongleurs formaient une corporation nombreuse ; ils étaient les ménétriers, les musiciens, les chanteurs ; c'était par eux que les poésies romanesques et burlesques se répandaient dans toutes les classes de la société.

Sous le régime féodal, le seigneur était comme le maître

des métiers, ou du moins il devait accorder la permission de les exercer dans sa terre, et ce droit, il le faisait payer soit par une somme d'argent, soit par une redevance annuelle; le roi faisait ainsi à Paris, dans les quartiers où il n'y avait point de justice seigneuriale.

Pour la surveillance des métiers, on la confia d'abord aux hommes qui les exerçaient à la cour, et qui étaient censés les plus habiles dans leur profession ; ainsi les boulangers furent soumis aux panetiers du roi; les forgerons au maréchal de la cour; les drapiers et tailleurs au chambrier du prince; il en fut de même de toutes les professions; les charges de la cour devinrent héréditaires et féodales, les titulaires cessèrent de les pratiquer matériellement : le grand panetier ne cuisit plus de pain, le maréchal ne ferra plus les chevaux, mais ils conservèrent la surveillance du métier et le droit d'en vendre l'exercice.

LIGUE DES AMANTS. — Sous le règne de Philippe V, on vit naître une société de fanatiques appelés la *ligue des amants :* tous ceux et celles affiliés à cette secte devaient donner des preuves d'une grande constance et faire toutes sortes de sacrifices à l'objet de leur passion : ils bravaient, par exemple, avec une opiniâtreté invincible, la rigueur des saisons ; ils devaient, suivant l'institut de leur ordre, se vêtir très-légèrement en hiver et très-chaudement dans les chaleurs de l'été; alors ils allumaient de grands feux et s'exposaient à son ardeur, tandis que l'hiver leur cheminée était garnie de feuillages, de fleurs; il y aurait eu honte pour eux de se chauffer.

ORIGINE DU NOM DE BOURREAU. — Un clerc nommé Richard Borel possédait le fief de Belcombre, à charge de faire pendre les malfaiteurs de ce canton. Sa qualité d'ecclésiastique le dispensait de les exécuter lui-même; il payait quelqu'un pour remplir cet office, et prétendait que le roi lui devait les vivres pour toute l'année, en conséquence de la charge qu'il remplissait. Les prétentions de Richard Borel firent appeler *bourreau* ceux qui remplirent le même office.

(1227.) Affranchissement des serfs par Louis VIII.

(1248.) Dédicace de la Sainte-Chapelle.

(1252.) Publication des tables astronomiques, dites *Alphonsines*.

(1260.) Louis IX abolit le duel judiciaire et lui substitue la preuve par témoins.

Ordonnance concernant les monnaies, qui, d'un côté portaient une croix, de l'autre des piliers. (De là, croix ou pile.)

(1271.) Premières lettres de noblesse en faveur de Raoul, orfévre ou argentier du roi Philippe III, le Hardi. Ce fut un coup mortel porté à la noblesse héréditaire.

(1294.) Roger Bacon, moine anglais, indique l'usage des verres à foyer et la propriété de la poudre à canon.

De la fin de ce siècle date l'invention des lunettes, par Salvino degli Armati, Florentin.

QUATORZIÈME SIÈCLE, DE 1300 A 1400.

PRINCES RÉGNANTS.

Fin du règne de Philippe-le-Bel, de 1300 à 1314.
LOUIS X, dit le Hutin, fils de Philippe-le-Bel, de 1314 à 1316, règne 2 ans.
PHILIPPE V, dit le Long, fils de Philippe-le-Bel, de 1316 à 1322, règne 6 ans.
CHARLES IV, dit le Bel, fils de Philippe-le-Bel, de 1322 à 1328, règne 6 ans.

BRANCHE DE VALOIS.

PHILIPPE VI, dit de Valois, fils de Charles de Valois, petit-fils de Philippe-le-Hardi, de 1328 à 1350, règne 22 ans.
JEAN II, dit le Bon, fils de Philippe-de-Valois, de 1350 à 1364, règne 14 ans.
CHARLES V, dit le Sage, fils de Jean-le-Bon, de 1364 à 1380, règne 16 ans.
CHARLES VI, fils de Charles V, de 1380 à 1422, règne 42 ans.

Sommaire historique.

Coup-d'œil sur le XIVe siècle.— Coup-d'œil sur Paris.— Établissements civils et religieux.—Jacques de Molay. — La lèpre. — La peste noire. — Les flagellants. — Étienne Marcel. — Les chaperons bleus et rouges. — Châtiment d'un traître.

Coup-d'œil sur le XIVe siècle.

Ce siècle, trop fertile en événements funestes pour la France, voit s'opérer une véritable transformation sociale, et la bourgeoisie prend sa place dans la nation. Parmi les neuf rois qui occupent successivement le trône, Philippe-le-Bel dans la dernière partie de son règne se dessine dur, avide et cruel, et l'inique procès des Templiers imprime à son nom une tache ineffaçable, tandis que les immenses richesses de cet ordre puissant viennent grossir son trésor et enrichir ses favoris. Cependant sous ce règne la liberté religieuse, politique et civile fit un pas considérable par la lutte de la puissance spirituelle et temporelle, la convocation des trois états, et l'établissement du parlement sédentaire.

Avec Philippe-de-Valois commence cette guerre entre la France et l'Angleterre, qui ne s'éteignit qu'au bout de cent ans. Les affreux désastres de Courtrai, de Crécy, de Poitiers, en répandant le sang le plus beau, le plus pur de la patrie, ont livré la France à l'Angleterre. Le roi Jean, captif à Londres, l'inexpérience de son fils le dauphin, l'appauvrissement du pays, amènent l'anarchie des pouvoirs et par suite les horreurs de la guerre civile.

Au dehors les dévastations de la guerre, la misère des campagnes ont enfanté des factions nouvelles; les paysans opprimés et par l'étranger et par les seigneurs se sont soulevés en masse, et sous le nom de *la Jacquerie* ils rendent au centuple les maux dont ils ont été victimes : ils brûlent, pillent, massacrent : tout ce qui est riche et noble est leur ennemi; mais à son tour la noblesse se ligue contre eux et les écrase.

Dans la seconde moitié de ce siècle, le dauphin, mûri par le malheur et l'expérience, devenu Charles-le-Sage, monte sur le trône, et, aidé de Du Guesclin, pacifie la France : le roi, par son savoir, sa patiente prudence; et le guerrier, par sa valeur, son courage et son dévouement.

Coup d'œil sur Paris.

Malgré les désastres de tous genres qui affligèrent Paris dans ce siècle, la ville étendit encore ses limites et s'enrichit d'une foule d'établissements utiles. Mais si les fondations religieuses avaient été en plus grand nombre dans la dernière période, celle-ci se distingue par l'institution de trente colléges, et cependant il s'est à peine écoulé un siècle et demi depuis la fondation du premier.

Parmi les cinq établissements de ce genre dus au

règne de Philippe-le-Bel, on distingue le *Collége de Navarre*, fondé par la reine de Navarre, comtesse palatine de Champagne, femme de Philippe-le-Bel, pour soixante-dix écoliers pauvres. Le roi était premier boursier de ce collége, et le prix de sa bourse affecté à l'achat des verges pour la discipline scolastique. L'enseignement de ce collége était le plus complet de tous les établissements de l'Université. Parmi les hommes remarquables qui étudièrent dans cette maison, on remarque le célèbre Ramus, Nicolas Oresme, grand-maître de ce collége et depuis précepteur de Charles V; le cardinal de Richelieu, Jean Gerson, Bossuet; Jean Delaunoy, surnommé *le dénicheur de saints*, qui a laissé une histoire de ce collége; César Egasse de Boulay, auteur de l'*Histoire de l'Université de Paris;* et les rois Henri III, Henri IV, le duc de Guise et Louis de Bourbon.

L'Ecole polytechnique occupe aujourd'hui la place du collége de Navarre.

Le couvent des *Carmes des Billettes*, dont l'origine toute miraculeuse attribue à un juif un nouveau déicide. Selon la chronique, Jonathas, s'étant procuré une hostie consacrée, l'aurait traitée comme jadis les Juifs avaient fait du Sauveur; et l'hostie, restée intacte malgré ses mutilations, et recueillie par une sainte femme, aurait attiré sur le juif la colère du peuple et la vengeance de la loi. Jonathas fut brûlé vif, tous ses biens confisqués, et sur le lieu de son crime fut construite la chapelle du Miracle et plus tard le couvent des Carmes.

Les établissements civils qui datent du règne de Philippe-le-Bel sont : *le Parlement*, qu'il organisa comme siége spécial de justice toute laïque, et qu'il rendit stable. *La Basoche*, association de tous les clercs du parlement, organisée sous le titre de royaume, formant un tribunal particulier où se jugeaient tous les différends qui s'élevaient entre les membres de l'association et les actions intentées contre eux. Le roi de la Basoche avait, outre ses armoiries, le droit de battre monnaie : cette monnaie ayant cours seulement parmi les membres de la Basoche. A son introduction, chaque clerc devait payer un droit de *béjaune*. Cette corporation avait une fête à Saint-Nicolas, où l'on représentait des mystères, des moralités : le roi payait la dépense de ces amusements, auxquels les théâtres doivent leur première origine. *La Monstre*, ou revue des clercs de la Basoche, avait lieu tous les ans ; ces jeunes gens couraient Paris à cheval, divisés par bandes, portant des costumes différents ; le jeudi de la dernière semaine du carnaval, ils plaidaient en grande audience une cause burlesque appelée *cause grasse*, qui émerveillait et amusait beaucoup les bons bourgeois de Paris.

Il y avait aussi la *Basoche du Châtelet*, composée des clercs de cette cour.

Les premiers administrateurs du revenu royal nommés d'abord *gens des comptes*, établis par saint Louis en compagnie fixe, reçurent de Philippe-le-Bel une organisation et un logement particulier dans l'enceinte du palais sous le titre de *chambre des comptes*. La communauté des clercs de cette chambre se nommait l'*empire de Galilée*, à cause de la rue où se tenaient ses séances ; son chef prenait le titre d'empereur et, comme la basoche, avait sa juridiction, ses prérogatives, ses fêtes, ses folies.

Palais-de-Justice. Un des plus anciens monuments de Paris, appelé sous les Romains forteresse des Parisiens, était devenu l'habitation des rois sous la première race et la troisième. Rebâti par Robert, il fut agrandi par ses successeurs, surtout par Louis IX et Philippe-le-Bel ; il devint sous ce dernier roi le siége de la justice, après que le parlement eut été rendu permanent.

Le bailliage du Palais exerçait sa juridiction sur tout ce qui avoisinait le Palais ; le bailli, concierge ou gouverneur, avait une foule de droits, et toutes les clefs du Palais, excepté celles de la porte de devant.

La Conciergerie du Palais tire son nom de cette charge et n'était d'abord que le logement de cet officier.

Établissements sous Louis X, dit le Hutin.

Le Collége Montaigu, sorte de maison religieuse fondée par Giles Aycelin, de la maison de Montaigu, archevêque de Rouen, pour de pauvres écoliers pris de préférence dans le diocèse de Clermont. L'extrême rigidité du règlement auquel étaient soumis les prêtres et les élèves, tant pauvres que riches, les faisait regarder comme les plus malheureux de l'Université, et leur nourriture, plus que frugale, fit, dans la suite, donner à cette maison le sobriquet de *Collége des haricots*. Le costume des élèves, composé d'un camail et d'une cape brune d'étoffe grossière, les avait fait nommer *Pauvres capettes de Montaigu*. Pauvres en effet, car dans les commencements les boursiers étaient obligés de mendier et allaient aux Chartreux recevoir avec les indigents le pain que l'on distribuait à la porte de ce couvent. La rigueur extrême de la discipline de cette maison ne nuisait point cependant aux progrès des études, plus fortes à Montaigu que dans la plupart des établissements de ce genre, surtout pour la littérature et la langue grecque. Le célèbre Jean Standonc, qui eut longtemps la direction de ce collége, donna une haute impulsion aux études.

Ce savant théologien, d'abord simple domestique à l'abbaye de Sainte-Geneviève, prenait sur les heures destinées au repos le temps nécessaire à son instruction. Jean Luillier, évêque de Meaux, proviseur de Sorbonne, frappé des dispositions studieuses de ce jeune homme et des progrès qu'il avait faits dans les sciences, le fit admettre à ce collége comme boursier et *socius*, en considération de son mérite distingué.

Sous Philippe-le-Long et sous Charles-le-Bel, cinq colléges s'établirent, et sous ce dernier fut fondé *Saint-Jacques-de-l'Hôpital*, rue Saint-Denis, église et hospice servant à héberger les pèlerins allant à Saint-Jacques de Compostelle.

Parmi les treize colléges qui s'établirent sous le règne de Philippe-de-Valois, on remarque le collége des Lombards ou de Tournai, où le célèbre Guillaume Postel fut professeur. Les leçons de cet homme savant attiraient une telle affluence d'auditeurs, qu'il était souvent obligé de les faire descendre dans la cour, et de leur parler du haut d'une fenêtre.

Le Collége et Séminaire des Écossais, rue Saint-Victor, fondé par David de Murray et Jacques Bethown, archevêque de Glasgow, pour les pauvres écoliers de leur nation, est célèbre par la protection que lui accorda Marie Stuart. Elle fit à ces pauvres écoliers des pensions que sa captivité n'interrompit point, et dans son testament, écrit la veille de sa mort (1587), parmi les amis fidèles auxquels elle veut laisser un souvenir, *selon son peu de moyen*, figurent les pauvres écoliers du collége des Écossais, auxquels elle lègue 2,000 liv.

Eglise et Confrérie du Saint-Sépulcre, rue Saint-Denis. La cour batave a été bâtie sur son emplacement.

Chapelle Saint-Yves, rue Saint-Jacques. Les procureurs et les avocats y établirent une confrérie dont saint Yves était le patron.

Saint-Julien-des-Ménestriers, rue Saint-Martin. Cette église doit son origine à Jacques Graze de Pistoïe et Huet le Lorrain, jongleurs ménestriers. Tous deux regardaient un jour une pauvre femme, Fleurie de Chartres, qui, perclue de ses membres, se tenait dans une petite charrette placée sur la voie publique, où elle vivait de l'aumône des bonnes gens; les deux ménestriers, émus de pitié de la voir ainsi exposée au vent et à la froidure, achetèrent la place où elle se tenait: d'autres ménestriers se joignirent à eux, ils firent construire un petit hôpital dont la pauvre Fleurie occupa le premier lit et le conserva jusqu'à sa mort. Les fondateurs firent présent de cet hôpital aux *confrères et sœurs jongleurs, ménestrels, joueurs de vielle, de cor sarrasin et autres*. L'hôpital agrandi plus tard obtint la permission de bâtir une chapelle avec droit de cloches et de messes *à notes* et *sans notes*, sous l'invocation de *saint Julien et de saint Genest*.

Sur la façade, pittoresque et d'une architecture délicate, du monument étaient représentés de petits anges jouant des divers instruments de cette époque : l'orgue, la harpe, le rebec, la vielle, la mandoline, le psaltérion, la musette, le luth, le tympanon, etc. De chaque côté de la porte se trouvaient les statues de saint Julien et de saint Genest.

Sous le règne de Jean II, dit le Bon, et malgré les troubles de cette époque, quatre colléges s'établirent, et pour les pauvres enfants que les malheurs du temps et la guerre laissaient vaguer dans les rues de Paris, sans pain, sans asile, furent fondés, place de Grève, l'*Hôpital, église et confrérie du Saint-Esprit. Les petites écoles de Paris* furent également établies pour l'instruction élémentaire.

Sous le règne de Charles V, dit le Sage, trois colléges furent fondés ; celui de *Dormans Beauvais* compte parmi ses savants professeurs saint François-Xavier et le cardinal Arnault d'Ossat. L'administration fut dirigée, dans le siècle dernier, par deux hommes célèbres, Rollin et Coffin ; les établissements religieux de ce règne sont le *couvent des Célestins*, situé à l'entrée des cours de l'Arsenal. L'*hospice du petit Saint-Antoine* consacré aux pauvres attaqués de la maladie nommée *feu sacré, feu Saint-Antoine*.

L'*Hôtel Saint-Paul*, ainsi nommé à cause du voisinage de l'église de ce nom, s'appelait encore *Hôtel solennel des Grands Ébastements ;* il fut élevé par Charles V : l'entrée principale était sur le quai des Célestins ; le reste des dépendances s'étendait vers le nord jusqu'à la rue Saint-Antoine, et de l'est, à l'ouest, depuis les fossés de l'Arsenal et de la Bastille, jusqu'à la rue Saint-Paul. Charles V, délicat, maladif, sortait peu de ce séjour, qu'il aimait, et qu'il avait fait décorer selon ses goûts. Ce palais se composait d'un grand nombre de petits hôtels réunis dans une même enceinte, la plupart accompagnés de chapelles et qui tous avaient un nom et une destination particulière : l'hôtel de Sens, l'hôtel de Saint-Maur, du Puteymuce, de Beautreillis, des Lions, etc. A l'hôtel de Sens, que le roi habitait, un porche de bois d'Irlande, richement sculpté, donnait entrée dans les appartements royaux où se trouvaient une chambre *à parer* (de parade), la chambre *où gît le roi* (à coucher), la *grand'chambre du retrait*, celle *du petit retrait* (ou de l'étude), une chambre aux étuves, une de bains et deux ou trois autres nommées *chauffe-doux*, à cause des poêles que l'on y mettait pendant l'hiver, etc., etc. Il y avait dans ce même hôtel un jardin, un parc, des lices, un jeu de paume, une volière, une chambre pour les tourterelles ; des *maisons* pour les sangliers, pour les grands et petits lions.

Indépendamment des appartements particuliers du roi, il y avait de belles et spacieuses salles pour le conseil ; dans la plus grande, le roi assemblait ses conseillers d'État, et faisait souvent venir le parlement. Mais les plus grandes magnificences avaient été réservées pour les appartements de la reine. Une galerie était ornée de peintures représentant une forêt, des vergers, où de beaux enfants s'ébattaient au milieu des arbres fruitiers et des buissons de fleurs.

Les poutres et les solives étaient ornées de fleurs de lys en étain doré, les fenêtres garnies de barreaux de fer entrelacés de fil d'archal, *pour empêcher les pigeons de venir faire leurs ordures dans les chambres*. Les vitres peintes de différentes couleurs et chargées d'armoiries, de devises et d'images de saints, ne laissaient pénétrer qu'un jour mystérieux et doux. Quant à l'ameublement intérieur, les siéges n'étaient que des escabelles, des formes, des bancs où les sculptures ne manquaient pas, mais où le comfortable de notre siècle avait été tout-à-fait oublié : le roi seul se servait de chaises à bras, garnies de cuir rouge et ornées de franges de soie. Les lits appelés couches étaient de dix ou douze pieds de long sur autant de large; on les appelait couchettes quand ils n'en avaient que six. Il a été longtemps d'usage en France de retenir à coucher ceux qu'on affectionnait.

Charles V dînait à onze heures, soupait à sept, et toute la cour était couchée à neuf heures en hiver et à dix en été. La reine, durant le repas, dit Christine de Pisan, « par ancienne et raisonnable coutume, pour obvier à vagues paroles et pensées, avoit un prud'homme au bout de la table, qui sans cesse disoit gestes et mœurs d'aucuns bons trépassés. »

Les jardins de l'hôtel de Saint-Paul étaient immenses; les rues de la Cerisaie, Beautreillis et autres ouvertes sur son emplacement rappellent par leur dénomination le lieu qu'ils occupaient. Les plantations de ces jardins feraient aujourd'hui sourire nos horticulteurs. Les fleurs les plus vulgaires se mêlaient aux légumes de nos potagers. On n'y voyait point d'arbres exotiques; mais les cerisiers, les pommiers, les poiriers, les pruniers y formaient d'agréables vergers arrosés par de belles eaux. La rue des Lions marque le lieu où se trouvait la ménagerie royale de l'hôtel de Saint-Paul. Un fait singulier, c'est que la garde des lions du roi était confiée à une femme : un titre authentique de 1463 constate que demoiselle Marie Padbon reçut 250 livres pour la garde et la nourriture des lions du roi.

Charles V avait un goût particulier pour les oiseaux de toutes sortes : il avait fait bâtir des volières à tourterelles et une belle cage pour son pape-gaut.

Les basses-cours, flanquées de celliers, galiniers, étaient remplies de volailles, venant des domaines du roi, qu'on y engraissait pour sa table et celle des nombreux habitants de l'hôtel; près de là, se trouvaient la maréchaussée, la conciergerie, la fauconnerie, la lingerie, la tourille, la taillerie, la pelleterie, la bouteillerie, la saucerie, la panneterie, la pâtisserie, etc., etc.; enfin tous les bâtiments accessoires nécessaires au service d'un palais.

La *Bastille*, porte fortifiée élevée par Étienne Marcel, dans les travaux de la quatrième enceinte de Paris, pour défendre la rue Saint-Antoine. Charles V ordonna sa reconstruction sur un plan plus vaste, pour préserver cette partie de la ville et l'hôtel Saint-Paul. Hugues Aubriot, le célèbre prévôt de Paris, en posa la première pierre en 1390.

Ce bâtiment ne se composa d'abord que de deux tours; successivement on en ajouta jusqu'à huit, réunies entre elles par de gros murs de six pieds d'épaisseur entourés de fossés; plus tard, on y ajouta de grandes fortifications. La Bastille Saint-Antoine, que l'on finit par nommer simplement *la Bastille*, ne tarda pas à servir de prison aux criminels d'État; quelquefois cependant le trésor royal y fut déposé.

D'illustres prisonniers occupèrent tour à tour les cachots de la Bastille. L'histoire de cette prison a conservé leurs noms, leurs aventures plus ou moins merveilleuses, et leurs tentatives d'évasion bien souvent répétées, quelquefois couronnées de succès : parmi ces derniers est le célèbre Latude. Le mystérieux *Masque de fer*, dont on ignore encore le nom, et qui mourut à la Bastille sans que le secret de son origine ait jamais pu être découvert, est un des hôtes les plus infortunés de cette prison d'État.

Le *cimetière des Innocents* avait été entouré d'un mur de clôture, sous Philippe-Auguste, afin de le préserver des profanations de la foule, qui auparavant y portait toutes ses immondices. Sous Charles V, les libéralités de riches bourgeois y élevèrent une galerie voûtée adossée à cette muraille, dans laquelle on inhumait les personnes à qui leur fortune permettait d'avoir une place séparée. Cette humide et sombre galerie, appelée *Charnier des Innocents*, servait de passage aux piétons; elle était bordée d'étroites boutiques de modes, de mercerie, de lingerie et de bureaux d'écrivains publics, confusément mêlés avec les monuments funèbres. Sur le côté de cette galerie qui occupait une partie de la rue de la Ferronnerie aujourd'hui, se trouvait la fameuse peinture de la *Danse macabre* ou *Danse des Morts*. La Mort menait la danse, conduisant au tombeau les rois, les évêques, les femmes et les moines, enfin toutes les classes de la société indistinctement.

La tour de *Notre-Dame des Bois*, d'origine fort ancienne, occupait le milieu du cimetière; elle était de forme octogone, élevée de quarante pieds; chacune de ses faces était percée d'une fenêtre.

À côté de l'église des Innocents et de plusieurs autres, se trouvaient d'étroites cellules où des femmes s'emprisonnaient volontairement par dévotion, ou bien y étaient renfermées par force, en punition de quelques crimes; la porte en était murée, et ces recluses, séparées ainsi du monde, recevaient, par une étroite fenêtre, leur nourriture de la charité publique.

Sous le règne de Philippe-Auguste furent construits les aqueducs de Belleville et de Saint-Gervais, qui vinrent apporter à Paris le tribut des belles eaux des hauteurs de Ménilmontant, de Belleville et de Romainville, et augmenter le nombre des fontaines.

HISTOIRE, MOEURS ET FAITS DIVERS.

Jacques de Molay.

Nous avons dit comment Philippe-le-Bel avait imprimé à son règne une tache ineffaçable par l'odieux procès des Templiers; l'histoire impartiale l'a sévèrement enregistré, comme elle a consigné les torts de cet ordre orgueilleux et puissant.

Quoi qu'il en soit, la mort vint absoudre, même aux yeux de leurs ennemis, les chevaliers du Temple, et la contenance de leur grand-maître, Jacques de Molay, doit effacer jusqu'aux traces des aveux qui pourraient charger leur mémoire.

Le drame sanglant tirait à sa fin; les chevaliers du Temple, atteints à la fois dans tous les pays, jugés, torturés, avaient presque tous succombé à l'affreuse proscription.

Les grands dignitaires de l'ordre, Jacques de Molay, Guy, commandeur de Normandie, Hugues de Peraldo et le visiteur de France ayant eu l'air de persévérer dans l'aveu des crimes imputés à leur congrégation, on les avait seulement condamnés à une prison perpétuelle.

Sur un échafaud dressé devant le portail de Notre-Dame, au milieu d'une foule immense, les accusés montèrent accompagnés de deux cardinaux qui, en présence de tout le peuple, firent lecture des aveux des quatre Templiers et de la sentence qui les condamnait. Tout-à-coup, deux des accusés, le grand-maître et le maître de Normandie, se défendant opiniâtrément contre le cardinal qui venait de parler, renièrent formellement leur confession, ce qui produisit parmi le peuple une sourde rumeur. Les cardinaux remirent les accusés au prévôt de Paris pour les garder jusqu'à ce qu'on eût délibéré de leur sort.

Philippe-le-Bel, alors dans son palais royal de la Cité, apprit bientôt la nouvelle du désaveu des Templiers; effrayé des suites qu'il pouvait avoir, car les tortures endurées par les chevaliers commençaient à attendrir le peuple en leur faveur, il prit un parti extrême et sans attendre le conseil de l'Église, vers le soir du même jour, dans une petite île de la Seine, appelée l'île à *la Gourdaine*[1], contiguë aux jardins du Palais, un bûcher s'éleva par les ordres du roi[2], et quand la cloche

---

[1] A cause d'un bac qui s'y trouvait.
[2] A la même place où se voit aujourd'hui la fontaine de la place Dauphine.

du couvre-feu eut fait rentrer les bourgeois de Paris dans leur demeure, à la lueur des flammes qui s'élevaient de ce bûcher on aurait pu voir, sous le grand manteau blanc du Temple orné de la croix rouge, deux martyrs qui d'un pas ferme marchaient à la mort. Jacques de Molay et Guy de Normandie ne se démentirent pas un seul instant; ils montrèrent sur le bûcher une religieuse fermeté et soutinrent les flammes avec un héroïque courage. Leur constance à persister dans la dénégation des crimes qu'on imputait à leur ordre frappa les témoins de leur mort, et n'a pas peu contribué au jugement de la postérité.

Le peuple, toujours amateur du merveilleux, accueillit avidement un bruit qui circula : Le grand-maître, disait-on, déjà environné par les flammes, avait ajourné au tribunal de Dieu le pape avant quarante jours, et Philippe-le-Bel dans l'année : la mort de Clément V, le 20 avril, et celle du roi, le 29 novembre, semblèrent vérifier la prédiction.

Séquestration d'un lépreux.—Peste noire.

De grands fléaux désolèrent cette époque. Parmi eux il faut signaler la lèpre, maladie importée de l'Orient, qui avait fait des ravages d'autant plus terribles qu'elle était entretenue par la misère et la malpropreté. La médecine, inhabile à y porter remède, n'avait trouvé qu'un moyen, celui de parquer dans les hôpitaux appelés *ladreries* ou *lazareries*, bâtis hors de la ville, les malheureux atteints de ce mal; ou bien ils habitaient une maison isolée des autres, portaient un vêtement particulier appelé *tartelle ;* ils étaient obligés, quand ils sortaient, d'annoncer au loin leur approche, au moyen d'une cliquette de bois, afin qu'on pût éviter leur présence. Le rituel de leur séquestration avait quelque chose de cruel : c'était la copie de l'office des trépassés.

Devant l'autel, sur deux tréteaux, on étendait un drap noir;

le lépreux, agenouillé sur cette funeste tenture, entendait la messe, puis le prêtre l'exhortait à la patience et à la résignation, en lui rappelant les tribulations de Jésus-Christ et lui montrant le ciel où lépreux et malades seront éternellement sains, éternellement heureux. Le prêtre prenait ensuite une pellée de terre et la jetait sur l'un des pieds du malade, en lui disant : « Tu es mort pour ce monde, il faut vivre pour Dieu. » Et le mettant alors hors de l'église, il ajoutait : « Je te défends d'entrer dans l'église, d'aller en compagnie de gens sains, de sortir de ta maison sans tes habits de lépreux, de boire ou de laver tes mains dans une rivière ou fontaine, de parler à quelqu'un lorsqu'il sera sous le vent. Je te défends de toucher les enfants et de leur rien donner; tu ne te fâcheras point d'être ainsi séparé des autres; quant à tes besoins, les gens de bien y pourvoiront, et Dieu ne te délaissera pas. »

En effet, la charité publique ne leur faisait pas défaut, et leurs nombreux hospices étaient alimentés par les donations pieuses.

L'effroyable fléau de la peste noire, qui assombrit encore les derniers temps du règne de Philippe de Valois, exerça ses ravages sur toute la France (1348), et détruisit un tiers de la population : il mourait à Paris environ huit cents personnes par jour. « La maladie, disent les chroniqueurs, se communiquait par imagination et par contagion. Quand on visitait un malade, rarement on échappait à la mort. Aussi chacun s'éloignait d'eux, parents, amis, même les prêtres. Les saintes sœurs de l'Hôtel-Dieu, rejetant le respect humain et jusqu'à la crainte de la mort, dans leur douceur et leur humilité, les touchaient, les maniaient : renouvelées nombre de fois par la mort, elles reposent, nous devons le croire pieusement, dans la paix du Christ. »

La populace, ignorante et féroce, accusa les juifs d'avoir empoisonné les fontaines et les rivières ; ces malheureux furent brûlés et massacrés par milliers. Tant de calamités servirent d'aliment à la superstition, au fanatisme; une secte d'enthousiastes nommés *flagellants*, composés d'hommes et de femmes, couraient demi-nus par les villes et les campagnes, se déchirant le corps à coups de fouet pour effacer les péchés du monde et apaiser la justice divine; poursuivie par l'Église, cette secte n'eut qu'une courte existence.

Après tous ces fléaux, on sentit comme une joie féroce de vivre, on se livrait aux fêtes, aux plaisirs comme des forcenés, et les réjouissances qui signalèrent l'avénement du roi Jean (1355) montrent combien on avait besoin d'espérance. Cependant ce roi chevalier, brave et vaillant, qui fut surnommé le Bon, vaincu à Poitiers, captif des Anglais, ne légua à la France que la honte d'une défaite, la perte de l'élite de la jeunessse française et la guerre civile.

Étienne Marcel.

Nous allons esquisser quelques traits du drame intéressant qui, vers le milieu du XIVe siècle, fit surgir de la bourgeoisie Marcel, héros si populaire, et dont la fin tragique punit la trahison. Mais plaçons d'abord le tableau dans son cadre.

Le roi Jean est captif des Anglais; le jeune dauphin, son fils, a pris dans ses faibles mains les rênes du gouvernement. Il a cru, en convoquant les états du royaume (17 octobre 1356), obtenir, par leur concours, l'aide et l'argent dont il avait besoin. Huit cents députés des villes de France sont accourus à son appel; mais ils veulent lui faire acheter l'appui qu'il réclame au prix de l'abandon de son autorité et du sacrifice de ses plus intimes conseillers. Le dauphin, ne pouvant ni accepter ni refuser, traîne en longueur sous le prétexte de consulter son père.

Marcel, prévôt des marchands, chef des échevins, n'avait

pas perdu son temps pendant tous ces pourparlers du dauphin et des états. En moins de deux ans, les limites de la ville avaient été reculées, les fossés recreusés et remplis d'eau ; des chaînes forgées et tendues dans toutes les rues en fermaient les issues, enfin Paris était fortifié.

Cependant à l'extérieur, des troupes de brigands, sous le nom d'Anglais, de Navarrais, de Jacques, parcouraient les provinces, saccageant et pillant les châteaux et même les chaumières ; des bandes de malheureux paysans fuyant leurs cabanes incendiées ; une foule de religieuses, de moines, chassés de leurs monastères dévastés, viennent chercher à Paris un asile et du pain. L'ennemi et la disette pressent également Paris. Marcel, dans cette occasion, déploie une rare énergie et un génie supérieur ; il ranime les Parisiens, accoutume les bourgeois aux armes, les organise en milice, assure leur subsistance, veille à tous leurs besoins, et acquiert ainsi une immense popularité qui l'aveugle bientôt et le conduit à la révolte. Nous sommes au second acte de son rôle.

Marcel, enivré de ses succès, intrigue et lutte contre le dauphin ; il augmente les embarras de sa position ; tantôt par de sourdes menées, tantôt ouvertement, il exalte les passions de cette multitude dont il dispose à son gré.

Le roi de Navarre, Charles-le-Mauvais, délivré de sa prison d'Arleux (1357), par Jean de Pecquigny, gouverneur de l'Artois, de la faction de Marcel, accourt à Paris, et vient augmenter la discorde. Il harangue le peuple convoqué au Pré-aux-Clercs, et le peuple accueille ce méchant homme comme le futur libérateur de la France.

Le dauphin, à son tour, tient aux Halles des assemblées où il explique sa conduite ; Marcel appelle le peuple à Saint-Jacques-de-l'Hôpital, où lui et ceux de son parti prononcent des discours qui font passer d'une opinion à l'autre la foule écoutant tour à tour les orateurs. Dans cette triple lutte, la figure chétive et pâle du dauphin, sa parole froide et sensée, laissaient tout l'avantage à la physionomie animée du roi de Navarre et à l'éloquence hardie de Marcel. Pendant que les trois rivaux se disputent la victoire, un événement tragique vient aigrir encore les esprits.

Perrin Macé, changeur, ayant vendu deux chevaux au dauphin, et n'étant pas payé, arrête dans la rue Saint-Méry Jean Baillet, trésorier des finances, et lui demande brutalement la somme qui lui est due. Une dispute s'élève; Perrin porte un coup mortel à Jean Baillet et se réfugie, après ce crime, dans l'église Saint-Jacques-la-Boucherie, jouissant du droit d'asile. Selon les ordres du dauphin, nommé par les états du 11 février 1358 régent du royaume, l'asile où se cache le meurtrier est forcé ; Perrin Macé en est arraché et traîné au Châtelet. Il est pendu après avoir eu le poing coupé. L'évêque se plaignit hautement de cette violation de ses droits ; il obtint le corps du supplicié, le fit enterrer à Saint-Jacques avec grand concours de bourgeois ayant à leur tête le prévôt des marchands et sa faction, tandis que le dauphin et les nobles de son parti suivaient le convoi de Jean Baillet.

Les Chaperons bleus et rouges.

Le 22 février 1358, à neuf heures du matin, la place Saint-Éloi vit accourir tous les corps de métiers en armes, conduits par Marcel, et portant comme signe de ralliement des chaperons mi-parti de rouge et de bleu, avec fermail d'argent où était écrit cette devise : *A bonne fin*. La foule armée reconnut, dans la rue Regnault, Dacy, avocat au parlement, un des conseillers du dauphin. Dans leur impatience, les forcenés courent sur lui; il est frappé de mort sans avoir eu le temps de pousser un seul cri.

Après ce prélude, le palais est rapidement envahi; Marcel

pénètre avec les plus exaltés des siens jusque dans la chambre du prince, qui avait à ses côtés les sires de Conflans, maréchal de Champagne, et Robert de Clermont, maréchal de Normandie, tous deux proscrits par les états. Marcel, avec arrogance, dit au dauphin qu'il est temps de mettre ordre aux affaires du royaume. Charles répond d'abord avec douceur, puis les paroles aigres provoquent de dures reparties ; enfin Marcel s'écrie : « Sire duc, n'ayez pas peur, nous avons quelque chose à faire ici ! » Se tournant alors vers les chaperons rouges et bleus. « Allons, dit-il, faites vite ce pour quoi vous êtes venus. » A ce signal, Jean de Conflans, percé de coups d'épée, tombe sur le lit du dauphin, qui fut couvert de son sang, tandis que le maréchal de Normandie est égorgé à quelques pas de là. Charles, resté seul, car tous ses officiers avaient fui justement épouvantés, implore Marcel, qui le couvre de son chaperon, et prend le sien en échange : il le porta toute la journée comme signe de sa victoire. Le peuple l'attendait à la Grève ; il vint l'y haranguer du haut d'une fenêtre, disant « que ceux qui avaient été tués étaient des traîtres, et le peuple l'avoua de tout. »

Châtiment d'un traître.

La fortune de Marcel a son revers. Il a laissé le régent sortir de Paris, et une foule de gentilshommes sont allés se joindre à lui. Il est maître de la haute Seine, tandis que le roi de Navarre, avec l'armée de bandits qu'il s'était faite, occupe la basse Seine. L'effroi était tel à Paris, que dans la crainte d'être surpris par l'ennemi, on n'osait plus sonner dans les églises, si ce n'est à l'heure du couvre-feu, et la terreur était pire dans les campagnes. Les bourgeois, dans cette anxiété, avaient offert à Notre-Dame, pour obtenir sa protection, une bougie qui avait la longueur du tour de la ville. Paris est sur le point d'être affamé. Le peuple

s'en prend à Marcel, qui tantôt pactise avec Charles de Navarre, tantôt caresse le peuple. Les bourgeois commencent à soupçonner le désintéressement du prévôt; celui-ci, voyant qu'il a perdu sa popularité, se décide à livrer Paris au roi de Navarre, lui promettant en outre la mort de tous ceux qui lui étaient opposés, dont les maisons désignées d'avance étaient marquées d'une croix rouge.

Dans la nuit du 31 juillet (1358), Marcel vient à la Bastille-Saint-Antoine, tenant en main les clés de cette porte; il trouve là ceux qu'il n'attendait pas : Jean Maillard, échevin, son confrère, mais qui commençait à se défier de lui; Pepin des Essarts, et Jean de Charny, du parti du dauphin. « Étienne, Étienne, que faites-vous ici à cette heure? dit le premier, en interpellant Marcel. —Jean, répondit le prévôt, que vous importe ? Je suis ici pour prendre la garde de la ville dont j'ai le gouvernement. — Pardieu ! répliqua Maillard, cela n'est pas ; vous n'êtes ici à pareille heure pour nul bien, et je vous le montre, continua-t-il en s'adressant à ceux qui étaient près de lui, comme il tient les clés des portes pour trahir la ville. —Vous mentez ! s'écria Marcel. —Traître, c'est vous qui mentez ! A la mort, à la mort, lui et tous les siens, car ils sont traîtres ! »

Une rude mêlée suivit cette altercation. Étienne Marcel fut abattu le premier d'un coup de hache porté par Jean de Charny; plusieurs partisans du prévôt restèrent sur la place. Le lendemain, le peuple assemblé aux Halles apprit la trahison du prévôt et la justice qu'on en avait faite, et dans sa stupeur du danger auquel il avait échappé, il laissa le parti vainqueur ouvrir les portes au régent.

La délivrance du roi Jean (1360), quoique chèrement achetée, et son retour après quatre ans de captivité, excitèrent dans Paris une folle joie. Il marchait sous un dais de drap d'or, soutenu par quatre lances; des fontaines laissaient couler du lait et du vin; toutes les rues étaient tapissées ou *encourtinées.* « Le peuple français admire le malheur comme la gloire. [1] »

Le vœu d'un Anglais.

Le dauphin devenu Charles V déployait, sur le trône où il était monté, la rare sagesse et la haute élévation de vues qui signalèrent son long et glorieux règne. Du sein de son hôtel de Saint-Paul, qu'il ne quittait guère, sa vue s'étendait sur tout son royaume, et dans la solitude de son *retrait* il travaillait sans relâche à la réorganisation de la France et à la recomposition de la monarchie. Par une sage administration des revenus de l'État, il grossissait l'épargne qui lui permit d'entretenir ces compagnies avec lesquelles, sous les ordres de Duguesclin, il regagna une à une toutes les provinces que ses prédécesseurs avaient perdues.

Effrayé des succès de Charles, le roi d'Angleterre, Édouard III, fait débarquer des troupes à Calais ; mais d'après les conseils de Duguesclin et de Clisson, les Français évitent tout combat avec les Anglais ; c'est en vain que ces insolents ennemis tentent par tous les outrages de réveiller l'honneur français, on ne répond point à leurs attaques ; on les laisse avancer détruisant sur leur passage même les récoltes qui doivent les nourrir. Pendant un jour et deux nuits qu'ils furent devant la capitale, le roi, de son hôtel de Saint-Paul, voyait sans paraître s'en émouvoir la flamme des villages et des faubourgs incendiés, et retenait à grand'peine sa jeune noblesse, qui brûlait d'en tirer vengeance. Charles, par cette patience calculée, habile, laissait l'ennemi se fatiguer, s'épuiser sans combattre, au milieu d'un pays dévasté. Bientôt cet ennemi est contraint de se retirer.

Au moment du départ, un Anglais approche de la barrière Saint-Jacques, qui était ouverte et pleine de chevaliers. Il avait fait vœu de faire toucher sa lance aux barrières de

[1] Châteaubriand.

Paris. Nos chevaliers l'applaudirent et le laissèrent aller. L'Anglais marchait au petit pas, quand un brave boucher avance sur le chemin, et d'une lourde hache à long manche lui décharge un coup entre les deux épaules; il redouble sur la tête et le renverse ; trois autres surviennent, et à eux quatre ils frappaient sur l'Anglais *ainsi que sur une enclume*. Les seigneurs qui étaient à la porte vinrent le ramasser pour l'enterrer en terre sainte.

Une réception royale au XIVe siècle.

Tandis que la France, délivrée du joug de l'étranger, reprenait sous une habile administration sa force et sa puissance, Charles s'occupait de l'organisation intérieure et de l'embellissement de la capitale : la Bastille fut construite des deniers que le roi donna à la ville.

L'année 1378, le roi de France eut à faire les honneurs de Paris à l'empereur d'Allemagne Charles IV, et à son fils Vinceslas, roi des Romains. Charles V déploya dans cette réception toute royale une grande magnificence, accompagnée d'une franche effusion de cœur : l'empereur était oncle de sa femme, Jeanne de Bourbon, qu'il aimait fort. La Chronique de Saint-Denis décrit tout au long avec de minutieux détails l'emploi de chacune des journées des illustres voyageurs : nous en extrairons quelques circonstances qui serviront à faire connaître les usages de l'époque.

Le roi de France avait envoyé au-devant de ses hôtes les prévôts de Paris, les échevins, avec une longue suite de gens d'armes et de bourgeois, qui vinrent à la Chapelle-Saint-Denis *faire la révérence* à l'empereur et lui servir d'escorte.

L'empereur et son fils firent leur entrée dans la ville, montés sur des chevaux noirs que leur avait envoyés le roi de France. Suivant les coutumes de l'empire, les empereurs faisant leur entrée dans les bonnes villes de leurs seigneuries montés sur un cheval blanc, Charles, en en donnant de noirs aux princes, évitait ainsi tout ce qui pouvait sentir la dépendance.

Le roi partit de son palais à la tête d'un nombreux et magnifique cortége, composé de toute la noblesse, pour aller au-devant de ses hôtes. Monté sur un cheval blanc richement *ensellé* aux armes de France, il était vêtu d'une cotte d'écarlate vermeille et d'un manteau *fourré à fond de cuve*, coiffé d'un chapeau à bec brodé et couvert de perles. Les officiers de tous états le suivaient vêtus de robes de satin, de velours ou de drap d'or, suivant la charge qu'ils occupaient.

Le roi et l'empereur se rencontrèrent au milieu du chemin de la Chapelle et se firent un accueil plein de courtoisie et d'affection. Les mesures avaient été si bien prises, que l'immense foule accourue sur leur passage ne put gêner le royal et nombreux cortége qui conduisit les voyageurs au palais de la Cité, préparé pour les recevoir.

Chacune des journées des illustres étrangers fut marquée par de nouveaux plaisirs à la mode de ce temps. La visite des reliques de la sainte Chapelle ne fut pas un des moindres. Elle se fit avec une grande pompe religieuse et beaucoup de piété; et la journée se termina par un grand dîner que le roi avait ordonné de quatre services, chacun de quatre-vingts plats; mais pour ne point faire rester l'empereur trop longtemps à table, parce qu'il souffrait beaucoup de sa goutte, on ne servit que trois services de soixante plats chacun, sans compter deux entremets (intermèdes) dans l'intervalle des services.

Le sujet de ce divertissement était la prise de Jérusalem par Godefroy de Bouillon. L'on voyait au fond de la salle un navire garni de ses mâts et de ses voiles, agréablement orné, qui portait douze chevaliers revêtus des armures et écus des nobles preux conquérants de la ville sainte. Le navire, mis en mouvement par des gens cachés dessous, fut mené du côté gauche de la salle jusqu'au grand dais où étaient les princes, avec tant de légèreté *qu'on eût dit un vaisseau flottant sur l'eau.* Alors parut la cité de Jérusalem avec son temple, ses tours qui étaient garnies de Sarrasins vêtus et armés à leur manière, portant bannières et pennons; les chevaliers sautèrent du vaisseau en bon ordre et vinrent donner l'assaut à la ville, s'en emparèrent et jetèrent dehors tous ceux qui portaient l'habit de Sarrasins, après avoir arboré sur les remparts la bannière de Godefroy de Bouillon. Ce spectacle, dit la chronique, fut mieux exécuté qu'on ne saurait dire.

Les autres journées furent remplies par des visites dans les différents châteaux royaux de Paris et de ses environs. Pour aller au Louvre, un bateau richement paré et disposé comme une maison, ce dont s'émerveillèrent l'empereur et ses gens, vint les prendre au pied du jardin du palais, et l'empereur y fut porté dans sa chaise.

Au moment de quitter la France, le roi offrit à l'empereur de magnifiques présents, *tels qu'on les savait faire à Paris.* Il y avait une élégante coupe d'or, des flacons, un hanap, un gobelet, de grands vases à têtes de lions, une aiguière; le tout en or fin garni de pierreries, émaillé de façons différentes et admirablement travaillé. Le roi des Romains fut aussi bien partagé; il reçut entre autres une ceinture d'or enrichie de pierres précieuses de la valeur de 8,000 francs d'or. Les largesses de Charles s'étendirent jusqu'aux moindres officiers de la suite de l'empereur, qui ne savait comment reconnaître de si nobles procédés. En se séparant du roi de France, l'empereur et son fils pleuraient tant, qu'ils ne pouvaient parler, dit encore la chronique.

Maillotins.

Le règne de Charles VI commence sous de fâcheux auspices; son jeune âge, onze ans, le plaçait sous la tutelle de ses oncles, les ducs de Berry, d'Anjou et de Bourgogne, hommes ambitieux et avides. Le duc d'Anjou, pour satisfaire à ses besoins personnels et insatiables, avait frappé l'impôt d'un douzième sur les vivres; le peuple, déjà accablé, se refuse à payer cet impôt : la fermentation était telle que nul n'osait aller le publier. Un huissier, plus audacieux que les autres, monte sur un excellent cheval et parcourt les halles en criant : « Argenterie du roi volée! récompense à qui trouvera le voleur! » La foule s'amasse et l'entoure. Quand il la voit bien compacte, il s'écrie : « Demain, premier jour de mars, vous aurez à payer l'impôt du douzième denier des vivres. » Puis il s'enfuit à bride abattue.

Le lendemain, lorsqu'on veut essayer aux halles la perception, un impositeur est tué sans pitié. A ce signal, toute la ville s'émeut, le menu peuple se soulève, les citoyens se portent à l'Hôtel-de-Ville, s'arment de maillets de plomb qu'on y conservait, parcourent la ville, se précipitent dans les maisons des collecteurs de l'impôt et les massacrent. Dans leur fureur, ils n'épargnent pas même un de ces malheureux qui s'était mis en franchise dans l'église de Saint-Jacques-la-Boucherie et tenait la statue de la Vierge embrassée ; il fut assommé à cette place. L'insurrection des Maillotins (1382) devint si formidable, qu'il fallut une armée pour la réduire.

Entrée à Paris d'Isabeau de Bavière.

Le mariage du jeune roi avec Isabeau de Bavière (1384) fut l'occasion de fêtes somptueuses, qui firent oublier un moment à Paris les maux dont il avait souffert. Les fêtes appellent les fêtes : le roi voulut (1389) que la reine Isabeau, qui depuis quatre ans était entrée cent fois dans Paris, y fît sa *première entrée*. Après la noblesse féodale, le populaire devait avoir la sienne, celle-ci gaie, bruyante, avec les accidents vulgaires et risibles, le vertige étourdissant des grandes foules. Les bourgeois étaient généralement vêtus de vert, les gens du prince l'étaient en rose. On ne voyait aux fenêtres que belles filles vêtues d'écarlate avec des ceintures d'or. Le lait et le vin coulaient des fontaines; des musiciens jouaient à chaque porte que passait la reine. Aux carrefours, des enfants représentaient de pieux mystères. La reine suivit la rue Saint-Denis ; deux anges descendirent par une corde, lui posèrent sur la tête une couronne d'or, en chantant :

> Dame enclose entre fleurs de lis,
> Êtes-vous pas du paradis?

Lorsqu'elle fut arrivée au pont Notre-Dame, on vit avec étonnement un homme descendre, deux flambeaux à la main, par une corde tendue des tours de la cathédrale.

Le roi avait pris comme un autre sa part de la fête; il s'était mêlé à la foule des bourgeois, pour voir aussi passer sa belle Allemande ; il reçut même des sergents plus d'un horion pour avoir approché de trop près ; le soir il s'en vanta aux dames[1].

Le Bal masqué.

On sait la circonstance qui détermina chez le jeune Charles VI la première atteinte de cette folie qui causa tant de maux à la France. Depuis l'apparition de la forêt du Mans et ses tristes résultats, l'on mettait tout en usage pour rappeler la raison du malheureux prince; mais l'ignorance de ce temps-là cherchait dans la sorcellerie des moyens qui augmentaient son mal. Le peuple aimait son jeune roi autant

[1] Michelet.

qu'il détestait ses oncles ; il lui montrait son amour par une inquiète curiosité, épiant ses mouvements lucides pour s'en réjouir, et courant aux églises quand il souffrait pour demander à Dieu qu'il voulût bien chasser le Diable qui le tourmentait ainsi.

Depuis quelque temps, Charles avait retrouvé le calme, grâce aux soins d'un médecin de Laon, Guillaume de Harceley ; pour prolonger cet état et distraire le malheureux prince, on lui donnait *le plus d'ébastement qu'on pouvoit*. Une belle occasion se présenta : la reine mariait une de ses dames d'honneur ; une fête fut organisée à l'hôtel de *la Reine Blanche*, faubourg Saint-Marcel ; un bal masqué devait clore les plaisirs de la journée. Au milieu de ce bal, le roi paraît habillé en satyre, conduisant cinq chevaliers, déguisés comme lui, et attachés par une chaîne. Le duc d'Orléans, son frère, cherchant à deviner les acteurs de cette mascarade, s'approche d'eux étourdiment, une torche enflammée à la main. Leur costume, composé d'étoupe appliquée sur une toile enduite de poix-résine, prend feu aussitôt, et nul secours ne peut sauver ces malheureux. Un seul cependant parvint à rompre la chaîne qui le liait aux autres et alla se précipiter à la bouteillerie, dans une cuve remplie d'eau froide. Le roi dut son salut à sa jeune tante, la duchesse de Berry, qui le couvrit de son manteau.

Quand le bruit de cette aventure se répandit dans la ville, ce fut un mouvement général d'indignation contre ceux qui, par leurs amusements impies, avaient failli attirer sur le roi la colère céleste. Plus de cinq cents bourgeois se portèrent à l'hôtel Saint-Paul : on ne put les calmer qu'en leur montrant leur roi sous son dais royal. Charles les remercia et leur dit de bonnes paroles.

On ordonna la destruction de l'hôtel de *la Reine Blanche*, et le duc d'Orléans, cause innocente de ce malheur, fit en expiation construire une chapelle dans l'église des Célestins.

Modes.

Les modes de ce siècle se ressentirent de l'anarchie qui régna dans la société. Au milieu des calamités de tous genres qui vinrent assaillir la France, malgré la crainte de la mort qui frappait tous les esprits, on ne voyait parmi les riches qu'orgies, bombances et fêtes. Le peuple mourait de faim et la noblesse étalait un luxe désordonné. Au modeste surcot de camelin du bon roi saint Louis, succédèrent les habits chamarrés de diverses couleurs, ornés de rubans. Vers la fin du règne du roi Jean, les élégants commencèrent à découper les bords de leurs vêtements. On ajoutait aux manches de longs appendices brodés d'or, ou de longs rubans déchiquetés retombant sur les mains, d'énormes fausses manches ou épaulières, qui, relevées par le bras, descendaient encore jusqu'à terre. Le capuchon avait une queue très-allongée que l'on nouait parfois autour de la tête. On portait aussi des espèces de camails ou pelissons à plusieurs queues ou découpés de cent manières. Les seigneurs portaient ordinairement la chape, et dans les cérémonies le manteau fendu à droite. On avait remplacé les armoiries par les couleurs; de là, les habits mi-parties et quelquefois tricolores. Les officiers et les chevaliers de la cour de Charles V étaient vêtus de velours Inde et vermeil. Les principaux bourgeois, mi-parties de blanc et violet. Un chevalier portait ordinairement un justaucorps jaune pâle à fleurs d'or, un pantalon serré mi-parties de rouge et bleu, des souliers ou brodequins de couleur, une ceinture de soie blanche ou d'or incrusté de pierreries, un manteau vermeil, un collier d'ordre. L'usage du velours date de ce siècle.

Vers la fin du règne de Charles V, on vit naître la mode des poitrines bombées et des gros ventres; les hommes trouvaient que cela leur donnait un air de majesté. Pour se procurer cet avantage on rembourrait les habits, et les femmes adoptèrent cette mode disgracieuse, qu'elles abandonnèrent bientôt parce qu'elle les obligeait à porter leurs corsages très-montants ; elles aimèrent mieux reprendre les collets renversés et les robes ouvertes.

Vers 1360, outre le capuchon, on portait une espèce de chaperon de forme conique doublé de fourrure ou d'une autre couleur. Celui de Marcel et de sa faction était rouge et pers [1] ; celui du Dauphin de velours noir et orné d'or. Les juifs étaient forcés de porter une corne devant leur chaperon.

La mode des souliers à la poulaine, ainsi nommés de Nicolas Poulain, leur inventeur, prit naissance au commencement du règne de Charles VI. Cette chaussure se terminait en pointe aiguë plus ou moins longue, selon le rang et la qualité des personnes. Elle était de deux pieds pour les princes, d'un pied pour les riches, et d'un demi-pied pour la moyenne classe. C'est de là qu'est venu le proverbe *Se mettre* ou *Être sur un bon pied*. Quelquefois on l'ornait de cornes et de griffes, ou d'autres figures grotesques. Cette mode attira l'attention des évêques, qui la censurèrent avec acharnement, et finirent même par la déclarer hérétique ; mais elle résista à toutes les défenses, et ne fut abolie que sous le règne de Charles VIII.

Les femmes n'avaient pas beaucoup innové dans leurs modes ; seulement le surcot, masquant trop les formes, devint d'un usage très-rare. Quand les hommes prirent l'habit juste, elles firent leurs robes parfaitement justes, ne laissant au jupon que la largeur rigoureusement nécessaire pour marcher. Mais cette bizarrerie, aussi laide que gênante, ne fut pas de longue durée : le jupon large fut promptement repris. L'on y ajouta même une queue si longue, qu'il fallait une suivante pour la porter. De fausses manches larges, ou-

---

[1] Vert-bleu.

vertes et flottantes laissaient passer la manche juste au bras de la robe de dessous, ordinairement la plus riche. Les femmes renfermaient leurs cheveux dans un réseau de soie ou d'or formant de grosses saillies sur les oreilles et fixées avec élégance par un ruban ; ensuite elles les roulèrent dans un capuchon à corne saillante au sommet de la tête, doublé de fourrure et terminé par une queue découpée. Les bourgeoises suivaient à peu près la mode des grandes dames, leurs habits ne différaient que par la richesse ; elles les imitaient aussi dans l'usage de teindre leurs cheveux et de se farder le visage.

L'usage des épingles, appelées *affiches*, date de ce siècle.

—*Origine du mot* BRIGAND. Ce nom était porté par une troupe d'origine italienne, armée d'une sorte d'épée nommée *brigantine*. Ces compagnies, licenciées après la guerre, commirent de si affreux ravages dans la France, que leur nom est devenu une cruelle injure.

Inventions.—Institutions.

(1303) Le Tiers-État appelé pour la première fois aux États-Généraux.

(1312) Le premier quai élevé à Paris est celui des Augustins, sous Philippe-le-Bel.

(1325) Charles-le-Bel accorde des décimes au pape. Fabrication des glaces soufflées, à Venise.

(1330) Invention des cartes à jouer, par Nicolas Pépin, Espagnol.

(1340) Découverte de la poudre à canon, par Berthold Schwartz, chimiste, originaire de Fribourg.

(1347) Ce fut à l'entrée d'Édouard III dans Calais qu'on entendit des tambours pour la première fois.

(1351) Institution de l'ordre militaire de l'Étoile, avec cette légende : *Monstrant regibus astra viam.*

(1360) Fondation, par Charles V, de la Bibliothèque royale, placée d'abord dans une des tours du vieux Louvre et contenant 900 volumes.

(1370) Ordonnance de Charles V, qui défend les jeux de hasard et prescrit ceux d'adresse et de gymnastique.

(1374) Ordonnance qui fixe la majorité des rois à 14 ans.

(1380) Les armoiries de France sont réduites à trois fleurs de lys.

Premières fabriques de papier avec du vieux chiffon, établies en France sous le règne de Philippe de Valois.

(1389) La première oraison funèbre fut prononcée en France en l'honneur de Du Guesclin.

Fondation de l'ordre de la Ceinture et de l'Espérance, sous Charles VI.

(1390) On accorde des confesseurs aux criminels.

QUINZIÈME SIÈCLE, DE 1400 A 1500.

PRINCES RÉGNANTS.

Fin du règne de Charles VI, de 1400 à 1422.
CHARLES VII, fils de Charles VI, de 1422 à 1461, règne 22 ans.
LOUIS XI, fils de Charles VII, de 1461 à 1483, règne 22 ans.
CHARLES VIII, fils de Louis XI, de 1483 à 1498, règne 15 ans.
LOUIS XII, surnommé le Père du Peuple, petit-fils de Louis, duc d'Orléans, fils de Charles V, de 1498 à 1515, règne 17 ans.

Sommaire historique.

Coup d'œil sur le XVme siècle. — Coup d'œil sur Paris.—Pauvre Roi. — Pauvre Prince. — Sermon paternel des Écorcheurs. — Périnet le Clerc.—Les Anglais à Paris.—Jeanne d'Arc au siége de Paris.—Théâtres.—Foire Saint-Germain.—Bohémiens.—Imprimerie.—Modes.

Coup-d'œil sur le XVe siècle.

Ce siècle, qui commence par l'assassinat d'un prince bien près du trône, par un prince du sang, voit tour à tour les sanglants triomphes de deux factions rivales, qui déchirent la France et s'en arrachent les lambeaux. Armagnacs et Bourguignons, dans leur lutte cruelle, impie, ne respectent pas même la triste et noble figure du royal insensé : chacun à son tour s'en sert comme d'un drapeau. Pour gouverner il est fou; mais il a toujours assez de raison pour sanctionner leurs forfaits et sceller du sceau royal leurs ordonnances iniques. Et cependant cette intéressante créature, ce prince infortuné, privé des clartés de l'âme, les retrouve trop souvent pour gémir sur le malheur de *son pauvre peuple* et pour pleurer sur le bien qu'il ne peut plus faire. Aussi ce peuple, dans sa pitié et sa justice, l'a-t-il surnommé le *Bien-Aimé*.

Charles VI mort, sa couronne, son royaume sont vendus aux Anglais ; son fils, déchu du trône comme assassin, est proscrit même par sa mère, qui partage la honte d'avoir livré la France à l'oppression de l'étranger. C'en est fait de la France, rien ne peut la sauver ! que dis-je ? Celui qui tient dans ses mains les destinées des nations ne l'a sans doute laissée tomber si bas que pour montrer sa puissance ; le bras qui relèvera la patrie, qui placera la couronne au front de Charles VII, ne sera pas celui d'un prince, encore moins celui d'un chevalier ou d'un héros ; c'est le bras d'une jeune fille, d'une simple paysanne : Jeanne d'Arc ! A ce nom qui réveille de si nobles et de si touchants souvenirs, on est tenté de plier les genoux, et d'élever des autels à celle qui, poussée par l'esprit de Dieu, vint donner son bras, son cœur et sa vie pour l'honneur et le salut de son pays. Il était dans les destinées de la France d'avoir pour protectrice et pour sauveur deux simples filles des champs : sainte Geneviève et Jeanne d'Arc.

« Quelque chose de miraculeux dans le malheur, comme dans la prospérité, se mêle à l'histoire de ces temps. Une vision extraordinaire avait ôté la raison à Charles VI, des révélations mystérieuses arment le bras de la Pucelle ; le royaume de France est enlevé à la race de Saint-Louis par une cause surnaturelle, il lui est rendu par un prodige. »

« On trouve dans le caractère de Jeanne d'Arc la naïveté de la paysanne, la faiblesse de la femme, l'inspiration de la sainte, le courage de l'héroïne[1]. »

Cette héroïne, cette sainte tombe au pouvoir de ses ennemis, qui, ne pouvant attribuer à une créature humaine les

---

[1] Châteaubriand.

exploits miraculeux de la paysanne, la brûlèrent comme sorcière.

Ce siècle eut l'honneur de mettre fin au grand schisme qui depuis cent trente-cinq ans divisait l'Église, et donnait le scandale de deux papes, l'un à Rome, l'autre à Avignon. Le grand concile de Constance (1414) plaça la tiare sur le front de Martin V, à l'exclusion de ses deux rivaux.

Ce siècle voit encore la fin de la féodalité, tout à fait écrasée par la patiente et tortueuse politique de Louis XI.

Coup-d'œil sur Paris.

Pendant cette triste période, la partie physique de Paris subit peu de changements; cependant, malgré le malheur des temps, la ville s'enrichit encore de quelques établissements utiles. Sous le règne de Charles VI, l'Hôpital de *Saint-Eloi* ou *des Orfévres*, rue des Orfévres, fut fondé par la corporation des orfévres pour les pauvres ouvriers de leur profession; l'*Hôpital du Roule,* servant d'asile aux ouvriers de la Monnaie trop âgés ou trop infirmes pour travailler. Sous Charles VII, l'*Hôtel* ou *Hôpital des Pauvres femmes veuves*, rue Saint-Sauveur. Sous Charles VIII, l'*Hospice des Veuves,* rue de Grenelle-Saint-Honoré. Sous ce règne furent fondés le *Couvent des Filles Pénitentes,* rue d'Orléans-Saint-Honoré, et celui des *Bons-Hommes* ou *Minimes,* à Chaillot. Ce siècle vit encore l'établissement de six colléges.

Parmi les monuments civils de cette époque on remarque l'*Hôtel des Tournelles,* bâti sous Charles VI par Pierre d'Orgemont, chancelier de France. Cet hôtel, ainsi nommé à cause des nombreuses tours ou tournelles qui l'environnaient, était situé rue Saint-Antoine en face l'hôtel Saint-Paul. Après avoir passé successivement aux ducs de Berry et d'Orléans, il devint la propriété du roi et reçut de grandes augmentations. L'hôtel des Tournelles, avant d'être une maison royale, était déjà fort remarquable; son fondateur s'était plu à l'embellir, et le jeune duc d'Orléans, frère du roi, en avait somptueusement décoré les appartements.

Le malheureux Charles VI l'habita quelque temps, et lorsque la France eut donné la fille de son roi, la jeune Catherine, pour femme à un roi d'Angleterre, Henry V, le duc de Bedfort, régent pour ce roi, en fit son habitation; il ne se contenta pas de le restaurer, il y joignit de vastes terrains faisant partie des Cultures Sainte-Catherine. Après l'expulsion des Anglais, Charles VII vint s'y établir, abandonnant l'hôtel Saint-Paul, et ses successeurs l'imitèrent; le palais des Tournelles devint le séjour ordinaire de nos rois jusqu'à Charles IX.

L'hôtel des Tournelles n'était ni moins riche ni moins vaste que celui de Saint-Paul, et la distribution intérieure offrait de même de nombreuses pièces, des salles spacieuses et de riches galeries; il était entouré de sept jardins et de deux parcs plantés dans le goût de ceux de l'hôtel Saint-Paul; comme dans ce palais, il y avait aux Tournelles des chambres pour les tourterelles et pour les chiens de la reine, des maisons pour les lions, un jardin pour les sangliers, etc.

L'*hôtel de Nesle*, sous Charles VI, occupait avec ses dépendances tout le terrain compris entre la rue Dauphine et la rue Mazarine. Dans l'enceinte de Philippe-Auguste, une porte flanquée de deux tours rondes s'ouvrait sur l'emplacement où est actuellement le pavillon de la bibliothèque Mazarine, et près de cette porte, à laquelle on arrivait par un pont jeté sur les fossés, se trouvait la tour Philippe Hamelin, accouplée à une autre tour plus élevée d'où partait une chaîne, qui, traversant la Seine, allait s'attacher à la tour servant de défense à l'enceinte méridionale du Louvre:

la tour et la porte de Nesle prirent donc leur nom du voisinage de l'hôtel de ce nom[1].

Charles V avait ordonné, sur la fin de son règne, de nouveaux travaux pour les fortifications de Paris, dont il avait agrandi l'enceinte: ces travaux ne furent terminés que sous Charles VI. Les quinze portes de la ville dans la partie du nord furent réduites à six : les portes *Saint-Antoine* ou *Baudoyer, du Temple, Saint-Martin, Saint-Honoré, Saint-Denis, Saint-Eustache*; ces portes étaient garnies de tours et de ponts-levis. Au retour de la bataille de Rosebèque, sous Charles VI, le connétable de Clisson fit abattre *les portes et barrières* pour punir les Parisiens révoltés; mais l'invasion des Anglais et le siége de Paris par la Pucelle obligèrent à les rétablir.

Les ponts de Paris éprouvèrent sous Charles VI de grands désastres; le *Petit-Pont* et le *Pont-Neuf-Saint-Michel*, furent emportés par les glaces (1407), le *Grand-Pont* ou *Pont aux Changeurs* fortement endommagé; ils furent activement réparés ou reconstruits. De plus, on érigea le *Grand-Pont* ou *Pont Notre-Dame* pour relier la triple unité de la ville. Charles VI en posa la première pierre (1413). Ce pont avait été construit avec si peu de solidité qu'il s'écroula (1499), entraînant les soixante maisons qu'il supportait. Cet affreux accident causa la mort d'un grand nombre de personnes, qui n'eurent pas le temps de fuir. Le cours de la Seine fut tellement obstrué de ces masses de débris que les eaux s'élevèrent et jaillirent jusque sur les bords.

HISTOIRE, MOEURS ET FAITS DIVERS.

Quel siècle plus fécond en événements dramatiques que celui-ci! mais pour les faire connaître il faudrait des volumes,

---

[1] Tour de Nesle, voir page 167.

et nous n'avons que quelques pages à leur consacrer; tâchons d'en esquisser quelques tableaux, laissant à l'histoire le soin de compléter ces ébauches.

Pauvre roi !

Quelle est cette pâle et noble figure errant dans les galeries du vaste hôtel de Saint-Paul, devenu si solitaire? A la tristesse qui règne sur ses traits, à son isolement, au désordre de ses habits, on dirait un prisonnier : c'est le roi de France, c'est Charles VI ! Il est jeune, il est bon, et cependant on le délaisse; sa femme même, cette Isabeau qu'il entourait de tant d'honneurs et de plaisirs, elle aussi l'abandonne pour chercher encore de nouvelles fêtes, de nouveaux plaisirs : et pendant qu'elle s'y livre avec entraînement, Charles, son royal époux, languit en proie aux souffrances. La plus cruelle de toutes ces souffrances, c'est de sentir son mal, d'en prévoir les accès. Dans les pénibles moments précurseurs de son délire, il ordonnait qu'on lui ôtât les moyens de nuire; il demandait ensuite pardon à tous ceux qu'il avait pu blesser dans leur corps ou dans leur cœur. Écoutez-le dire, à ceux qui l'entourent, d'un accent pitoyable : « *Si quelques-uns parmi vous sont coupables de mes souffrances, je les conjure au nom de Jésus-Christ de ne pas me tourmenter davantage : que je ne languisse plus, qu'ils achèvent de me faire mourir...* » Le pauvre prince se croit la victime de conjurations magiques. Tout à coup son esprit se trouble, le souvenir l'abandonne, il méconnaît sa femme, ses enfants, son frère; il abdique sa royauté, il la nie; et s'acharnant avec fureur contre tous les insignes de sa puissance, il efface jusqu'à ses armes et celles de la reine; il brise les vitraux qui les représentent et dit qu'il ne se nomme pas Charles, mais Georges, et que ses armes ne sont point les lis, mais un lion traversé d'une épée.

Ces fureurs, et surtout l'ignoble négligence à laquelle Charles s'abandonne, éloignent encore davantage une jeune reine aimant le faste et la délicatesse; et les serviteurs, imitant l'exemple de la reine, négligent leur maître ou se servent de la violence pour le dompter. Ne pouvant réussir à lui faire changer de vêtements, on ne trouve qu'un moyen, celui de la terreur : douze hommes noirs et masqués s'introduisent auprès du roi et profitent de cette terreur pour le dépouiller des sales lambeaux qui le couvrent et les remplacer par des habits neufs; alors on vit son pauvre corps dévoré par la vermine, martyrisé par un morceau de fer dont l'insensé ne voulait point se séparer et qui avait fini par s'incruster dans ses chairs et les pourrissait.

Les femmes, hors la reine qu'il ne pouvait plus souffrir, conservaient seules encore quelque puissance sur lui : une femme l'avait sauvé du feu; mais celle qui avait sur lui le plus d'empire, c'était sa belle-sœur Valentine, la duchesse d'Orléans; il la reconnaissait fort bien, l'appelait sa chère sœur, il fallait qu'il l'a vît tous les jours; cette jeune femme avait pour le pauvre fou un singulier attrait, elle savait se faire écouter de lui, il lui obéissait, elle était devenue sa raison. Le peuple, qui juge grossièrement, disait : « Elle a, cette Visconti venue du pays des poisons, des maléfices, elle a ensorcelé le roi. » Toute sa magie était dans sa grâce, sa bonté et sa pitié pour le royal malade [1].

La médecine qu'on employa pour guérir le roi se ressentait des idées populaires. D'abord une espèce de saint entreprit sa guérison; il disait puiser sa science dans un livre magique nommé *Smagorad*, donné par Dieu à Adam; mais le saint et son livre laissèrent le roi dans le même état. Deux moines augustins venant de Guienne, et se vantant de posséder de merveilleux secrets, essayèrent à leur tour; ou

---

[1] Michelet.

les logea au château de la Bastille, leur fournissant tout ce qu'ils demandaient; mais leur eau distillée, dans laquelle ils faisaient fondre des perles fines, et les paroles magiques dont ils accompagnaient ce spécifique, furent impuissantes. Voyant alors qu'on se méfiait d'eux, ils s'imaginèrent d'accuser successivement de la maladie du roi, son barbier, un concierge du duc d'Orléans, et bientôt le duc d'Orléans lui-même. Convaincus d'impostures, ces misérables payèrent de leur tête ces perfides calomnies.

Pauvre prince !

Deux factions se disputaient le gouvernement du royaume, que la maladie du roi livrait à leurs ambitions rivales. Le frère de Charles VI, le duc d'Orléans, et son cousin le duc de Bourgogne, étaient les têtes de ces deux partis qui se faisaient une guerre continuelle entremêlée de réconciliations et de ruptures.

Louis d'Orléans, par ses folles dépenses, son goût effréné pour le plaisir et la dilapidation qu'il faisait du trésor public, s'était attiré la haine du peuple, haine attisée encore par les intrigues de son rival Jean-Sans-Peur. Et cependant Louis était bon; au sein même de ses fougueuses passions il avait des retours pieux ; il se plaisait à aller aux Célestins, où, dans son enfance, sa bonne dame de gouvernante le menait tout petit entendre les offices; plus tard il y visitait le sage Philippe de Maizières, vieux conseiller de Charles V, qui s'y était retiré; il séjournait même quelquefois au couvent, y vivant de la vie des moines et prenant part aux offices de jour et de nuit. Dans une de ces visites, un jour qu'il allait aux matines, en traversant un dortoir il crut voir la mort : cette vision, qui l'impressionna vivement, lui sembla, sur sa fin prochaine, un avertissement du ciel ; il se confia au prieur du couvent et pensa qu'il devait songer à son âme et se préparer à bien mourir.

Cependant le duc de Berry avait tout fait pour rapprocher les deux cousins; il avait négocié leur raccommodement, avait obtenu d'eux qu'ils iraient à la messe et y communieraient de la même hostie; en réjouissance de cette réconciliation, il leur donna un grand repas, où les deux rivaux s'embrassèrent. Louis d'Orléans y allait de bon cœur, il avait même invité le duc de Bourgogne à dîner pour le dimanche suivant; ce jour qu'il indiquait ne devait plus exister pour lui.

Le lendemain du raccommodement (1407), par une triste soirée de novembre, sur les huit heures du soir, heure indue à cette époque, la Vieille rue du Temple était déserte et sombre, car le couvre-feu était déjà sonné; une seule lueur se montrait encore à la maison portant pour enseigne l'image Notre-Dame : là, au travers d'une porte entre-bâillée, des gens guettaient, attentifs au moindre bruit. Tout à coup le pavé qui résonne sous le galop des chevaux fait disparaître la lumière, et bientôt, à la lueur des torches que portaient quelques valets, l'on put reconnaître la belle et noble figure de Louis d'Orléans : il était monté sur sa mule, vêtu d'une simple robe de damas noir fourrée de martre et coiffé d'un chaperon de velours noir; il chantonnait à demi-voix; deux pages l'accompagnaient, montés sur un même cheval, et, pour laisser leur maître tout à ses pensées, le suivaient discrètement à quelques pas. L'insoucieux prince sortait de l'*hôtel de Montaigu, petit séjour de la reine,* situé tout proche de la porte Barbette, et dont l'enceinte des jardins se prolongeait jusqu'à la Vieille Rue du Temple. Isabeau habitait d'ordinaire ce palais, qu'elle s'était plu à embellir, depuis que la maladie du roi avait assombri pour elle l'hôtel Saint-Paul. Le duc d'Orléans venait d'y souper avec la reine, et, mandé par le roi, il se rendait à ses ordres.

Arrivé près de la maison de l'image de Notre-Dame, la porte, qui s'ouvre tout à coup, livre passage à huit hommes armés et masqués qui se précipitent sur le duc d'Orléans en criant : « A mort! à mort! » Le prince, jeté d'abord à bas de sa mule, à genoux dans la rue, cherche en vain à parer les coups qu'on lui porte ; mais l'acharnement des assaillants était tel, que le malheureux prince succomba bientôt, affreusement mutilé. Près de lui gisait un de ses pages, qui, tout mourant qu'il était, s'écriait encore : « Mon maître, mon cher maître !... »

Le lendemain de ce crime le trouble est dans la ville ; on en fait fermer ou garder les portes, et c'est au milieu des lamentations de la multitude et même de celles du meurtrier que les derniers honneurs furent rendus aux pauvres restes de ce prince si noble et si brillant. Le prévôt de Paris met tout en œuvre pour trouver les coupables, et sur quelques indices il fait demander l'autorisation de fouiller l'hôtel des princes : alors le duc de Bourgogne se trouble, pâlit et, prenant à part le duc de Berry et le roi Sicile, ses oncles, il leur avoue que, poussé par le diable, c'est lui qui a tué son rival... « J'ai donc perdu mes deux neveux ! » s'écrie en pleurant le vieux duc de Berry.

« Ce prince qu'hier on maudissait, aujourd'hui on le pleure, son éloge est dans toutes les bouches : Quoi! si jeune, si vivant naguère, et déjà passé! beauté, grâce chevaleresque, lumière de science, parole vive et douce, hier tout cela, aujourd'hui plus rien!... Admirable vertu de la mort, elle révèle la vie : on avait vu ses prodigalités on connut ses aumônes ; on avait parlé de ses galanteries, on ne savait pas assez que cette heureuse nature avait conservé, au milieu même de ses vaines amours, l'amour divin et l'élan vers Dieu. On trouva aux Célestins la cellule où il aimait à se retirer, et lorsqu'on ouvrit son testament, on vit qu'au plus fort de ses querelles, cette âme sans fiel était toujours confiante, aimante, pour ses plus grands ennemis[1]. »

[1] Michelet.

Le meurtrier, d'abord humilié, repentant même, voulut ensuite à force d'audace effacer son crime, et trouva des apologistes. En vain la sensible Valentine demanda justice, elle mourut trop tôt pour être vengée. Sa triste devise : « *Rien ne m'est plus, plus ne m'est rien,* » dit assez que la mort n'attendit pas la fin de son deuil pour la réunir à l'objet inconstant de son constant amour.

Son fils, le jeune Charles d'Orléans, par son mariage avec une fille de Bernard d'Armagnac, consolida plus tard le parti qui devait venger Louis d'Orléans.

Sermon paternel des Écorcheurs.

La lutte des deux partis Armagnac et Bourgogne, et leurs succès ou leurs revers, ont vu Paris, tantôt sous la domination de l'un, tantôt sous celle de l'autre, en butte à tous les excès, à tous les désordres. Dans ce moment (1413), c'est le duc de Bourgogne qui est maître de la capitale ; il a formé pour la défense intérieure de la ville un corps de 500 hommes composé de bouchers et écorcheurs qui lui est tout dévoué. Ces hommes, que la foule suivait volontiers, et qui avaient sur elle une si grande influence, faisaient partie de la plus riche des corporations et surtout de la plus énergique, car elle s'appuyait sur cette armée de valets tueurs, assommeurs, écorcheurs, dont elle disposait ; il y avait parmi eux des hommes remarquables par leur audace brutale, entre autres l'écorcheur Caboche, qui se distingua par ses crimes et eut le triste honneur de donner son nom à cette faction.

Ces hommes violents, maîtres de Paris par la terreur, et précédant une foule de gens de tous métiers, que vont-ils faire à l'hôtel de Saint-Paul ? Le dauphin, qu'ils demandent à grands cris, se met tout tremblant à la fenêtre, par le conseil du duc de Bourgogne, et se voit forcé d'entendre un long sermon prononcé par Jean de Troyes, sur ses mœurs peu régulières, sur le tort qu'il a d'aimer les beaux habits, la danse, les joueurs d'orgue, et surtout de faire sans cesse de la nuit le jour, et de passer son temps en *mangeries*, en vilaines danses et autres choses peu convenables à la majesté royale ; ces bonnes gens, dans leur sagesse, pensaient qu'ils devaient pour réformer le royaume commencer par l'héritier de la couronne ; ils n'étaient d'ailleurs que l'écho des bourgeois, qui voyaient avec peine la dissipation et les folles dépenses auxquelles se livrait le jeune dauphin. Le sermon était accompagné de récriminations sur ceux qui, par leurs perfides conseils et leurs pernicieux exemples, corrompaient la jeunesse du prince : de là, suivait une liste de proscription de cinquante gentilshommes, et l'on força celui dont le nom se trouvait en tête de la lire à haute voix.

Le dauphin répondit avec assez de fermeté, en priant *messieurs les bourgeois* de ne pas montrer trop d'animosité contre des serviteurs fidèles, et de retourner paisiblement à leurs métiers ; mais ce n'était pas le compte de ces réformateurs, ils insistèrent plus vivement, et le dauphin, voyant la résistance dangereuse, tout tremblant pour le sort de ses conseillers, prit une croix d'or que portait sa femme et fit jurer au duc de Bourgogne qu'il n'arriverait aucun mal à ceux qu'on allait saisir. Le duc jura ; mais il n'était plus maître de cette populace, et le sermon finit par les cris de la foule : les portes de l'hôtel du roi furent enfoncées pour y chercher les traîtres qui corrompaient la jeunesse du prince ; les furieux s'en saisirent et les entraînèrent à la tour du Louvre, après avoir égorgé et jeté à la Seine ceux qu'ils regardaient comme les plus coupables.

Après ce succès, les *Cabochiens* voulurent continuer leur œuvre d'éducation, et revinrent souvent à l'hôtel pour admonester le jeune prince ; celui-ci tenta de leur échapper ; mais les bouchers, qui s'en doutaient, prirent leurs mesures en s'assurant de l'hôtel Saint-Paul : ils avaient adopté le chaperon blanc comme signe de ralliement ; ils forcèrent le roi à le prendre aussi, et il fallut bientôt que dans la ville tout le monde le portât : malheur à ceux qui l'eussent mis de travers ! Le dauphin ayant fait l'espièglerie de tirer en bas la corne de son chaperon, de manière à ce qu'elle figurât une *bande*, signe des Armagnacs, les bouchers faillirent le lui faire payer cher. « Regardez, disaient-ils, ce bon enfant de dauphin, il en fera tant qu'il nous fera mettre en colère... »

Périnet-le-Clerc.

Les excès des *Cabochiens*, les assassinats commis par eux dans les prisons, l'horrible et cruelle domination qu'ils exercent et surtout leurs emprunts forcés ont amené une réaction, et les propositions de paix du parti d'Armagnac sont accueillies malgré la vive opposition des bouchers, qui trouvent un antagoniste non moins violent, non moins éloquent dans Cirasse, chef de la corporation des charpentiers : « *Nous verrons*, avait dit celui-ci au boucher Legoix, *s'il y a autant de frappeurs de coignée que d'assommeurs de bœufs.* » Les propositions des princes, lues dans tous les quartiers de la ville, sont reçues aux acclamations de la multitude ; le duc de Bourgogne, obligé de céder, se joint au cortége du dauphin qui allait au Louvre délivrer les prisonniers ; la paix fut publiée à son de trompe dans Paris, et des processions solennelles célébrèrent cet heureux événement ; et pendant que le duc de Bourgogne partait secrètement, prévoyant bien les suites de cette paix, le duc d'Orléans entrait dans la capitale et se montrait à côté du dauphin, vêtu des mêmes couleurs, portant huque italienne en drap violet avec croix d'argent ; et tout le monde prenait la blanche écharpe d'Armagnac ; on la mit même aux statues des saints, et les petits enfants qui chantaient encore chansons bourguignones étaient bien sûrs d'être battus.

Paris ne fut pas plus heureux sous cette nouvelle domination ; les représailles furent cruelles. L'invasion des Anglais, la malheureuse bataille d'Azincourt, où périrent huit mille gentilshommes français et où furent faits prisonniers les ducs de Bourbon et d'Orléans, achèvent d'affaiblir le parti d'Armagnac, qui ne se soutient plus que par la terreur. Les exécutions se multiplient ; la reine Isabeau de Bavière est exilée à Tours ; le connétable d'Armagnac a refusé d'accepter le nouveau traité de paix signé à Montereau entre le dauphin et le duc de Bourgogne, ce qui l'a rendu de plus en plus impopulaire. Un complot se trame pour les Bourguignons; Jean-de-Villiers, seigneur de l'Ile-Adam, avec d'autres seigneurs et 800 cavaliers, s'approche de Paris. Celui qui leur en ouvrira les portes est un jeune homme dont l'injustice a fait un traître. Périnet-le-Clerc a été maltraité par les Armagnacs, il en a vainement demandé réparation et a juré de s'en venger.

Le père du jeune homme est quartenier et gardien de la porte Saint-Germain ; dans la nuit du 29 mai (1418), pendant que le vieillard se livre au sommeil, après avoir soigneusement fermé la porte dont la garde lui est confiée, Périnet s'introduit dans la chambre de son père et s'empare des clefs, que le vieillard, pour plus de sûreté, cachait sous son chevet. La porte ouverte, L'Ile-Adam entre avec les siens ; ils se rendent à l'hôtel Saint-Paul dont ils enfoncent les portes, et forçant Charles VI à les suivre, ils parcourent les rues en criant *Bourgogne!*

Tanneguy-Duchâtel, éveillé par le bruit, court à l'hôtel du jeune Charles, troisième dauphin ; il l'enlève de son lit à peine éveillé, et l'emporte à la Bastille, d'où ils purent gagner Melun. Charles devint le nouveau chef du parti d'Armagnac, par la mort du connétable, massacré par la populace.

La faction des bouchers, redevenue toute-puissante, se

porta dans Paris à d'affreuses cruautés, dont les moindres furent le massacre des prisons, où ils tuaient tout au hasard. Cependant à Saint-Éloi, trouvant l'abbé de Saint-Denis qui disait la messe aux prisonniers et tenait l'hostie, ils le menacèrent, brandirent sur lui le couteau; mais comme il ne lâcha point le corps du Christ, ils n'osèrent pas le tuer.

Les Anglais à Paris.

La lutte incessante des deux partis, l'assassinat du duc de Bourgogne, Jean-Sans-Peur, au pont de Montereau, par Tanneguy-Duchâtel, sous les yeux du jeune dauphin, ont amené la condamnation de ce même dauphin par l'Université, et sa déchéance de la couronne; cette couronne a été donnée avec une fille de France à Henri V, roi d'Angleterre; et la reine Isabeau, une mère! a signé l'odieux traité qui flétrit, déshérite son fils, et livre la patrie à l'étranger (1420)!

Paris est devenu une ville anglaise; le duc de Bedford y règne pour le roi Henri V, et donne des fêtes aux Parisiens, tandis qu'il les maintient avec une main de fer.

Bedford vient d'épouser une sœur du duc de Bourgogne (1424) et fait avec elle une entrée solennelle où rien n'est épargné pour faire honneur aux deux époux. « On les reçut, dit le Journal d'un bourgeois de Paris, comme si c'eût été Dieu. » Le clergé, la municipalité se rendirent au-devant d'eux, vêtus de vermeil, jusqu'à la Chapelle-Saint-Denis, et chantant le *Te Deum*; on les ramena ainsi jusqu'à Notre-Dame, à travers les rues tapissées, décorées d'emblèmes, et la multitude se pressant sur leurs pas avec les démonstrations de la joie. En reconnaissance d'un si bon accueil, l'Anglais donna des fêtes. A cette occasion fut représentée pour la première fois, au cimetière des Innocents, la fameuse danse Macabre; il procura encore aux Parisiens le plaisir de voir en champ-clos des aveugles, couverts d'une armure et munis de gros bâtons, combattre contre un pourceau qui devait être le prix de celui qui l'assommerait. Les aveugles, frappant au hasard, au lieu d'atteindre le pourceau se blessaient grièvement, ce qui amusait grandement la multitude.

Et cependant les fêtes passées, le peuple murmurait ; il était écrasé d'impôts, despotiquement et sévèrement traité, et pour comble d'infortune, la Seine eut des crues subites, qui à plusieurs reprises inondèrent Paris (1427).

Jeanne d'Arc au siége de Paris.

Pendant que Paris languit sous le joug des Anglais, l'héroïne de Vaucouleurs, Jeanne-d'Arc, vient d'accomplir sa glorieuse et sainte mission. La ville d'Orléans délivrée, le dauphin, après la mort de son père, conduit à Reims et sacré roi de France sous le nom de Charles VII, voilà ce que vient de réaliser une jeune et simple paysanne à qui *des voix intérieures* avaient dit qu'elle devait sauver la France. Cette admirable et miraculeuse histoire s'est passée hors de notre cadre ; mais Jeanne d'Arc s'approche de Paris et nous allons voir devant les murs de cette ville les premiers revers qui conduisirent l'héroïque fille au martyre.

Charles, sacré roi de France, a vu plusieurs villes rentrer sous sa domination ; Senlis, Compiègne lui ont ouvert leurs portes ; il se dirige vers Paris, recevant sur son passage la soumission des bourgs, des villages, et fait son entrée à Saint-Denis, pendant que Jeanne-d'Arc avec son avant-garde vient se loger à la Chapelle-Saint-Denis ; mais Paris ne reconnaît point le dauphin pour roi : l'Université, les échevins, une grande partie des bourgeois tiennent au parti de Bourgogne ; ils effrayent le peuple et lui persuadent que les Armagnacs pilleront et saccageront Paris, et Paris ferme ses portes au fils de Charles VI, qui se décide à faire le siége de cette ville.

La veille de la Nativité de Notre-Dame (1429), l'avant-garde de l'armée conduite par Jeanne-d'Arc vient se ranger en bataille dans le Marché aux Pourceaux, situé au bas de la Butte des Moulins, alors en dehors de Paris. Deux assauts renouvelés furent sans succès; les Parisiens faisaient bonne défense. Douze mille hommes venant renforcer l'avant-garde, le boulevard extérieur près de la porte Saint-Honoré[1] fut d'abord emporté par les troupes que commandait l'héroïne et le duc d'Alençon. Jeanne voulut assaillir les remparts et pensa se noyer dans les fossés qu'elle ne croyait pas si profonds; elle monta sur la contre-escarpe pour les sonder : ce fut alors qu'un trait d'arbalète lui perça la jambe, et qu'elle vit mourir à ses côtés son porte-étendard. Malgré sa blessure, rien ne put la déterminer à sortir de ce lieu, et, couchée sur le bord du fossé, elle continuait d'exciter le courage des soldats. Elle resta là jusqu'au soir, et lorsqu'on voulut l'emmener, elle parut lasse de la vie, et ne pouvait se résoudre à quitter sa place; il fallut que le duc d'Alençon vînt lui-même la chercher.

Jeanne-d'Arc, après le sacre du roi, avait voulu se retirer, disant que sa mission était accomplie : Charles ne le permit pas. L'échec éprouvé sous les murs de Paris causa un grand découragement à l'héroïne; de nouveau elle supplia le roi de lui permettre de rentrer sous le toit de son père, de retourner à sa vie simple des champs: mais les instances de Charles triomphèrent encore de sa résolution.

Le roi, cependant, abandonna le siège de Paris et se retira derrière la Loire; il n'entra dans sa capitale que le 12 novembre 1437, vainqueur des Anglais. Mais celle à qui il devait sa couronne, celle qui fit à ses ennemis une si rude guerre qu'ils ne pouvaient pas croire que ce fût une créature humaine, Jeanne, en défendant Compiègne, tomba au

---

[1] Située à l'endroit où la rue Fontaine-Molière (ci-devant Traversière) se joint à la rue Saint-Honoré.

pouvoir des Anglais, qui lui firent payer chèrement ses victoires. Elle fut brûlée comme sorcière, sur la place du marché de Rouen (1431), et Charles n'entreprit rien pour la sauver !...

Le règne de Charles VII a cela de particulier, qu'il dut sa gloire à l'influence de deux femmes : Jeanne d'Arc et Agnès Sorel. Jeanne d'Arc, pieuse et simple jeune fille des

champs, qui ne pouvait entendre raconter sans pleurer « *la grand'pitié qui pour lors estoit au royaume de France,* » inspirée par l'ardeur de sa foi chrétienne et son profond amour de la patrie, fait passer dans tous les cœurs français l'enthousiasme qui est dans le sien. Jeanne, malgré sa timidité, avait surmonté tous les obstacles ; marchant à son but avec cette foi vive qui ne peut venir que de Dieu, elle devint l'instrument dont Dieu se servit pour relever les destinées de la France.

Mais tandis que la pure et sainte héroïne accomplissait une mission toute de dévouement, et qui finit pour elle par le martyre, une autre femme, au milieu des plaisirs et des séductions de la cour, tendrement aimée du prince, se servait de l'influence de sa beauté, de son esprit, pour réveiller dans le cœur de Charles les nobles sentiments et le courage. « Toute jeune, disait Agnès au roi de France qui s'oubliait dans la mollesse, un astrologue m'a prédit que je serais aimée d'un des plus vaillants rois du monde : j'avais cru que c'était Charles ; mais je vois que c'est bien plutôt le roi d'Angleterre, qui prend tant de belles villes, et je vais aller le trouver. » Charles, piqué par ces paroles, se mit à pleurer, et quittant la chasse, les jardins et les plaisirs de la cour, *il prit le frein aux dents,* si bien qu'il chassa les Anglais du royaume.

Le règne de Louis XI, si important pour l'histoire, le fut peu pour Paris, quoiqu'il l'appelât sa bonne ville et que dans chacun de ses voyages il le gratifiât de quelque privilége ; mais il l'habita rarement, et la guerre que son fils Charles VIII porta en Italie éloigna aussi ce prince de sa capitale.

Les événements les plus importants où cette ville joue un rôle pendant ces deux règnes sont les guerres entre l'Université et plusieurs ordres religieux, la turbulence des écoliers et quelques complots contre la tyrannie de Louis XI, aussitôt réprimés que conçus. Nous ne parlerons pas des sanglantes exécutions qui eurent lieu d'après les ordres de cet homme cruel, si dignement représenté par son grand prévôt, Tristan-l'Ermite, qu'il appelait son compère, et l'ignoble Olivier-le-Dain ou le Diable, son barbier, dignes ministres d'un tel maître. Nous avons hâte de porter nos regards sur un roi que ses sujets surnommèrent *le Père du Peuple.*

Théâtres.

C'est de l'époque la plus désastreuse de notre histoire

que date à Paris l'établissement du théâtre. Nous avons dit qu'on en trouvait l'origine dans les farces ou Mystères que représentaient, aux fêtes de la basoche, les écoliers et même les bourgeois. Des troupes nomades de jongleurs, d'histrions, de chanteurs couraient aussi les grandes foires, et s'étaient même érigées en confrérie, placée sous la surveillance du prévôt de Paris.

Une troupe de ces acteurs vint s'établir au bourg de Saint-Maur-des-Fossés (1398), et se mit à représenter la passion de Jésus-Christ avec toutes ses circonstances ; l'attrait saisissant de ce drame fut si vif, que le prévôt de Paris crut devoir en défendre la représentation ; mais le roi Charles VI, à la requête des acteurs, ayant assisté à ce spectacle, en fut si content qu'il autorisa la confrérie *de la Passion et de la Résurrection de Notre-Seigneur*, accordant à ses membres de nombreux priviléges (1402) et la permission de donner des représentations publiques et de se promener dans la ville vêtus du costume du personnage qu'ils devaient représenter, sans qu'on pût les inquiéter.

Les Confrères de la Passion s'établirent d'abord à l'hôpital de la Trinité, rue Grenétat, où ils louèrent deux salles et y établirent leur théâtre. Ils étaient sous la direction de maîtres ou gouverneurs, Jean Aubry, Jean Dupin et Pierre ou Guillaume d'Oisemont. Ils donnèrent un grand nombre de Mystères, entre autres le Mystère du *Vieil Testament*, celui *de la Vengeance*, *de la Mort de Notre-Seigneur*, *et la Destruction de Jérusalem* ; *la Conception, Nativité et Mariage de la glorieuse vierge Marie*. Cette dernière pièce était de Jean Michel, le plus célèbre auteur dramatique du XVᵉ siècle. Ces ouvrages, mélange confus de tous les genres, le sérieux, le burlesque et même le cynique, se ressentaient de la grossièreté de l'époque. Ils se divisaient en plusieurs journées, interrompues souvent par de bouffons épisodes, où la décence n'était guère respectée ; il fallait un si grand nombre d'acteurs pour jouer ces ouvrages—le Mystère des Actes des Apôtres en comptait à lui seul quatre cent quatre-vingt-six,—que l'on prévenait d'avance tous ceux qui voudraient figurer dans la pièce de venir se mettre à la discrétion des entrepreneurs, pour être choisis par eux et recevoir leurs rôles.

L'annonce de la représentation se faisait par un *cry et proclamation*, cérémonie solennelle que nos affiches ont médiocrement remplacée. Le cortége se composait du trompette ordinaire de la ville; du crieur juré suivi de six trompettes aux armes du roi; des sergents et archers du prévôt de Paris, vêtus de leurs *hoquetons paillez d'argent et armoriés;* des officiers de ville à robe de couleur avec navire d'argent brodé sur leurs habits. Puis, montés sur deux beaux chevaux, s'avançaient deux hommes qui devaient faire le cry et proclamation : ceux-ci portaient une robe de velours noir avec des manches tricolores (jaune, gris et bleu); venaient ensuite les deux directeurs du Mystère *vestus honnestement et bien montés selon leur état;* les quatre entrepreneurs, à pourpoint de velours noir, suivis de quatre commissaires au Châtelet et d'un grand nombre de bourgeois, *tous bien montés suivant leur état et capacité*. Le cortége s'arrêtait à chaque carrefour, les trompettes sonnaient trois fanfares, le crieur réclamait le silence au nom du roi et du prévôt, et l'on faisait l'annonce du spectacle.

Forcés de quitter l'hôpital de la Trinité, rendu à sa première destination, les Confrères vinrent s'établir (1440) à l'hôtel de Flandre, près la rue Coquillière; cet hôtel ayant été démoli (1543), les confrères furent quelque temps sans local fixe; ils acquirent enfin (1548) une partie de l'hôtel de Bourgogne, rue Mauconseil; mais alors il leur fut défendu de représenter des Mystères sacrés sous peine d'amende ; on leur permit seulement les Mystères profanes. Alors les Confrères de la Passion s'associèrent avec les *Enfants Sans-*

Soucis ou *principauté de la Sottise* dont le chef se faisait appeler *prince des Sots*. Les Enfants Sans-Soucis étaient une troupe nomade d'histrions de profession, qui représentaient des pièces sur des sujets bouffons, satiriques et profanes. Nous verrons plus tard succéder aux naïfs acteurs, pieux Confrères de la Passion, de véritables comédiens, et à leurs informes essais dramatiques, les chefs-d'œuvre qui ont immortalisé notre littérature théâtrale. Parmi les auteurs les plus estimés après Jean Michel, se distinguèrent à cette époque : Jean d'Abundance, notaire au Pont-Saint-Esprit, Simon et Arnoul de Compiègne, auteurs du célèbre Mystère des Apôtres; Louis Choquet, auteur de celui de l'Apocalypse, contenant plus de neuf mille vers, et enfin Pierre Gringoire, auteur et acteur, qui conserva le surnom de *Mère Sotte*, à propos d'un rôle qu'il jouait dans une pièce satirique qui eut un grand succès.

Le Parlement avait pris soin de régler jusqu'au prix des places à ces représentations; on ne pouvait prendre que deux sous par personne : et pour le louage d'une loge pendant tout le Mystère, qui durait plusieurs jours, quelquefois jusqu'à quarante jours, on prenait 30 écus. Les représentations ne pouvaient avoir lieu que les jours de fêtes non solennelles, commencer à une heure après midi, et finir à cinq ; et, dit l'ordonnance, à cause que le peuple sera distrait du service divin, et que cela pourrait diminuer les aumônes, les Confrères *bailleront* aux pauvres la somme de 1,000 livres. Telle fut l'origine du droit des pauvres, que nos théâtres payent encore aujourd'hui. Les curés poussèrent la complaisance jusqu'à avancer l'heure des vêpres, pour permettre à leurs paroissiens d'assister à ces spectacles, ou plutôt afin que ce plaisir ne nuisît pas au service de Dieu.

LA FOIRE SAINT-GERMAIN. — Cette foire qui avait existé sous Louis VII se rétablit dans ce siècle, Louis XI l'autorisa à la prière de l'abbé de Saint-Germain. Elle stationnait à peu près sur l'emplacement qu'occupe aujourd'hui le marché Saint-Germain. Le bâtiment dans lequel se tenait la foire était divisé en deux halles différentes et contiguës, renfermées dans une même enceinte, coupées de neuf rues bordées de boutiques et distinguées par les noms des différentes industries qui venaient y étaler leurs produits. Ainsi, il y avait la rue aux Orfévres, celles aux Merciers, aux Drapiers, etc. ; dans le préau de la foire se trouvaient des loges pour les danseurs de corde, les ménageries, les phénomènes, les animaux savants et autres curiosités et spectacles. Le fameux *Brioché* y montra les premières marionnettes que l'on ait vues à Paris; le célèbre singe Fagotin y dansait sur la corde d'une manière merveilleuse. Vers 1595 on commença à y voir des acteurs forains qui eurent à lutter vigoureusement contre les Confrères de la Passion, et plus tard contre les comédiens de l'hôtel de Bourgogne; toujours condamnés, ils bravèrent tous les arrêts, et la foule ne cessa de les soutenir par sa présence.

Les *arbalétriers*, les *archers*, les *arquebusiers* avaient formé des confréries qui furent régularisées dans ce siècle, et gratifiées par Charles VI d'une foule de priviléges et exemptions. Ces compagnies avaient leurs statuts, leurs costumes, leurs fêtes; elles s'exerçaient au maniement de leurs armes dans l'île Notre-Dame ou Saint-Louis ; les chefs prenaient le nom de *roi* dans leurs réunions.

BOHÉMIENS. — C'est vers 1427 que parurent pour la première fois à Paris ces charlatans qu'on nommait au moyen-âge : *Bohémiens* ou *Egyptiens*. Ils arrivèrent au nombre de douze, ayant à leur tête un duc et un comte; on avait interdit l'entrée de la ville au reste de la troupe, composée d'environ cent vingt individus : ceux-ci restèrent à la Chapelle ; les chefs venaient, disaient-ils, de la Basse-Égypte, et s'acquittaient d'une pénitence donnée par le pape ; il leur était enjoint de courir le monde *sans coucher au lit*,

COSTUMES SOUS LOUIS XI
15ᵉ Siècle

et depuis cinq ans ils voyageaient ; leur costume bizarre, leur teint noir, leurs cheveux crépus, leurs oreilles percées ornées d'anneaux d'or, et mieux que tout cela leur adresse, leurs tours et la bonne aventure qu'ils disaient avec habileté, leur concilièrent l'intérêt de la foule, mais leur attirèrent la censure de l'Église, ils furent obligés de quitter Paris.

L'IMPRIMERIE. — Découverte en 1450 par Jean de Guttemberg, Jean Faust et Pierre Schœffer, elle fut accueillie en France sous Louis XI (1470). Guillaume Fichet, recteur de l'Université, et son ami Heynlin, prieur de Sorbonne, attirèrent à Paris les imprimeurs allemands, Ulric Gering, Martin Krantz et Michel Friburger, qui établirent leurs presses à la Sorbonne. Par un singulier hasard, Pierre Schœffer, un des inventeurs de l'art admirable qui devait avoir de si immenses et de si beaux résultats, avait passé sa jeunesse à Paris, où il était écolier de l'Université ; il exerçait en 1449 la profession de copiste, que sa découverte devait anéantir. Dans les seules villes de Paris et d'Orléans, plus de dix mille individus subsistaient de l'art de copier les livres ; aussi fallut il lutter longtemps contre les intérêts froissés d'une classe si nombreuse.

Modes. — Sous le règne de Charles VI, la mode prit un caractère qui se ressentait de la folie de cette époque. Les habits d'hommes étaient si collants qu'ils choquaient également la décence et le bon goût. A voir un petit-maître de ce temps-là, avec son justaucorps étroitement serré, mi-partie de rouge et d'autre couleur, ayant à chaque bras, en guise de manches, des espèces de jupes d'une ampleur démesurée, traînant jusqu'à terre et de couleurs différentes ; chaussé de souliers à la poulaine dont la longue pointe, recourbée en queue de scorpion, se rattachait à la ceinture par une chaîne ; coiffé d'un capuchon ou d'un chaperon à longue corne, et portant la barbe coupée en fourche, on l'eût pris pour le diable.

Les femmes avaient aussi adopté pour coiffure une espèce de bourrelet d'étoffe d'or terminé par deux énormes cornes se recourbant en forme de croissant. Comme les hommes, elles portaient la chaussure à la poulaine ; et dans la façon trop décolletée de leur robe la pudeur était peu ménagée. Le clergé condamna avec énergie ces modes indécentes et bizarres, qu'il traitait de diaboliques.

A cette époque, les habits étaient chargés d'ornements bizarres et de fleurs symboliques : des lettres, des yeux, des cœurs enflammés ou percés d'une flèche. Les femmes se surchargeaient de bijoux d'or de toute espèce : des bandeaux, des colliers à médaillons flottants, des ceintures, des bracelets, des jarretières, des couteaux, des aumônières fort riches. Cependant les chemises de lin étaient encore si rares qu'Isabeau de Bavière, dont le luxe était excessif, n'en possédait que deux.

On attribue à cette reine la mode des bonnets à canon, dont le bonnet cauchois tire son origine. Plus la corne était élevée et le voile qui s'y trouvait attaché tombait bas, et plus on était réputée de qualité. Le voile des bourgeoises ne devait pas dépasser l'épaule. Sous Louis XI, quoique les bourgeoises riches portassent le bonnet pointu, la plupart se coiffaient de capes à longues queues, qu'on retroussait parfois sur le bras (voir la gravure).

A cette époque les hommes commencèrent à retrousser vers l'épaule les longues manches de leurs habits, ce qui fit naître la mode des épaules artificielles, nommées *mahoitres* (voir la gravure). Sous Charles VIII on porta les manches et les habits tailladés, afin de laisser passer le linge, dont le luxe s'était accru et l'usage devenu plus général.

Anne de Bretagne est la dernière qui se soit parée du surcot. Agnès Sorel est la première qui ait porté des diamants ; auparavant on ne savait pas les tailler, on les employait bruts, pour orner les couronnes des rois et les châsses des saints.

Usages, Inventions et Institutions.

(1400). Invention des raquettes ; avant cette époque on poussait la balle avec la paume de la main : de là venait le nom de jeu de paume.

(1402). Premières représentations théâtrales publiques.

(1409). Première mention des carrosses.

(1425). Premier mât de cocagne, planté rue aux Ours, à l'occasion d'une fête donnée par les Anglais.

(1430). Fondation de l'ordre de la Toison-d'Or, par Philippe-le-Bon, duc de Bourgogne, à l'occasion de son troisième mariage.

(1437). Publication d'une Bible à l'aide de planches gravées par Jean Mentel, de Strasbourg.

(1450). Le roi Réné multiplie dans les provinces du Midi la prune de Damas et la Mirabelle, originaires de Syrie.

(1460). Origine de l'art de faire des perruques.

(1464). Louis XI établit des courriers pour porter les dépêches du Gouvernement. -- Fondation de l'ordre de Saint-Michel, par Louis XI.

(1470). Introduction en France de l'art de l'imprimerie.

(1472). La prière de l'*Angelus*, fondée en 1316 par le pape Jean XXII, est introduite en France par Louis XI, qui ordonne que tous les jours, au coup de midi, les cloches de toutes les églises donnant le signal, tout le monde plie les genoux et récite la prière.

(1474). Première opération de la pierre, faite dans le cimetière de Saint-Séverin, sur un archer condamné à mort, à qui l'on accorda sa grâce et qui guérit.—Premières manufactures de soieries établies en France.

(1480). On commence à disséquer des cadavres humains, chose jusque-là regardée comme un sacrilége.

QUATRIÈME PARTIE

RENAISSANCE

XVIe SIÈCLE, DE 1500 A 1600.

PRINCES RÉGNANTS.

Fin du règne de Louis XII, de 1500 à 1515.
FRANÇOIS Ier, fils de Charles d'Orléans, comte d'Angoulême, de 1515 à 1547, règne 32 ans.
HENRI II, fils de François Ier, de 1547 à 1559, règne 12 ans.
CHARLES IX, fils de Henri II, de 1560 à 1574, règne 14 ans.
HENRI III, fils de Henri II, de 1574 à 1589, règne 15 ans.
HENRI IV, fils d'Antoine de Bourbon, roi de Navarre, de 1589 à 1610, règne 21 ans.

Sommaire historique.

Coup d'œil sur le XVIe siècle.—Coup d'œil sur Paris.—Avénement de François Ier.—Mauvais Garçons.—Armée d'enfants.—Mascarade de Luther.—L'estrapade.—La Vierge d'argent.—Charles-Quint à Paris.—Chute du pont Saint-Michel.—Victoire des écoliers.—Un carrousel.—Progrès de la Réforme. Nouvelles scènes au Pré-aux-Clercs.—Beau désintéressement.—Catherine.—Protestants et catholiques.—Les cloches de St-Médard.—Henri et Marguerite.—Horrible drame.—Ambassade polonaise.—Derniers moments de Charles IX.—Portraits.—Noces de Joyeuse.—Le véritable roi de Paris.—Henri IV sous les murs de Paris.—Horrible famine.—Théâtre italien —Modes.—Découvertes et inventions.

En dotant l'Espagne d'un nouveau monde, le génie de Christophe Colomb a ouvert un vaste champ à tous les désirs, à toutes les ambitions. Les peuples ont détourné leurs regards de l'Orient pour les porter vers l'Occident ; aux religieuses Croisades ont succédé les courses aventureuses ayant pour but la soif de l'or ou de la domination. Mais pendant que la découverte de l'Amérique (1492) étendait l'horizon physique de l'homme, l'imprimerie agrandissait son horizon moral, et, tout en favorisant le grand mouvement intellectuel, devait prêter l'appui de la publicité aux controverses de Luther et de Calvin, et servir ainsi à propager l'erreur. Triste condition de notre imparfaite nature : chaque conquête de l'esprit humain porte avec elle son poison, sans doute pour rappeler à l'homme qu'il ne doit pas toucher à l'arbre de la science.

Cette période, remarquable dans l'histoire du monde, recueille l'héritage que lui a légué le siècle qui vient de finir.

Après la sombre figure de Louis XI et celle des ignobles ministres de ses sanglantes exécutions, apparaît sur le seuil du XVIe siècle la figure de Louis XII, le *Père du Peuple*, celui qui disait, en montant sur le trône, à ceux qui lui conseillaient la vengeance : « Le roi de France ne venge pas les querelles du duc d'Orléans » ; et qui disait encore : « J'aime mieux que mes courtisans rient de mon avarice, que si mes peuples pleuraient de ma prodigalité. »

Après lui, se montre François Ier, ce roi chevalier, surnommé le *Père des Lettres*, et qui, malgré sa bravoure, fait prisonnier à Pavie par son heureux rival Charles-Quint, écrivait à sa mère : « Madame, tout est perdu, fors l'honneur ! » De ce règne date ce qu'on appelle la *Renaissance*. Ce n'était pas en vain que depuis plus d'un demi-siècle la France s'était frottée à la civilisation renouvelée de l'Italie moderne, et avait admiré sur la terre classique des beaux-arts les palais de Bramante, de Michel-Ange et de Palladio, les chefs-d'œuvre de Raphaël, et qu'elle avait entendu les chants de l'Arioste et du Tasse. A cette école, le goût français s'est éveillé. François Ier, rendu à la liberté, en favorisant les artistes, en les appelant à la cour, a donné l'impulsion, et la France, à son tour, voit sa capitale se parer d'élégants et somptueux monuments ; sa langue est harmonieusement parlée par des poëtes, et la sœur de François Ier,

LE LOUVRE SOUS FRANÇOIS Ier
et la tour de Nesle.

Marguerite de Navarre, le roi lui-même, deviennent les émules de Marot.

Au milieu de ces arts et de cette littérature naissante qu'il encourageait, François Ier eut à combattre les doctrines nouvelles qui s'introduisirent en France, à l'abri même du nom de sa propre sœur. Heureux si le léger monarque, aimant les arts comme il aimait les femmes, n'eût mêlé de cruelles rigueurs à ses louables efforts pour arrêter les progrès du protestantisme. La nouvelle religion fit en peu d'années d'immenses progrès : le sang des martyrs d'une cause rend toujours fécond le sol qu'il arrose.

Sous les règnes suivants, le protestantisme, en guerre ouverte avec le catholicisme, produisit une longue suite de crimes, où les deux partis rivalisèrent de fureur. Le massacre de la Saint-Barthélemi (24 août 1572) fut un de ces sanglants épisodes qui seront toujours la honte de la France.

La défense de la religion catholique, servant de prétexte à l'ambition des princes de Guise de la maison de Lorraine, enfanta la Ligue et amena l'assassinat de Henri III, qui mit la couronne sur la tête du Béarnais Henri IV. Ce siècle vit aussi l'Angleterre, sous Henri VIII (1534), secouer le joug du pape et former le schisme anglican.

Paris, pendant cette période, prit une physionomie particulière : une foule d'hôtels, de palais même s'y élevèrent, et l'architecture leur prodigua les ornements de tous genres ; ceux déjà existants s'enrichirent de peintures et de sculptures.

Le *Louvre* depuis Philippe-Auguste était resté à peu près dans l'état où l'avait mis ce prince, jusqu'à Charles V, qui l'avait considérablement agrandi, en donnant plus d'ensemble et de régularité aux bâtiments du palais. Ces bâtiments avaient alors une forme à peu près carrée ; ils étaient entourés de fossés alimentés par les eaux de la Seine. Au milieu de la principale cour, s'élevait la grosse tour bâtie par

Philippe-Auguste, sorte de forteresse, elle-même entourée de fossés; à la tête du pont qui servait de passage à cette tour se trouvait la statue de Charles V, ouvrage de Jean de Saint-Romain. Le principal corps de logis du palais et la principale entrée étaient parallèles à la Seine ; quatre portes fortifiées, appelées porteaux, donnaient entrée au château, que le nouveau mur de Charles V avait renfermé dans la ville.

Ce mur d'enceinte, qui commençait du côté de l'est au bord de la rivière, à la place où se trouve aujourd'hui l'Arsenal, formait une espèce d'arc dans lequel se trouvaient enclavés les faubourgs de la partie nord de Paris, et venait aboutir à la rivière, au-delà du Louvre, en traversant l'emplacement actuel du Carrousel.

François Ier, après avoir restauré le Louvre pour le rendre digne de l'hôte à qui il en voulait faire honneur, Charles-Quint, forma le projet de le réédifier, afin de faire disparaître l'irrégularité des anciennes constructions. Parmi les divers plans qui lui furent offerts, ceux de Pierre-Lescot, abbé de Cluny, furent adoptés. Cet habile architecte s'associa pour cette entreprise Jean Goujon et Paul-Ponce Trébatti, célèbres sculpteurs. En 1527 la grosse tour fut démolie, et presque tout l'ancien Louvre abattu.

Le nouveau palais s'éleva, et l'élégante architecture de la renaissance, empreinte des souvenirs de la Grèce et de Rome, vint remplacer l'architecture gothique.

D'habiles artistes, attirés en France par les largesses de François Ier, déployèrent pour la décoration du Louvre les talents dont ils avaient donné de brillantes preuves à Fontainebleau, à Chambord, à Saint-Germain-en-Laye et dans plusieurs autres châteaux élevés sous le règne de ce prince. Henri II, Charles IX, Henri III, et surtout Henri IV, firent successivement travailler à cet édifice. Ce dernier roi voulut qu'on y employât, ainsi qu'aux Tuileries, des marbres de France. Mais les différents artistes qui se succédèrent dans l'exécution de ces travaux crurent de leur honneur de ne point s'assujettir au plan de celui qui les avait précédés. De là vient une foule de disparates dans l'ensemble de ce palais.

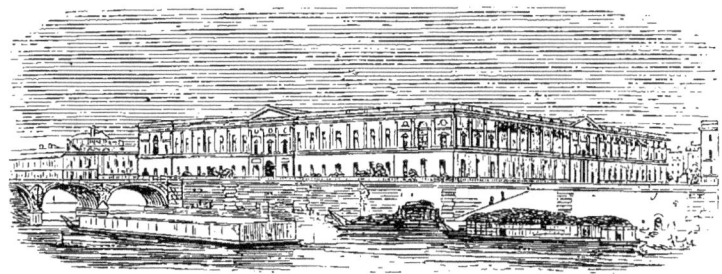

L'*hôtel Cluny*, situé rue des Mathurins-Saint-Jacques, et bâti sur une partie de l'emplacement et avec les débris du palais des Thermes, est un des restes les plus précieux et les plus complets des monuments du vieux Paris. Cet hôtel appartenait aux abbés de l'ordre de Cluny ; il fut reconstruit par Jacques d'Amboise (1505) ; l'on voit en plusieurs endroits l'architecture du moyen-âge greffée sur des murs de construction romaine, et le style de l'édifice participe à la fois du romain, du gothique et de la renaissance. Les ornements des fenêtres, l'élégante galerie découpée qui décore la façade, et la charmante tourelle qui se détache en avant du principal corps de logis, suffiraient pour faire juger de l'ensemble du monument, si la chapelle, bien conservée, et dont on a retrouvé et pu restaurer les peintures à fresque, ne le faisaient encore mieux connaître.

Un pilier rond élevé dans le milieu en soutient toute la voûte, très-riche de sculptures, et c'est de ce pilier que naissent toutes les arêtes. Contre les murs, sont placées en groupes les figures de toute la famille de Jacques d'Amboise, avec les habillements de leur siècle fidèlement sculptés. L'autel est placé contre le mur du jardin, ouvert dans le milieu par une demi-tourelle en saillie fermée par de grands vitraux coloriés qui répandent un demi-jour favorable à l'effet général. Devant l'autel, un groupe de la Vierge tenant sur ses genoux le corps de Jésus-Christ descendu de la croix, et les figures des douze apôtres dans des niches régnant au pourtour, complètent les peintures de la chapelle. L'hôtel Cluny servit de demeure à la jeune Marie d'Angleterre, veuve de Louis XII, après trois mois de mariage. Dans la chapelle de ce même hôtel, Marie épousa le duc de Suffolk, qui la remmena en Angleterre. L'hôtel Cluny est aujourd'hui consacré à un musée national d'antiquités françaises.

L'*Hôtel de Soissons*, situé sur l'emplacement actuel de la Halle au blé, après avoir appartenu à plusieurs grands propriétaires et s'être successivement appelé hôtel de Nesle, de Bohême, d'Orléans, fut donné par Louis XII à la congrégation des Filles pénitentes, puis racheté par Catherine de Médicis, pour être joint à d'autres maisons qu'elle possédait déjà de ce côté. Là, elle fit bâtir un très-grand hôtel, nommé *hôtel de la Reine* ou *de Soissons*, accompagné de jardins et de toutes les dépendances d'un palais. Une colonne d'ordre dorique très-élevée fut construite dans l'angle d'une cour : c'est là que Catherine montait avec ses astrologues pour consulter les astres. Cette colonne, qui a 95 pieds de hauteur, était surmontée d'une immense sphère exécutée en fer ; on montait au faîte par un escalier à vis placé dans l'intérieur. Ce reste précieux de l'hôtel de Soissons nous a été habilement conservé et se voit adossé au monument de la Halle au blé. Suivant une tradition populaire, Catherine n'aurait fait bâtir l'hôtel de Soissons que pour se dérober à la réalisation d'une prédiction qui prétendait qu'elle devait mourir en un lieu appelé Saint-Germain.

Dès lors elle abandonna le Louvre et les Tuileries, qui dépendaient de Saint-Germain-l'Auxerrois.

L'*Hôtel Savoisy*, rue Pavée, au Marais, rebâti en 1517, avait eu une singulière destinée. En 1404, il appartenait au duc de Savoisy, seigneur estimé de la reine et du duc d'Orléans. Un des pages du duc, étourdi et insolent, s'étant avisé de traverser au galop de son cheval une procession de l'Université, les écoliers le souffletèrent ; les gens de Savoisy poursuivirent les écoliers ; ceux-ci se jetèrent dans l'église de Sainte-Catherine, et furent atteints dans cet asile par les poursuivants, qui, des portes, avaient tiré au hasard. Plusieurs écoliers furent blessés. En vain Savoisy demanda pardon à l'Université et fonda une chapelle ; son hôtel, un des plus beaux d'alors, fut démoli de fond en comble, au son des trompettes qui célébraient la victoire de l'Université. Le roi n'en put sauver que les galeries bâties sur les murailles de la ville et décorées de rares et précieuses peintures. En 1406, Savoisy avait obtenu du roi la permission de faire reconstruire son hôtel ; mais l'Université s'y opposa et ne donna son consentement que cent douze ans après ; encore ce fut à la condition qu'une pierre placée au-dessus de la porte du nouvel hôtel contiendrait une inscription rappelant le crime et le châtiment.

L'*Hôtel d'Armagnac* était rue Saint-Honoré, sur l'emplacement du Palais-Royal. Bernard d'Armagnac y fut attaqué et mis en pièces par la populace (1418). —L'*Hôtel d'Alençon*, puis de *Longueville*, et enfin de la *Surintendance*, rues du Petit-Bourbon et des Poulies. - L'*Hôtel de Créqui*, rue des Poulies. —L'*Hôtel de la Trémouille*, rue des Bourdonnais, offre quelques vestiges assez bien conservés, entre autres une charmante tourelle gothique qui servait d'oratoire. On voit aussi à l'*Hôtel de Sens*, rue de l'Hôtel-de-Ville, deux tourelles gothiques, restes intéressants pour l'histoire de l'art du moyen-âge. La reine Marguerite, première femme de Henri IV, habita cet hôtel à son retour d'Auvergne. — Des *hôtels* ou *séjours d'Orléans*, rue Saint-André-des-Arts, il reste encore quelques constructions.

L'Hôtel du Petit-Bourbon, en face de la grande porte du Louvre : sa première construction datait du règne de Philippe-Auguste ; il avait été successivement augmenté et réparé sous les règnes de Charles V et Charles VI. Il appartenait en 1527 au connétable de Bourbon. Lorsque ce prince eut été déclaré criminel de lèse-majesté, son hôtel fut détruit en partie : on sema du sel sur cet emplacement, et la principale porte fut barbouillée de jaune par la main du bourreau.

Ce palais était un des plus vastes et des plus somptueux du royaume ; et ce qu'on appelait la Galerie dorée égalait le luxe des palais royaux.

L'Hôtel de Soubise, rue du Chaume, après avoir appartenu aux Clisson, passa à la famille des Guise. Henri de Guise le Balafré l'habitait pendant la fameuse journée des Barricades : c'est de là qu'il animait à la révolte ce peuple auquel il dictait des lois. En 1697, François de Rohan, prince de Soubise, acquit cet hôtel, et en fit une demeure princière. Son frère le cardinal fit élever à côté de l'hôtel Soubise un autre hôtel qu'on nomma le palais Cardinal. Après la Révolution, l'Imprimerie impériale y fut établie, et les archives de l'Empire prirent possession du royal hôtel de Soubise qui existe encore aujourd'hui avec la même destination.

Palais et Jardin des Tuileries, ainsi nommé de ce qu'il fut élevé sur un terrain occupé par des fabriques de tuiles. Au commencement du XVIe siècle, Louise de Savoie, mère de François Ier, trouvant malsain le séjour du palais des Tournelles, vint habiter une maison appelée aussi les *Tuileries*, appartenant à Nicolas Neuville, sire de Villeroi, et que François Ier acheta. En 1563, lorsque la démolition de l'hôtel des Tournelles eut été décidée, Catherine n'y logeant plus qu'avec répugnance depuis la mort funeste de Henri II, cette princesse jeta les yeux sur l'ancienne maison des Tuileries pour y construire un nouveau palais. Elle l'agrandit en achetant les terres qui l'environnaient, et en 1565 on jeta les fondements de l'édifice, d'après les plans du célèbre Philibert Delorme et de Jean Bullant, les deux meilleurs architectes du temps.

Les jardins furent entourés d'un mur à l'extrémité duquel on fit commencer les fortifications du côté de la rivière par un bastion dont le roi posa la première pierre (1566).

Le palais des Tuileries ne se composa d'abord que du pavillon du milieu, des deux corps-de-logis ou galeries qui l'accompagnent, et des deux pavillons qui venaient immédiatement après et occupent maintenant le milieu de chaque aile. Le pavillon du milieu était alors de forme carrée et moins élevé qu'il ne l'est aujourd'hui. Du côté de la cour, il était orné de colonnes de marbre des trois ordres ionique, composite et corinthien, avec un attique au-dessus. Les deux corps-de-logis latéraux du pavillon central offraient primitivement, du côté du jardin, deux galeries découvertes, supportées chacune par douze arcades à l'extrémité desquelles se trouvaient deux autres pavillons carrés, moins élevés que celui du centre. Du côté de la cour, le palais ne présentait qu'un triple étage de croisées.

Les rez-de-chaussée des deux façades du palais primitif sont encore aujourd'hui ornés de colonnes et de pilastres d'ordre ionique en bossage de marbre incrusté, où sont prodigués les ornements de sculpture.

Catherine de Médicis fit son habitation de ce château, tandis que le roi se tenait au Louvre. Les troubles dont le royaume fut agité pendant ce siècle ne permirent pas cependant d'en continuer la construction; elle ne fut reprise que sous le règne de Henri IV : alors on ajouta au palais de Delorme, et dans le même alignement, deux autres corps-de-logis avec deux grands pavillons, qui ne furent achevés que sous Louis XIII. Enfin, en 1600, l'on commença la superbe galerie qui joint les Tuileries au Louvre du côté de la rivière.

Sous Louis XIV, de grands travaux furent exécutés aux Tuileries pour mettre plus d'ensemble dans les différentes parties de ce palais. Le pavillon du milieu fut exhaussé; on substitua un dôme quadrangulaire à celui qui existait auparavant.

Le jardin d'alors était séparé du palais par une rue. On voyait dans ce jardin un étang, un bois, une volière, une orangerie, des allées, des parterres, un écho, un théâtre, un labyrinthe, une ménagerie; une garenne avait été ménagée dans le bastion qui tenait à la porte de la Conférence, et un chenil se trouvait entre la porte et la volière, du côté de la Seine. Il y avait aussi au milieu du jardin des bâtiments destinés à loger des artistes. Les lettres du célèbre peintre

Nicolas Poussin contiennent des détails sur le *petit palais* situé au milieu des Tuileries, que le roi lui avait assigné pour habitation, et où se trouvaient toutes choses pour l'agrément et la commodité de la vie. Tel était ce jardin avant que le génie de Le Nôtre en eût fait celui que nous voyons aujourd'hui.

ÉTABLISSEMENTS RELIGIEUX. — L'*Église de Bonne-Nouvelle*, construite sous Henri II, à la place qu'elle occupe aujourd'hui : c'était alors un quartier appelé la Ville-Neuve. — Sous Henri III, le *Couvent des Capucins*, rue Saint-Honoré.

L'*église de Saint-Étienne-du-Mont* avait cessé, en 1491, de dépendre de l'église de Sainte-Geneviève. Reconstruite en 1517, l'architecture de l'édifice, tel qu'on le voit maintenant, est presque tout entière de cette époque, et dans le style sarrasin qui s'y montre avec tous ses raffinements, ses délicatesses, et l'originalité de ses ornements. La façade principale, dont Marguerite de Valois, femme de Henri IV, posa la première pierre (1610), affecte la forme pyramidale ; elle offre un curieux mélange des genres grec et sarrasin. Une seule tour fort élevée, et d'un aspect peu ordinaire, placée au nord de l'édifice, sert de clocher. Dans l'intérieur, on remarque le jubé, dont la voûte surbaissée, les deux escaliers qui s'élèvent en tournant autour du fût des colonnes, et l'élégante galerie qui règne autour du chœur, sont des modèles d'élégance et de légèreté. On remarque au milieu de la croisée la clef de voûte, pendante de deux toises. Des vitraux précieux de Pinaigrier représentent la fin du monde.

Lorsque la vieille église de Sainte-Geneviève fut démolie (1807) pour faire place à celle qui devait la remplacer et qui est le Panthéon, le culte de la sainte patronne de Paris fut transféré à Saint-Étienne-du-Mont.

La *Maison professe et Église des Jésuites* de la rue Saint-Antoine, aujourd'hui collège Charlemagne et église de Saint-Louis et de Saint-Paul. — Le *Couvent des Feuillants*, rue Saint-Honoré, en face la place Vendôme. Ces religieux, de l'ordre de Cîteaux, furent appelés en France par Henri III ; leur règle était fort rigoureuse : ils ne se couvraient jamais la tête, marchaient nu-pieds, dormaient sur des planches, mangeaient à genoux et buvaient dans des crânes humains. Jean de la Barrière, leur abbé, s'était fait une grande réputation d'éloquence et de sainteté.

La *Confrérie des Pénitents blancs* fut organisée par Henri III ; ce prince, par folle dévotion, s'était d'abord fait un plaisir de courir la ville avec une foule de jeunes seigneurs vêtus de toile blanche et voilés ; ils allaient ainsi d'église en église, même la nuit, portant à la main des torches allumées. Le peuple, à l'imitation du roi, prit goût à ces processions *blanches :* tout le monde voulut en être. Les villages même avaient leurs pénitents blancs, qui, dans le même costume, marchaient conduits par leur seigneur à cheval. Le roi, voyant cette dévotion acceptée par le peuple, l'érigea en confrérie.

La *Confrérie ou Congrégation du Chapelet* fut établie aussi sous le règne de Henri III, dans la maison des Jésuites, par le curé Pigenat et quelques autres ligueurs fanatiques ; les membres devaient porter à leur cou un chapelet et en réciter journellement les prières. — La *Confrérie du Saint Nom de Jésus* fut aussi établie par les ligueurs, dans l'église de Saint-Gervais. Les membres juraient de vivre dans la foi catholique, mais ne voulaient point reconnaître pour roi Henri IV.

ÉTABLISSEMENTS DE CHARITÉ. — Sous François Ier fut fondé le *Bureau des Pauvres*, situé place de Grève, à côté de l'hôpital du Saint-Esprit. Par une ordonnance de ce roi, l'entretien des pauvres de la ville fut confié au Prévôt des marchands et aux échevins, qui devaient élire tous les ans un certain nombre de bourgeois, assistés dans leurs fonctions par plusieurs conseillers du Parlement et de la municipalité, pour administrer les aumônes publiques et les dispenser aux pauvres de la ville.

L'*Hôpital des Enfants-Rouges*, rue Portefoin, au Marais, fondé par Marguerite de Valois, reine de Navarre, et son frère François Ier, pour y recevoir tous les enfants trouvés à l'Hôtel-Dieu. Ces orphelins reçurent le nom d'Enfants de Dieu, mais leur vêtement rouge leur fit donner par le peuple le surnom d'Enfants-Rouges, qui leur resta.

L'*Hôpital des Petites-Maisons*, rue de la Chaise, fondé sous Henri II et destiné à renfermer les mendiants incorrigibles, les indigents vieux et infirmes et les fous. De cette dernière destination est venue, pour désigner un fou, cette phrase proverbiale : « *C'est un échappé des Petites-Maisons.* »

L'*Hôpital de l'Ourcine*, rue de ce nom, fondé sous François II, par Nicolas Houel, pour de pauvres orphelins qui devaient s'y instruire dans la science de la pharmacie et administrer gratuitement toutes sortes de remèdes aux pauvres honteux de la ville. Henri III et sa femme, Louise de Lorraine, protégèrent cet établissement.

COLLÉGES. —Parmi les six colléges fondés dans ce siècle, l'institution du *Collége royal de France*, tel que l'avait d'abord conçu François Ier, suffirait seule pour mériter à ce prince le titre de Père des Lettres. Dans cet établissement consacré au haut enseignement, toutes les sciences et les langues devaient être démontrées gratuitement, et il assignait un large revenu annuel pour la nourriture de six cents écoliers et l'entretien des professeurs. De vastes bâtiments accompagnés d'une somptueuse église devaient être bâtis. La mort de François Ier ajourna ces constructions ; ses successeurs augmentèrent le nombre des sciences professées au Collége royal ; outre la littérature, les langues, l'éloquence, les mathématiques, Henri II créa une chaire de philosophie, Charles IX une de chirurgie, Henri III une pour la langue arabe ; Henri IV institua un professeur de botanique et un d'anatomie. Enfin, dix-huit chaires de fondation royale y furent instituées, et les hommes les plus illustres et les plus savants professèrent à ce collége, d'où sortit une foule de sujets remarquables dans toutes les sciences. Le plan grandiose de François Ier, quant aux constructions, n'ayant pu être exécuté, il était réservé aux temps modernes de réaliser l'admirable projet du fondateur.

Le *Collége et communauté de Sainte-Barbe*. Ce collége existe encore.

Le *Collége de Clermont*, aujourd'hui Louis-le-Grand, est le premier établissement des Jésuites à Paris; leur fondateur, Ignace de Loyola, avait étudié, au commencement du XVIe siècle, au collége de Sainte-Barbe. Henri II permit aux Jésuites de s'établir à Paris seulement; mais le Parlement et l'Université s'y opposèrent et firent suspendre l'exécution de cette faveur royale. Soutenus par la maison de Lorraine, les Jésuites furent enfin admis (1562). Cependant le droit d'enseigner leur fut contesté assez longtemps; mais l'excellence de leurs études et des professeurs qu'ils employaient attirèrent un si grand nombre d'écoliers, qu'ils furent obligés bientôt d'augmenter leurs bâtiments.

ÉTABLISSEMENTS CIVILS. — *Cour des Monnaies*. Il existait depuis le XVe siècle des généraux des monnaies chargés de surveiller leur fabrication et leur émission. François Ier créa une chambre des monnaies composée de huit généraux, d'un président, d'un greffier et d'un huissier, et érigea cette chambre en cour souveraine, qui tint ses séances dans une salle du Palais-de-Justice.

L'*Arsenal*. C'est du XVIe siècle que date, sous le nom de *Granges de l'artillerie de la ville*, l'établissement spécial de l'Arsenal, situé derrière les Célestins. Jusqu'à cette époque, les armes étaient déposées dans plusieurs endroits de la ville; le Louvre, la Bastille, la tour du Temple, l'hôtel Saint-Paul, l'Hôtel-de-Ville, la Tournelle, la tour de Billy avaient des dépôts d'armes. La tour de Billy fut, en 1538, frappée par le feu du ciel, qui la fit sauter et la détruisit entièrement.

François Ier, ayant à faire fondre des canons, demanda à la ville une de ses granges. Quand il l'eut obtenue, il demanda la seconde, promettant de les rendre sitôt que la fonte serait achevée. Le corps des bourgeois se prêta d'assez mauvaise grâce à cet arrangement et fit stipuler ses conditions, qui ne furent point remplies; il ne reçut jamais rien en dédommagement. Henri II, devenu possesseur de l'arsenal de la ville, y fit construire des logements pour ses officiers et les fondeurs de son artillerie, avec des moulins à poudre et des fourneaux, enfin tout le matériel nécessaire à cet utile établissement.

En 1563, le feu prit par accident à l'Arsenal et fit sauter quinze à vingt milliers de poudre; l'explosion fut si terrible qu'elle s'entendit jusqu'à Melun et causa à Paris de grands dégâts, et surtout la mort d'un grand nombre de personnes. Ce fut Charles IX qui releva l'Arsenal de ses décombres et y joignit un jardin, qui était encore une promenade publique à la fin de la Révolution. L'Arsenal avait sa juridiction particulière, qu'on appelait le bailliage de l'Arsenal.

Le pont Saint-Michel avait été emporté par les eaux (1547). Le pont aux Meuniers, construit en bois, et chargé de maisons et de moulins, est également détruit (1558), et ce désastre cause la mort à plus de cent cinquante personnes. Reconstruit deux ans après, il formait une rue bordée de deux rangs de maisons bâties sur un plan uniforme, peintes à l'huile, et chacune distinguée par une enseigne représentant un oiseau, ce qui lui valut le surnom de Pont-aux-Oiseaux. Au milieu de ce pont se trouvaient les statues en marbre blanc du roi Henri IV et de la reine.

Déjà à cette époque un grand nombre de ports favorisaient le commerce sur la Seine; les principaux étaient: les ports de la Grève, de l'École, de Saint-Landry, du Petit-Pont, de la Bûcherie, réservés à l'arrivage des bois ; le port au Plâtre, près la tour de Billy, on le nomme aujourd'hui de la Râpée ; le port aux Barrés, depuis port Saint-Paul ; le port au Blé près de la Grève, où arrivaient les grains ; celui de Bourgogne, et le port Français, où débarquaient spécialement les vins des diverses parties de la France ; et le port du Louvre, aujourd'hui Saint-Nicolas. Sur l'emplacement du quai aux Fleurs maintenant, se trouvait le port aux OEufs.

Dans ce siècle, furent construits des égouts pour servir à l'écoulement des eaux de la ville.

Parmi les nouvelles fontaines dont Paris s'embellit, il faut citer la fontaine et la pompe de la Samaritaine située au-

dessous de la deuxième arche du Pont-Neuf, exécutée par Jean Lintlaër, Flamand ; les eaux de la rivière, élevées par cette pompe, étaient conduites dans un réservoir supérieur, d'où elles se rendaient dans les palais du Louvre et des Tuileries. La façade de la Samaritaine du côté du Pont-Neuf offrait un groupe de figures en bronze doré, représentant Jésus-Christ et la Samaritaine auprès du puits de Jacob.

COSTUMES SOUS FRANCOIS I
16.Siècle

Entre ces deux figures tombait une nappe d'eau, reçue dans un bassin doré. On y voyait aussi un cadran et une horloge avec un jaquemard et un carillon qui jouait différents airs aux différentes heures du jour.

Pyramide de Jean Châtel, monument élevé à la double mémoire de l'attentat du jeune Jean Châtel sur la personne de Henri IV (1594), et dont le prince ne fut que blessé, et de l'expulsion de France de la Société des Jésuites, accusés d'avoir dirigé le bras de l'assassin. Ce monument fut élevé sur l'emplacement de la maison démolie du père de Jean Châtel, située entre le palais et l'église des Barnabites.

Théâtre Italien. Albert Ganasse, directeur d'une troupe de comédiens italiens (1570), vint s'établir à Paris; non-seulement le Parlement arrêta d'abord leurs représentations, mais ils eurent encore une rude guerre à soutenir avec les Confrères de la Passion et les Enfants Sans-Soucis. En 1577, Henri III fit venir de Venise une troupe, connue sous le nom de *Gli-Gelosi*, qui donna des représentations à l'hôtel du Petit-Bourbon, en face le Louvre. Ces comédiens, effrayés des troubles qui désolaient le royaume, retournèrent dans leur pays; ils revinrent cependant à plusieurs reprises dans ce siècle.

Modes.

Le costume dans ce siècle subit de grandes variations sous les différents règnes. Sous celui de François Ier, la mode des habits tailladés pour laisser passer le linge fut portée à l'extrême. Alors commença pour les hommes l'usage des *Trousses*, sorte de bouffants qui garnissaient le haut de chausses : leur ampleur nécessita de fendre la Tunicelle ou petite tunique qui descendait au genou. La robe qui la couvrait, également fendue et presque de la même longueur, avait des manches bouffantes et un grand collet renversé. Sous Henri II et Charles IX, les trousses, qui se changèrent en véritables ballons, obligèrent à raccourcir la tunicelle, et la robe prit les proportions d'un petit manteau court, avec ou sans manches. Les souliers, de forme presque carrée, étaient tailladés comme les habits.

Les femmes avaient aussi adopté les manches tailladées ; et les fraises autour du cou étaient communes aux hommes et aux femmes. Les robes subirent une disgracieuse métamorphose : elles présentaient l'aspect d'une cloche ; bientôt on inventa pour les soutenir des coussins, des cerceaux. Catherine de Médicis avait introduit les corps de baleine qui serraient la taille, faisaient ressortir les hanches et donnaient au corps l'aspect d'un éteignoir renversé. Sous le règne de Henri III, les hommes les adoptèrent, car ce prince se plaisait à imiter le costume des femmes : il avait emprunté à celles-ci leur coiffure et jusqu'à leurs petits soins de coquetterie.

A cette époque, commença pour les deux sexes la mode des manches à gigot. Sous Henri IV, les fraises, qui sous le règne précédent étaient devenues gigantesques, se changèrent pour les femmes en un grand collet soutenu par des fils d'archal, et qui plaçait la tête dans une auréole de dentelle : cette mode, portée par la belle Gabrielle d'Estrées, en prit le nom de *gabrielle*.

L'usage des masques nommés loups, qui remonte à François Ier, était devenu tellement général, qu'il eût été indécent à une femme noble de sortir sans son masque. On le portait en velours; on le retenait sur le visage au moyen d'un petit ressort placé dans la bouche.

Les bas de soie s'introduisirent en France sous Henri II; il est le premier qui en ait porté. La mode des manchons appelés *bonne grâce* date de ce règne.

COSTUMES SOUS CHARLES IX
16 Siècle

A la coiffure commune aux hommes et aux femmes, sous Henri III, succéda, sous Henri IV, la *toupe*, cheveux crêpés et frisés formant une haute pyramide sur le sommet de la tête, coiffure disgracieuse importée en France par Marie de Médicis, ainsi que la forme des robes à cerceaux. « Une damoiselle, dit un écrivain du temps, dans son corps de baleine, avec ses manches étroites et son petit chapeau, ayant sa robe à fraise, dont le cerceau supérieur étoit à la hauteur de la ceinture, paroissoit un buste posé sur une table ronde de dix à douze pieds de circonférence. »

Pour donner une idée du luxe de ce siècle, rappelons que le lieu de l'entrevue de François Ier avec Henri VIII prit le nom de *Camp du drap d'or*, à cause de la profusion et de la richesse des vêtements qu'y prodiguèrent le roi et les seigneurs de sa cour. Élisabeth d'Autriche, femme de Charles IX, portait une robe de drap d'or brodé de perles et de rubis. Gabrielle d'Estrées, cette beauté si chérie de Henri IV, aimait à se vêtir en noir pour faire ressortir l'éclat de son teint ; elle avait une robe de satin noir si chargée de perles et de pierreries, qu'elle ne pouvait se soutenir. Un de ses mouchoirs coûtait quinze cents écus. L'élégant Bassompierre, pour le baptême de Louis XIII, portait un habit de quatorze mille écus. Les bagues et les joyaux s'étendaient jusqu'au bout des souliers et des patins. La bourgeoisie imitait la cour d'aussi près qu'il lui était possible, et les lois somptuaires ne purent réprimer le luxe.

L'usage des fourchettes date du règne de Henri III. Jusque-là, on mangeait avec les doigts.

Le lait d'ânesse fut employé, pour la première fois en France, par François Ier à la suite d'une maladie d'épuisement. Ce fut un médecin juif de Constantinople qui, le premier, avait essayé ce moyen ; François Ier, ayant appris les succès que ce médecin avait obtenus, le fit venir à Paris, et suivit son régime, dont il se trouva bien.

HISTOIRE, MOEURS ET FAITS DIVERS.

Avénement de François Ier.

Paris a vu presque en même temps les somptueuses cérémonies funéraires pour la mort de Louis XII (1515) et la réception du jeune François Ier, qui, sacré à Reims le 25 janvier, était venu prendre la couronne à Saint-Denis, et le 15 février faisait son entrée dans la capitale au milieu des acclamations populaires. Dans ces sortes de cérémonies, le chemin ordinaire que prenait le roi pour se rendre à Notre-Dame était le Pont-au-Change; mais celui-ci *n'étant pas très-sûr*, le roi passa sur le pont de Notre-Dame.

Le lendemain et les jours suivants, la cour se livra à son divertissement de prédilection, celui des tournois. On avait établi des lices rue Saint-Antoine, où François Ier, qui n'avait pas vingt ans, se distingua par son courage et son adresse.

La ville de Paris offrit au roi, pour son présent de joyeux avénement, une figure de Saint-François, riche morceau d'orfévrerie admirablement travaillé. La reine-mère, Louise de Savoie, eut également part aux largesses de la ville; elle en reçut une magnifique vaisselle d'argent.

Les premiers faits d'armes du roi-chevalier ont l'Italie pour théâtre; mais Paris voit (1517) l'entrée solennelle de la reine Claude, fille de Louis XII, que François avait épousée en 1514. A cette occasion nouveaux tournois; puis aux fêtes succèdent les impôts qui, pour subvenir aux frais de la guerre et satisfaire la cupidité insatiable de la reine-mère, surchargent tous les corps de métiers; enfin, la peste (1522) qui désole la capitale et ses environs. Le roi, pour ranimer le courage des habitants et les rassurer, revient habiter l'hôtel des Tournelles; le Parlement, effrayé des progrès de la maladie, appelle en assemblée extraordinaire tous les magistrats et les médecins de la ville, et rend une ordonnance qui défend à tous ceux qui auraient logé des pestiférés, ou même à tous marchands qui auraient vendu dans les maisons où se trouvaient des malades, de loger aucun passant, ou de distribuer des vivres. Égale défense est faite d'acheter rien de ce qui aurait appartenu aux pestiférés ; les maisons de ceux-ci sont marquées d'une croix blanche, et les peines les plus sévères prononcées contre ceux qui jetteraient des immondices dans les rues ou nourriraient dans la ville du bétail pour le vendre.

Mauvais Garçons. — Armée d'enfants.

Aux brillants succès qui venaient de signaler en Italie les armes de France ont succédé les revers. Bayard, que son courage et son dévouement pour la patrie ont fait surnommer le chevalier sans peur et sans reproche, Bayard est mort (1524) en défendant la cause de François Ier contre son redoutable rival Charles-Quint. Les désastres de l'armée française en Italie ont attiré les coalisés aux frontières; Paris est dans l'épouvante. L'arrivée des Anglais jusqu'aux bords de l'Oise motive des mesures rigoureuses pour mettre la capitale à l'abri d'un coup de main. On répare les fortifications ; les voiries qui dominaient la ville sont aplanies ; deux mille hommes de guerre sont levés aux frais des Parisiens et soldés au moyen d'une taxe de 16,000 livres par quartiers. Les ennemis sont encore repoussés sur tous les points. Mais l'année suivante (1525), la bataille de Pavie était perdue, et François Ier captif de Charles-Quint. Paris, à cette désastreuse nouvelle, sentit son danger ; aux moyens déjà pris pour garder la ville on ajoute d'autres mesures de sûreté : tous les étrangers renvoyés, les écoliers séquestrés dans leurs colléges, des chaînes tendues dans les rues, les portes plus rigoureusement gardées.

Ce n'était pas sans raison qu'on se méfiait des mauvais desseins et qu'on se garait des gens à mauvaise mine : des brigands, connus sous le nom de *Mauvais Garçons*, avaient établi leur quartier général dans la forêt de Bondy ; et sous la conduite de chefs déterminés, ils pénétraient jusqu'au sein de Paris. Les archers même, commis à la garde de la ville, dans la peur qu'ils avaient de ces bandits, devenaient leurs complices. L'effroi qu'ils inspiraient était tel que dans la crainte de se laisser surprendre par quelque déguisement; on en vint à proscrire les longues barbes et les bâtons. On fut obligé, pour réduire les Mauvais Garçons, de leur livrer combat dans Paris même [1].

Le retour de François Ier, rendu à la liberté par le traité de Madrid, ramena l'ordre dans la capitale et donna lieu à de grandes réjouissances : on rendit grâces à Dieu par des processions. Parmi les moyens imaginés pour célébrer cet heureux événement, on avait rassemblé une véritable et nombreuse armée d'enfants rangés sur le passage du roi; toutes ces petites voix non encore habituées à la flatterie, criant vive le roi ! formaient un concert nouveau qui dut être agréable à celui que l'exil avait rendu si malheureux.

Mascarade de Luther.—L'estrapade.—La Vierge d'argent.

La doctrine de Luther, déjà condamnée en France, et celle de Calvin, quoique nouvelle, avaient cependant fait assez de progrès pour motiver contre ceux qui les avaient embrassées de rigoureuses sentences : les uns étaient condamnés à être fouettés, les autres marqués d'un fer rouge, enfin d'autres brûlés en place de Grève ou bien au parvis Notre-Dame. Pour inspirer plus de crainte, on avait imaginé un affreux raffinement de cruauté appelé *estrapade*, qui consistait à élever, à plusieurs reprises, le patient au-

---

[1] Une des rues du faubourg Saint-Germain porte le nom de *rue des Mauvais-Garçons*.

dessus du bûcher, afin de suspendre et rendre ainsi plus sensible l'action des flammes [1]. La vue de ces supplices, loin d'arrêter les progrès de l'hérésie, exaspérait tous les esprits: d'une part elle poussait au fanatisme les partisans de la nouvelle doctrine, de l'autre elle encourageait les catholiques dans leurs excès contre eux. Les écoliers faisaient dans les rues des mascarades allégoriques où figurait une femme traînée par des diables. Autour d'elle on voyait des hommes en habit de docteur, et sur l'inscription qu'ils portaient se lisait le nom de Luther : cette femme représentait la Religion tourmentée par le démon de l'hérésie.

Quelques réformateurs fanatiques mutilèrent, par représailles, une petite statue de la Vierge placée au coin de la rue des Rosiers. Le roi mit beaucoup de persistance à découvrir les coupables. Des processions et des messes d'expiation furent célébrées dans toutes les églises de Paris, et une autre image de la Vierge, exécutée en argent, fut placée avec solennité dans une niche fermée d'un grillage; le roi la posa lui-même avec une grande dévotion. Cette statue, à laquelle le peuple donna le nom de *la Belle Dame*, tenta la cupidité, fut volée (1551), et remplacée par une autre en bois, qui elle-même fut encore brisée. Dans les campagnes les mêmes profanations se renouvelèrent et devinrent le prélude de complots de la part des protestants, où il ne s'agissait de rien moins que d'assassiner tous les catholiques dans les églises pendant le service divin. On eut même l'audace d'afficher jusque sur les murs du Louvre de séditieux pamphlets contre les mystères de la foi catholique. Le roi, en réparation de cet outrage, ordonna une procession où se rendirent toutes les églises avec leurs bannières, les châsses de leurs saints et toutes les reliques vénérées, même la sainte couronne d'épines, qui n'avait jamais été portée en

---

[1] Une place sur la Montagne Sainte-Geneviève, où sans doute on infligeait ce supplice, a conservé ce nom.

procession. Cette cérémonie à laquelle assistèrent tous les corps de l'État, le roi et la reine, suivis de leur famille, enfin toute la population parisienne, se termina par l'amende honorable que firent trois hérétiques devant l'église cathédrale, tandis que six d'entre eux, auteurs ou complices des libelles impies répandus dans Paris, furent brûlés aux halles à la Croix du Trahoir.

Charles-Quint à Paris.

Le passage à Paris de l'empereur Charles-Quint fut l'occasion pour la capitale de fêtes splendides, et pour François Ier de déployer toute sa courtoisie chevaleresque. A propos de ce passage, le fou du roi, Triboulet, écrivit sur ses tablettes, qu'il appelait le calendrier des fous, et sur lesquelles il enregistrait tous ceux qu'il jugeait dignes d'être ses confrères, le nom de l'empereur, pour l'imprudence qu'il commettait en se livrant ainsi à son ennemi. « — Mais si je le laisse passer sans encombre ? dit le roi. — Alors, reprit Triboulet, je remplacerai son nom par le vôtre. » Cette épigramme n'empêcha pas François Ier de se conduire, à l'égard de son rival, en loyal chevalier français et en hôte généreux et magnifique. Il le combla d'honneurs, et poussa la délicatesse jusqu'à placer partout les armes et les devises de Charles-Quint à la place des siennes propres.

L'empereur, qui sans doute n'en eût pas fait autant, éprouva quelques moments de crainte de s'être ainsi exposé au ressentiment de celui qu'il avait rigoureusement traité après la bataille de Pavie. Quelques circonstances, légères en elles-même, pensèrent lui donner de la défiance. Le duc d'Orléans, jeune prince étourdi et folâtre, s'avisa un jour de sauter sur la croupe du cheval de l'empereur, qu'il saisit dans ses bras en s'écriant : « Votre Majesté Impériale est mon prisonnier ! » Cette saillie enfantine inquiéta Charles, qui la crut sans doute suggérée au jeune prince par les propos de la cour.

Une autre fois, François Ier lui-même, montrant à l'empereur la duchesse d'Étampes : « — Voyez, mon frère, cette belle dame, elle est d'avis que je ne vous laisse point sortir de Paris que vous n'ayez révoqué le traité de Madrid. — Si l'avis est bon il faut le suivre, » répliqua Charles sans se déconcerter. Il s'en fallait cependant qu'il fût aussi tranquille qu'il voulait le paraître. François Ier, avec sa franchise, ne pouvait supposer un tel doute. Il accueillit noblement le prince ; l'empereur parcourut en triomphateur toutes les rues de Paris, pavoisées et décorées de feuillage. En sortant de Notre-Dame, où l'on avait chanté le *Te Deum*, Charles-Quint se rendit au Louvre, où l'attendait le festin royal, servi par les plus grands seigneurs de la cour.

La ville lui offrit un Hercule d'argent de six pieds de haut. On donna, au nom de l'empereur, la liberté à tous les prisonniers. A son départ, le roi l'accompagna jusqu'à Chantilly, et les princes jusqu'à Valenciennes, première ville de son obéissance. Il ne répondit à tant de courtoisie que par un manque de foi.

Chute du pont Saint-Michel. — Victoire des écoliers.

Henri II, en ceignant la couronne de François Ier, trouva la capitale considérablement agrandie, riche de constructions de tous genres, et embellie par les monuments que la renaissance des arts avait marqués de son cachet. Paris attirait à lui, au détriment des provinces, tout ce qui pouvait se distinguer ; cette tendance à la centralisation, en donnant l'alarme, motiva un édit dont le but était de restreindre les accroissements de la ville, surtout dans la partie des faubourgs, où la population qui allait s'y établir, n'étant point assujettie aux charges et règlements de la police intérieure faisait tort au commerce de Paris et nuisait à sa sûreté.

L'année 1548 fut marquée par la chute du pont Saint-Michel, qui s'écroula le 10 décembre, et par la peste, qui, se déclarant à la Conciergerie, chassa le parlement de la Cité et l'obligea d'aller siéger aux Augustins.

Cette époque vit se ranimer la longue querelle de l'Université avec les religieux de Saint-Germain-des-Prés. La possession disputée du grand Pré-aux-Clercs provoqua la guerre. Les écoliers, excités par un écrit de Pierre Ramus, proviseur du collége de Presle, qui signalait diverses usurpations des religieux, s'imaginèrent de venger l'Université et résolurent le siége de l'abbaye. Aidés de la populace, en nombre, et bien armés, les étudiants assaillirent le grand enclos des moines : ceux-ci essayèrent en vain de repousser la force par la force ; les assiégeants envahirent l'enclos par plusieurs brèches et y portèrent la désolation, pillant les fruits, arrachant tous les arbres que les bons moines soignaient avec une prédilection toute particulière. Après cet exploit, qui fut suivi de la dévastation de plusieurs maisons bâties sur le territoire de Saint-Germain-des-Prés, les écoliers se retirèrent en ordre de bataille, emportant comme trophée de leur victoire des branches d'arbres et des ceps de vignes, qu'ils brûlèrent en triomphe sur la place de Sainte-Geneviève-du-Mont. L'émeute dura plusieurs jours ; le Parlement se saisit de l'affaire, et défendit d'abord, sous peine de la potence, aux écoliers et aux recteurs de mettre le pied au Pré-aux-Clercs : on abandonna même au prévôt de Paris quelques-uns des écoliers arrêtés; mais l'Université, toujours si puissante, l'emporta; on lui rendit les prisonniers, sauf les plus coupables. Les moines payèrent les frais du procès et durent se résigner à perdre une partie de leur enclos ; ils furent en outre forcés de boucher l'entrée qu'ils avaient sur le Pré-aux-Clercs et les fenêtres du monastère donnant de ce côté.

Un carrousel.

Le 24 avril 1554, Paris vit se conclure le mariage de la jeune reine d'Écosse, Marie Stuart, avec le dauphin François. Ce prince reçut à cette occasion le titre de roi-dauphin, à cause du royaume d'Écosse dont Marie le constituait héritier. Parmi les fêtes qui célébrèrent cette union, on cite un carrousel, sorte de divertissement symbolique dont l'origine se lie aux mystères des anciennes religions de l'Égypte et de la Grèce, d'où il passa aux Maures et aux Arabes.

Voici les détails qu'en donne Sauval :

« A la rue Saint-Antoine, entre la rue des Ballets et celle de Saint-Paul, le 20 janvier, de nuit, à la clarté de quarante-huit flambeaux, le roi, le dauphin, et avec lui plusieurs princes et autres grands seigneurs, furent d'un carrousel. Les uns armés à la turque, les autres à la mauresque, et tous montés sur de petits chevaux, sortirent de l'hôtel des Tournelles et de celui du connétable de Montmorency, situé rue Saint-Antoine. Les Turcs, parmi lesquels était Henri II, accompagné du dauphin et de quelques princes du sang, avaient sur l'épaule gauche un carquois plein de flèches et des habits de soie faits comme ceux des Levantins. D'une main, ils tenaient un bouclier, de l'autre une boule de terre creuse. A leur tête marchaient à cheval le trompette du roi ; après, douze hommes habillés de blanc à la façon des Turcs, montés sur des ânes et des mulets, ayant chacun devant eux deux tambours et deux timbales. A peine furent-ils dans le champ de bataille, que les Maures arrivent, et tous se mettent à courir les uns contre les autres, tantôt s'entre-ruant leurs boules et tantôt se tirant des flèches, d'abord deux à deux, puis huit à huit, douze à douze, après tous ensemble, toujours au son des timbales, des tambours et des trompettes qui faisaient une musique étrange à la vérité, mais assez bien concertée. A la fin ils se rallièrent, puis se rangeant en rond deux à deux et au son des mêmes instruments, ils se mirent à faire danser leurs chevaux en cadence, avec des cris et des huées épouvantables. »

Progrès de la Réforme.—Nouvelles scènes au Pré-aux-Clercs.

La capitale passait des fêtes somptueuses du mariage du duc de Guise avec Anne d'Est, petite-fille de Louis XII, aux processions et aux persécutions contre les réformés. La nouvelle religion faisait tous les jours de nouveaux progrès, et voyait accourir sous sa bannière des nobles, des princes. Parmi eux, figuraient les propres neveux du connétable de Montmorency, Coligny, d'Andelot, Odet de Chatillon, la reine de Navarre, Jeanne d'Albret, et son beau-frère, le prince de Condé. Les religionnaires, c'est ainsi qu'on appelait encore ceux qui avaient embrassé la réforme, d'autant plus sévères dans leurs mœurs que les catholiques étaient plus relâchés dans les leurs, vivaient d'une manière austère, et s'assemblaient secrètement pour prier ensemble. Mais quelque soin qu'ils prissent de cacher le lieu de leurs réunions, les catholiques, dans leur intolérante ferveur, savaient toujours le découvrir.

Un grand nombre de réformés s'étaient réunis (1557) pour faire la cène dans une maison située rue Saint-Jacques; le peuple averti se porte en foule dans ce lieu; en un instant la maison est investie par une multitude furieuse qui crie : Mort aux protestants ! Une partie de ces malheureux s'ouvre un passage l'épée à la main ; mais le plus grand nombre reste exposé aux violences de la populace : ce fut à grand' peine que le lieutenant criminel parvint à lui dérober cette proie ; et la prison du Châtelet sauva d'une mort inévitable ceux qu'il y renferma. Des dames du palais, des filles d'honneur de la reine et plusieurs personnes de haute distinction furent reconnues parmi les personnes arrêtées ; leur procès, poussé avec une grande vigueur, entraîna de rigoureuses condamnations.

Cette sévérité n'avait pas ralenti le zèle des religionnaires; ils eurent bientôt l'audace de prendre le Pré-aux-Clercs pour lieu de leur réunion, et s'y rendaient en procession, en chantant les psaumes de David, mis en vers par Clément Marot. Antoine de Bourbon, Jeanne d'Albret et ses femmes se distinguaient parmi ces sectaires; l'affluence pour assister à ce nouveau spectacle devint telle qu'on ne sut comment l'empêcher. Bientôt la mode s'en mêla ; les gens du bel air voulaient entendre les chants des protestants ; le peuple avait la même curiosité, mais, plus fanatique, il exprimait son horreur pour le culte nouveau par des vociférations et des actes de violence: on fut obligé de prendre des mesures sévères. Le Prévôt de Paris fit fermer les portes de la ville qui communiquaient avec le quartier de l'Université et le faubourg Saint-Germain, et le roi Henri II rendit un édit qui défendait, sous peine de mort, de s'assembler au Pré-aux-Clercs pour y chanter des psaumes.

Beau désintéressement.

La turbulence des écoles, soutenue par l'Université, de nouveaux excès qui avaient toujours le Pré-aux-Clercs pour théâtre, et que les juges trop indulgents n'osaient réprimer, motivèrent l'ordre que donna le roi d'interdire cette promenade aux étudiants, et de l'enclore d'une muraille.

Les mesures trop rigoureuses prises dans le but de déraciner l'erreur trouvèrent un conseiller du roi assez courageux pour oser les blâmer. Vieilleville avait vivement engagé le roi à ne point se mêler de ces affaires d'église, et fait tous ses efforts pour le porter à la douceur envers les pauvres égarés. Nommé plus tard maréchal de France, Vieilleville honora son pays par sa tolérance et la noblesse de son caractère.

Recevant un jour du roi un brevet qui lui accordait, ainsi qu'à cinq autres gentilshommes, entre lesquels se trouvaient MM. d'Aphem et de Biron, les biens confisqués sur tous les luthériens de plusieurs provinces, et dont le produit montait à plus de 20,000 écus pour chacun, il répondit qu'il ne voulait point s'enrichir par un si odieux et sinistre moyen, qu'il n'y trouvait trace de dignité, encore moins de charité. « Nous voilà donc enregistrés aux cours de parlement, ajoutait-il, en réputation de mangeurs de peuple, outre d'avoir pour 20,000 écus chacun les malédictions d'une infinité de femmes et d'enfants qui mourront à l'hôpital par la confiscation des biens, à tort et à droit, de leur mari et père! ce seroit s'abîmer en enfer à trop bon marché. » Cela dit, il tire sa dague et la fourre dans le brevet à l'endroit de son nom. MM. d'Aphem et de Biron, rougissant de honte, n'en firent pas moins, et tous trois s'en allèrent, sans dire mot, laissant le brevet à qui le voudrait prendre, car ils l'avaient jeté à terre. »

Le mariage de la fille aînée du roi avec Philippe II, roi d'Espagne, vint offrir le contraste des fêtes avec de nouvelles persécutions religieuses, qui atteignirent même des magistrats les plus estimés de la ville. C'est au tournoi donné rue Saint-Antoine, en face de l'hôtel des Tournelles, où pendant trois jours toute la noblesse jouta devant les dames et toute la cour, que fut mortellement blessé Henri II par un éclat de la lance de l'Écossais Montgomery (1560).

Catherine.—Protestants et Catholiques.—Les cloches de Saint-Médard.

Il n'est pas de notre ressort de dire comment la veuve de Henri II, Catherine de Médicis, gouverna la France sous le nom de son fils Charles IX, seulement âgé de dix ans à la mort de son père. Qui ne connaît la sinistre figure de cette

Italienne, et les crimes dont elle a souillé nos annales ! Cependant, pour être juste envers elle, il faut la voir au milieu des partis qui désolaient la France, partis d'autant plus difficiles à concilier que le fanatisme religieux en formait la base. Réformés et catholiques, dans le but de s'anéantir mutuellement, se livraient aux plus coupables excès. La reine, dans l'impuissance de maintenir entre eux l'équilibre, ne faisait que trop usage de ce caractère double et faux qu'elle tenait peut-être de la nature, des traditions de sa nation, et que vinrent développer les circonstances difficiles dans lesquelles elle se trouvait. Toute cette histoire où figurent des héros et des monstres, ce long drame dont Paris vit se dérouler tour-à-tour les scènes sanglantes et les trahisons, l'espace nous manque pour le retracer ; arrêtons-nous aux traits principaux caractérisant la physionomie de Paris à cette époque.

Excités par de fougueux et intolérants prédicateurs qui, tous les jours, répètent en chaire qu'il est méritoire de faire la guerre aux hérétiques, les écoliers réunis à la populace s'amusent à faire le siége d'une *maison Pavanier*, située dans le Pré-aux-Clercs, où s'assemblent des protestants. Le désordre, en dépit des mesures du Parlement et de l'Université, continue pendant quatre jours consécutifs (1561).

Une maison et un jardin appelé *la Cerisaie*, situés hors la porte du Temple, sont pour la même cause le théâtre de telles violences que le roi s'en effraie, et, pour empêcher qu'elles ne se renouvellent, rend une ordonnance tendant à ôter les armes des mains du peuple et des valets qui en font mauvais usage, permettant les dagues et les épées aux seuls gentilshommes et gens des ordonnances du roi, sous peine du fouet et de la hart. Défense faite à tous les ouvriers et serviteurs de vaguer par la ville et les faubourgs les jours de la semaine, et s'ils se promènent les jours de fêtes, ordre à eux de se *contenir modestement sans injurier personne.*

Exception faite à la loi en faveur des présidents et conseillers de la cour qui, partant le matin de leur maison pour l'exercice de leur charge, *ou marchant le soir pour conduire leur femme* ou pour autre affaire, pourront faire porter des épées à leurs serviteurs, à condition cependant qu'ils ne marcheront pas sans lumière.

Une autre fois, la tragédie se trouve précédée d'une scène bouffonne : les protestants assemblés dans la *maison du patriarche*[1], située rue Mouffetard, près de l'église Saint-Médard, s'étaient portés en foule pour entendre prêcher un ancien prêtre de Saint-André-des-Arcs, devenu ministre de la religion réformée. Tout à coup, les cloches de Saint-Médard sonnant à grand branle, d'une manière inaccoutumée, viennent couvrir la parole de l'orateur : il envoie poliment deux de ses auditeurs prier le curé de faire cesser le bruit ; mais les parlementaires sont accueillis par des injures : les coups s'ensuivent, et l'un d'eux reste mort sur la place. Aux sons redoublés de la sonnerie, un des gens du lieutenant du prévôt des maréchaux arrive pour faire cesser le bruit ; il trouve les portes de Saint-Médard fermées et voit tomber du clocher une grêle de pierres. Forcé de se retirer, le champ de bataille est ouvert aux protestants ; en un instant l'église de Saint-Médard est assiégée, les portes enfoncées, l'enceinte sacrée est envahie, les autels renversés par des furieux, qui vengent le meurtre de leurs co-religionnaires sur les fidèles qu'ils trouvent dans l'église. Ceux qui s'étaient retranchés dans le clocher s'y virent assiégés, mais ne cessèrent de sonner leurs cloches que lorsqu'on les eut menacés du feu.

Cette fois le pouvoir s'étant montré pour les protestants, l'indignation du Parisien éclata, et le lendemain, par représailles, les catholiques mirent le feu au prêche des pro-

[1] Ainsi nommée parce qu'elle avait appartenu au patriarche de Jérusalem.

testants : on eut grand'peine à arrêter l'incendie et à réprimer le désordre.

Pendant que le peuple, dans Paris, exprimait sa haine contre les réformés par des actes de brutalité, la guerre civile se faisait en grand au dehors sous des chefs valeureux, de part et d'autre avec des succès balancés. Et, que les villes fussent emportées par les catholiques ou les protestants, on avait à déplorer les mêmes excès : c'était un triste assaut de barbarie et de fanatisme.

Paris a vu à ses portes l'armée de Condé ; une bataille s'est livrée dans la plaine Saint-Denis (1559), et le connétable de Montmorency y a trouvé la mort. La reine-mère, qui ne l'aimait pas, dit en apprenant le détail du combat : « J'ai en ce jour deux grandes obligations au ciel, l'une que le connétable ait vengé le roi de ses ennemis, l'autre que les ennemis du roi l'aient défait du connétable.

Henri et Marguerite.

Un traité fait à Saint-Germain (1570), en ramenant la paix dans le royaume, a réuni catholiques et protestants. Les chefs de ce parti, appelés à la cour, s'y voient fêtés, caressés par le roi et la reine ; et le mariage de Marguerite de Valois avec le jeune Henri de Béarn, fils de la reine de Navarre, doit cimenter cette paix. Le roi s'entoure volontiers de seigneurs réformés ; il est subjugué par l'ascendant de Coligny, leur chef : la réconciliation est si complète, que même la mort subite de Jeanne d'Albret, qui fit naître des soupçons dans les esprits défiants du parti, ne peut la troubler.

Le 17 août (1572), eurent lieu au Louvre les fiançailles du jeune roi de Navarre et de Marguerite, par le cardinal de Bourbon. « Après le souper, l'épouse fut conduite par le roi, par les deux reines et autres seigneurs et dames, à l'évêché, où elle coucha cette nuit. Le lendemain, le roi de Navarre l'alla trouver, et les deux époux furent conduits en grande pompe par une galerie dressée exprès jusqu'au devant du grand portail de l'église Notre-Dame, où l'on avait préparé un haut dais pour la cérémonie. Le cardinal de Bourbon les maria, puis le roi de Navarre conduisit sa nouvelle épouse au chœur, où elle entendit la messe, pendant laquelle il se promena avec le jeune prince de Condé dans la cour de l'évêché. La messe finie, le roi de Navarre retourna prendre la reine son épouse, qu'il mena dîner dans la grande salle de l'évêché ; toute la compagnie alla le soir au palais, où l'on avait préparé un magnifique souper. Ce jour-là et les jours suivants se passèrent en festins, bals, mascarades et tournois, et en toutes sortes de divertissements, auxquels catholiques et huguenots prirent également part; et ils parurent d'aussi bon accord que s'ils eussent entièrement oublié leurs haines précédentes. Une fête splendide, donnée par Catherine, dans son nouveau palais des Tuileries, vint clore les réjouissances du mariage. On y remarqua une circonstance qui parut de mauvais augure : c'est que dans un ballet, le roi et son frère défendaient le paradis contre le roi de Navarre et les siens, qui étaient repoussés et relégués en enfer [1]. »

Horrible drame.

Le mariage de Henri de Béarn n'avait été pour Catherine qu'un moyen de s'emparer des protestants, en attirant leurs chefs à Paris. Les plus âgés du parti, moins confiants que le jeune Henri et le prince de Condé, s'étonnaient des caresses et des prévenances dont on les comblait, et, craignant qu'elles ne couvrissent quelque trahison, pensaient à se retirer : on ne leur en laissa pas le temps. Et cependant le

[1] Félibien.

Louvre résonnait encore à l'écho des fêtes; chaque jour paraissait accroître l'ascendant de l'amiral Coligny sur le roi, qui professait ouvertement pour lui une véritable estime et ne pouvait se passer de sa conversation. Un matin, en sortant du Louvre, le roi l'avait emmené voir une partie de paume dans un jeu voisin du palais. En se retirant, comme il passait devant le Cloître-Saint-Germain-l'Auxerrois [1], Coligny tombe frappé d'un coup de feu qui le blessa seulement. L'auteur du crime était un spadassin de profession, comme il y en avait beaucoup dans ces temps de trouble, prêts à servir les passions ou la haine des grands; celui-ci, nommé Maurevert, et qu'on appelait *le tueur du roi*, s'était embusqué dans une maison devant laquelle l'amiral passait tous les jours en se rendant à son hôtel de la rue de Béthisy: il parvint après le coup à se soustraire aux recherches des gens qui escortaient l'amiral.

Le roi, en apprenant cet attentat, montra une véritable colère, car il paraît qu'il n'était pas dans le secret du complot. Il fit prendre des mesures pour que le coupable ne pût échapper, puis il alla visiter le blessé et lui porta des consolations. L'amiral venait de subir avec courage une opération douloureuse. Le roi l'assura de son amitié et promit de lui faire justice de ses ennemis. Quelques jours plus tard, ce prince faible, cédant à l'odieuse politique de Catherine, ordonnait la mort de Coligny, et couvrait du manteau de la royauté le plus infernal complot, l'acte le plus cruel dont le nom catholique se soit souillé : le massacre de la Saint-Barthélemi, qui coûta la vie à 60,000 huguenots, dont 10,000 furent égorgés dans Paris.

Qu'on se peigne un instant cette affreuse nuit, où le jeune Charles IX, qui n'avait pas eu la force de résister à l'affreux ascendant de son abominable mère, attendait, plongé dans

---

[1] Aujourd'hui rue des Fossés-Saint-Germain-L'Auxerrois.

un morne abattement et une secrète horreur, la cloche du Palais, qui devait *sonner* le signal du massacre auquel il avait souscrit. « Par la mort-dieu! avait-il dit avec fureur aux infâmes conseillers qui le pressaient et voulaient lui prouver que c'était le seul moyen de prévenir une quatrième guerre civile, puisque vous trouvez bon qu'on tue l'amiral, je le veux, mais aussi tous les huguenots de France, afin qu'il n'en demeure pas un qui me le puisse reprocher! » Il ne fut que trop bien obéi.

La reine, craignant qu'il ne revînt sur sa décision, n'attendit pas le signal que devait donner la cloche du Palais : avant le jour elle fit sonner le tocsin à Saint-Germain-l'Auxerrois. Écoutons le duc d'Anjou lui-même peindre l'anxiété de ces criminels. « Le roi, la reine ma mère, et moi, allâmes au portail du Louvre, joignant le Jeu-de-Paume, en une chambre qui regarde sur la place de la Basse-Cour, pour voir commencer l'exécution. Un coup de pistolet se fit entendre, ne saurois dire en quel endroit, ni si il offensa quelqu'un; bien sais-je que le son nous blessa tous trois si avant dans l'esprit, qu'il offensa nos sens et notre jugement, épris de terreur et d'appréhension des grands désordres qui s'alloient commettre. » Le prince ajoute qu'ils envoyèrent alors un gentilhomme dire au duc de Guise de respecter les jours de l'amiral, ce qui eût tout arrêté; mais il n'était plus temps. « Nous retournâmes, continue-t-il, à notre première délibération, et nous laissâmes suivre le cours et le fil de l'entreprise et de l'exécution [1]. »

Bientôt la cloche du Palais répondit à celle de Saint-Germain-l'Auxerrois, et le massacre, qui avait commencé par le meurtre de l'amiral Coligny, devint général. La fureur des assassins était telle, qu'on égorgeait les huguenots jusque dans le Louvre; on les poursuivait dans les apparte-

[1] Journal de Henri III.

ments des princes. Écoutons encore la jeune reine de Navarre, Marguerite. Elle avait quitté sa mère assez tard, et, préoccupée de quelques paroles que lui avait dites sa sœur, la duchesse de Lorraine :

« Je fus en mon cabinet, dit-elle, je me mis à prier Dieu qu'il lui plût de me prendre en sa protection, et qu'il me gardât sans savoir de quoi, ni de qui. Sur cela, le roi, mon mari, qui s'étoit mis au lit, me manda que je m'en allasse coucher, ce que je fis, et trouvai son lit entouré de trente à quarante huguenots que je ne connoissois pas encore, car il y avoit fort peu de temps que j'étois mariée. Toute la nuit ils ne firent que parler de l'accident qui étoit advenu à M. l'amiral, et se résolvant, dès qu'il seroit jour, de demander justice au roi de M. de Guise, et que si on ne la leur faisoit, *ils se la feroient eux-mêmes...* La nuit se passa de cette façon sans fermer l'œil. Au point du jour, mon mari dit qu'il vouloit aller jouer à la paume, attendant que le roi Charles fût éveillé, se résolvant soudain de lui demander justice. Il sort de ma chambre, et tous ces gentilshommes aussi. Moi, voyant qu'il étoit jour, je dis à ma nourrice qu'elle fermât la porte afin de pouvoir dormir tout à mon aise.

« Une heure après, comme j'étois le plus endormie, voici un homme frappant des pieds et des mains à ma porte, et criant Navarre ! Ma nourrice, pensant que ce fût le roi mon mari, court vitement à la porte. Ce fut un gentilhomme, M. de Téjan, qui avoit un coup d'épée dans le coude et un coup de hallebarde dans le bras, et étoit encore poursuivi de quatre archers qui entrèrent après lui dans ma chambre. Lui, voulant se garantir, se jeta dans mon lit. Moi, sentant cet homme qui me tenoit, je me jette à la ruelle, et lui après moi, me tenant toujours à travers du corps. Je ne connoissois point cet homme, et ne savois s'il venoit là pour m'offenser, ou si les archers en vouloient à lui ou à moi. Nous criions tous deux, étions aussi effrayés l'un que l'autre ; enfin, Dieu voulut que M. de Nançay, capitaine des gardes, y vînt, qui me trouvant en cet état là, encore qu'il y eût de la compassion, ne put se tenir de rire, et se courrouça fort aux archers de cette indiscrétion, les fit sortir, et me donna la vie de ce pauvre homme qui me tenoit, lequel je fis coucher et panser dans mon cabinet.

« En changeant de chemise, parce qu'il m'avoit toute couverte de sang, M. de Nançay me conta ce qui se passoit et m'assura que le roi, mon mari, étoit dans la chambre du roi, et qu'il n'auroit nul mal, et me faisant jeter un manteau de nuit sur moi, il m'emmena dans la chambre de ma sœur, Mme de Lorraine, où j'arrivai plus morte que vive ; et entrant dans l'antichambre, de laquelle les portes étoient toutes ouvertes, un gentilhomme nommé Bourse, se sauvant des archers qui le poursuivoient, fut percé d'un coup de hallebarde à trois pas de moi. Je tombai de l'autre côté, presque évanouie, entre les bras de M. de Nançay, et je pensai que ce coup nous eût percés tous deux; et étant un peu remise, j'entrai en la petite chambre où couchoit ma sœur. Comme j'étois là, M. de Miossans, premier gentilhomme du roi, mon mari, et Armagnac, son premier valet de chambre, m'y vinrent trouver pour me prier de leur sauver la vie. Je m'allai jeter à genoux devant le roi et la reine, ma mère, pour les leur demander; ce qu'enfin ils m'accordèrent[1]. »

Ambassade polonaise.

Après de semblables scènes, peut-on parler de la réception faite à Paris aux ambassadeurs de Pologne qui venaient offrir la couronne des Jagellons au duc d'Anjou (1573)? Peut-on parler de l'effet que produisit sur les Parisiens la

[1] Mémoires de la Reine de Navarre.

richesse et l'originalité du costume de ces nobles étrangers à qui l'on rendit tous les honneurs possibles? Le peuple se porta en foule sur leurs pas; mais grand fut l'embarras de cette cour assez ignorante, pour leur répondre en latin ou en italien. Ce fut une femme, la baronne de Retz, Catherine de Clermont, qui, pour la reine-mère, répondit en latin à leur compliment. La reine de Navarre, qu'ils allèrent ensuite haranguer sans qu'elle les attendît, leur fit une élégante réponse dans la même langue. Quant aux seigneurs français, ils entendaient si peu le latin, qu'il ne s'en trouva que deux qui pussent s'entretenir dans cette langue avec ces étrangers, encore le roi les avait-il mandés exprès, de la province, à la cour.

Derniers moments de Charles IX.

Voyez, dans le vieux château de Vincennes, les délices du bon roi Louis IX, qui fut témoin de sa vie innocente et pure,

ce jeune homme qu'un mal affreux et inconnu dévore : c'est Charles IX; il compte à peine vingt-cinq ans, et la mort est là, à son chevet, et les remords qui l'accompagnent la rendent hideuse terrible! Ces remords lui montrent ses nombreuses victimes; leurs gémissements, leurs cris de rage, concert infernal, poursuivent le mourant. Il fait de vains efforts pour échapper à ce spectacle de larmes et de sang: le sien propre, qui s'échappe par tous ses pores, semble par une permission divine le premier châtiment de son crime. Charles fait appeler Marzille, son premier médecin, et lui demande si son art ne peut plus rien pour soulager ses souffrances; Marzille lui répond qu'il a épuisé l'humaine science, et qu'il ne faut plus rien attendre que de Dieu, le grand et souverain médecin, en telle maladie. «—Je crois, dit le roi, que ce que vous me dites est vrai. et n'y savez autre chose. Tirez-moi ma custode[1], que j'essaie de reposer. » Et à l'instant Marzille sortit, et fit sortir tous ceux qui étoient dans la chambre, hors trois personnes, La Tour, Saint-Bris et sa nourrice, que sa majesté aimoit fort, encore qu'elle fût de la religion.

« Comme elle s'étoit mise sur un coffre et commençoit à sommeiller, elle entendit le roi se plaindre, pleurer; elle s'approche tout doucement du lit, et tirant la custode [1], le roi commence à lui dire, jetant un grand soupir et larmoyant si fort que les sanglots lui interrompoient la parole: «Ah! ma nourrice, ma mie, ma nourrice, que de sang, que de meurtres! Ah! que j'ai eu un méchant conseil! O mon Dieu, pardonne-lè-moi, et me fais miséricorde, s'il te plaît! Je ne sais où je suis, tant ils me rendent perplexe et agité. Que deviendra tout ceci? Que deviendrai-je moi-même, que ferai-je? Je suis perdu, je le sais bien! » Alors sa nourrice lui dit: « Sire, les meurtres et le sang sont sur la tête de ceux qui vous les ont fait faire, et sur votre méchant conseil! Mais de vous, Sire, vous n'en pouvez mais; et puisque

[1] Rideau de lit.

vous n'y prêtez point de consentement, et que vous y avez regret, comme vous venez de le protester tout présentement, croyez que Dieu ne vous les imputera jamais, et qu'en lui demandant pardon de bon cœur, comme vous le faites, il vous le donnera et les couvrira du manteau de la justice de son fils, auquel seul faut qu'ayez votre recours ; mais pour l'amour de Dieu, que votre majesté cesse de larmoyer et de se fascher, de peur que cela ne rengrave votre mal qui est le plus grand malheur qui sauroit advenir à votre peuple et à nous tous. » Et sur cela, lui ayant été querir un mouchoir parce que le sien était tout mouillé et trempé de larmes ; après que sa majesté l'eut pris de sa main, lui fit signe qu'elle s'en allât et le laissât reposer [1]. Bientôt après, il expira. »

Portraits.

Après les sanglantes tragédies du règne de Charles IX, Paris est témoin des ridicules et hypocrites comédies de celui de Henri III ; ce ne sont que confréries nouvelles instituées par le roi, entre mêlées de bals, mascarades, processions, dans lesquelles il figure couvert du sac de la pénitence et entouré de ses jeunes favoris que l'histoire a flétris du nom de *mignons*. Ces hommes efféminés, vils complaisants de leur maître, insultent à la misère du peuple par leur luxe et le désordre de leurs mœurs ; ils absorbent dans les faveurs royales les revenus de l'État et le produit des impôts dont on accable la ville et le pays. On les voit, dit un écrit du temps, « fraisés et frisés, portant les crêtes levées, les ratepennades sur la tête, fardés, peignés, diaprés et saupoudrés de poudre de violette et de senteurs odoriférantes dont ils aromatisoient les rues et les places qu'ils fréquentoient. » Le roi lui-même avait toutes les habitudes d'une femme coquette ; la nuit il

---

[1] L'Estoile.

se couvrait les mains avec des gants, et le visage d'une toile préparée, afin de conserver la blancheur de sa peau ; il teignait en noir ses cheveux roux, peignait ses sourcils et se fardait le visage de blanc et de rouge; il se coiffait, comme les dames de sa cour, d'une petite toque de velours à plumes que surmontaient ses cheveux frisés et refrisés par artifice, et portait aux oreilles de gros boutons de perles ou de riches pendants d'oreilles. Il se plaisait à se vêtir en femme, ouvrant son pourpoint et découvrant sa gorge, entourant son cou d'un double et triple collier de perles et portant trois collets de toile, deux à fraise et un renversé : ces collets empesés et longs d'un demi-pied environ, de sorte, dit l'Estoile, « qu'à voir ainsi la tête dessus la fraise, il sembloit que ce fust le chef de saint Jean dans un plat. »

Ainsi accoutré, Henri courait publiquement la bague, faisait joutes, tournois, ballets et mascarades, accompagné de ses mignons ; courait avec eux à grand bruit les rues de Paris pendant la nuit, se livrant à mille bouffonneries; outrageant les passants, se laissant battre par eux. Puis, de longues et dispendieuses orgies, pendant lesquelles Henri, par un inconcevable mélange, récitait souvent le chapelet à grosses têtes de mort qu'il portait à sa ceinture, venaient clore ces parties de plaisir peu dignes de la majesté royale.

Les bons bourgeois de Paris, gens honnêtes et rangés, murmuraient fort de ces folies et profusions qui présentaient un triste contraste avec les malheurs du temps et la disette. Le peuple se consolait en lançant contre le prince, dont il avait salué l'avénement au trône par mille acclamations, les brocards et les satires les plus mordantes. Les écoliers mêmes osaient ouvertement s'en moquer ; on les vit à la foire Saint-Germain avec de grandes fraises de papier, en dérision des collets plissés que portait le roi et ses favoris, se promener en criant, non loin de Henri, qui s'y trouvait :
A la fraise on connaît le veau.

A la procession qui eut lieu pour inaugurer la Congrégation des pénitents de l'annonciation de Notre-Dame (1583), tous les confrères, le roi confondu parmi eux, couverts d'un grand sac de toile de Hollande, portant à leur ceinture une discipline pendante, furent assaillis par une pluie torrentielle, ce qui donna lieu au quatrain suivant, qui, le lendemain, courut Paris :

> Après avoir pillé la France
> Et tout son peuple dépouillé,
> N'est-ce pas belle pénitence
> De se couvrir d'un sac mouillé ?

Et le curé Poncet disait en chaire : « Ah ! malheureux hypocrites ! Vous vous moquez donc de Dieu sous le masque, et portez par contenance un fouet à votre ceinture ? Ce n'est pas là, de par Dieu, où il vous faudroit le porter, c'est sur votre dos et sur vos épaules et vous en étriller très-bien ; il n'y a pas un de vous qui ne l'ait bien gagné ! » Disons, à l'avantage du roi, qu'il se contenta de reléguer le véridique et insolent prédicateur dans son abbaye. Une autre fois, il envoyait à Guillaume Rose, l'un de ses prédicateurs ordinaires, qui, dans un de ses sermons, l'avait fort durement traité, quatre mille écus pour l'aider à passer son carême et à acheter, disait-il, du miel et du sucre, afin d'adoucir l'âpreté et l'aigreur de ses paroles.

Noces de Joyeuse.

Le massacre des protestants n'avait pas anéanti ce parti, il avait au contraire fait des prosélytes à la Réforme, et de toutes parts la guerre civile s'était rallumée avec plus de fureur. Le jeune roi de Navarre, parvenu à se soustraire à la surveillance de Catherine, était allé se mettre à la tête des réformés, après avoir abjuré la religion catholique qu'on lui avait fait embrasser par force lors de la Saint-Barthélemi. D'un autre côté, la *Ligue* s'était formée dans le but apparent de soutenir la religion catholique, et la famille de Lorraine, les Guise, était l'âme de cette association.

Quoique Henri III eût eu la politique de se déclarer chef de la Ligue, ce parti n'en dirigeait pas moins contre lui les plus violentes attaques. Et pendant que la guerre, tantôt interrompue par des traités, tantôt reprise, désolait la France, que la peste (1581) décimait la population de Paris, le roi, tout occupé de la vie dont nous avons esquissé quelques traits, s'amusait encore à faire des collections de petits chiens, de singes. d'oiseaux, qu'il allait quêter dans les maisons de Paris et dans les monastères de femmes; passait des journées à jouer à la paume ou au bilboquet, jeu dans lequel il excellait, ou bien faisait élever de magnifiques monuments à ses mignons tués en duel, et célébrait par de somptueuses prodigalités l'union de son favori Joyeuse avec Marguerite de Lorraine, sœur de sa femme, et leur donnait des sommes énormes.

Nous trouvons dans les écrits du temps les détails de la fête que donna à cette occasion le cardinal de Bourbon, dans son abbaye de Saint-Germain-des-Prés. « Il avait fait établir sur la Seine une sorte de bac très-vaste, construit et décoré en char de triomphe pour faire passer le roi, la cour et les nouveaux époux, du Louvre au Pré-aux-Clercs. Ce char devait être remorqué par vingt-quatre petits bateaux ayant la forme de chevaux-marins, de tritons, de baleines, de saumons, dauphins, tortues et *autres monstres,* qui portaient dans leurs flancs des musiciens et des artifices. Par malheur, ces machines, trop compliquées, ne purent naviguer de concert, et la foule immense des spectateurs bordant les deux rives du fleuve fut trompée dans son attente. Le roi, dépité et marri, après avoir vainement attendu depuis quatre heures jusqu'à sept, dit *« qu'il voyoit bien que c'étoient des bêtes commandées par d'autres bêtes, »* et se décida à monter en coche avec la reine et toute sa suite pour se rendre à l'abbaye. Là, le cardinal encore plus *marri* que le roi, prit sa revanche du premier échec, en offrant aux époux le festin le plus splendide qu'on eût vu jusqu'alors ; on y remarqua surtout un jardin artificiel, garni de fleurs et de fruits, comme si l'on eût été au milieu de la belle saison. Le dimanche suivant, la reine donna, à son tour, au Louvre, un somptueux repas, suivi d'un ballet où figuraient Circé et ses nymphes. Le lendemain et le surlendemain se passèrent en fêtes militaires. Dans une grande lice établie au milieu des jardins du Louvre, eurent lieu des carrousels et des ballets de chevaux ; pour cet objet, on avait, depuis plus de six mois, dressé des chevaux d'Espagne qui dansaient en cadence au son de la trompette et des clairons. » « Tout cela fut beau et plaisant, dit l'Estoile ; mais la plus grande excellence de tout ce qui se vit, fut la musique de voix et d'instruments, la plus harmonieuse et la plus déliée qu'homme, y assistant, eût jamais entendue ; et aussi les feux d'artifice qui éclatèrent et brillèrent avec un incroyable épouvantement et à la grande satisfaction de toutes les personnes qui les virent, sans toutefois qu'aucune fût blessée. »

Le véritable roi de Paris.

La folle et honteuse conduite du roi le rendait un objet de mépris, même aux yeux des siens, et encourageait l'audace de ses ennemis. Une association des principaux Ligueurs s'était formée dans Paris, ayant pour but de s'assurer de la capitale ; on confia à seize d'entre eux les seize quartiers de la ville. Sous le nom de *Conseil des Seize,* cette faction, devenue redoutable, conspirait ouvertement contre l'autorité de Henri. Plusieurs complots, où l'on devait enlever le roi, avaient été déjoués ; la sœur des Guise, la célèbre duchesse de Montpensier, qui portait à sa ceinture une paire de ciseaux d'or pour faire, disait-elle, une couronne monacale au prince qu'elle appelait par dérision : *Frère Henri de Valois*, dirigeait en personne la dernière entreprise que les révélations de Nicolas Poulain avaient fait échouer. Cependant Henri de Guise, l'un des principaux chefs de la Ligue, avait gagné dans la faveur publique autant que Henri avait perdu. Le roi, à qui il commençait à porter ombrage, lui avait fait donner l'ordre de ne point se présenter à Paris; il brave cette défense, traverse la ville, aux acclamations de la multitude criant : vive Guise ! vive le pilier de l'Église ! « La France, dit un historien du temps, étoit folle de cet homme-là. » De toutes parts on le saluait, les femmes se précipitaient sur son passage pour le voir, baisant ses habits et lui faisant toucher des chapelets comme s'il eût été un saint. Des fenêtres, on lui jetait des bouquets, des rameaux. Le lendemain, de ces mêmes fenêtres on lançait des pierres contre les soldats du roi.

La multitude, déjà fortement travaillée par les partisans des Guise, par le clergé osant en chaire prêcher l'insurrection, s'est émue ; le propos indiscret d'un courtisan prononcé sur le Pont-Neuf, comme l'étincelle qui tombe sur la poudre, produit l'explosion. En un instant les rues sont dépavées, les chaînes sont tendues, renforcées de meubles, de solives, de tonneaux pleins de terre. Le tocsin sonne, les troupes royales laissées sans ordres se trouvent renfermées dans les retranchements ; Guise laisse agir le peuple, et le roi se voit forcé de solliciter son rival de faire cesser la sédition. Guise lui répond d'abord froidement : « Ce sont des taureaux échappés, je ne puis les retenir. » Enfin, lorsque l'émeute portée au comble peut faire ressortir sa puissance, il sort et parcourt la ville, armé seulement d'une baguette, comme un homme sûr de son influence ; et les armes tombent des mains du peuple à sa première injonction : les troupes du roi sont délivrées, Guise leur fait ouvrir les barrières.

Henri avait compris que dans ce moment le véritable roi était Guise, et tandis que six à huit cents écoliers et quatre cents moines se proposaient d'assaillir le palais du côté de Paris, et qu'une armée s'approchait de la capitale, Henri sort à pied du Louvre comme s'il allait se promener; arrivé aux Tuileries, où étaient les écuries, il monte à cheval. Duhalde, son écuyer, lui met, dans sa précipitation, un éperon à l'envers. « C'est tout un, lui dit le roi, je ne vais pas voir ma maîtresse. » Étant à cheval, il se tourna vers la ville, jurant de n'y rentrer que par la brèche, et partit au galop; il ne revit plus Paris que des hauteurs de Saint-Cloud: il n'y rentra jamais.

Guise, maître de Paris après le départ de Henri, fait des actes de souveraineté en créant de nouveaux officiers de ville, d'autres capitaines; il assemble le peuple; ordonne au président, Achille de Harlay, de réunir le Parlement pour prendre avec lui les mesures convenables à la circonstance. Mais ce noble magistrat lui adresse cette réponse hardie et sévère : « C'est grand' pitié quand le serviteur chasse le maistre; au reste, mon âme est à Dieu, mon cœur est au roi, et mon corps aux méchants. » Il réplique au prince, qui insiste : « Quand la majesté du prince est violée, le magistrat n'a plus d'autorité. »

Henri de Guise paya de sa vie, aux États de Blois, sa rivalité et ses intrigues : Henri III le fit assassiner, ainsi que son frère, le cardinal de Guise. Ces deux meurtres portèrent au comble le mépris et l'horreur qu'inspirait le roi, qu'on appelait *le Vilain Hérode,* anagramme du nom de *Henri de Valois*. Les prédicateurs le déclarèrent déchu du trône; le peuple arracha partout ses armoiries, et détruisit les beaux monuments élevés dans l'église de Saint-Paul aux jeunes mignons Saint-Mégrin, Caylus et Maugiron.

Henri III se rapproche alors des protestants, fait sa paix avec son cousin Henri de Navarre, et tous deux, réunissant leurs forces, s'avancent de concert vers Paris. C'est au château de Saint-Cloud que le fanatique Jacques Clément, dont la vindicative duchesse de Montpensier avait armé le bras, trouva le cœur de Henri III. Ce nouveau crime donna la France à Henri de Navarre.

Henri IV sous les murs de Paris. — Horrible famine.

Le règne du premier des Bourbons commence à côté du lit où expire le dernier des Valois. Mais le Béarnais, dont le souvenir est encore si cher à la France, Paris, tout dévoué aux Guise et à la Ligue, refuse de le reconnaître, déclare le Huguenot indigne de succéder à la couronne, et lui oppose un vieillard, le cardinal de Bourbon, qui, sous le nom de Charles X, sert un instant de simulacre à la royauté. Les onze dernières années de ce siècle sont remplies de la lutte de Henri IV contre la Ligue expirante, et lorsque les Parisiens, à qui Mayenne avait promis de ramener *Henri pieds et poings liés*, louaient déjà des fenêtres, rue Saint-Antoine, pour voir mener le Béarnais à la Bastille, le Béarnais était devant Paris : avec son armée bien réduite, mais courageuse comme son chef, il attaquait le faubourg du Midi, s'en rendait maître, et pénétrait jusqu'au Pont-Neuf. Mais ne jugeant pas à propos de pousser plus loin sa marche, il se retirait après avoir fait payer ses troupes par le butin des faubourgs, et leur avoir donné à *dévorer* les provisions des moines de Saint-Germain-des-Prés.

Ce n'est que l'année d'après que le vainqueur d'Ivry revint mettre le blocus devant la capitale, qui fit une longue et vigoureuse résistance. Cependant un ennemi aussi terrible que Henri, la famine, vint assaillir les Parisiens. Le fanatisme était tel, qu'on menaçait de jeter à la Seine ceux qui oseraient se plaindre, et quelques bourgeois y furent jetés en effet pour s'être attroupés, demandant à grands cris la paix ou du pain ! Après avoir épuisé toutes les ressources intérieures, les assiégés se virent réduits à se nourrir des animaux domestiques : on tua environ deux mille chevaux, huit cents ânes ou mulets ; mais toutes ces ressources étant épuisées, on mangea de l'oing, du cuir, des herbes, des rats, des souris ; on fit du pain de son mêlé de poussière d'ardoise, de foin et de paille hachée ; on fit de la farine avec les os des bêtes qu'on tuait, et même avec de vieux ossements humains volés dans les cimetières. Ce pain, qu'on appela le pain de Mme *de Montpensier*, parce qu'elle en exaltait l'invention sans toutefois vouloir en tâter, fit périr ceux qui en mangèrent.

Enfin, pour terminer ces affreux détails, on vit une mère se nourrir de son enfant mort et expirer après cet odieux repas, et des lansquenets aller à la chasse aux enfants comme aux chiens. Henri IV, touché d'une si grande détresse, permit à trois mille Parisiens de quitter la ville, et y laissa à plusieurs reprises pénétrer des convois de vivres. « Il ne faut pas, disait-il, que Paris soit un cimetière, je ne veux point régner sur des morts. Je ressemble à la vraie mère de Salomon : j'aime mieux n'avoir pas de Paris que de l'avoir déchiré en lambeaux. »

Cette commisération de Henri pensa perdre sa cause; elle donna le temps aux assiégeants de recevoir des secours, et l'armée royale dut se retirer, ne trouvant pas elle-même à vivre ; ce siége fut levé après quatre mois : la famine avait fait périr plus de treize mille habitants.

Le succès des armes du roi dans le reste de la France, sa détermination d'abjurer le protestantisme, grossirent bientôt son parti et abattirent celui de la Ligue. Sacré à Chartres, hors quelques ligueurs acharnés, rien ne s'opposait plus à son entrée dans Paris, dont les portes lui furent enfin ouvertes par des amis dévoués (1594). Il y fut reçu avec de telles acclamations, qu'il disait : « Je vois bien que ce pauvre peuple a été tyrannisé. » Et à ceux qui voulaient écarter la foule : « Laissez-les, ils sont affamés de voir un roi. » Pendant que Henri était à Notre-Dame, on publiait la paix et l'amnistie; on n'entendait que des cris de joie comme en un jour de fête et de triomphe ; le peuple, se mêlant avec les soldats, leur versait à boire au milieu des rues. Le roi avait permis à la garnison espagnole de se retirer avec les honneurs de la guerre : « Messieurs, leur disait-il gaîment en les voyant passer, mes compliments à votre maître, mais n'y revenez plus... »

Henri était à peine dans sa capitale, que deux fois on attentait à sa vie : Barrière et Jean Châtel ; et cependant ce prince, après avoir pardonné à ses ennemis, signait en faveur de ses amis le fameux édit de Nantes, qui réglait les droits des protestants en France, et leur donnait des sûretés (1598).

501

Découvertes et Inventions.

(1521). Emprunt de 200,000 livres fait à la ville de Paris, par François Ier; origine de la dette publique en France.

(1523). Le Florentin Verranzani, envoyé par François Ier, découvre et fait la conquête du Canada.

(1528). Fernel mesure l'arc du Méridien.

(1531). Établissement de l'imprimerie royale de France.

(1539). On commence à tenir des registres où sont inscrits les naissances et les décès.

(1545). Invention des pistolets, à Pistoie en Italie.

(1550). Invention de l'arquebuse.

(1554). Édit qui ordonne la plantation du mûrier dans le Midi de la France.

(1560). Guten de Nuremberg invente les fusils à vent.

(1564). L'Anglais Drake rapporte d'Amérique la pomme de terre.

(1564). Ordonnance de Charles IX, qui fixe au premier janvier le commencement de l'année, qui auparavant commençait à Pâques.

(1571). Établissement de la première voiture publique, de Paris à Orléans.

(1578). Pose de la première pierre du Pont-Neuf (3 mai).

(1579). Institution de l'ordre du Saint-Esprit, par Henri III.

(1587). Introduction en Bretagne du blé dit sarrasin.

(1588). Invention des bombes.

(1589). Invention des télescopes, par Jansen de Middlebourg.

(1599). Manufactures de soieries, de tapis, de verreries, fondées par Henri IV.

CINQUIÈME PARTIE

SIÈCLE DE LOUIS XIV. — XVIIe SIÈCLE DE 1600 A 1700.

PRINCES RÉGNANTS.

Fin du règne de Henri IV, de 1600 à 1610.
Louis XIII, fils de Henri IV, de 1610 à 1643, règne 33 ans.
Louis XIV, dit le Grand, fils de Louis XIII, de 1643 à 1715, règne 72 ans.

Sommaire historique.

Coup-d'œil sur le XVIIe siècle.—Coup-d'œil sur Paris.—Assassinat de Henri IV. Le maréchal d'Ancre et Picard le cordonnier.—Duel de Boutteville.—Une panique.—Louise de Lafayette et Anne d'Autriche.—Fin du ministre et du roi.—Baptême de Louis XIV.—Préludes de la Fronde.—Journées des Barricades.—Quelques traits de la Fronde.—Mademoiselle de Montpensier.—Plaisirs.—Charités de la cour.—La Brinvilliers et la Voisin.—Institutions diverses.—Théâtres.—Cour des Miracles.—Modes.

Coup d'œil sur le XVIIe siècle

Les commencements de ce siècle, qui fut appelé le grand siècle, sont marqués par un événement bien funeste : l'assassinat de Henri IV par Ravaillac (1610). Ce crime amène la régence de Marie de Médicis, et plonge la France, qui commençait à renaître, dans de nouveaux malheurs. Bientôt apparaît sur la scène le fameux cardinal de Richelieu, appui du règne de Louis XIII.

dont le talent et l'adresse parviennent à subjuguer le roi, qui hait son ministre et ne peut s'en passer. Homme méchant, sanguinaire, mais doué du génie de la politique et des affaires, Richelieu règne en semant la mésintelligence entre le roi, sa mère, et les grands. Une ligue formidable, dont est l'âme le propre frère du roi, Gaston, duc d'Orléans, se forme contre le ministre, et trouble le pays. Richelieu en triomphe comme il triomphe des ennemis de la France, et d'un même bras fait tomber les têtes qui lui font ombrage, abat les Huguenots et la maison d'Autriche enfin. (1642) « Il meurt détesté et admiré. Sa souplesse fit sa fortune, son orgueil sa gloire[1]. »

Une seconde régence, et celle d'une femme encore, occupe l'autre quart du siècle, et donne le pouvoir à la reine Anne d'Autriche, la mère de celui qui fut Louis XIV. Ce pouvoir, elle le partage ou plutôt elle l'abandonne aux mains d'un étranger, le cardinal Mazarin. La faveur dont jouit ce ministre excite la jalousie des grands. Ainsi que Richelieu, Mazarin voulait que l'autorité royale fût absolue, et son despotisme souleva autant d'ennemis que celui de son prédécesseur. Mais Richelieu maîtrisa toujours les siens par l'épouvante et les cruautés, tandis que la ruse, la politique tortueuse, l'avarice et la frivolité de l'Italien ne lui attirèrent que le mépris d'abord, et enhardirent à le combattre le peuple, à qui il était devenu odieux.

Une ligue, ayant pour but apparent de renverser le ministre, et pour motif plus réel des ambitions déçues, allume la guerre civile ; guerre où l'on voit figurer des grands du royaume, Condé, Conti, Longueville ; un prince de l'Église, le cardinal de Retz ; et des femmes, les duchesses de Longueville et de Montpensier ; guerre de cabales, d'écrits, de pamphlets, où l'on se bat en faisant des vers, des épigram-

[1] Châteaubriand.

mes et des chansons, ce qui n'empêche pas le sang de couler; guerre enfin que son nom caractérise assez : *la Fronde*.

Mazarin, habile, patient, insensible à l'injure, surmonte tous les obstacles. Après avoir usé ses ennemis les uns par les autres, s'être concilié jusqu'à la fin l'amitié et même le respect de son royal pupille, il lui donne une femme dont la dot est la paix avec l'Espagne.

Le lendemain de la mort du ministre, le jeune roi disait dans son conseil : « Jusqu'à présent, Messieurs, j'ai bien voulu laisser gouverner mes affaires par feu M. le cardinal ; mais, dorénavant, j'entends les gouverner moi-même : vous m'aiderez de vos conseils *quand je vous le demanderai.* » Tout le caractère de Louis XIV est dans ces mots. « La France, a dit encore Châteaubriand, passa au despotisme en riant. » Mais quel despotisme, celui de Louis XIV ! A la mort de Mazarin, ce roi sort de l'ombre, et sa majestueuse figure se dessine nettement au milieu de la quadruple auréole de gloire que lui font ses conquêtes, les arts, les beaux génies littéraires et les grands capitaines de son époque. Mais il vécut trop longtemps pour cette gloire : infidèle amante, elle l'abandonna dans les dernières années de son règne, et l'on vit le faible vieillard sous la couronne du grand roi.

Coup d'œil sur Paris.—Nouvelle topographie.

Le Paris que nous allons parcourir prend un intérêt particulier, car tous les monuments que nous avons à décrire existent encore. Ce ne sont plus d'anciens souvenirs qu'il nous faut évoquer pour reconstituer la ville du grand siècle ; nous pouvons voir de nos yeux et toucher ces chefs-d'œuvre que l'art moderne n'a point dépassés.

L'accroissement successif de la ville et de ses faubourgs avait rendu la vieille enceinte de François Ier insuffisante, la muraille était débordée de toutes parts ; sous Louis XIII

(1632) on en fit construire une nouvelle depuis la Porte Saint-Denis jusqu'à l'extrémité du faubourg Saint-Honoré. La Porte Montmartre fut reculée jusqu'à la fontaine, près la rue des Jeûneurs; une porte nouvelle, nommée Porte Richelieu, fut ouverte rue de ce nom, près celle de Feydeau, et la Porte Saint-Honoré transportée près la rue Royale.

L'enceinte de Louis XIII était entourée de fossés et de bastions garnis de moulins à vent, et avec courtines plantées d'arbres. Les anciens faubourgs Montmartre, Saint-Honoré, et le village de la Ville-Neuve, détruit pendant le siége de Paris, se trouvèrent enclavés dans l'enceinte, et plusieurs des rues qui existent aujourd'hui jusqu'au boulevard s'ouvrirent alors. La butte Saint-Roch ou des Moulins, qui s'était élevée par les dépôts successifs de gravois, fut aplanie en 1767, et des rues s'ouvrirent sur son emplacement.

La nouvelle enceinte fut à peine achevée que les particuliers firent bâtir un si grand nombre de maisons hors la Porte Saint-Honoré, que le faubourg qui s'y forma se trouva joint au village du Roule et de la Ville-l'Évêque.

La grande rue du Faubourg-Saint-Antoine et celles qui joignent les villages de Popincourt et de Reuilly furent bâties dans le même temps.

Du côté du midi on laissa subsister l'ancienne enceinte de Philippe-Auguste, réparée sous Charles VI. Plusieurs rues s'ouvrirent dans le faubourg Saint-Germain, sur l'emplacement du petit Pré-aux-Clercs et sur celui de l'Hôtel de Nevers. L'Ile Notre-Dame fut jointe à la petite Ile-aux-Vaches (1643); le canal qui les séparait étant comblé, des rues furent ouvertes dans l'île, et les quais de Bourbon, de Béthune, d'Orléans et d'Anjou, qui l'entourèrent, se bordèrent d'habitations. Les ponts Marie, du côté du nord, et de la Tournelle, au midi, vinrent relier l'île avec la ville, et le Pont-Rouge l'unit à la Cité, qui elle-même se rattacha à la ville méridionale par le Pont-au-Double et le Pont-Saint-Charles.

Le pont Barbier, construit en bois, remplaça le bac servant à traverser la Seine des Tuileries au Pré-aux-Clercs. Le quai Malaquais, sur la rive gauche de la Seine, le quai de l'Arsenal, au port Saint-Paul, le quai de Gèvres, furent construits sous le règne de Louis XIII. Sous celui de Louis XIV, le quai Pelletier prolongea le quai de Gèvres ; le quai de Conti ou de la Monnaie, le quai Voltaire, nommé d'abord des Théatins à cause du couvent de ce nom, le quai d'Orsay, nommé d'abord de la Grenouillère, continuèrent la ligne de quais jusqu'après la rue du Bac. Sous ce règne, le pont de Grammont unit l'Ile-Louviers au quartier des Célestins ; le Pont-Royal, bâti en pierre, vint remplacer le pont Barbier.

Sous Louis XIV, l'enceinte de Paris se trouvait déjà dépassée de toutes parts ; et comme les anciennes murailles étaient fort dégradées on les démolit, et l'on traça une nouvelle enceinte tout autour de la ville, qui suivait la ligne des boulevards aujourd'hui. Les portes Saint-Antoine, Saint-Martin, Saint-Denis, furent rebâties en arcs-de-triomphe, en l'honneur des victoires de Louis XIV, ainsi que la porte Saint-Bernard, située quai de la Tournelle. L'agrandissement de l'enceinte nécessita un plus grand nombre de portes. Celles de Gaillon et Sainte-Anne furent bâties et abattues dans les premières années du siècle suivant.

Au X⁰ siècle, Paris était divisé en quatre quartiers; il le fut en huit sous Philippe-Auguste; ce nombre, doublé sous Charles V, fut porté à dix-sept sous Henri III. En 1702, Paris était divisé en vingt-quatre quartiers.

Institutions religieuses.

Ce siècle, appelé à juste titre le siècle « *de la fécondité monastique,* » vit naître à Paris un nombre considérable de communautés : Feuillants, Feuillantines ; Bénédictins, Bénédictines ; Cordeliers, Cordelières ; Capucins, Capucines ; Carmes, Carmélites, Ursulines, etc., etc. On n'en compte pas moins de cent cinq, dont soixante-neuf maisons de femmes et trente-six d'hommes. Sur ce nombre, le règne de Louis XIII peut en revendiquer soixante. La plupart de ces congrégations existaient déjà dans la province; elles furent introduites à Paris par des personnes pieuses, et les princes s'en déclarèrent les protecteurs. A la fin du siècle (1670), le Parlement fut obligé de faire faire une visite exacte de tous ces couvents, afin de vérifier leurs titres et de supprimer ceux de ces établissements qui n'auraient pas de réels moyens d'existence. Les religieuses qui les habitaient furent renvoyées dans les lieux où elles avaient fait profession. Ne pouvant donner des détails sur toutes ces maisons, nous nous bornerons aux particularités.

La plupart des congrégations de femmes étaient vouées à l'éducation des jeunes filles ou au soulagement des pauvres.

Les filles de la Visitation, rue Saint-Antoine, ordre fondé par Saint-François de Sales, introduit à Paris par la veuve du baron de Rabutin Chantal ; sa mission était de visiter, soigner et consoler les malades et les pauvres.

Les filles de Saint-Joseph ou de la Providence. Cette communauté de filles séculières devait son origine à Marie Delpech, qui en fut la bienfaitrice, et la destina à l'éducation de pauvres orphelines qu'on y recevait à l'âge de neuf à dix ans. On leur enseignait tous les ouvrages convenables à leur sexe, jusqu'à ce qu'elles fussent en état d'embrasser une profession, de se marier ou d'entrer au couvent.

Filles ou sœurs de la Charité. L'association de la charité des servantes des pauvres fut instituée en province par Saint-Vincent-de-Paul et introduite à Paris par Louise de Marillac, veuve de M. Legras, secrétaire des commandements de Marie de Médicis. Cet ordre utile s'est perpétué et existe encore aujourd'hui. Les sœurs de charité, surnommées par le peuple *Sœurs Grises*, sont distribuées dans les paroisses de Paris, où elles dirigent gratuitement l'éducation des jeunes filles, assistent et soignent les malades et portent des secours à domicile ; elles desservent aussi la plupart des hospices de Paris. Ces pieuses filles ne sont point cloîtrées.

Notre-Dame de Sion, religieuses anglaises de l'ordre de Saint-Augustin, rue des Postes. Cette communauté n'a pas cessé d'exister; elle a résisté à la tourmente révolutionnaire de 1793. Lorsque tous les couvents ont été supprimés, elle seule a été oubliée complétement et n'a pas quitté sa maison; elle est consacrée à l'éducation des jeunes filles.

Le Couvent des filles repenties, *Madelonnettes*, rue du Faubourg-du-Temple, est devenu une prison spécialement destinée à la détention des hommes.

Couvent et église du Val-de-Grâce, rue Saint-Jacques. Cette communauté de filles, établie à trois lieues de Paris, vint dans cette ville en 1621. Anne d'Autriche s'en déclara la protectrice. Dans cet asile, au milieu des bonnes religieuses qu'elle aimait, cette reine se retirait souvent pour se soustraire à la tyrannie de Richelieu. Lorsqu'après vingt-deux ans de mariage, Anne d'Autriche mit au monde un fils qui fut depuis Louis XIV, dans sa joie et sa reconnaissance la reine fit vœu d'élever un temple magnifique, et le 1er avril 1645 le jeune prince posa la première pierre de l'église. Ce vaste édifice, un des plus réguliers qu'on ait élevés au xviie siècle. Mansard en fournit les premiers dessins. Le dôme du Val-de-Grâce est l'un des plus élevés de Paris; il est peint à

fresque dans l'intérieur par Mignard, et cet ouvrage est un des plus grands morceaux de ce genre. La décoration du grand autel est formée de six grandes colonnes torses d'ordre composite, en marbre, revêtu de bronze ; ces colonnes, chargées de palmes de rinceaux de bronze doré, soutiennent un immense baldaquin, d'un bel effet.

Anne d'Autriche avait accordé aux religieuses, entre autres priviléges, ceux de porter des armoiries royales, d'inhumer le cœur des princes de la famille royale, et enfin de conserver la première chaussure des enfants des princes du sang.

Abbaye de Port-Royal. Cette communauté de femmes, ayant une maison rue d'Enfer, et une autre à Port-Royal-des-Champs, doit sa double célébrité à l'une de ses abbesses,

Jacqueline-Marie-Angélique Arnauld, qui en réforma les mœurs, y introduisit une sévère discipline, et à la lutte entre les jansénistes et les molinistes ou jésuites.

A trois lieues de Versailles, dans la vallée accidentée de Chevreuse, se trouvait située l'abbaye de Port-Royal-des-Champs. A l'ombre de ce monastère, et attirés par le pittoresque et la solitude du lieu où il était situé, des grands seigneurs de la cour, des savants, des femmes même, car la duchesse de Longueville y avait fait bâtir un palais, étaient venus chercher le calme dans cet asile et s'y reposaient des plaisirs bruyants du monde. Les uns s'y livraient à la méditation et à l'étude ; d'autres savouraient le charme paisible des champs, lorsque la doctrine de Jansénius, condamnée par les papes Clément V et Grégoire XIII (1507, 1578), fit naître dans cette société éclairée le désordre de la controverse et y attira la persécution. Toute la famille des Arnauld, qui tenait à la cour, au barreau, à l'armée et à l'église, avait embrassé cette doctrine. Un écrit de l'abbesse de Port-Royal, Marie-Angélique Arnauld, et qu'on jugea entaché de jansénisme, commença la dispute ; le rang et les talents de ceux qui soutinrent cette lutte, l'aigreur qu'ils y apportèrent lui donnèrent bientôt les proportions d'un schisme, et firent tomber sur cette agréable et pieuse solitude la foudre de Richelieu (1638). Parmi les célèbres champions du jansénisme, on comptait les savants Pierre Lancelot, Nicole, de Sacy, Racine et Blaise Pascal, dont les fameuses Lettres provinciales vinrent par leur succès envenimer la querelle et provoquer les rigueurs de Louis XIV. En 1656, les religieuses furent renvoyées de leur couvent et dispersées ; les mondains solitaires de Port-Royal renfermés en partie à la Bastille, d'autres exilés. Et dans le siècle suivant (1708), une bulle du pape Clément XI et un arrêté du Conseil supprimèrent le couvent de Port-Royal-des-Champs, et ordonnèrent sa destruction ; les sépulcres mêmes ne furent pas épargnés. Les religieuses qui se conformèrent à la croyance des jésuites furent seules conservées et placées dans la maison de Port-Royal de Paris, rue d'Enfer.

Madame de Miramion, veuve d'un conseiller au parlement, touchée du sort des jeunes filles que la misère ou le vice détournait de leurs devoirs, leur ouvrit un refuge et fonda (1665) l'établissement de *Sainte-Pélagie* ou des *filles de bonne volonté*, situé rue de la Clef. Depuis la révolution, cette maison est devenue une prison publique. C'est aussi à la charité de madame de Miramion qu'est due la fondation *des filles de Sainte-Geneviève* ou *Miramiones*, rue de la Tournelle. Ces religieuses ne faisaient pas de vœux, et se consacraient à l'instruction des pauvres et au soulagement des blessés.

Prêtres de l'Oratoire du Louvre, établis rue Saint-Honoré, dans l'ancien hôtel Dubouchage, qui avait appartenu à Gabrielle d'Estrées. Cet hôtel tenait d'un côté au Louvre et allait jusqu'à la rue Saint-Honoré ; l'entrée principale se trouvait rue du Coq. Louis XIII déclara ces religieux ses chapelains, et leur église : *l'Oratoire du Louvre*. La façade que l'on voit aujourd'hui sur la rue Saint-Honoré fut reconstruite en 1745. Les oratoriens, renommés par leur science et par leurs vertus, possédaient une riche bibliothèque et des manuscrits rares en langues orientales, entre autres le *Pentateuque samaritain*. Malebranche, l'un des grands philosophes de la France, était de cette congrégation.

Jacobins de la rue Saint-Honoré, sur l'emplacement actuel du marché. C'est dans la salle de leur bibliothèque que siégea pendant la révolution la fameuse société des Amis de la Liberté, et qui, du nom de ce couvent, s'appela société des Jacobins. L'église des *Jacobins du faubourg Saint-Germain* est devenue depuis la révolution l'église de Saint-Thomas-d'Aquin.

Les *prêtres de la Doctrine chrétienne*, rue Saint-Victor, appelés par le peuple *Ignorantins*, supprimés en 1793, ont été rétablis sous le nom de Frères de la doctrine chrétienne, et dirigent aujourd'hui avec beaucoup de zèle les écoles de charité.

Couvent et église des Petits-Pères ou de Notre-dame-des-Victoires, près de la place de ce nom. Louis XIII institua ce couvent, et posa la première pierre de l'église pour marquer sa reconnaissance envers la sainte Vierge du succès de ses armes. L'église et son portail d'une belle simplicité, tels qu'on les voit encore, ont été élevés sur les dessins de Cartaud.

Églises.

Sainte-Marguerite, rue Saint-Bernard, faubourg Saint-Antoine. Le curé Goy légua à la fabrique de cette paroisse deux bibliothèques : l'une, nombreuse et choisie, devant être ouverte au public trois jours de la semaine ; l'autre, de livres de piété en langue vulgaire, destinés à être prêtés aux paroissiens pauvres. Il laissa en outre des rentes pour l'entretien de ces bibliothèques et des deux prêtres faisant la fonction de bibliothécaires. Il fonda aussi des legs considérables pour répandre l'instruction parmi les enfants pauvres de la paroisse.

Église et Couvent des Religieuses de l'Assomption. L'église, telle qu'on la voit aujourd'hui, fut construite en 1670, et achevée six ans après. La voûte du dôme, peinte à fresque, représente l'Assomption de la Vierge ; cette église possède en outre plusieurs bons tableaux.

L'église du couvent des Capucins, au Marais, *Saint-François d'Assises*, a survécu à la suppression de cette communauté.

C'est sur l'emplacement de la *Chapelle de Saint-Joseph*, rue Montmartre, qu'a été construit le marché Saint-Joseph.

L'Église Saint-Ambroise, reste du couvent des Annonciades.

Saint-Louis en-l'Ile, île autrefois Notre-Dame, aujourd'hui Saint-Louis.

L'Église et Couvent des Filles pénitentes de Sainte-Valère, rue de Grenelle-Saint-Germain. L'église seule est restée, elle est jolie, quoique petite.

L'Église de Saint-Eustache, dont la première pierre avait été posée en 1532, reconstruite dans ce siècle, fut consacrée en 1637 par François de Gondy, premier archevêque de Paris, et seulement terminée en 1642. Cet édifice, curieux assemblage de l'architecture gothique et de l'architecture grecque, est un des monuments les plus remarquables de la capitale. Il est très-vaste et très-élevé ; le portail du passage Saint-Eustache et celui de la rue Traînée que présente notre gravure, sont gothiques et ornés de charmantes et délicates sculptures : ce sont les parties les plus anciennes de l'édifice. Le portail occidental ou la façade est construit sur les dessins de Mansard de Jouy et de Moreau ; il n'a été terminé qu'en 1788. Il est formé de deux ordres l'un au-dessus de l'autre, le dorique et l'ionique. Aux extrémités de ce portail, s'élèvent deux tours carrées ou campaniles. Il y avait autrefois au-dessus du rond-point de la croisée un clocher, dont on a supprimé l'aiguille, remplacée par un télégraphe.

L'architecte Mansard ne voulut retirer aucune rétribution pour ses honoraires, qui auraient monté à plus de quarante mille livres, se trouvant heureux d'employer son temps et ses talents à la décoration de l'église de sa paroisse. Les marguilliers, touchés de sa générosité, lui assurèrent un logement gratis pendant sa vie dans une maison qui leur appartenait, rue Montmartre.

L'intérieur de Saint-Eustache, l'église la plus vaste de Paris après Notre-Dame, offre la disposition des églises gothiques. Son admirable ornementation, les sculptures élégantes et capricieuses de la voûte, peuvent être placées au nombre des meilleures productions de la Renaissance ; on remarque surtout le *pendentif* splendide, sorte de vaste couronne, embellie d'ornements, supportée par des figures

St EUSTACHE
Architecture du XVIIe Siècle

Architecture du XVIIe Siècle

d'anges hautes de plusieurs pieds, et qui descend au-dessus du sanctuaire. Parmi les dix statues qui ornaient le maître-autel, chefs-d'œuvre de Jacques Sarrazin, on remarquait que celle de Saint-Louis ressemblait à Louis XIII, celle de la Vierge à Anne d'Autriche, et le petit Jésus à Louis XIV. A la partie orientale de l'église, et dans l'intérieur, se trouve une chapelle souterraine dédiée à sainte Agnès, première patronne de cette paroisse.

Saint-Roch, rue Saint-Honoré. Cette vaste église a été bâtie sur l'emplacement de l'hôtel de Gaillon, à côté duquel se trouvaient deux chapelles, l'une consacrée à sainte Suzanne, et l'autre dédiée aux *cinq Plaies*. Louis XIV et la reine Anne d'Autriche posèrent la première pierre du monument actuel (1653); mais le manque d'argent retarda les travaux jusqu'à 1720. Le célèbre Law, ayant abjuré le protestantisme à cette époque et fait sa première communion dans cette église, donna cent mille livres pour achever sa construction. Commencée sur les dessins de Jacques Lemercier, elle fut continuée par son successeur Robert de Cotte; c'est lui qui dessina le magnifique portail que l'on voit aujourd'hui, élevé au-dessus d'un grand nombre de marches, composé des deux ordres dorique et corinthien, et orné de statues. L'intérieur de l'église est vaste et d'une grande profondeur, divisé en cinq parties : la nef, le chœur, la chapelle de la Vierge, celle de l'Adoration, et enfin la chapelle du Saint-Sépulcre. Si l'on a justement critiqué quelques décorations un peu trop théâtrales, on admire une foule d'excellents tableaux tant anciens que modernes, et la peinture à fresque représentant l'Assomption qui orne la coupole de la chapelle de la Vierge. La sculpture décore plusieurs tombeaux placés dans les chapelles.

L'Église de Saint-Sulpice, telle qu'on la voit aujourd'hui, n'était au XIIe siècle qu'une chapelle, successivement agrandie et augmentée selon les besoins du quartier. Cette église fut entièrement reconstruite sous le règne de Louis XIV; Anne d'Autriche en posa la première pierre. Les travaux, conduits d'abord avec célérité, furent longtemps suspendus faute d'argent, et repris seulement en 1721. Plusieurs architectes concoururent à l'érection de ce monument; le beau portail, dessiné par Servandoni, se compose d'ordonnances ioniques et doriques ; aux deux extrémités sont deux corps de bâtiments carrés qui servent de base à deux tours ou campaniles élevées de deux cent dix pieds, six pieds de plus que les tours de Notre-Dame. La tour du midi, ouvrage de Maclaurin, est restée inachevée ; celle du nord a été construite par Chalgrin, qui fut chargé de mettre en harmonie les diverses parties de ce vaste édifice, un des plus remarquables de Paris malgré les défauts que lui reprochent les artistes. L'intérieur de Saint-Sulpice répond à l'extérieur pour le grandiose et la majesté ; la chapelle de la Vierge est un objet de curiosité par sa disposition architecturale et la manière dont elle est éclairée ; la coupole peinte à fresque représente l'Assomption de la Vierge, et la niche du fond, éclairée par *un jour céleste*, contient un gracieux groupe en marbre de *Marie présentant son fils*. Parmi les curiosités de Saint-Sulpice, il ne faut pas oublier l'obélisque établi par Henri de Sully (1743), qui, par sa disposition, sert à fixer d'une manière certaine l'équinoxe du printemps, et le dimanche de Pâques.

Hospices.

Sous Louis XIII cinq hôpitaux furent fondés : celui *de la Pitié*, rue Copeau, en 1612, pour renfermer les pauvres qui envahissaient les rues de Paris. La chapelle, sous l'invocation de *Notre-Dame-de-Pitié*, donna son nom à l'hôpital.

L'Hôpital de *Notre-Dame-de-Miséricorde* ou *des cent filles*, fondé par Antoine Séguier (1624) pour cent jeunes filles orphelines; elles y apprenaient des états et pouvaient rester dans cet asile jusqu'à l'âge de vingt-cinq ans.

L'Hôpital des Convalescents, rue du Bac. La pensée délicate de venir au secours des convalescents sortis des hôpitaux, et que leur faiblesse exposait à des rechutes, est due à une femme, Angélique Favre, veuve du surintendant des finances ; cette femme charitable voulut même cacher sa bonne action : elle fit cette fondation (1624) sous le nom d'André Gervaise, chanoine de Reims.

L'Hôpital des Incurables, rue de Sèvres, destiné à recueillir les pauvres des deux sexes attaqués de maladies incurables (1634). La première pensée de cet établissement charitable est due à Marguerite Rouillé, femme d'un conseiller au Châtelet.

Hospices des Enfants Trouvés. Une des obligations des seigneurs féodaux était de nourrir les enfants trouvés. En qualité de seigneur, l'évêque de Paris, pour s'acquitter de cette obligation, avait destiné une maison près du port Saint-Landri, nommée *maison de la couche*. En outre, il faisait placer d'ordinaire dans son église un vaste berceau qui contenait plusieurs de ces enfants, afin d'éveiller la pitié publique en leur faveur. Vincent-de-Paul, touché du sort de ces intéressantes créatures qui, leur nombre s'étant beaucoup augmenté, restaient sans secours, bien plus, devenaient la proie de misérables dont l'apparente bienfaisance prenait la charge de ces enfants pour en faire ensuite un abominable trafic, parvint à leur faire ouvrir un asile près de la porte Saint-Victor (1638) ; et bientôt, grâce à son zèle infatigable et à son ardente charité, on vit s'élever à Paris l'*Hôpital des Enfants Trouvés*, rue Saint-Antoine, dont la reine Marie-Thérèse d'Autriche posa la première pierre, et celui situé au coin de la rue Neuve-Notre-Dame, en face de l'église métropolitaine.

Louis XIV, ayant destiné à la construction d'un hôpital

général un petit arsenal appelé la Salpêtrière, situé où est aujourd'hui l'hôpital de ce nom, et cet établissement ayant été ouvert (1656), l'hospice de la Pitié devint une de ses dépendances et fut occupé par les enfants des pauvres, à qui l'on apprenait à travailler. L'hôpital général de la Salpêtrière, avec les libéralités de Louis XIV, du cardinal Mazarin, qui donna cent soixante mille livres, et de nombre d'autres personnes généreuses, entre autres le président Bellièvre, qui fit don de vingt mille écus, s'éleva donc sur de grandes proportions et permit d'y recevoir dix mille pauvres. Alors défenses furent faites à cri public dans Paris, à tous les mendiants qui refuseraient d'entrer dans cet établissement, de demander l'aumône dans la ville.

Monuments civils.

Parmi les monuments civils qui se sont élevés sous le règne de Louis XIII, il faut remarquer le palais du Luxembourg, que Marie de Médicis fit construire à peu près dans le lieu occupé jadis par le castel de Vauvert. Depuis le château de la reine Berthe, le terrain avait bien des fois changé d'aspect : des hôtels particuliers, entre autres celui acheté par Piney de Luxembourg et qui donna son nom au palais nouveau, la Ferme-du-Bourg, le pressoir de l'Hôtel-Dieu, le clos vignerai des terrains au lieu appelé le Boulevard, et une partie de l'enclos des Chartreux, furent acquis par la reine Marie de Médicis. Sur ce vaste emplacement, elle fit élever (1615) une demeure royale entourée de somptueux jardins, imitation, autant que le comportait le terrain, du palais Pitti, à Florence. La direction en fut confiée à Jacques de Brosse et s'exécuta sur ses dessins. Le palais du Luxembourg est un des plus beaux monuments de ce genre, et l'un des plus réguliers. Il se compose d'une seule et vaste cour environnée de portiques, et flanquée de quatre corps de bâtiments carrés ou pavillons ; une façade du palais donne sur la rue de Vaugirard, vis-à-vis la rue de Tournon ; l'autre sur le jardin, en face l'avenue qui conduit à l'Observatoire : cet autre monument formant au palais une agréable perspective. Les jardins ornés de statues et d'un vaste bassin,

offrent un aspect varié où les mouvements du terrain ajoutent à l'agrément.

Le *Petit Luxembourg*, hôtel situé rue Vaugirard, et contigu du côté de l'ouest au palais, dont il était une dépendance, fut commencé en 1629, par ordre du cardinal de Richelieu, qui l'habita d'abord, et le donna ensuite à sa nièce la duchesse d'Aiguillon.

C'est alors que Richelieu fit élever le *Palais-Royal*, rue Saint-Honoré (1629), sur l'emplacement de l'ancien hôtel des Armagnacs et de celui de Rambouillet. Cet édifice somptueux, où rien n'avait été oublié, pas même des salles de spectacle, s'appela du nom de son propriétaire, le *Palais Cardinal*. Il prit le nom de Palais-Royal, après la donation que Richelieu en fit à Louis XIII. Anne d'Autriche vint l'habiter avec ses enfants en 1643.

Bibliothèque du roi, rue Richelieu, 58. La petite et précieuse bibliothèque commencée par Charles V fut en partie dispersée après sa mort. Bedfort, régent de France pour le roi d'Angleterre Henri V, la fit transporter à Londres. Louis XI essaya de la reconstituer en rassemblant tous les volumes épars dans les diverses résidences royales. Louis XII, Charles VIII et surtout l'invention de l'Imprimerie, en multipliant les livres, lui devinrent favorables. François Ier l'enrichit de nombreux manuscrits grecs et orientaux. Le lieu où se conservait cette collection avait plusieurs fois varié; et transportée de Fontainebleau à Paris sous le règne de Henri IV, elle s'augmenta considérablement par l'ordonnance de Louis XIII, portant que nul ne pourrait avoir privilége de faire imprimer ou vendre aucun livre sans en mettre gratuitement deux exemplaires dans la bibliothèque du roi [1]. A la fin du règne de Louis XIII on n'y comptait pas moins de 16,746 volumes. Sous Louis XIV le nombre s'en étant accru, et le local qui les contenait, rue de la Harpe, étant devenu insuffisant, le ministre Colbert les fit transporter dans deux maisons contiguës de l'hôtel qu'il habitait lui-même, rue Vivienne, et qui avait appartenu à Mazarin : la bibliothèque fut alors ouverte au public. Elle resta dans ce lieu jusqu'en 1721, époque où elle fut transportée dans le local qu'elle occupe encore, rue Richelieu, et qui faisait partie du palais Mazarin.

Parmi les nombreuses richesses que l'intelligence a fournies à cette immense et rare collection, on remarque, dans la pièce spécialement destinée à la géographie, deux globes terrestre et céleste d'une gigantesque dimension, exécutés à Venise par Marc-Vincent Coronelli, d'après les ordres du cardinal d'Estrées, qui en fit présent à Louis XIV (1683).

Collége Mazarin ou *des Quatre-Nations*, aujourd'hui pa-

[1] Usage qui s'est conservé.

lais de l'Institut, quai Conti. Il fut fondé par le testament du cardinal Mazarin, pour l'éducation de soixante gentilshommes ou bourgeois, nés à Pignerol, en Savoie, et dans les provinces d'Alsace, de Hainaut et de Luxembourg, récemment réunies à la couronne. Cette disposition expresse du fondateur valut à son établissement le nom vulgaire de *Collége des Quatre-Nations*. Mazarin avait aussi légué à cette institution la bibliothèque de son palais, riche collection qu'il avait, de son vivant, ouverte au public. Après sa mort, elle fut transportée au collége fondé par sa libéralité, et porte le nom

de son auteur : *Bibliothèque Mazarine*. L'édifice de ce collége, dont Levau donna le dessin, s'éleva sur l'emplacement de l'hôtel de Nesle et de plusieurs maisons voisines.

La façade, regardant le quai, occupe la place où se trouvait la tour de Nesle. Son plan forme une portion de cercle, terminée à l'une et à l'autre de ses extrémités par deux pavillons carrés. Au centre est le portail de l'église, d'ordonnance corinthienne, surmonté d'un fronton; au-dessus s'élève le dôme, qui était alors couronné par une lanterne et une croix. Pendant la révolution le collége fut affecté à l'école centrale des Quatre-Nations, puis à l'Institut de France, qui, par arrêt impérial (1806) ayant réuni dans le même centre toutes les académies, tenait ses séances dans la chapelle, disposée par divers changements à cette destination nouvelle.

A la restauration moderne de ce palais, deux fontaines à vasques, ornées de lions en fer fondu, furent établies au-devant de la façade. De la gueule de ces lions, peints en vert antique, s'échappe un filet d'eau; ce qui donna lieu à cette épigramme qui courut dans Paris :

> Superbe habitant du désert,
> En ce lieu, dis-moi, que fais-tu ?
> —Tu le vois à mon habit vert [1] :
> Je suis membre de l'Institut ;
> Et la preuve, mon cher confrère,
> C'est que je fais de l'eau claire.

L'institution des quatre académies *royales des inscriptions et belles-lettres, des sciences, de peinture et de sculpture, et d'architecture*, est due dans ce siècle à l'administration du grand Colbert; elles avaient pour but de réunir dans un même centre les travaux des sciences, de la littérature et des arts, et de favoriser ainsi leurs développements.

Observatoire, rue du Faubourg-Saint-Jacques. L'érection de ce monument, destiné aux observations et recherches astronomiques, est également due à Colbert, qui chargea Claude Perrault de son exécution. Les quatre façades de cet

---

[1] On sait que l'uniforme de l'Académie est vert, brodé de feuilles de chêne.

édifice correspondent aux quatre points cardinaux du monde. Deux tours octogones s'élèvent aux deux angles de la façade méridionale ; au milieu de celle du nord est un avant-corps où se trouve l'entrée. Sur le comble de l'édifice, on a élevé, en 1810, un bâtiment carré, flanqué de deux tourelles où se font les observations astronomiques. Ce monument, dégagé des maisons qui l'entourent, est entièrement isolé et correspond directement avec le Luxembourg par une large avenue plantée d'arbres

La ligne de la face méridionale de l'Observatoire se confond avec celle de la latitude de Paris. La méridienne, tracée dans la grande salle du second étage, divise cet édifice en deux parties égales. C'est de cette ligne, s'étendant de Dunkerque à Collioure, que les astronomes et géographes français comptent leur longitude. Ces deux lignes, qui se coupent au centre de la façade méridionale de l'Observatoire, ont servi de bases aux triangles d'après lesquels on a levé la carte générale de France, appelée *Carte de Cassini*, publiée en cent quatre-vingt-une feuilles.

Cet établissement, si utile à la science, est pourvu d'instruments de tous genres, propres à l'astronomie, que les découvertes nouvelles ont encore perfectionnés ; et d'une bibliothèque très-riche en livres et en manuscrits d'astronomie.

Hôtels

Hôtel royal des Invalides. Nous avons dit que la pensée primitive d'offrir un asile aux martyrs de la gloire était due à Henri III ; mais il appartenait à Louis XIV de faire de cet établissement hospitalier un monument digne de la grandeur de son siècle. L'hôtel royal des Invalides, situé au nord de la vaste plaine de Grenelle, sur la rive gauche de la Seine, et entouré de boulevards, est un des plus beaux monuments que possède la France, et surtout l'un des mieux appropriés à son usage. Il peut contenir jusqu'à sept mille soldats invalides. Louis XIV en posa la première pierre en 1670. La façade principale regarde le nord : elle a quatre étages et cent trente fenêtres; au-dessus de la porte d'entrée est placée la statue équestre du fondateur. Par cette porte, on pénètre dans la grande cour royale, entourée de quatre corps-de-logis, ayant chacun deux rangs d'arcades l'un sur l'autre, formant galeries. Dans les corps de bâtiments placés

à droite et à gauche de la principale cour, sont quatre réfectoires ornés de peintures à fresques représentant les batailles les plus mémorables du grand siècle, ainsi qu'une bibliothèque de plus de 6,000 volumes. De la cour royale, on arrive par les galeries latérales dans six autres cours, qui toutes ont leurs destinations particulières. Au fond de la première, et faisant face à la principale entrée, se trouve le portail de l'église. Son dôme magnifique, qui a trois cents pieds de diamètre, c'est-à-dire environ neuf cents pieds de circonférence à sa base, s'élève à deux cent vingt-trois pieds, et domine Paris. Il est revêtu de lames de plomb et forme douze côtes, dorées en 1813 par les ordres de Napoléon. La coupole centrale représente l'apothéose de saint Louis. Des drapeaux, conquis par les Français dans les différentes batailles, suspendus à la voûte de l'église, ne sont pas le moindre ornement de ce lieu, qui, pour compléter sa glorieuse histoire,

a reçu, en 1840, les cendres du grand Napoléon. On y remarque aussi les tombeaux de Vauban et du grand Turenne. La batterie de canon des Invalides, bordant le mur en bastion du jardin qui précède l'hôtel, annonce à la capitale les grandes réjouissances, ou signale les heureux événements.

Parmi les élégants et nombreux hôtels particuliers qui s'élevèrent dans ce siècle, tous décorés avec un grand luxe d'architecture et de peinture, nous citerons l'*Hôtel Mazarin*, rue Neuve-des-Petits-Champs, l'un des plus riches de Paris par la foule d'objets d'art qu'il renfermait : statues et tableaux précieux. Cet hôtel fut divisé en deux, et dans une de ses parties l'on plaça la bibliothèque royale.

L'*Hôtel des Fermes*, rue de Grenelle-Saint-Honoré, porta

successivement les noms de Condé, de Soissons, de Montpensier, de Bellegarde, des noms de ses divers propriétaires. Sous Louis XIII, il appartenait au chancelier Séguier, second protecteur de l'Académie française; cette société tint ses séances dans cet hôtel pendant trente ans. C'est là que l'Académie reçut la visite de Christine, reine de Suède, 2 mars (1616).

L'*Hôtel d'Antin*, rue Neuve-Saint-Augustin, acquis plus tard par le maréchal de Richelieu, dont il prit le nom. Le pavillon d'Hanovre, qui existe encore, et qu'on a incorporé

dans les nouvelles constructions bordant le boulevard, se trouvait à l'extrémité des jardins de l'hôtel.

L'*Hôtel Rambouillet*, situé rue Saint-Thomas-du-Louvre, renommé par la société spirituelle de gens de lettres qui s'y réunissaient dans la maison de Charles d'Angennes et de Catherine de Vivonne, sa femme, sous la présidence de mademoiselle de Scudéry ; société que le précieux et la partialité de ses arrêts fit appeler *Coterie de l'Hôtel de Rambouillet.*

Places.

Sur la fin du règne de Henri IV (1604) la *Place Royale* fut commencée, et achevée sous la régence de Marie de Médicis. Cette place, construite sur une partie de l'emplacement du palais des Tournelles, présente un carré régulier orné de trente-quatre pavillons, bâtis en briques, d'architecture élégante et uniforme, portés sur une suite d'arcades formant galeries couvertes. Quatre rues donnent entrée sur cette place, dont l'intérieur entouré d'une grille en fer est planté d'arbres en allées ; des carrés de gazon et quatre fontaines complètent la symétrie. Au centre se trouvait la statue de Louis XIII, élevée par le cardinal de Richelieu : renversée en 1792, cette statue a été rétablie à la Restauration. Parmi les personnages célèbres qui ont habité sur cette place, le cardinal de Richelieu occupait l'hôtel portant le numéro 21.

Henri IV avait conçu le plan d'une vaste place qui, établie sur l'emplacement du Marais, alors en culture, devait porter le nom de *Place de France.* A cette place devaient aboutir huit larges rues, désignées par le nom des principales provinces de France. Cette vaste entreprise, Henri ne la vit point réaliser ; cependant plusieurs rues s'ouvrirent dans ce siècle au travers des enclos du Marais.

Place Dauphine. La construction du Pont-Neuf avait amené la réunion de deux petites îles, situées à la pointe occidentale des jardins du Palais ; le terrain nivelé, on construisit les quais des Orfèvres et de l'Horloge, qui furent bordés de maisons, et l'espace triangulaire qui se trouvait entre eux forma la Place Dauphine. Cette place, dans le siècle suivant, a été décorée d'une fontaine érigée à la mémoire du général Desaix, mort à la bataille de Marengo. A l'extrémité méridionale du Pont-Neuf, on ouvrit à travers les jardins du couvent des Augustins la rue Dauphine, qui allait aboutir à la muraille de la ville percée, à la hauteur de la rue Contre-Escarpe aujourd'hui, d'une porte appelée également Porte Dauphine.

La Place du Carrousel, ouverte pour dégager le palais des Tuileries, doit son nom à la fête somptueuse donnée par Louis XIV en 1662. Cette place immense, non encore achevée, doit, par les galeries qui l'entourent, relier le palais du Louvre avec celui des Tuileries; la galerie du nord, qui s'arrête à la hauteur de la rue Richelieu, reste à terminer. Une foule de maisons, formant des rues, un quartier, sont encore éparses entre les deux palais et disparaissent lentement. L'arc-de-triomphe élevé sous l'Empire à la gloire des armées françaises est aujourd'hui le principal ornement de cette place.

La Place Vendôme, située entre les rues Saint-Honoré et des Petits-Champs, s'éleva en 1687 sur l'emplacement de l'hôtel Vendôme et du couvent des Capucines. Nommée d'abord *Place des Conquêtes*, elle reçut, en 1701, la statue de Louis XIV, vêtu à l'antique et coiffé d'une volumineuse perruque, selon la mode de l'époque. Ce monument fut renversé à la Révolution : la place prit le nom de *Place des Piques;* mais l'usage lui conserva son premier nom, qu'elle reprit à l'avénement de Napoléon. Aujourd'hui la statue du grand roi est remplacée par une colonne où sont retracés les hauts faits de Napoléon; et la statue de ce héros vêtue de la capote grise du petit caporal et coiffée du tricorne, devenus historiques, couronne cette colonne.

La Place des Victoires fut encore un hommage à Louis XIV. François d'Aubusson, duc de la Feuillade, fit couler en bronze un groupe représentant ce roi couronné par la Victoire. L'inauguration de ce monument eut tout le caractère d'une véritable apothéose. Quatre fanaux placés autour de la statue brûlaient jour et nuit devant l'image du monarque; mais cet hommage ayant donné lieu à des traits mordants, les fanaux disparurent. Citons une de ces épigrammes, placée dans la bouche d'un Gascon, et faisant allusion au soleil que le roi avait pris pour emblème :

> La Feuillade, sandis ! jé crois qué tu mé hernes
> Dé placer lé soleil entré quatré lanternes.

A la Révolution, Louis XIV disparut pour faire place à une pyramide portant les noms des citoyens morts au 10 août 1792. Cette pyramide fut elle-même remplacée sous le Consulat par un monument élevé à la mémoire des généraux Desaix et Kléber. En 1815, Louis XIV reprit sa place.

Cette dernière statue équestre est un bel ouvrage de Bosio.

Promenades.

Le Cours la Reine, qui fait aujourd'hui partie des Champs-Élysées, fut planté par les ordres de Marie de Médicis (1616).

sur un terrain qui s'étendait jusqu'à la Seine et où se trouvaient quelques maisons, des jardins et des terres labourables. Cette promenade célèbre, destinée à la reine-mère et à sa cour, était formée de quatre rangées d'ormes et fermée aux deux extrémités par des grilles de fer.

Le Jardin des Plantes, situé vers l'extrémité sud de Paris, sur la rive gauche de la Seine, fut établi sous Louis XIII (1626), sur l'emplacement de la butte des Copeaux, ancien dépôt d'immondices et de gravois. L'idée première d'un Jardin des Plantes est due à Henri IV, qui, dans l'intérêt de la science et pour la commodité des élèves, avait créé celui de la Faculté de Médecine, à Montpellier. Le Jardin des Plantes de Paris ne fut d'abord composé que de plantes médicinales; mais Guy de laBrosse, médecin du roi, pour en faciliter l'étude et la compléter, créa auprès une école d'application, et l'on construisit des salles convenables pour les cours de botanique, de chimie, d'astronomie et d'histoire naturelle, ainsi que des logements pour les professeurs; l'établissement eut même une chapelle. Guy de la Brosse consacra le reste de sa vie à enrichir ce jardin, de plantes qu'il faisait venir de toutes les parties du monde. Parmi les successeurs de La Brosse, qui tous concoururent à rendre service à la science, il faut citer Buffon, dont les immenses travaux ont donné un si grand lustre à cet établissement. Ce jardin, qui s'est successivement agrandi pour contenir les précieuses richesses qu'on y a amassées à grands frais, possède aujourd'hui d'immenses et rares collections d'histoire naturelle, de minéraux, des herbiers admirables, des animaux vivants, et des productions végétales de tous les climats du globe. Outre l'ordre et la méthode apportés dans le classement de ces divers ordres de la nature, le goût et l'élégance ont encore présidé à leur agencement, et le Jardin des Plantes est un véritable et gracieux abrégé du monde.

Les Champs-Elysées. Cette belle promenade, comprise

entre la Place de la Concorde et l'Arc-de-Triomphe de l'Étoile, était encore, au milieu du xviiᵉ siècle, une vaste plaine, dite du Roule, et couverte de maisonnettes et de jardins. Elle fut plantée d'arbres en 1670 : on la nomma le *Grand Cours,* pour la distinguer du *Cours la Reine.* L'allée principale qui se trouvait au milieu forme aujourd'hui la route de Neuilly. La longueur des Champs-Élysées est de plus de quatre cents toises; leur largeur est de cent soixante du côté des Tuileries, et de cinq cents du côté de Chaillot. Le duc d'Antin et le marquis de Marigny, intendants des bâtiments, firent successivement exécuter de grands travaux dans cette promenade ; ils firent renouveler la plantation du Cours la Reine pour le réunir et le mettre en harmonie avec le reste de cette symétrique forêt, où l'on avait ménagé de grandes pièces de gazon dont la place porte encore les noms de carrés d'Antin et Marigny.

Boulevards.

L'année 1670, on travailla au grand mur du nouveau rempart de la porte Saint-Antoine, et l'on planta d'arbres le boulevard qui s'étend de la porte Saint-Antoine à la rue des Filles-du-Calvaire. Cette promenade, nommée *le Cours,* se continua ensuite successivement jusqu'aux portes Saint-Martin et Saint-Denis, qui furent rebâties en arcs de triomphe ; puis jusqu'à la rue Saint-Honoré. On pense que le nom de boulevard vient de l'usage qu'avaient les Parisiens de jouer à la boule sur le gazon qui couvrait le sol auprès des remparts : de là, *boulevert,* et par corruption *boulevard.*

Fontaines.

Sully avait ordonné des fouilles pour rechercher et rétablir l'aqueduc romain apportant les eaux de Rungis ; Marie de Médicis fit poursuivre ce projet : l'aqueduc fut achevé en 1624 : une partie traverse Arcueil et se termine au Château d'Eau, situé à l'Observatoire. Les Parisiens firent la remarque plaisante que les frais de cet ouvrage furent payés par un droit d'entrée imposé sur les vins. Les eaux de Rungis allèrent se distribuer dans Paris. Aux anciennes fontaines réparées on en ajouta de nouvelles ; plusieurs étaient décorées avec élégance et accompagnées de devises ingénieuses dont le poëte Santeul fut l'auteur. On lisait et on lit encore sur le fronton de la fontaine établie sur l'emplacement de la porte Saint-Michel, montagne Sainte-Geneviève, deux vers latins dont voici la traduction : « Sur cette montagne, on peut puiser aux sources de la sagesse ; ne dédaignez pas cependant l'eau pure de cette fontaine. »

A celle des Capucins, rue Saint-Honoré, on lisait : « Elle est pure l'eau qui coule entre tant de lieux saints, garde-toi d'y porter une bouche impure. » Ces vers font allusion à la situation de cette fontaine entre six couvents.

La fontaine d'Alexandre ou de Saint-Victor portait ce distique, faisant allusion à la bibliothèque de Saint-Victor : « La même maison qui ouvre, dans son intérieur, pour l'usage des citoyens, les sources sacrées de la science, leur distribue au dehors les eaux de la ville. »

Sur la fontaine de la Charité, rue Taranne, on lit ces vers traduits par Dupérier :

> Cette eau qui se répand pour tant de malheureux
> Te dit : Répands ainsi tes largesses pour eux.

HISTOIRE, MOEURS ET FAITS DIVERS.

Assassinat de Henri IV.

Dans cette période trop féconde pour notre cadre étroit, où les événements qui se pressent acquièrent un nouveau degré d'intérêt parce qu'ils se rapprochent de notre époque et que les héros nous en sont presque connus, il nous faudra choisir, non les traits les plus saillants comme histoire, mais ceux dont Paris fut le théâtre.

Les premières années de ce siècle nous montrent le Béarnais commençant à oublier les vicissitudes et les sacrifices au prix desquels il avait conquis sa couronne, et la France respirant enfin sous l'intègre et sage administration de Sully, le ministre, l'ami et souvent le censeur de son maître.

Celle à qui l'on avait lié le sort de Henri, Marguerite de Valois, femme peu fidèle, ne lui avait cependant pas manqué comme amie dans les jours d'orage ; aussi, malgré leur mutuelle inconstance et peut-être par cette raison, Marguerite avait donné noblement son adhésion à l'acte de divorce qui mettait la couronne au front de Marie de Médicis.

L'année d'après (1601), au château de Fontainebleau,

la nouvelle reine donnait un fils à Henri IV et un héritier à la couronne. Tout paraissait sourire à l'heureux prince que sa bonté, sa tolérance, sa gaîté et jusqu'à ses défauts, véritables types du caractère français, rendaient l'idole de la nation.

(1610). Maintenant paisible possesseur de son royaume, Henri songeait à s'agrandir ; et, méditant une guerre, il venait de faire couronner la reine à Saint-Denis, et lui avait confié la régence en son absence ; enfin « il se taillait, pour ainsi parler, la besogne d'un long avenir.[1] » Durant toute la pompe du couronnement, où il n'était qu'ordonnateur et témoin, Henri parut gai, vif, remuant comme on l'est avec une joie mêlée d'impatience. Le soir, il ramena sa femme à Paris, où elle devait faire son entrée en grand appareil trois jours après, à travers les rues tendues et tapissées, les arcs de triomphe décorés d'allégories, d'emblèmes, les compagnies de bourgeois armés, la jeunesse de la ville équipée en troupe de cavalerie, toutes choses qui avaient coûté plusieurs mois de travaux et des frais énormes.

Le roi avait ainsi réglé le temps qui lui restait à passer dans Paris, car il allait dans peu de jours rejoindre son armée : vendredi, mettre ordre à ses affaires ; samedi, courir ; dimanche, l'entrée de la reine ; lundi, les noces de sa fille de Vendôme ; mardi, le festin ; et mercredi à cheval...

Le vendredi matin, le roi s'était éveillé de bonne heure et avait prié longtemps dans son lit ; quelques instants il s'occupa d'affaires, puis se rendit aux Tuileries pour se promener, et entendit la messe dans l'église des Feuillants. Pendant tout ce temps, il parut d'une humeur charmante, où se mêlait, néanmoins, quelques tristes pressentiments qui le rendaient plus tendre et plus affectueux. Après son dîner, au Louvre, on crut remarquer en lui une sorte de vivacité inquiète et de l'indécision sur ce qu'il devait faire ;

[1] Bazin.

enfin il parut sur le perron de la chambre de la reine et demanda son carrosse. Après avoir dit adieu à la reine et l'avoir embrassée à plusieurs reprises, il monta en voiture sans trop savoir où il voulait aller; en chemin, il ordonna qu'on le conduisît à l'Arsenal chez le duc de Sully, où d'abord il n'avait pas l'intention de se rendre dans la crainte d'y avoir querelle, car l'amitié du surintendant était surtout grondeuse et chagrine.

Le carrosse, ouvert de tous côtés, était arrivé rue de la Ferronnerie, tout près de celle Saint-Denis, lorsque deux charrettes qui se rencontrèrent sur le chemin le contraignirent à raser les boutiques de quincaillerie adossées au mur du cimetière des innocents; les valets prirent leur route par le cimetière. Dans ce moment, un homme, se glissant entre les boutiques et la roue de la voiture, plonge à deux reprises son couteau dans le côté du roi, qui se penchait vers le duc d'Épernon; celui-ci reçoit Henri dans ses bras, tandis que l'assassin, François Ravaillac, immobile et calme, son couteau à la main, paraît attendre tranquillement qu'on le tue ou qu'on l'arrête. Un gentilhomme veut le percer de son épée, d'Épernon s'y oppose; le coupable désarmé est conduit à l'Hôtel de Retz, dans le voisinage du lieu où le crime vient d'être commis. Le carrosse fermé retourne aussitôt vers le Louvre, où il rapporte le roi mort. Son premier mot avait été de dire qu'il était blessé, ensuite que ce n'était rien; depuis il n'avait plus parlé.

Comme la reine éplorée éclatait en sanglots et s'écriait: « Hélas! le roi est mort! » Le chancelier Brulart de Sillery l'arrêta par un de ces mots qui imposent silence aux plus sincères douleurs : «—Vous vous trompez, madame, dit-il avec gravité, le roi ne meurt pas en France; » et la faisant rentrer dans son cabinet, il lui répéta que ce n'était pas le temps des larmes, qu'il fallait agir dans l'intérêt de l'État et de son fils.

Le maréchal d'Ancre et Picard le cordonnier.

Le jeune roi Louis XIII ramenait à Paris (1617) la nouvelle reine Anne d'Autriche, au milieu d'un brillant cortége et de plus de cinquante mille personnes sorties de la ville, à Montrouge, pour les voir passer. Pendant qu'on s'occupait des fêtes de cette arrivée, l'orage grondait sourdement, et les ambitions déçues, les intérêts froissés, allaient faire tomber la foudre sur une fortune extraordinaire, qui avait excité une grande jalousie et parmi la noblesse et parmi le peuple. Concini, Italien, devenu, par la faveur de Marie de Médicis, maréchal d'Ancre, avait accumulé sur sa tête et sur celle de sa femme, Eléonore Galigaï, les grâces et les largesses de la reine. Le jeune Louis, qui souffrait impatiemment le joug de sa mère, attribuait au maréchal tout ce que ce joug avait de pesant; son humeur, soigneusement entretenue par ses favoris, devint bientôt de la haine, et se sentant incapable de résister ouvertement, il forma le projet de se défaire de celui qui se plaçait entre lui et le pouvoir.

La haine populaire contre le maréchal avait pour cause son insolence, son orgueil, et surtout l'envie que causaient ses richesses. Une imprudence lui avait fait aussi, parmi la foule, un ennemi particulier du cordonnier Picard, et voici à quelle occasion :

Lors de l'absence du roi, les consignes pour la garde de Paris étaient sévères; un jour donc, le maréchal s'avisa, lui et son escorte, de braver cette consigne, qui défendait de sortir de la ville sans passeport. Picard, sergent de la garde bourgeoise à la porte Bussy, lui résista, et fut, pour ce fait, tellement exalté par le peuple, qu'il devint le héros de son quartier, la rue de la Harpe. Cette gloire eut ses inconvénients et ses revers; les valets du maréchal, ayant rencontré le cordonnier Picard au faubourg de Saint-Germain-des-Prés, voulurent venger l'honneur de leur maître; ils frappèrent cruellement à coups de bâton le héros de la garde bourgeoise, et le peuple à son tour se fit justice de ce guet-apens : deux laquais du maréchal furent pendus au bout du Pont-Saint-Michel.

Grands et petits en voulaient donc à l'étranger, lorsque le roi (1617) donna l'ordre à Vitry, capitaine de ses gardes, de l'assassiner; et le maréchal tomba assailli de trois coups de pistolet, comme il passait le pont-levis pour entrer au Louvre. Louis était enfermé dans son cabinet, assez inquiet de l'événement, lorsqu'il en apprit le succès et qu'il entendit les cris de vive le roi! qui retentissaient dans la cour. Il fit ouvrir les fenêtres de la grande salle, s'y montra soulevé par le colonel Ornano et s'écria : « Grand merci à vous, mes amis; maintenant, je suis roi! » Et de suite, il donna l'ordre qu'on allât chercher les anciens conseillers de son père. Pendant que l'on répandait dans la ville la nouvelle que *le roi était roi*, la cour se pressait au Louvre, « et le monarque de quinze ans et demi, ainsi émancipé, accablé de visiteurs, de compliments, s'entendait appeler grand, magnanime, pour avoir commandé cette action héroïque. N'était-ce pas, à cet âge, de quoi égarer sans retour son cœur et sa raison que de voir l'enthousiasme populaire jeter à ses pieds tant d'hommages pour un peu de sang lâchement versé [1] ? »

Le peuple, à son tour, voulut avoir sa part de l'expédition; et n'ayant pu tuer le maréchal, il se porta à Saint-Germain-l'Auxerrois, où le cadavre sanglant de la victime, enveloppé d'un mauvais linge, avait été descendu le soir dans une fosse recouverte d'une dalle sans trace de sépulture. La foule ameutée souleva la dalle, traîna le corps sur le pavé jusqu'au Pont-Neuf, où elle le pendit par les pieds à une potence. « Ensuite, le corps fut déchiré par morceaux; on s'en arracha les lambeaux, qu'on vendit, qu'on brûla,

[1] Bazin.

qu'on jeta dans la Seine. Après les outrages féroces de la rue, vinrent les outrages froids et calculés du cabinet; il n'y eut pas une plume dans Paris qui ne voulût déchirer la mémoire de ce malheureux dont il ne restait plus rien en ce monde, par même ce qui tient dans un tombeau[2]. »

La rage populaire alla jusqu'à forcer le jeune fils de la victime à regarder par une fenêtre l'horrible spectacle des atrocités commises sur le cadavre de son père. Les mauvais traitements qu'on fit subir au comte de Pene, c'est ainsi qu'il se nommait, donnèrent à cet enfant le courage de vouloir mourir de faim; il refusa toute nourriture. Un gentilhomme nommé Fiesque, écuyer de la jeune reine Anne d'Autriche, qui cependant avait eu à se plaindre de la maréchale d'Ancre, demanda au roi la permission de se charger de cet enfant et l'emmena presque nu dans son logis, car on lui avait volé jusqu'à ses vêtements; la jeune reine lui envoya des confitures et voulut le voir.

La seconde partie du meurtre du maréchal s'acheva sur sa femme avec les formes juridiques; non content de l'avoir dépouillée de tous ses biens, de tous ses bijoux; de l'avoir abreuvée d'outrages qu'elle supporta avec dignité, on lui intenta un procès comme criminelle de lèse-majesté divine et humaine, et l'on donna pour preuve du premier chef les pratiques superstitieuses auxquelles les douleurs d'une maladie inconnue livraient l'esprit crédule d'une femme et son corps abattu par la souffrance.

Cette femme, qui ne pouvait supporter les regards d'un inconnu dans la crainte d'en être ensorcelée, qui s'évanouissait plusieurs fois par jour, retrouva en présence d'une accusation capitale cette force d'esprit à laquelle il faut bien reconnaître qu'elle devait son élévation. En sortant de la Conciergerie pour monter en charrette, elle remarqua l'im-

[1] Bazin.

mense multitude qui se pressait sur son chemin et dit doucement : « Que de peuple pour voir une pauvre affligée ! » Au pied de l'échafaud, où elle eut la tête tranchée, elle reconnut un gentilhomme qu'elle avait autrefois maltraité, et lui demanda pardon. Elle s'adressa aussi au peuple pour réclamer ses prières et se recommanda à la miséricorde de ceux qu'elle avait offensés. Les Parisiens, témoins de tant de résignation, en furent profondément touchés, et la princesse de Nevers, son ennemie déclarée, ne put retenir ses larmes.

Duel de Boutteville.

La catastrophe qui avait amené, avec la ruine des favoris de Marie de Médicis, l'émancipation du jeune roi Louis XIII avait été le signal de cette mésintelligence entre le fils et la mère, que le caractère de celle-ci ne fit qu'augmenter et qui dura jusqu'à la mort de cette princesse. Justifiant ainsi les prévisions de Henri IV, qui lui disait parfois : « Vous avez pleuré de ce que je fouettois votre fils avec un peu de sévérité ; mais quelque jour, vous pleurerez beaucoup plus du mal qu'il aura et de celui que vous aurez vous-même. De l'humeur que je vous connois, et prévoyant celle de votre fils, vous, entière, pour ne pas dire têtue, et lui opiniâtre, vous aurez assurément maille à partir ensemble. » Le bon roi avait bien jugé. Le premier acte que fit Louis XIII de son autorité fut de reléguer sa mère à Blois. Autour de Marie de Médicis se groupèrent bientôt tous les mécontents ; et la querelle entre la mère et le fils devint une longue guerre civile, semée de traités toujours rompus, et de réconciliations éphémères, qui eurent pour dénoûment la mort de Marie sur la terre étrangère et dans le dénûment le plus complet. Pendant ces vingt-cinq années, Richelieu, ministre, qui s'était élevé par la protection de Marie, régna sous le nom de son fils, et sa jalouse autorité ne manqua pas d'entretenir la mésintelligence entre la mère et le fils. Le despotisme d'un homme de génie pesa sur les individus, mais donna à la France des institutions fortes et l'attitude d'une grande nation : comme Louis XI, il abattit la noblesse et la maintint dans les bornes du devoir.

A cette époque, la fureur du duel était portée au plus haut degré ; Richelieu mit tout en œuvre pour déraciner ce faux point d'honneur, mais la sévérité de ses édits ne fut guère respectée. Une occasion se présenta de faire un cruel exemple, et il la saisit. Le comte de Boutteville, de l'illustre famille des Montmorency, un de ces élégants du siècle qu'on appelait *raffinés*, s'était fait une immense réputation dans ce genre d'escrime et s'était rendu redoutable par la mort d'un grand nombre de ses adversaires : il ne comptait pas moins de vingt-deux duels. Il avait eu l'audace de quitter les Pays-Bas, où il s'était réfugié après son dernier combat, pour venir se battre en plein jour à la Place Royale contre le marquis de Beuvron. Boutteville comptait encore cette fois sur l'impunité ; mais il fut arrêté en France et conduit à la Bastille, avec le comte de Rosmadec des Chapelles, son second et son parent, qui avait tué son adversaire, Bussy d'Amboise. Condamnés à mort par le Parlement, ce fut en vain que le prince et la princesse de Condé, le duc de Montmorency, les plus nobles familles de France, unirent leurs efforts pour obtenir la grâce des condamnés ; le roi, ou plutôt Richelieu, demeura inflexible : les illustres coupables furent exécutés en Place de Grève le 22 juillet (1627). Cette cruelle sévérité contre un délit qui se renouvelait tous les jours, qui avait passé dans les mœurs de la jeune noblesse, la fit trembler, et, plus que tous les édits, contribua à affaiblir cette coutume barbare.

Une panique.

L'année 1636 vit Paris dans l'appréhension la plus vive.

La guerre avait été déclarée à l'Espagne : le bruit lointain de la Bourgogne envahie par les Impériaux n'avait pas causé une grande émotion ; mais voilà que les Espagnols se sont emparés d'une partie des villes de la Picardie, et l'armée qui devait défendre la frontière est maintenant à Compiègne : Paris croyait déjà entendre gronder le canon. Le nom de Jean de Wert, qui, d'une origine obscure au pays de Gueldre, s'était élevé au rang de général, causait surtout un effroi mortel aux paisibles bourgeois de Paris. Les paysans abandonnaient les villages, désertaient les campagnes environnant la capitale, où ils venaient se réfugier, grossissant l'épouvante par les plus affreux récits. Le roi profite de la panique qui s'était emparée de tous les esprits ; et en même temps qu'il met Paris en mesure de soutenir un siége, qu'il l'approvisionne de vivres, qu'il fait couper les ponts sur l'Oise, il obtient des Parisiens de l'argent et des hommes. Tous les corps de communautés se laissèrent taxer sans murmure ; les artisans fournirent leurs ouvriers pour en faire des soldats, les laquais et gens de travail furent enrôlés de force dans l'infanterie ; chaque maison de Paris dut fournir un soldat, et bientôt l'armée, se montant à trente mille hommes de pied et douze mille chevaux, alla prendre position sur les bords de l'Oise. Le roi partit lui-même, laissant la reine gouvernante de Paris ; et des succès éloignèrent les ennemis, qui, l'année d'après, furent battus dans le Midi.

Louise de Lafayette et Anne d'Autriche.

La vie triste et maladive d'un roi soupçonneux, mal avec sa mère, qu'il n'aimait pas ; avec sa femme qu'il humiliait sans cesse ; avec son jeune frère dont il était jaloux, et subjugué par un ministre auquel il cédait par paresse, eut quelques éclairs d'une plus douce influence. La sensible Louise Mottier de Lafayette inspira à Louis XIII une espèce de passion, fort innocente d'ailleurs, et que cette angélique fille partageait. Quoique son confesseur, le père Gaussin lui-même, cherchât à rassurer mademoiselle de Lafayette sur la pureté de ses intentions qui n'avaient en vue que l'intérêt de son royal ami, elle s'effraya bientôt assez de ses propres sentiments pour se faire religieuse. On vit avec peine, à la cour, la retraite de Louise, qui ne se servait de son pouvoir que pour adoucir l'esprit du roi, même envers sa femme. On retrouve des traces de son ascendant jusque dans le vœu qui mit la France sous la protection de la sainte Vierge, et dont Louis XIII puisa l'inspiration dans 'âme pieuse et tendre de son amie, comme l'on attribue à ses douces exhortations l'indulgence que Louis montra enfin à la reine.

Anne d'Autriche, toujours tremblante devant un mari sévère, et sans cesse tourmentée par le despotisme jaloux de son ministre, qui, pour régner plus sûrement, entretenait la défiance entre le couple royal, allait prendre d'innocents ébats dans le sein d'une communauté dont elle était la bienfaitrice : les Bénédictines du Val-de-Grâce. Là, elle avait un logis réservé où elle se rendait pour faire ce qu'on appelait des retraites, c'est-à-dire, causer, respirer, se délasser et rire au moins librement. Mais là aussi elle se dédommageait de la dure contrainte où elle était retenue et se servait de sa liberté pour entretenir une correspondance, innocente peut-être, mais dangereuse, avec son frère Philippe IV, roi d'Espagne, et son amie la princesse de Chevreuse, reléguée à Tours. Le mystère donnait à cette double correspondance toutes les allures d'un crime d'État, d'autant plus qu'on était en guerre avec l'Espagne.

Richelieu, pour qui rien ne pouvait rester secret, eut bientôt saisi le fil de cette petite intrigue, et sut en tirer parti auprès du roi. Louis fit appeler la reine à Chantilly, où il se trouvait ; pendant ce temps, le domestique Pierre de

Laporte, agent de ces relations secrètes, et qui était chargé de transcrire en chiffres la correspondance clandestine, fut arrêté, mis à la Bastille. On fouilla son logis, on fouilla le couvent et surtout l'oratoire de la reine, où cependant l'on ne trouva, disent les mémoires du temps, qu'une provision de haires et de disciplines. On interrogea les religieuses; et la supérieure, qui garda le silence sur ce qu'elle pouvait savoir, fut transférée dans un autre couvent.

Anne d'Autriche, à Chantilly, au milieu de la cour, fut avertie de l'accusation dirigée contre elle par la froideur extrême de son mari, le silence des ministres et l'abandon dans lequel on la laissa pendant plusieurs jours. Elle conçut de l'effroi, et voulut essayer de se justifier par un demi-aveu fait au cardinal. Mais celui-ci avait en main de quoi la confondre : une lettre adressée à l'ambassadeur d'Espagne, en Flandre; cette lettre, que le chancelier remit à la reine pour qu'elle la reconnût, Anne d'Autriche ne voulut plus la rendre et la cacha dans son sein. Le chancelier eut l'audace de faire le geste de la reprendre à cette place même.

Convaincue de mensonge, la reine fut obligée de s'humilier par une confession plus complète, et forcée d'avouer que sa correspondance contenait tantôt des plaintes sur la manière dont elle était traitée à la cour, tantôt des réflexions assez aigres sur la personne du roi et même des avis sur ce qu'elle apprenait des relations politiques. Cette confession, mise par écrit, fut accompagnée de l'engagement que prit la reine de n'avoir dorénavant d'autres intérêts que ceux de l'État, et de la personne du roi. A son tour le roi promit de tout oublier; promesse dont le cardinal se rendit garant. Cela fait, Louis, qui depuis cinq jours n'avait vu sa femme qu'à l'église, monta chez elle; à la supplication du cardinal, satisfait d'avoir doublement montré son pouvoir, les deux époux s'embrassèrent, et la réconciliation parut sincère et complète.

La reine suivit son mari à Fontainebleau, à Saint-Maur, dans tous les lieux où il allait prendre le divertissement de la chasse.

Bientôt un bonheur inespéré vint changer tout à fait la position de cette princesse ; ce qu'elle désirait avec tant d'ardeur, et que le ciel refusait à ses prières depuis vingt années, l'objet des vœux de la France, lui fut enfin accordé. Comme Rachel, sa longue stérilité cessa; elle donna (1638) un héritier à la couronne, à l'âge de trente-six ans et quelques mois, et le 21 septembre (1638), un second fils vint consolider la succession des Bourbons.

Ce fut au nouveau château de Saint-Germain-en-Laye

que naquit le dauphin[1]. Cette nouvelle fut annoncée à la

[1] Du château neuf de Saint-Germain-en-Laye, situé en avant de l'ancien château, sur la terrasse qui domine la Seine, il ne reste plus que le pavillon représenté par notre gravure et nommé le berceau de Louis XIV. C'est le lieu même où naquit ce prince. Le vieux château a survécu à l'autre.

capitale au bruit de quarante pièces de canon de la Bastille et de trois cents boîtes de l'Arsenal. Il y eut le même soir des feux de joie devant l'Hôtel-de-Ville et dans les principaux quartiers de Paris, avec illumination générale. C'était partout une joie qui allait jusqu'au délire. Les divertissements populaires durèrent trois jours entiers. Les voûtes de Notre-Dame résonnèrent les premières aux chants du *Te Deum*, puis toutes les églises et communautés de la capitale y répondirent ; une procession termina les solennités religieuses.

Fin du ministre et du roi.—Baptême de Louis XIV.

Paris venait d'être témoin des derniers moments de Richelieu (3 décembre 1642). La mort du redoutable cardinal avait été accueillie avec une explosion d'allégresse universelle. Mazarin, qui lui succédait, s'empressa d'accorder des grâces : tous les exilés revinrent à la cour ; dans chaque famille il y avait un retour à fêter. Le roi, qui était venu consoler son ministre dans ses derniers moments, allait le suivre de bien près. Quelques mois s'étaient à peine écoulés, et le même château de Saint-Germain-en-Laye, témoin des joies de la naissance des enfants de France, allait recevoir les derniers soupirs du monarque mourant à regret, jeune encore.

Après avoir pris toutes ses dispositions pour assurer la régence à la reine et cependant entraver le pouvoir qu'il lui laissait avec tant de peine, Louis XIII voulut s'acquitter d'un devoir retardé jusqu'alors : le baptême du dauphin. Mazarin et la princesse de Condé furent désignés par lui pour présenter l'enfant aux fonts baptismaux. La solennité eut lieu dans la chapelle du vieux château de Saint-Germain-en-Laye, par le ministère de l'évêque de Meaux, premier aumônier du roi ; et l'enfant fut nommé Louis. On raconte que le dauphin, amené à son père après la cérémonie, celui-ci lui demanda comment il s'appelait à présent ; l'enfant lui répondit naïvement : « Louis XIV. — Pas encore... » repartit le roi avec douceur.

Dans ses derniers moments, l'esprit de Louis XIII sembla changer tout-à-fait; à la résignation religieuse la plus entière se joignit une bienveillance inaccoutumée et un sentiment de tendresse générale, d'indulgence et de bonté pour tout ce qui l'entourait, ou était éloigné de lui. Enfin il se disposa à la mort avec des sentiments vraiment chrétiens, « sans donner, dit Grotius, aucun signe d'idolâtrie ni de superstition. »

Préludes de la Fronde.

Le nouveau règne s'annonçait sous d'heureux auspices ; après l'austère Louis XIII et le despote Richelieu, le pouvoir se trouvait entre les mains d'une femme que tout le monde s'accordait à trouver « si bonne ! » qui, elle-même, ayant beaucoup souffert, devait être portée à la clémence, à la douceur : aussi chacun espérait soit des faveurs, des grâces, soit des réparations, et l'on se pressait autour de la régente avec bonheur, comme elle-même respirait une nouvelle vie toute d'encens, de puissance et d'espoir. Mais les premiers moments passés, des prétentions non satisfaites avaient déjà fait des mécontents, les ambitions déçues des ennemis ; et ce qu'on appela cabale *des importants*, dont les chefs étaient les Guise, les Vendôme, les d'Epernon, les duchesses de Montbazon et de Chevreuse, avait pris naissance, et avait été dissipé par l'arrestation ou l'exil.

Le deuil de la reine allait finir ; et comme elle commençait à l'égayer, Paris préludait à la révolte par une première émeute à l'occasion d'une mesure qui taxait d'amendes les infractions à une vieille loi défendant de bâtir hors des murs de Paris (1644) ; le Parlement, non consulté, y trouva l'occasion de faire de l'indépendance et obligea la régente et son ministre Mazarin à céder. Une seconde émeute (1648), au sujet d'un impôt sur les propriétaires, troubla de nouveau le repos de la capitale, et le Parlement, mécontent de certaine disposition à son égard, laissant aller l'insurrection populaire, se mit lui-même en opposition ouverte avec la cour et le ministère ; ce fut le signal de cette longue lutte qui favorisa la guerre civile. Deux factions, les Mazarins et les Frondeurs ou partisans du Parlement, partagent la population de Paris.

Pendant que le Parlement poursuivait son opposition, Anne d'Autriche, déterminée à sévir, saisit une occasion qui lui semble favorable. Un *Te Deum* se chantait à Notre-Dame en l'honneur du triomphe des armées françaises à Lens ; des troupes étaient sous les armes comme pour servir de cortége au roi. A l'issue de la cérémonie, la reine donne l'ordre d'aller enlever dans leur logis les présidents Charton et Blancmesnil, dont le premier réussit à se sauver, et le conseiller Broussel. L'arrestation de ce vieillard, fort estimé du peuple, cause une vive sensation dans la Cité : il demeurait rue Saint-Landry ; la foule tente de l'arracher aux gardes qui l'emmènent ; n'ayant pu y parvenir, elle se répand dans les rues aux cris de *Broussel et liberté !* Ce n'est qu'avec peine qu'on dissipe ce premier mouvement.

Journée des barricades.

Le lendemain matin, la ville offrait un spectable inquiétant : le Parlement s'était assemblé de bonne heure pour recevoir la plainte au sujet de l'enlèvement de ses magistrats ; le peuple obstruait les ponts ; des chaînes avaient été tendues pour en défendre l'approche : il semblait que la foule attendît un signal. Dans cette alternative, le carrosse du chancelier Séguier, allant au Parlement porter l'injonction d'interrompre ses assemblées, se présente pour passer le Pont-Neuf; les barricades obligent ce magistrat de mettre pied à terre, et poursuivi par les huées de la multitude, qui se porte bientôt aux outrages, il gagne avec peine l'hôtel d'O, sur le quai des Augustins, proche le pont Saint-Michel. Cette maison, dont les portes ne tardent pas à être enfoncées, les furieux la parcourent sans découvrir la retraite de celui qu'ils cherchaient, et qui, enfermé dans un cabinet obscur avec l'évêque de Meaux, son frère, et la duchesse de Sully, sa fille, se préparait pieusement à la mort. Enfin le maréchal de la Meilleraye, à la tête d'une compagnie des gardes, se fit jour jusqu'à lui et le ramena à grand'peine au Palais-Royal, poursuivi par une grêle de pierres.

« En quelques heures la ville offre le formidable aspect d'un camp retranché vers toutes ses avenues, dans tous ses détours, et gardé par une armée innombrable. Au centre siégeait le Parlement; à l'une des extrémités se tenait, comme une forteresse ennemie, le Palais-Royal, défendu par ses barrières, environné de ses gardes, s'appuyant sur le Louvre et les Tuileries. Suivant tous les témoignages, deux ou trois heures avaient suffi pour faire passer Paris du calme profond où l'aurore l'avait trouvé à cet état qui avait déjà le caractère d'une victoire [1]. »

Le Parlement se rend en corps au Palais-Royal, suivi par les acclamations de la foule, où se trouve mêlé le nom de Broussel. Le premier président Molé veut faire connaître à la reine le péril de la situation et réclame la liberté des magistrats. Anne d'Autriche le reçoit avec une attitude noble et fière, se montrant décidée à ne pas céder à la menace; cependant, priée par ceux qui l'entouraient, elle promit la liberté des prisonniers si le peuple rentrait dans le devoir et

[1] Bazin.

si le Parlement cessait, pour quelque temps au moins, ses assemblées, devenues le foyer de l'insurrection. Le président se retira pour délibérer. Le peuple, voyant revenir le Parlement sans Broussel, se croit trahi et s'en prend aux magistrats. Le premier président veut en vain calmer ces furieux, ils le menacent de leurs armes, lui enjoignent de retourner au Palais-Royal et de n'en revenir qu'avec Broussel, ou Mazarin et le chancelier pour otages. Cette seconde ambassade, un peu forcée, se décida, après avoir délibéré dans une salle du Palais-Royal, à faire une concession à ce que demandait la reine, et celle-ci accorda la délivrance des prisonniers.

Le peuple, cependant, ne quitta pas encore son attitude menaçante et passa la nuit sur ses barricades. Le lendemain, le président Blancmesnil siégeait au Parlement; mais le peuple voulait Broussel et ne quittait pas ses armes; enfin, l'on vit paraître à l'entrée du faubourg un carrosse du roi, attelé de six chevaux, où se trouvait le vieillard dont le nom était dans toutes les bouches; aussitôt, cent mille coups de mousquet saluent son arrivée; les chaînes tombent, les barricades sont renversées, les cloches s'agitent au faîte de toutes les églises; on le conduit en triomphe dans sa maison, d'où il est obligé de se montrer au peuple de la Grève, qui ne l'avait pas vu. Broussel, nommé plus tard le patriarche de la Fronde, devint un drapeau populaire pour la guerre civile, dont son arrestation imprudente avait été le prétexte. Les trois journées des barricades, 26, 27 et 28 août 1648, en apprenant au peuple ce qu'il pouvait faire, devinrent le prélude de la Fronde.

Quelques traits de la Fronde.

Pendant cette époque bizarre qui suivit ces journées, Paris voit tour à tour des événements sinistres, des scènes bouffonnes. Sur ce théâtre, où figurent des princes en lutte ouverte avec l'autorité royale, tout en protestant de leur dévouement au roi, Mazarin est le point de mire de toutes les aversions : le renverser est le but général. La régente résiste d'abord ; mais, lasse, elle prend le parti de quitter Paris en emmenant le roi, le ministre et les princes qui lui sont fidèles.

Ce départ, exécuté avec un tel mystère qu'on ne l'apprit que le lendemain, plonge la ville dans la consternation et donne beau jeu aux Frondeurs. Douze mille hommes sont levés dans Paris en deux jours ; on se choisit des chefs : le prince de Conti, le duc de Longueville, le duc de Beaufort. Ce dernier, qu'une récente captivité, la beauté de sa personne et sa magnifique chevelure blonde rendaient cher à toutes les femmes, même celles des Halles, dont il était l'idole, se plaisait à imiter les mœurs et le langage, populaires, ce qui lui valut le surnom de : *Roi des Halles.* Enfin, après ces princes, venaient une foule d'autres seigneurs, sans parler d'un des plus illustres, d'un des plus spirituels et des plus remuants : le coadjuteur de Paris, le cardinal de Retz. Fort peu gêné par son titre de prince de l'Église, au milieu des plaisirs et de l'intrigue comme dans son élément, le coadjuteur se trouvait l'un des principaux chefs de cette cabale armée : guerre d'une nouvelle espèce où l'esprit faisait sa partie aussi bien que l'épée ; où l'on se consolait d'un revers par un bon mot ; où l'épigramme ne ménageait pas même son propre parti.

Vingt conseillers créés par Richelieu, dédaignés de leurs confrères, avaient cru effacer la tache de leur origine en offrant chacun, en sus des 20,000 écus fournis par le Parlement pour l'équipement d'un corps de troupe, un subside particulier de 15,000 livres. On les stigmatise du nom de *Quinze-Vingts.*

La cavalerie fournie par les maisons les plus considérables de Paris est appelée par dérision *cavalerie de porte cochère* par les Frondeurs eux-mêmes.

Le coadjuteur portait un poignard à sa ceinture; « voilà disaient les Parisiens, *le bréviaire de notre archevêque.* » Le régiment de Corinthe levé par lui éprouve-t-il un revers, cet échec est appelé *la première aux Corinthiens.*

On épuise toutes les formes de la satire et de la raillerie contre ces soldats bourgeois de Paris, si gauches dans leurs évolutions militaires, pleins de jactance et de forfanterie dans le sein de leurs murailles, allant se battre en élégant costume tout enrubanné, et, malgré les écharpes données par les duchesses de Longueville et de Bouillon, jetant bas les armes et fuyant à toutes jambes vers la ville à l'approche d'un escadron royaliste. Toujours battues quand elles hasardaient la moindre résistance, ces pauvres troupes en étaient réduites à regarder comme un triomphe un simple convoi dérobé à la vigilance de l'ennemi. Que de quolibets célébrèrent la capture d'un troupeau de cochons enlevé aux soldats du roi par la cavalerie sous les ordres du duc d'Elbeuf!... enfin l'on honorait du nom de bataille la plus petite escarmouche. Du reste, une gaieté folle animait les deux partis ; ce n'étaient de part et d'autre que chansons, que pamphlets, où royalistes et parlementaires étaient déchirés à qui mieux mieux. Et cependant le sang français coulait, et, vainqueur ou vaincu, l'État perdait ses enfants.

Les bourgeois de Paris et la cour comprirent enfin les dangers de ce jeu cruel, et la cour et le parlement firent des concessions qui amenèrent la paix (1649) : paix factice et de courte durée, car les prétentions qui avaient excité la guerre n'étaient point anéanties; les Frondeurs conservaient leurs signes de ralliement, bien plus, *la Fronde* était devenue une mode : l'on portait des épées, des dentelles à la Fronde.

En esquissant les premières scènes d'une époque unique dans son genre, nous regrettons de ne pouvoir achever le tableau original où se montre si bien le type du caractère parisien, où tous les personnages de la tragi-comédie qui se joue s'unissent, se brouillent, se réconcilient pour se brouiller encore. Le grand Condé, soutien de la cour, devenu son ennemi, entend autour du carrosse qui l'emmène au donjon de Vincennes les vociférations des Parisiens célébrant par leurs réjouissances le départ de celui dont les armes ont châtié leur audace, et qu'ils regardent comme partisan et soutien *du Mazarin*. Seize mois plus tard, Mazarin à son tour prend la route de l'exil, tandis que les princes de Condé, de Conti et de Longueville rentrent dans ce même Paris aux acclamations de la même foule qui avait applaudi à leur départ : ce qui faisait dire gaiement au duc de Longueville, à l'aspect des feux de joie allumés en l'honneur de leur délivrance : « *Ils brûlent le reste de leurs fagots.* »

Condé et le cardinal de Retz, en guerre ouverte l'un contre l'autre, simulant un double assassinat pour se donner l'air de victime ; le Parlement embarrassé de juger entre deux illustres parties de si misérables moyens. Les deux plaignants en présence se défiant dans la grande salle du Palais, et leurs suivants armés dégaînant l'épée aux cris de Notre-Dame et de Condé ! Enfin le cardinal de Retz, un moment tenu et serré entre les deux battants de la grande porte du Palais et livré ainsi traîtreusement aux épées de ses ennemis. Le lendemain, spirituelle revanche du coadjuteur, qui, à la tête d'une procession, rencontrant Condé dans la rue du Paon, celui-ci se voit forcé de descendre de son carrosse, de s'agenouiller devant le prélat, qui lui donne, en riant peut-être, une bénédiction à laquelle le prince se voit forcé de répondre par un salut respectueux.

Au milieu de ces déplorables dissensions, les quatorze ans du roi amènent à Paris (1651) la cérémonie de sa majorité. La reine fait déployer dans cette circonstance une grande pompe et beaucoup de magnificence, et remet le pouvoir à son fils, qui s'empresse de la prier de le conserver.

Condé devient rebelle, et la guerre s'allume dans le sein de la France. Mazarin croit le moment propice pour rentrer avec une armée qu'il amène au secours de son roi ; mais l'annonce de sa seule présence dans le royaume est un levain de fermentation dans Paris. Les partis, d'accord sur un seul point : *pas de Mazarin*, s'agitent de nouveau ; et le Parlement rend ce fameux arrêt (1652) qui déclare le ministre criminel de lèse-majesté, proscrit sa tête et en fixe le prix à cinquante mille écus. Les biens du proscrit sont en même temps confisqués et vendus ; c'est alors que les quatre mille volumes de sa bibliothèque, amassés à grand' peine par les soins de Gabriel Naudé, précieuse collection dont Mazarin avait fait jouir le public, fut dispersée et vendue en détail.

Mademoiselle de Montpensier.

Il ne nous est pas donné de suivre pas à pas les intrigues dont Paris se trouvait le théâtre, encore moins les faits aventureux qui firent de mademoiselle de Montpensier une héroïne, tandis que son père Gaston, duc d'Orléans, inquiet, peureux, intrigant, ne savait être ni fidèle à son roi ni hardiment hostile, mais qui se laissait ballotter par tous les partis.

Après l'entreprise hardie qui venait de rendre mademoiselle de Montpensier maîtresse de la ville d'Orléans (27 mars 1652), nous la voyons d'accord avec le prince de Condé contre le roi, son cousin, qu'elle avait cependant le secret désir d'épouser.

Mazarin, revenu avec la cour à Saint-Germain, avait réveillé dans Paris une violente opposition et servait de prétexte au prince de Condé pour ne pas déposer les armes ; au Parlement, pour résister au pouvoir royal par des arrêts ; au peuple, pour casser des vitres, assiéger des maisons, battre les commis aux barrières, et assommer les archers. Les portes de la capitale étaient fermées au roi s'il voulait y rentrer avec son ministre : de là à la guerre il n'y avait qu'un pas, aussi ne tarda-t-elle pas à commencer.

Si l'armée rebelle était conduite par Condé, le maréchal de Turenne dirigeait l'autre. Un mot en passant du malin exploit de ce héros : Un jour que mademoiselle de Montpensier, qui avait fini par s'ennuyer à Orléans, passait par Étampes pour se rendre à Paris, le maréchal, pensant bien que l'armée du prince sortirait pour lui faire honneur, fit diligence, atteignit cette armée près de ses retranchements après la joyeuse revue et en défit une bonne partie, « faisant payer cher à ces troupes l'empressement qu'elles avaient montré pour satisfaire la curiosité des dames. »

Pendant que les deux capitaines s'observent, se suivent, entament des demi-négociations sans succès, car personne ne veut céder, Paris s'inquiète des suites de la guerre qui va éclater à ses portes. La châsse de Sainte-Geneviève, descendue de son riche piédestal, est exposée à la vénération des fidèles, puis portée processionnellement jusqu'à Notre-Dame par une population effrayée, espérant obtenir par l'intercession de la sainte patronne de Paris la paix dont cette ville sent enfin le besoin. Mais, étrange moyen pour se rendre la divinité favorable, le Parlement qui vient d'ordonner ces prières s'occupe en même temps de compléter la somme destinée au meurtrier de Mazarin.

La capitale, toute désobéissante qu'elle était, n'avait pas ouvertement pris parti contre le roi, et, refusant le passage de Paris à l'armée du prince de Condé, l'obligeait à faire un grand circuit autour des murailles pour aller de Saint-Cloud prendre position entre la Seine et la Marne. Turenne, apprenant ce mouvement, qui se faisait de nuit, part de Saint-Denis par la plaine, rejoint son ennemi près du faubourg Saint-Antoine, et le force de s'arrêter là pour attendre l'attaque, pressé entre les murs de la ville et l'armée du roi ; un combat vif et meurtrier s'engage entre ces deux grands généraux, qui, déployant dans cet espace étroit tout leur talent militaire, font assaut de courage et d'habileté. Cette bataille est presque un tournoi, car la cour, placée sur les hauteurs de Charonne, et les Parisiens debout sur leurs murailles, contemplent, jugent les coups des combattants et animent leur ardeur chevaleresque. Une lutte sanglante, où chaque pas cruellement disputé coûte la vie à des héros, presse l'armée des princes et l'accule au fossé de la Bastille... Turenne triomphe !... Tout à coup le canon de la forteresse tonne sur l'armée royale, les portes de la ville s'ouvrent, donnent passage aux troupes abattues, et se referment devant Turenne : une femme a ravi à ce général une victoire glorieuse ; elle a sauvé Condé.

Mademoiselle de Montpensier, après avoir vainement supplié son père de secourir le prince, voyant son indécision, s'était rendue à l'Hôtel-de-Ville, et par ses prières, son énergie, avait arraché au gouverneur l'ordre nécessaire pour ouvrir la ville ; accourue elle-même à la porte Saint-Antoine, l'artillerie de la Bastille lui avait obéi, et les débris de cette armée qui la connaissait déjà passèrent devant elle tout sanglants pour aller se rallier au faubourg Saint-Victor.

Le lendemain l'on disait en plaisantant à la cour que Mademoiselle, en faisant tirer sur l'armée du roi, avait tué son mari, par allusion au désir qu'on lui supposait d'épouser son cousin.

Paris, ayant donné entrée à l'armée rebelle, ne sait d'abord quel parti prendre. Quatre cents personnes environ, tant ecclésiastiques que magistrats et bourgeois, s'assemblent à l'Hôtel-de-Ville ; mais pendant qu'ils délibèrent, le peuple, qui trouve que les choses ne vont pas assez vite, délibère tumultueusement de son côté sur la place de Grève ;

et bientôt, aux cris de : *Union avec les princes*, vient assiéger l'Hôtel-de-Ville, et dressant des bûchers devant les portes, y met le feu. C'est en vain que l'assemblée, dans son effroi, signe un traité d'union avec les princes et le jette au peuple par les fenêtres, le peuple en délire n'est plus en état d'entendre. Alors chacun se cache ou essaie de fuir : le chancelier de l'Hôpital gagne à grand'peine une auberge voisine, le prévôt des marchands se réfugie dans une chambre haute, ceux qui parviennent à passer les portes rachètent leur vie au prix de riches rançons. Dans ce conflit, le prince de Condé et le duc d'Orléans, tranquilles au Luxembourg, ne font rien pour arrêter l'émeute ; et c'est encore Mademoiselle, celle qui vient de sauver leur armée, qui sauvera Paris de la violence populaire.

De concert avec le duc de Beaufort, à qui Condé a donné la charge d'apaiser la sédition, Mademoiselle et le duc se rendent chacun de son côté, et non sans peine, à l'Hôtel-de-Ville ; le duc, profitant de l'ascendant qu'il a sur la multitude, parvient à dissiper ces masses furieuses, et bientôt les deux héros de la journée entrent à l'Hôtel-de-Ville et protégent la sortie de ceux qui n'avaient pas été victimes de la populace. Le combat de la rue Saint-Antoine fut le dernier effort de la Fronde.

Le résultat de tous ces événements fut de contraindre le roi à éloigner Mazarin pour ôter tout prétexte à l'insurrection. En vain Condé essaya-t-il de retarder le retour de la paix ; les habitants de Paris, revenus de leur illusion, et regrettant la cour absente, envoyèrent bientôt au roi une députation de cent quarante-neuf des principaux de la ville, et le 21 octobre 1652, le jeune monarque rentrait dans sa capitale, au milieu des acclamations et de l'ivresse du peuple.

Les armes de Turenne, qui s'exercèrent bientôt contre l'étranger, y rencontrèrent encore celles de Condé, ligué avec l'Espagne contre sa patrie. Mais la paix avec l'Espagne, ouvrage du cardinal Mazarin (1659), ramena Condé au devoir et donna une reine à la France : Marie-Thérèse d'Autriche. Paris fit à cette jeune reine une gracieuse et magnifique réception, et la mort du cardinal Mazarin et celle de la reine Anne d'Autriche vinrent seules obscurcir par leur deuil les prémices du règne brillant de Louis XIV.

Secondé par la fortune, les circonstances et les génies de toute espèce qui l'entouraient, ce prince mit la France au plus haut point des nations de l'Europe. Au dehors ses brillantes campagnes, au dedans l'admirable administration dont le grand Colbert fut l'âme pendant vingt-deux ans, produisirent ce qu'on appelle le grand siècle. Paris, sous une telle influence, et grâce à la tranquillité intérieure, prit d'immenses développements. Ce ne sont plus, il est vrai, des faits matériels qui se passent dans son sein ; aux émeutes brutales, aux barricades a succédé la paix intérieure. Si le canon gronde encore, c'est dans le lointain, chez les nations voisines qui chacune cèdent à la victoire des parcelles de leur territoire pour en enrichir la France. La lutte nouvelle de toutes les intelligences y élève à côté des monuments des arts ceux plus durables et plus glorieux de la pensée, et Paris devient véritablement le centre de la civilisation.

Plaisirs. — Charité.

Parmi les circonstances qui se rattachent à la ville d'une manière particulière, il faut signaler de somptueuses fêtes données par une cour jeune, aimant le plaisir et que le goût dirigeait. De ce nombre est le fameux carrousel qui a laissé son nom à la place où il se donna, et dont le souvenir est resté dans l'histoire (1662). C'étaient bien les mêmes dispositions en usage dans ces sortes de divertissements ; mais cette fois on avait prodigué tant de magnificence aux divers costumes des cinq brigades de seigneurs représentant les diverses nations, qu'il semblait qu'on eût rassemblé tout ce qu'il y avait au monde de pierreries et de rubans. L'or et l'argent avaient été employés avec une si grande profusion sur les habits et sur les housses des chevaux qu'à peine pouvait-on discerner le fond de l'étoffe d'avec la broderie dont elle était couverte. Une prodigieuse quantité de diamants ornaient les costumes du roi et des princes, leurs armes et jusqu'aux harnais de leurs montures. Le champ de bataille situé devant le château des Tuileries, sur une place appelée alors le Jardin de Mademoiselle, était environné des quatre côtés de spacieuses galeries dans lesquelles se plaça un nombre infini de spectateurs. Tous les seigneurs, surtout le roi, firent assaut d'adresse; et cependant l'honneur de la journée fut déféré au marquis de Bellefonds, qui en reçut le prix des mains de la reine. C'était une boîte à portrait, enrichie de diamants.

L'année du mariage du roi, 1660, et les suivantes, 1661, 1662, furent signalées par une affreuse disette, produite par les mauvaises récoltes et dont le peuple de Paris eut beaucoup à souffrir. Le blé, qui auparavant ne valait que 13 livres 10 sous le setier, se vendit jusqu'à 50 liv. Les pauvres, gens ne pouvant acheter de pain, se nourrissaient d'aliments insalubres, qui engendrèrent des maladies et poussèrent le peuple à des émeutes dirigées contre les riches. Le gouvernement prit de sages et généreuses mesures pour remédier au mal. Le roi fit venir de l'extrémité de l'Europe des blés qui furent débarqués au Louvre. On bâtit des fours aux Tuileries, et le blé fabriqué dans la demeure royale était vendu au peuple au modique prix de 2 sous 6 deniers la livre. Les murs du jardin avaient été percés de fenêtres par lesquelles se faisait la distribution. Toutes les communautés, les pâtissiers et même les particuliers eurent la permission de cuire du pain et de le mettre en vente. Pour obtenir la fécondité de la terre, on eut recours aux prières publiques et aux processions ; mais l'abondance ne revint qu'en 1664.

La Brinvilliers et la Voisin.

Pendant que la cour donnait, dans le nouveau palais de Versailles, devenu sa résidence, ces fêtes dont le programme retentissait dans toute l'Europe (1666), Paris devint le théâtre d'une série de crimes, qui pendant une quinzaine d'années portèrent la désolation et le désordre dans une foule de grandes familles. Le poison venait trancher le cours des destinées gênantes ou trop longues au gré de la cupidité et de l'ambition des héritiers. Une femme, la marquise de Brinvilliers, liée par des relations coupables avec un chevalier Gaudin de Sainte-Croix, fut initiée par lui à l'art de composer des poisons, dont elle fit l'essai sur son propre père, sa sœur et ses frères. Son mari ne fut pas épargné ; mais comme elle ne voulait s'en défaire que pour épouser son complice, celui-ci donnait en même temps du contre-poison au mari : « De sorte, qu'ainsi ballotté, dit Mme de Sévigné, tantôt empoisonné, tantôt désempoisonné ; il est demeuré en vie. »

Sainte-Croix, le premier, devint la victime de son art infernal ; il fut frappé de mort par la vapeur des drogues meurtrières qu'il composait. Une cassette qui se trouvait chez lui, et que la marquise de Brinvilliers eut l'imprudence de réclamer, vint dévoiler des crimes inouïs et inconnus. La coupable, qui s'était sauvée en pays étranger, y fut arrêtée. Bientôt après, jugée, condamnée à être décapitée et brûlée en place de grève, elle avoua tous ses crimes, parut se repentir et montra tant de fermeté et de résignation à ses derniers moments, que le peuple, la considérant comme une sainte, se disputait le lendemain ce qui pouvait rester d'elle.

La mort n'arrêta pas les crimes dont elle avait donné l'exemple. Une fameuse devineresse, La Voisin, une autre femme, La Vigoureux, aidées de plusieurs complices, furent accusées et convaincues d'avoir vendu ce qu'on appelait alors de *la poudre de succession*. Plusieurs personnes de distinction furent impliquées dans cette affaire, qui resta mystérieuse à cause des noms qu'elle compromettait. La Voisin seule fut condamnée à être brûlée ; mais elle ne suivit pas l'exemple laissé par la marquise de Brinvilliers ; elle finit avec une audacieuse impiété et disputa le plus longtemps qu'elle put sa personne à l'exécuteur.

La fin du dix-septième siècle s'avançait tristement. Versailles n'était plus cette brillante et joyeuse résidence où l'on ne rêvait que fêtes, où le plaisir et la paix n'étaient troublés que par le bruit du canon annonçant des victoires. Le grand roi, devenu vieux, avait épousé secrètement (1686) la marquise de Maintenon, dont l'austère et sèche influence assombrissait encore la royale demeure ; et Paris n'était pas plus gai. La disette, suite inévitable des longues guerres, avait amené des maladies contagieuses qui décimèrent la population : le grand siècle s'acheva au milieu de ces désastres, qui en présageaient de plus grands encore.

Institutions diverses.

C'est sous le règne de Louis XIII (1622) que Paris, jusqu'alors simple évêché, suffragant de l'archevêché de Sens, fut érigé en archevêché en faveur de François de Gondi ; on lui adjoignit pour suffragants les évêchés de Chartres, de Meaux et d'Orléans.

Parmi les établissements du même règne, il faut citer d'abord l'*Académie française*, dont Richelieu accueillit et féféconda l'idée première, due à quelques gens de lettres assez obscurs. Il donna des statuts nouveaux à cette société, qu'il composa de quarante membres. Sous le titre d'*Académie française*, il la fit approuver par le roi, en 1637, et s'en déclara le protecteur ; chez lui d'abord, puis chez le chancelier Séguier se tinrent les séances. Louis XIV donna en 1673 une salle du Louvre pour les réunions de ce corps.

Après la révolution, l'Académie, sous le nom d'Institut, vint occuper le palais Mazarin, où elle siége encore.

Le but de cette institution était non-seulement de récompenser le mérite littéraire, mais aussi de former et d'épurer la langue. L'Académie se proposa dans l'origine de publier un Dictionnaire, une Grammaire, une Rhétorique et une Poétique. Le Dictionnaire seul a paru, et fait la loi de la langue française.

Journaux. Les premiers sont nés dans Paris avec l'appui et sous le patronage de Richelieu, qui accorda (1631) à Théophile Renaudot, médecin, le privilége de la Gazette de France; le journal des savants ou Mercure français, compilation historique, existait avant cette époque.

L'*Imprimerie royale* fut, sous Louis XIII, consacrée aux besoins du Gouvernement, et reçut du cardinal-ministre toute l'extension dont elle était susceptible, et son organisation. Elle fut inaugurée et consacrée, pour ainsi dire, par l'impression de l'*Imitation de Jésus-Christ,* premier ouvrage qui sortit de ses ateliers.

Académie royale de la noblesse. Cette institution, où vingt jeunes gentilshommes devaient être entretenus, nourris, et recevoir des leçons de hautes sciences, signala encore le ministère de Richelieu (1636).

Manufacture royale des glaces, rue Saint-Denis, fondée en 1634. On n'y fabriqua d'abord que des glaces soufflées dont la dimension ne pouvait excéder quatre pieds. Lucas de Nehon (1688) inventa la manière de les couler.

Les Gobelins, manufacture royale des tapisseries de la couronne, rue Mouffetard, doit son établissement à Colbert. Ce ministre réunit dans de vastes ateliers construits auprès de la rivière de Bièvre, dont on dit les eaux favorables à la teinture, les meilleurs ouvriers dans l'art du tissage et de la teinture des laines; ces artistes, habilement dirigés, copiaient en tapisserie de haute et basse lisse les plus beaux tableaux, les sujets les plus compliqués, et leur industrie est devenue un art inimitable.

Éclairage. Avant ce siècle, Paris restait dans l'obscurité pendant la nuit, et les particuliers étaient obligés, quand ils sortaient le soir, de se munir d'une lanterne. Dans les circonstances graves, et lorsqu'il y avait quelques dangers, on ordonnait à tous les propriétaires de placer sur la fenêtre du premier étage de leur maison une chandelle allumée. C'est au premier lieutenant de police, M. de la Reynie, qu'on doit l'établissement des lanternes fixes. En 1729, on en comptait déjà à Paris mille sept cent soixante-douze.

Pompes à incendie. Les premières dont on se soit servi datent de l'administration du lieutenant de police d'Argenson. Elles avaient été fabriquées par un comédien, Dumouriez de Périez, sur des modèles apportés d'Allemagne et de Hollande. En 1705, le roi en fit établir de pareilles dans les vingt quartiers de la ville, et l'année d'après on en ajouta seize autres. Soixante hommes exercés et vêtus d'habits uniformes, préposés à mettre ces machines en activité, furent l'origine du corps des sapeurs-pompiers.

Théâtres.

Sur le théâtre de l'Hôtel de Bourgogne, rue Mauconseil, se rendirent célèbres, dans ce siècle, quelques acteurs qui excellèrent dans le bas comique. Henri Legrand, Hugues Guéru, Robert Guérin, immortalisèrent les personnages de Turlupin, Gauthier-Garguille et Gros-Guillaume. Ces trois acteurs, d'abord garçons boulangers, commencèrent sur un petit théâtre, place de l'Estrapade, les farces comiques que l'on nomma *turlupinades,* et dont le succès populaire alarma assez les comédiens de l'Hôtel de Bourgogne pour qu'ils se plaignissent au cardinal de Richelieu, qui fit admettre ces acteurs à l'Hôtel de Bourgogne. Après eux, Guillot-

Gorju, Bruscambille, Jean Farine et Jodelet, obtinrent de grands succès de rire ; ces acteurs jouaient avec des masques, et toujours, sous le même costume, représentaient chacun un personnage type.

Sur le théâtre du Marais, transporté rue du Temple sous Louis XIII, jouait la troupe des Comédiens Italiens, pensionnés du roi. Arlequin, avec son masque noir, Colombine, Pantalon, Mézetin, Trivelin, Scaramouche, Isabelle, complétaient les différents personnages du théâtre bouffon italien.

Le théâtre du Palais-Royal, contigu au palais du côté de la rue des Bons-Enfants, fut bâti par les ordres de Richelieu, qui y fit jouer sa tragédie de *Mirame* (1637), dont la représentation lui coûta, dit-on, deux cent mille écus. Aux poëmes mystiques et burlesques des anciens Confrères de la Passion avaient enfin succédé les tragi-comédies, les comédies héroïques des Racan, des Rotrou, des Mairet, des Scudéry, etc., qui faisaient présager nos chefs-d'œuvre. Corneille préludait, par sa pièce de *Mélite*, aux immortels succès du *Cid*. Cependant l'école nouvelle dont il était le père comptait de nombreux détracteurs, et parmi eux Richelieu lui-même ; sans parler des comédiens, qui s'effrayaient des innovations du grand poëte. « M. Corneille, disait Mlle Beaupré, célèbre actrice, nous a fait un grand tort ; nous avions ci-devant des pièces de théâtre pour trois écus, que l'on faisoit en une nuit ; on y étoit accoutumé et nous gagnions beaucoup. Présentement, les pièces de M. Corneille nous coûtent bien de l'argent, et nous gagnons peu de chose; il est vrai que ces pièces étoient misérables; mais les acteurs étoient excellents et les faisoient valoir à la représentation. »

En dépit de ces raisons, en dépit des jaloux qui ne manquèrent pas au grand génie, *les Horaces*, *Cinna* (1639) venaient, par leurs succès, de consommer la révolution dramatique, et la tragédie était née. Dans le même temps sortait de son berceau le divin Racine, qui devait perfectionner l'art tragique et compléter l'œuvre de Corneille. *Andromaque, Iphigénie, Britannicus, Phèdre,* tous les ouvrages enfin de cet immortel poëte, devaient porter au plus haut point l'art du théâtre et ajouter au lustre du règne de Louis XIV.

Environ une dizaine d'années après cette époque, le fils d'un tapissier de la Halle, Jean-Baptiste Poquelin, dit Molière, cédant à une vocation irrésistible pour l'état de comédien, s'était joint à une troupe de jeunes gens comme lui ; et, rue de Bussy, dans le jeu de paume de la Croix Blanche, s'élevait ce théâtre où l'illustre père de la comédie faisait ses premières armes comme acteur et comme auteur (1650). Quelques années plus tard, Louis XIV, admirateur de son double talent, accordait à lui et à sa troupe, devenue célèbre, le théâtre du petit Bourbon, place du Louvre ; et lors de la démolition de cet hôtel, Molière et sa troupe furent mis en possession du grand théâtre construit par Richelieu au Palais-Royal (1660), sous le nom de *Troupe de Monsieur* et de *Troupe Royale* (1665). Dans cet intervalle parurent successivement le *Tartufe,* le *Misanthrope,* l'*Avare,* enfin tous ces chefs-d'œuvre qui ont immortalisé leur auteur comme notre théâtre : la comédie était née.

Après la mort de Molière, cette scène qu'il avait remplie de sa gloire fut donnée à l'Opéra ; et la troupe de Molière, jointe à celle du Marais et de l'hôtel de Bourgogne, après avoir habité sur la rive gauche de la seine l'hôtel Guénégaud et diverses autres localités, se fixa enfin rue des Fossés-Saint-Germain (1689).

Le premier *Théâtre d'Enfants* date de 1664 et doit son origine à J. B. Raisin, habile organiste de Troyes. Peu favorisé de la fortune et père d'une nombreuse famille, Raisin eut l'idée de construire une vaste épinette à clavier intérieur, dans laquelle il cachait un de ses enfants âgé de quatre ans, dont le précoce talent était extraordinaire. Cet instrument intelligent, exécutant les morceaux qu'on lui demandait sans qu'on soupçonnât par quel moyen, procura à son auteur beaucoup d'argent et de la célébrité. La cour voulut avoir à Versailles l'épinette merveilleuse, et Raisin conçut le projet d'un théâtre d'enfants dont sa jeune famille lui fournit les premiers artistes. Sa troupe, qui débuta sur le théâtre du Palais-Royal (1664), prit le nom de *Troupe royale du Dauphin*, et obtint un grand succès en même temps que la faveur de la cour.

La farce avait établi ses tréteaux au Pont-Neuf, rendez-vous, dans ce siècle, des étrangers et des badauds de Paris. la foule courait des marionnettes de *Brioché* aux habiles tours de gobelet de *Maître Gonin*; on se pâmait de rire aux lazzis de *Tabarin*, célèbre bouffon au service du charlatan *Mondor*, et dont la niaiserie et le comique grossier excitaient la gaîté populaire, tandis que son maître débitait ses onguents, ses pommades et arrachait les dents.

Autour de chanteurs à la voix criarde et enrouée se formaient des groupes nombreux, avides d'entendre les chansons triviales, satiriques ou obscènes qui depuis ont créé le genre *ponts-neufs*; les marchands de livres, de quincaillerie attiraient encore les passants. Au milieu de cette foule sans cesse renaissante fonctionnaient activement les voleurs appelés *coupe-bourses*, *tire-laines*, selon qu'ils s'adressaient à la bourse que l'on portait pendue à la ceinture, ou au manteau des gens.

Parmi les agréments du Pont-Neuf il ne faut point oublier la *samaritaine* et son joyeux carillon qui attirait toujours force badauds au moment où sonnaient les heures; le *cheval de bronze* envoyé par le grand-duc de Toscane à Marie de Médicis (1614) et qu'on avait placé sur le môle du pont en face la place Dauphine. Ce cheval reçut seulement en 1635 la statue de Henri IV : de là vint que le peuple nomma longtemps l'ensemble de ce monument *le cheval de bronze*.

Cour des Miracles. Nous avons déjà signalé ces associations de gueux dans les premiers siècles. Sous Louis XIV, le nombre des habitants de la cour des Miracles allait jusqu'à 40,000, dit-on. Le plus fameux de ces repaires se trouvait rue Saint-Sauveur. Là, dans ce vaste emplacement boueux, infect, inabordable, gisaient entassés des vieillards, des femmes, des enfants, de jeunes hommes, qui, sous la loi d'un chef appelé *roi de Thunes* ou *grand-coëce*, se divisaient, suivant le genre qu'ils exploitaient, en *Orphelins*, *Malingreux*, *Narquois*, *Petite-Flambe*, *Capons*, *Polissons*, etc. etc. Tous les jours ils partaient déguisés, couverts d'ulcères, ou, imitant toutes les infirmités, exploraient les divers quartiers de la ville, et par de faux gémissements imposaient aux simples, auxquels ils coupaient la bourse en implorant leur charité. D'autres, alertes, dispos, pratiquaient tous les genres de filouterie sur le Pont-Neuf ou dans tous les endroits publics.

Quand, en 1630, on porta les fossés et les remparts de la ville au lieu où fut élevée la porte Saint-Denis, on voulut, pour détruire ce repaire où l'action du pouvoir était méconnue, faire passer une rue au travers de la cour des Miracles; mais la chose fut impossible. Les maçons et les soldats, battus par les gueux, furent obligés de se retirer.

Louis XIV (1656), pour mettre fin à ce scandale, fonda l'hôpital général, où les bons pauvres entrèrent d'eux mêmes; les autres mendiants y furent conduits par force. Cette mesure détruisit la cour des Miracles.

Costumes et modes du XVIIᵉ siècle.

Dans les commencements du règne de Louis XIII, la mode voulait se faire jeune comme le monarque. Pour imiter sa chevelure blonde et frisée, les hommes et les femmes adoptèrent les cheveux blonds, crêpés et frisés qui faisaient ressembler leur tête à une grosse boule d'or. La barbe fut

COSTUMES SOUS LOUIS XIII.
17ᵉ Siècle

supprimée ; on ne garda que la royale et une petite moustache fort relevée.

A mesure que les basques du pourpoint s'allongeaient, l'ampleur des hauts-de-chausses diminuait. Le surtout, orné de boutons et de rubans, avait les manches ouvertes et se portait quelquefois sur l'épaule. Le collet de chemise à l'italienne, découpé, brodé, et fortement goudronné, avait tout à fait remplacé la fraise ; les femmes le portaient également ; des bas de soie, ornés de longs rabats de dentelles ou des bottes molles à large embouchure, garnies en dedans de dentelles ou de mousselines, couvraient la jambe et le pied.

Un peu plus tard la coiffure devint plus naturelle, et les hommes, laissant flotter leurs cheveux, les couvraient d'un chapeau à bord retroussé, garni de plumes de diverses couleurs. La coiffure des femmes subit les mêmes variations. Ridicule d'abord, elle devint naturelle et gracieuse, comme on peut en juger par notre gravure. La robe s'ouvrit devant sur le jupon. La taille du corsage, un peu courte, s'ouvrit de même, retenue par de riches brandebourgs ou des rubans. Les habits d'hommes et de femmes étaient chargés de rubans ; celles-ci donnaient une foule de noms à ces nœuds flottants, suivant leurs diverses destinations. Tantôt c'était le *mignon*, qu'on plaçait sur le cœur, le *favori* auprès, le *galant* sur la tête ; le *badin* se balançait à l'éventail ; le petit livre de prières se nommait le *bijou*. C'est vers ce temps que commença la mode des mouches ou signes noirs que les femmes portaient sur la figure, sur le sein, pour relever l'éclat d'une belle peau et qu'elles nommaient *assassins*. Les hommes mêmes adoptèrent cet usage étrange et plaçaient le *galant* à la moustache.

C'est dans ce siècle que prirent naissance les *raffinés d'honneur*, espèce d'élégants livrés à toutes les folies de la mode la plus exagérée, battant le pavé de leur longue épée, faisant tapage dans les tavernes, dans les brelans, toujours prêts à se battre comme à blasphémer ; les *rodomonts*, les *fanfarons*, les *bravaches*, affichant les mêmes dispositions sans avoir le courage de les soutenir; et les *spadassins*, faisant profession ouverte d'assassiner pour leur compte ou celui des autres. Les *petits maîtres*, sont encore du même temps.

La mode, dans les premières années de Louis XIV, se refit encore enfantine. Comme le jeune roi portait la veste courte, garnie de rubans et de dentelles, les courtisans et la bourgeoisie l'adoptèrent. Sur les chausses larges descendit, de la ceinture aux genoux, un petit jupon. Les bottes furent remplacées par la chaussure à hauts talons, rouges pour les gens de cour ; les bas se renversaient sur la jambe avec une ample garniture de dentelle empesée ou des flots de rubans. Louis XIV devenu homme, le costume devint plus gracieux ; la courte casaque fut remplacée par le surtout, dont les manches à larges parements relevés laissèrent voir la chemise. La perruque même, tant qu'elle ne fut pas trop volumineuse, donnait de la majesté au costume.

Les femmes portaient la robe ouverte sur le jupon, élégamment drapée ; les longues manches furent supprimées, et les bras, couverts jusqu'alors, se montrèrent sous de gracieuses manchettes ; la taille de la robe s'était allongée jusqu'aux hanches, et les épaules et le sein, voilés par des rabats de dentelle, ne se montraient qu'à demi. La coiffure participait un peu de celle des hommes, beaucoup de cheveux et de longues mèches frisées tombant sur le sein et que l'on nommait *garçon*, comme on appelait *chevalier* les frisures dessus les tempes (*Voir* la gravure). Sur la fin du siècle, la mode devint plus sévère : Mme de Maintenon fit adopter les robes couvrant les épaules, et les coiffes à trois et quatre étages qu'on nommait à la Steinkerque, en mémoire de la victoire de ce nom.

Les Espagnols apportèrent la mode des vertugades et des

COSTUMES SOUS LOUIS XIV.
17ᵉ Siècle.

vertugadins. Le premier était un bourrelet que les femmes adaptèrent à leur ceinture pour donner de l'ampleur aux jupes ; le second était une sorte de cerceau qui servait au même usage, ce qui conduisit tout naturellement aux paniers qu'on porta à la fin du siècle.

C'est sous Louis XIV qu'on vit pour la première fois les femmes monter sur la scène ; jusque-là, les rôles de femmes étaient joués par des hommes habillés en femme. La première actrice fut Mlle Beaupré, et les premières danseuses parurent dans le ballet du *Triomphe de l'Amour* (1668).

Le café fut introduit pour la première fois à Paris, en 1669, par Soliman-Aga, ambassadeur de la Sublime-Porte. Quelque temps après, un Arménien nommé Pascal établit un café à la foire Saint-Germain, puis au quai de l'École. Un Sicilien, François Procope, en établit un (1689) rue des Fossés-Saint-Germain, en face le théâtre de la Comédie-Française.

Le thé et le tabac furent importés en France dans ce siècle, et devinrent une mode.

Pendant la période mémorable que nous venons de parcourir, la capitale, riche de monuments nouveaux et d'institutions de tous genres, fit un pas immense sous le point de vue de la civilisation, et une foule de grands génies dans tous les genres contribuèrent à son illustration. L'importance des travaux et des découvertes scientifiques ; les créations de Colbert, de Louvois, de Vauban ; les conquêtes de Turenne et de Condé ; l'éclat de la gloire littéraire ; l'éloquence de Bossuet, de Bourdaloue, de Fléchier et de Fénelon ; les chefs-d'œuvre de Corneille, de Molière, de Racine, de Boileau, de La Fontaine et de tant d'hommes célèbres ; les profonds écrits des grands penseurs et des moralistes, tels que Pascal, Descartes, La Bruyère, La Rochefoucauld ; les prodiges des arts cultivés par les Girardon, les Puget, les Lebrun, les Lesueur, les Poussin, les Mansard et les Le Nôtre, donnèrent un lustre incomparable à cette époque et contribuèrent à décerner au monarque, dont le règne en remplit la plus grande partie, le nom de *Grand*, et au siècle où il régna celui de *Siècle de Louis XIV*.

Inventions et Découvertes dues au XVIIe siècle.

(1600). Jean Nicot apporte en France la plante du tabac, à laquelle les botanistes donnent le nom de *nicotiane*. — Invention du télescope, par le Hollandais Métius.

(1601). Tycho-Brahé publie son système astronomique.

(1604). Commencement du canal de Briare, pour joindre la Loire à la Seine.

(1605). Essais d'Olivier de Serres sur le sucre de betterave.

(1608). Fondation de Québec, dans le Canada, par les Français.

(1610). Galilée démontre la rotation du soleil.

(1618). Découverte de la circulation du sang, par Harvey.

(1629). Descartes trouve les lois de la réfraction.

(1634). Le premier méridien fixé à l'île de Fer.

(1650). Premier emploi de l'émétique et du quinquina, en France.

(1653). Introduction du chocolat, en France, par le cardinal Alphonse de Richelieu, archevêque de Lyon.

(1656). Jean Thévenot apporte en France le café. — Premier métier à bas, inventé en France, transporté en Angleterre, et rapporté en France, par Jean Hindel.

(1660). Invention de la baïonnette, à Bayonne.

(1677). Découverte de la préparation artificielle du phosphore.

(1679). Découverte de la Louisiane.

(1680). Premier établissement des Français dans les Indes orientales ; acquisition de Pondichéry (1684).

(1687). Newton démontre l'attraction des corps.

(1693). Institution de l'ordre royal et militaire de Saint-Louis.

DIX-HUITIÈME SIÈCLE, DE 1700 A 1800.

PRINCES RÉGNANTS.

Fin du règne de Louis XIV, de 1700 à 1715.
LOUIS XV, troisième fils du duc de Bourgogne, petit-fils de Louis XIV, de 1715 à 1774, règne 59 ans.
LOUIS XVI, fils de Louis, dauphin de France, petit-fils de Louis XV, de 1774 à 1793, règne 18 ans.

Sommaire historique.

Coup-d'œil sur le XVIIIe siècle. — Coup-d'œil sur Paris. — Topographie. — Établissements religieux et de charité. — Établissements civils; institutions. — Théâtres. — Places. — Ponts. — Marchés. — Catacombes. — Poste. — Mont-de-Piété. — Loterie. — Maisons de Jeu. — Bains. — Sociétés. — Conservatoire. — Musée des monuments français. — Expositions de tableaux. — Clubs. — Municipalité. — Division municipale. — Modes. — Inventions et Institutions.

Coup-d'œil sur le XVIIIe siècle, de 1700 à 1800.

Comme le soir d'un beau jour, l'on voit, au commencement de ce siècle, l'ombre s'étendre peu à peu sur le règne du grand roi. L'âge qui affaiblit les facultés les plus brillantes montre à nu les défauts de Louis XIV; sa grandeur, sa fierté, son indépendance ne sont plus que de l'orgueil, du despotisme, quand elles ne sont plus parées du prestige de la gloire.

Malgré la valeur des grands capitaines qui soutenaient ses armes, le roi conquérant a été forcé de rendre une à une toutes ses conquêtes; la victoire l'a abandonné; cependant Louis faisait encore une noble contenance, et les traités qu'il obtint dans ses revers ne furent pas sans dignité. Mais sur la fin de sa vie, subjugué par un funeste ascendant, son intolérance religieuse le rendit odieux ; et comme son goût pour le faste et sa passion pour la guerre avaient épuisé les ressources de l'État et nécessité de trop lourds impôts, sa mort fut regardée comme un allégement à la misère publique. Les restes de celui que l'Europe, le monde, avaient craint et admiré furent insultés par la populace, et l'on n'osa point faire traverser Paris au funèbre cortége qui les portait de Versailles à Saint-Denis ; la route que l'on fut obligé de prendre s'appela depuis le *chemin de la Révolte*.

« Le siècle de Louis XV, précédé des grandeurs et des désastres du siècle de Louis XIV et suivi des destructions et de la gloire du siècle de la Révolution, disparaît écrasé entre ses pères et ses fils. Le peuple n'eut pas plutôt chanté un *Te Deum* pour la mort de Louis et insulté le cercueil de ce prince immortel, que le régent Philippe d'Orléans prit les rênes de l'empire. Le cardinal Dubois fut son digne ministre : la corruption du règne de Henri III reparut [1]. »

Louis XIV laissait à son successeur une dette qui s'élevait à près de cinq milliards de notre monnaie actuelle ; les moyens qu'employa le Régent pour se procurer de l'argent lui aliénèrent les esprits sans combler le déficit.

Cependant le célèbre Écossais Law, par la création de sa Banque et de son papier monnaie, causa une révolution financière qui un instant releva la France. La confiance se ranima ; le commerce, qui prit d'immenses proportions et s'étendit dans les deux hémisphères, ramena l'abondance ; mais cette prospérité qui reposait sur des bases fictives dura peu.

« Law est parmi nous le fondateur du crédit public et de la ruine publique. Son système ingénieux et savant n'offrait en dernier résultat, comme tout capital fictif, qu'un jeu où

---

[1] Châteaubriand.

l'on venait perdre son or et sa terre contre du papier [1]. » La ruine complète de l'Écossais et de son système fut un pas de plus vers la ruine de la France.

La vie immorale du Régent et de Louis XV, et la corruption que leurs mœurs débauchées imprimèrent à leur siècle attirèrent le mépris du peuple sur la monarchie. A la bigoterie hypocrite de la fin du règne de Louis XIV avait succédé un affreux dévergondage d'esprit et de conduite : l'irréligion était poussée jusqu'à l'outrage. Il semblait que la cour et la ville, longtemps comprimées, éprouvassent le besoin de secouer le joug gênant imposé par le vieux roi.

Des écrivains de talent, Voltaire en tête, en répandant et sur les abus, et sur les choses les plus respectables, leur verve satirique, remuaient les esprits et soulevaient les passions populaires : ainsi, le long règne de Louis XV, qui pourtant ne fut pas sans gloire au dehors, ne fut que le prélude des intelligences à la révolution de 1789. Sous le prétexte de détruire les abus du gouvernement absolu, les réformateurs, dont quelques-uns étaient de bonne foi, appellent à leur aide le crime et la terreur ; ils offrent à la *liberté* pour première victime un roi honnête homme qui voulait le bien, une princesse innocente et pure, une reine belle et charmante dont le tort irrémissible était d'avoir porté une couronne. Au nom de cette *liberté*, longtemps l'échafaud fit raison au peuple de toutes les distinctions du rang et de la fortune, favorisa toutes les haines, fut exploité au profit de toutes les passions.

Arrêtons-nous : c'est une longue et terrible histoire ! et quoique Paris ait eu le triste honneur d'en être le premier et le principal théâtre, les bornes de notre cadre ne nous permettent pas de développer cette époque mémorable : nous nous bornerons à énumérer les établissements qui se sont élevés pendant cette période, afin de compléter autant que

---

[1] Châteaubriand.

possible le tableau de la capitale. Et cependant, cette révolution qui renversa une monarchie de dix-huit siècles et toutes les institutions qu'elle avait successivement fondées passa aussi le niveau sur la plupart des monuments. La religion de la France, détrônée comme la royauté, vit détruire en un instant ces nombreux couvents, ces églises que la piété ou le repentir avait élevés. Si quelques-uns reçurent une destination charitable et utile, la plupart furent profanés par les plus vils usages ; il semblait qu'en chassant Dieu de ses temples on devait encore lui montrer son mépris. Mais Dieu, qui, pour marcher à ses fins, se sert même de la folie des hommes, et qui punit ses enfants et ne les abandonne pas, fit surgir de ce chaos infernal une ère nouvelle ; il suscite un homme dont le vaste et universel génie embrasse tout ; cet homme saisit d'une main ferme les rênes de l'État ; l'ordre et la religion renaissent, les temples s'ouvrent, les arts refleurissent, et la France voit encore un grand siècle sous le gouvernement absolu d'un grand homme.

Pour arracher la France aux factions, Bonaparte la conduisit aux champs de Marengo, d'Austerlitz ; et Paris, écho des victoires du grand général, élevait ces arcs de triomphe, ces colonnes qui, sur leurs pages de marbre ou d'airain, devaient conserver à la postérité les récits des hauts faits du grand homme et de son invincible armée.

De la révolution, il restait : la destruction d'une foule d'abus, l'abolition des titres et de tous les priviléges, la supression des vœux éternels, l'égale répartition des impôts, l'affranchissement des serfs, l'égalité devant la loi ; le tiers-état admis à faire partie des trois ordres de la nation, *le Clergé, la Noblesse et le Tiers-État* ; enfin, plus tard, la représentation nationale. Laissons à d'autres d'apprécier si le bien obtenu peut contrebalancer le prix auquel on l'a acheté.

En décrivant la ville du XVIIIe siècle, il nous sera bien difficile de garder le silence sur les changements que le temps actuel lui a fait subir, et sur d'importants monuments dont elle s'est enrichie; aussi nous permettrons-nous plus d'une fois d'empiéter un peu sur le Paris nouveau pour ajouter quelque charme à la physionomie du Paris de ce temps.

Coup-d'œil sur Paris. — Topographie

Depuis l'enceinte tracée par Louis XIV, Paris s'était tellement augmenté au dedans et au dehors, que ces limites devenaient illusoires. Peu à peu les murailles furent abattues, les fossés comblés et remplacés par une double rangée d'arbres qui forment autour de la ville une gracieuse et admirable ceinture, et des habitations élégantes s'élevèrent successivement à l'abri de ce double rideau de verdure.

Sous Louis XVI (1782), afin d'arrêter les progrès de la contrebande et d'assujettir les consommateurs au droit d'entrée, on établit une nouvelle enceinte, qui est encore aujourd'hui la clôture de Paris. Sa circonférence est de 27 kilomètres 287 mètres environ (7 lieues de 2,000 toises) ; elle englobe les villages de Chaillot, du Roule, de Monceaux, de Clichy, etc. Les Parisiens, mécontents de cette mesure, s'en vengèrent par des jeux de mots :

Le mur murant Paris rend Paris murmurant

et par des épigrammes, dont nous citerons la suivante :

Pour augmenter son numéraire
Et raccourcir son horizon,
La Ferme a jugé nécessaire
De mettre Paris en prison.

On avait pratiqué à cette nouvelle enceinte 60 barrières, dont 5 ayant été murées, 2 au midi et 3 au nord, il en reste 55. Quatre rangées d'arbres plantés au delà des nouveaux murs ont formé les boulevards extérieurs, qui entourent la capitale d'une double et verdoyante muraille.

Établissements religieux et de charité.

Ce siècle vit seulement quatre établissements religieux. La communauté des *Filles de Sainte-Marthe*, quartier Popincourt, pour la première éducation des filles des faubourgs. Les *Filles de Saint-Michel*, ou de Notre-Dame de la Charité, rue des Postes, asile ouvert aux filles pénitentes. Les *Filles de l'Enfant-Jésus*, rue de Sèvres, ou *Filles du curé de Saint-Sulpice*. Le vénérable Languet de Gergi, curé de Saint-Sulpice, plaça dans cette maison, déjà destinée à l'éducation, trente jeunes filles nobles et pauvres, pour y recevoir une éducation analogue à celle de Saint-Cyr. Il fit aussi construire des ateliers de travail, pour les filles et femmes pauvres qui venaient y gagner leur vie. Le *Couvent des Capucins de la Chaussée-d'Antin* et *Église de Saint Louis-d'Antin*, rue Sainte-Croix. L'église seule est restée.

Les églises paroissiales de *Saint-Pierre*, au Gros-Caillou, *Saint-Philippe-du-Roule*, rue du faubourg-Saint-Honoré, s'élevèrent pour la commodité de ces nouveaux quartiers.

L'Hospice Beaujon, fondée par le célèbre financier *Beaujon*, ainsi que la chapelle *Beaujon* ou *Saint-Nicolas-du-Roule*, fut destiné par son généreux auteur à recevoir des orphelins des deux sexes ; six places y étaient réservées aux enfants qui annonçaient des dispositions pour le dessin.

L'Hospice Necker, rue de Sèvres, fut fondé par Mme Necker, et *l'Hospice Cochin* rue du faubourg Saint-Jacques, par le vénérable curé de Saint Jacques-du-Haut-Pas. Trois autres hôpitaux furent fondés dans le même temps.

L'Église Sainte-Geneviève, aujourd'hui Panthéon, devait remplacer la vieille église de Sainte-Geneviève qui tombait en ruine. Commencée en 1757 d'après les dessins de Soufflot, une augmentation de quatre sous sur les billets de loterie fournit les fonds nécessaires à la construction. Ce monument se ressentit des secousses révolutionnaires de ce siècle ; il changea plus d'une fois de destination. Dédié d'abord à la patronne de Paris, il se voit bientôt consacré à honorer les grands hommes de la patrie, et reçoit, suivant les époques et les phases de l'opinion, les restes de Mirabeau, de Voltaire, de J.-J. Rousseau et de Marat !... Disons vite que ce dernier ne le souilla pas longtemps : ses restes ignobles furent enlevés, peu après, pour être jetés dans l'égout de Montmartre : digne tombeau pour un tel homme ! La Convention décréta (1795) que le Panthéon ne pourrait être ouvert aux citoyens que dix ans après leur mort.

Bonaparte rendit le Panthéon au culte. Sainte Geneviève reprit possession de son temple, abandonnant à des morts illustres les cryptes souterraines de son édifice. L'apothéose de la Bergère de Nanterre, ouvrage du célèbre Gros, est peinte dans l'intérieur de la coupole. Ce tableau, la plus vaste et la plus belle des peintures à fresque de la France, et même dit-on de l'Italie, occupe trois mille deux cent cinquante-six pieds de superficie ; l'ouvrage se divise en quatre parties ou tableaux. Le premier représente la fondation de la monarchie par Clovis ; le second le triomphe de Charlemagne ; le troisième le règne de saint Louis ; et le quatrième la Restauration, que personnifie Louis XVIII : au fond, entre ces quatre monarques, plane le Génie de la France. Nous reproduisons ici l'extérieur du monument, regrettant que la révolution de 1830 ait cru devoir transformer de nouveau Sainte-Geneviève en Panthéon.

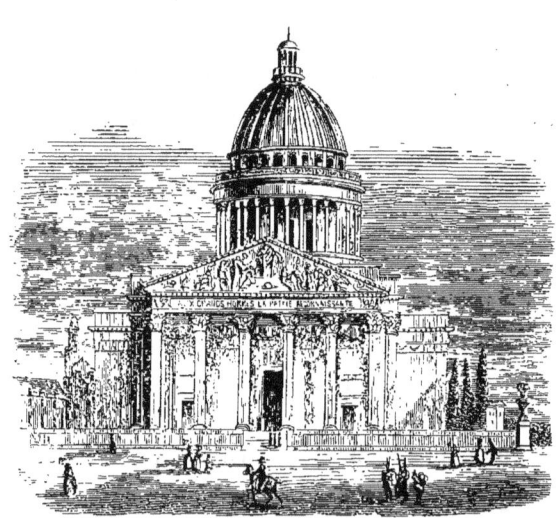

Sainte-Madeleine. — Ce monument, dont Louis XV avait posé la première pierre (1764), était alors destiné à remplacer l'antique chapelle de Sainte-Madeleine, pour répondre aux besoins des nouveaux quartiers de la Ville-l'Évêque. Mais Sainte-Madeleine devait avoir le sort de Sainte-Geneviève. Les travaux, suspendus par les événements de 1793, qui vinrent renverser et fermer toutes les églises, laissèrent longtemps sans destination les fondations de ce monument.

De 1796 à 1799, plusieurs projets furent présentés pour utiliser ces importants travaux, s'élevant à quinze pieds au-dessus du sol. L'un voulait en faire une bibliothèque publique; d'autres, un palais pour le Corps législatif; d'autres encore, un musée, un théâtre, même élever un marché sur son emplacement. On attendait la décision du gouvernement, lorsque l'Empereur adressa de Posen le décret qui faisait de la Madeleine un monument dédié à la Grande Armée, et sur le frontispice duquel serait inscrit : *L'empereur Napoléon aux soldats de la Grande Armée.*

Dans l'intérieur du monument, des tables de marbre devaient porter le nom de tous les hommes qui avaient assisté aux batailles d'Austerlitz, d'Ulm et d'Iéna; des tables d'or massif, les noms de ceux morts sur les champs de bataille; et sur des tables d'argent devait être gravée la récapitulation des soldats fournis à la Grande Armée par chaque département. Autour de la salle, devaient être sculptés en bas-relief les différents grades de l'armée et leurs actions; l'intérieur du monument aurait reçu et conservé les armures, drapeaux, étendards conquis, avec l'indication de leur origine, etc.

Tous les ans, aux anniversaires des batailles, illumination, concert, discours et éloge en l'honneur de l'armée, mais défense de faire aucune mention de l'Empereur; prix distribués aux meilleures pièces de vers ou de musique composées pour cette solennité; 100,000 francs de rente en inscription au grand-livre pour la dotation du monument et son entretien annuel.

Un concours fut ouvert, 92 projets soumis à l'Institut, qui décerna le prix à celui de M. de Beaumon. L'Empereur en jugea autrement, adopta celui de M. Vignon, et la construction commença. Elle fut interrompue par l'abdication de Napoléon (1814) et le retour de la monarchie des Bourbons. Sainte Madeleine reprit possession de son temple, et l'on fit, pour la recevoir, les changements nécessaires au plan.

Cette belle église, dans le style grec, présente à chacune de ses faces antérieure et postérieure, huit colonnes d'ordre corinthien ; chacune de ses faces latérales en offre dix-huit. Les galeries qui règnent autour de l'édifice sont décorées de trente-cinq statues plus grandes que nature, dues au ciseau des plus habiles artistes de l'époque. Le fronton du monument est rempli par un magnifique bas-relief de Lemaire représentant la conversion de Madeleine et le jugement dernier.

La décoration intérieure de l'église brille par toutes les recherches de l'art et du goût moderne. Notre gravure en donnera une idée [1].

Établissements civils —Institutions.

Après les grands génies qui dans le dernier siècle ont éveillé le goût des sciences, une foule d'écoles spéciales ont été créés. Sous Louis XV l'*Ecole royale Militaire* (1751), fondée pour recevoir de jeunes gentilshommes sans fortune, qui devaient s'y instruire dans toutes les sciences propres à l'art militaire. Située dans la plaine de Grenelle, bâtie sur les plans et sous la direction de Gabriel, architecte du roi : ce monument présente deux façades, l'une au nord, l'autre au midi ; celle du nord ouverte sur le Champs-de-Mars est d'un ordre d'architecture imposant, décoré d'un avant-corps de colonnes corinthiennes ; au centre, un vestibule à sept rangs de colonnes d'ordre toscan, percé de trois portes, est orné de statues.

Napoléon, qui avait passé ses premières années à l'École militaire, y établit plus tard son quartier général.

L'*Ecole gratuite de Dessin*, celles des *Arts*, de *Droit*, les *Académies de Chirurgie*, d'*Armes*, de *Danse* et d'*Ecriture*, furent instituées sous le règne de Louis XV. Sous Louis XVI

---

[1] Voir, pour l'extérieur du monument, page 393.

INTÉRIEUR DE LA MADELEINE

l'*École royale des Ponts-et-Chaussées,* les *Écoles des Mines,* de *Minéralogie docimastique,* de *Chant* et de *Déclamation* ou *Conservatoire.*

L'École royale de Médecine et de Chirurgie, rue et place de l'École-de-Médecine; Louis XVI (1774) posa la première pierre de ce bel édifice, élevé sur les dessins de l'architecte Gondoin, sur l'emplacement de l'ancien collége de Bourgogne. La façade est décorée d'un péristyle d'ordre ionique à quatre rangs de colonnes surmonté d'un étage. Au-dessus de la porte principale, est un grand bas-relief de Bernin qui représente le roi, accompagné de la Sagesse et de la Bienfaisance, accordant des priviléges à la chirurgie; dix colonnes corinthiennes décorent le péristyle de l'amphithéâtre, et sur le fronton se voit un autre bas-relief représentant l'union de la théorie et de la pratique.

L'École ou Institution des Sourds-et-Muets, rue du faubourg Saint-Jacques, fondée par l'abbé de l'Épée, qui y consacra son patrimoine. Cet homme généreux et si justement célèbre parvint à surmonter toutes les difficultés que présentait l'œuvre admirable qu'il avait conçue, et s'y dévoua tout entier. Par son génie bienfaisant, une classe déshéritée de la nature reçut les lumières de l'intelligence et vit s'ouvrir pour elle les trésors de l'instruction. La reine Marie-Antoinette voulut voir cet homme modeste, et la foule se porta à son institution. Le gouvernement (1787) établit son école dans les bâtiments du couvent des Célestins, qui avait été supprimé, et dota l'établissement d'une rente de trois mille quatre cents livres. Les élèves y apprenaient aussi des états.

École et Institution des Jeunes Aveugles, rue Saint-Victor. Valentin Haüy voulut tenter pour les aveugles de naissance ce que l'abbé de l'Épée avait fait pour les Sourds et Muets, et s'offrit à la Société Philanthropique pour enseigner gratuitement les aveugles-nés, dont cette Société prenait soin. Ses efforts furent couronnés de succès, et l'école fut instituée (1785).

Hôtel des Monnaies, quai de la Monnaie. Le lieu où se fabriquait la monnaie avait plusieurs fois changé de place. Au XIVe siècle, l'Hôtel de la Monnaie était situé dans la rue qui porte aujourd'hui ce nom, à l'extrémité du Pont-Neuf; ce bâtiment, en mauvais état, fut démoli, et les rues Boucher et Étienne ouvertes sur son emplacement. Pour le remplacer, on fit construire, quai Conti, en 1771, l'édifice qui porte le nom d'*Hôtel des Monnaies*, situé admirablement sur la rive gauche de la Seine, près du Pont-Neuf. Cet édifice, d'une

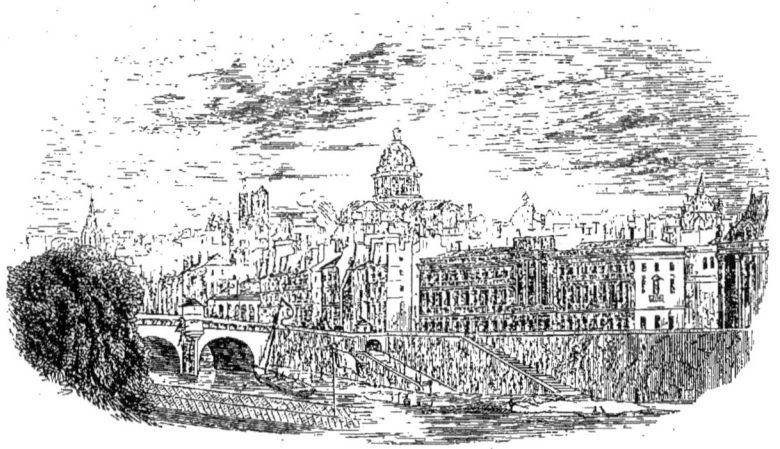

architecture imposante et bien appropriée à son objet, orné avec goût de sculptures élégantes, possède plusieurs collections rares et curieuses, entre autres le *cabinet minéralogique* de Lesage, ou *musée royal des mines*. Un *musée monétaire*, ouvert depuis peu d'années, offre une magnifique collection de toutes les monnaies d'or et d'argent frappées en France et à l'étranger. Cette collection est classée par ordre de pays, de siècles et de règnes.

L'*Hôtel-de-Ville*. L'histoire de ce monument présente

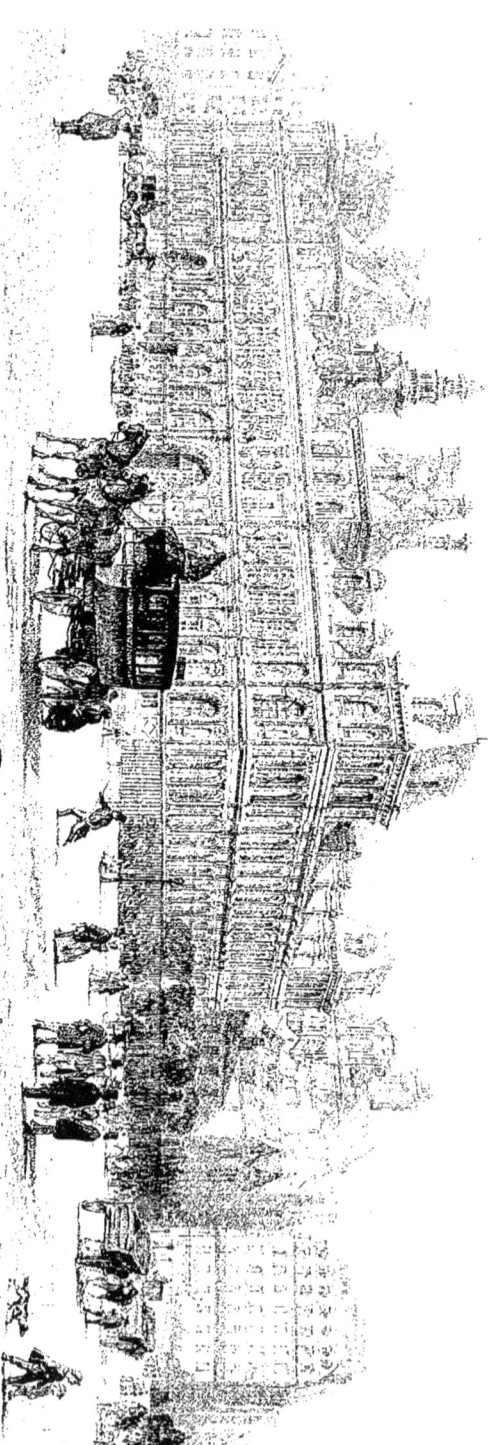

HÔTEL DE VILLE
Architecture du XVIIe Siècle

Architecture au XVIIe Siècle

toutes les phases de l'histoire du peuple et de la bourgeoisie. C'est dans le sein de la *maison commune* que siégent les échevins et le prévôt des marchands. Ces magistrats élus par le peuple sont les gardiens de ses priviléges, et veillent aux intérêts de deux classes trop souvent méprisées, opprimées par la noblesse : les artisans et les bourgeois. Le prévôt des marchands est le protecteur de leurs droits ; il garantit les transactions commerciales et défend les prérogatives de chaque corps de métier.

L'Hôtel-de-Ville, toujours disposé pour le peuple, prit souvent part à des rébellions contre la royauté ; après la révolte des Maillotins, sous Charles VI, la charge de prévôt des marchands fut supprimée et ses droits accordés au prévôt de Paris, homme du roi. Louis XI rendit à la municipalité de Paris tous ses priviléges, dans le but secret d'opposer la bourgeoisie à la noblesse, qu'il voulait réduire.

Dans les temps de crises financières, plusieurs princes eurent recours au trésor du corps municipal. Dans les temps calmes, l'Hôtel-de-Ville, outre ses attributions ordinaires, se signala par des fêtes remarquables offertes aux rois dans les grandes circonstances.

Sous Henri III, le corps municipal prit part aux conspirations des Ligueurs. Le Conseil des Seize, qui ne tendait pas à moins qu'à renverser le roi en faveur de la maison de Guise, vint siéger à l'Hôtel-de-Ville. Cependant les portes de Paris, longtemps fermées à Henri IV, lui furent enfin ouvertes par Jean L'Huillier, prévôt des marchands.

Pendant les guerres de la Fronde, l'Hôtel-de-Ville devint le théâtre des principaux événements ; c'est là que la duchesse de Longueville et la duchesse de Bouillon vinrent se mettre à couvert ou plutôt à portée de diriger l'insurrection. « Imaginez-vous, dit le cardinal de Retz dans ses Mémoires, ces deux personnes sur le perron de l'Hôtel-de-Ville, plus belles en ce qu'elles paroissoient être négligées, quoiqu'elles ne le fussent. Elles tenoient chacune un de leurs enfants dans leurs bras, qui étoient beaux comme leurs mères. La Grève étoit pleine de peuple, jusqu'au-dessus des toits ; tous les hommes jetoient des cris de joie, toutes les femmes pleuroient de tendresse. » C'était à l'Hôtel-de-Ville que les jeunes officiers allaient prendre les marques de leurs dignités des mains des belles duchesses, et c'était à leurs pieds qu'ils venaient déposer les trophées de leurs victoires. « Ce mélange d'écharpes bleues, de dames, de cuirasses, de violons qui étoient dans la salle, de trompettes qui étoient dans la place, donnoit un spectacle qui se voit plus souvent dans les romans qu'ailleurs. »

Viennent ensuite les scènes tragiques où brillent le duc de Beaufort et Mlle de Montpensier, puis enfin les scènes plus tragiques encore de la révolution, qui donnent à l'Hôtel-de-Ville une si grande importance.

Ce monument, le plus ancien de Paris, dont nous avons signalé l'origine modeste, en 1357, sous le nom de *Maison aux Piliers* ou *au Dauphin*, fut reconstruit sous François Ier dans le style gothique. Venu jusqu'à nos jours avec les dégradations que le temps lui avait fait subir, il était donné à notre siècle de lui imprimer un caractère de grandeur approprié à la destination de l'édifice, tout en lui conservant son cachet d'antiquité. Louis-Philippe Ier l'a fait réparer et augmenter de vastes corps de logis flanqués de quatre pavillons dans le style du monument primitif. Quatre façades régulières dont la principale est décorée de statues représentant les hommes qui, par leurs services et leur illustration, ont le mieux mérité cette distinction, viennent compléter son aspect.

Une vaste place règne devant l'Hôtel-de-Ville, parfaitement isolé de tous côtés par la démolition de l'hôpital du Saint-Esprit et de l'église de Saint-Jean-en-Grève. Derrière, une place spacieuse laisse à découvert la vieille basilique de

Saint-Gervais, dont on peut voir enfin le beau portail dans le style grec, construit sous Louis XIII, et qui se trouvait enterré au fond d'une rue étroite. Un abord facile permet d'admirer le vaisseau gothique de l'église, ses voûtes en ogives, ses colonnes d'où mille nervures, s'élançant comme une gerbe, se croisent et forment une forêt d'arceaux qui viennent se réunir sous une clef pendante d'une grande hardiesse.

Pour compléter l'ensemble de la place de l'Hôtel-de-Ville, un pont en fil de fer vient unir la Grève à la Cité.

Sous la République furent instituées (1795) les écoles *Polytechnique* et *Normale*; la première initiait les élèves à toutes les hautes sciences, surtout les mathématiques, et formait des sujets pour les divers services du génie militaire; elle fut établie sur l'emplacement de l'ancien collége de Navarre. L'école Normale est destinée à former des jeunes gens pour l'enseignement supérieur.

Théâtres.

Sous la Régence et le règne de Louis XV, le théâtre prit une grande extension. Le Régent (1710) fit rouvrir la Comédie italienne, fermée sous le dernier règne. L'excellent acteur Antonio Vicentini, dit Thomassin, se distingua dans la nouvelle troupe par son talent et sa verve comique. Mais celui qui savait provoquer le rire était dévoré par la mélancolie. Cet acteur alla un jour consulter le médecin Dumoulin, qui, ne le connaissant pas, lui conseilla pour toute recette d'aller voir l'arlequin de la Comédie italienne. « Dans ce cas, répondit Thomassin, il faut que je meure de mon mal, car je suis cet arlequin auquel vous me renvoyez. »

Le célèbre Carlin, renommé par son talent et son esprit, mérita cette épitaphe :

> De Carlin pour peindre le sort
> Très-peu de mots doivent suffire :
> Toute sa vie il a fait rire ;
> Il a fait pleurer à sa mort.

L'opéra-comique prit naissance, au commencement de ce

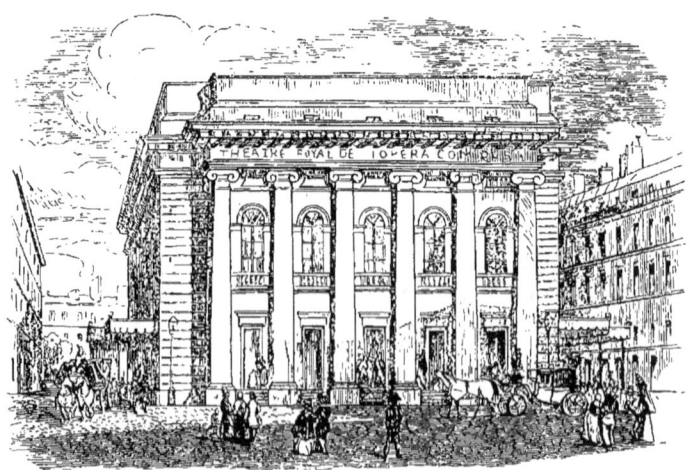

siècle, aux foires Saint-Germain et Saint-Laurent. Les succès de ce genre nouveau furent tels, qu'ils excitèrent la jalousie des Comédiens français. L'Opéra-Comique se vit, à plusieurs reprises, frustré de son privilége; il finit par se réunir à la Comédie Italienne, et sous ce nom, Grétry, Sédaine, Marmontel, Monsigny soutinrent ce théâtre, qui se fixa à la salle Favart, bâtie en 1781 sur l'emplacement de l'hôtel Choiseul. La façade de ce monument ne fut point ouverte sur le boulevart par l'exigence des Comédiens, qui craignaient qu'on assimilât leur théâtre à ceux du boulevart. La salle de Favart, telle que nous l'offrons ici, a été reconstruite après l'horrible incendie de 1838.

L'*Ambigu-Comique*, boulevart du Temple, aujourd'hui boulevart Saint-Martin, servit d'abord de théâtre à des personnages de bois représentant fidèlement, en charge, les acteurs du Théâtre Italien. C'était une petite vengeance d'Audinot, auteur et acteur de la Comédie italienne, qui avait à se plaindre d'un passe-droit. Ses grandes marionnettes, ou *bamboches*, comme on les appelait, firent fureur; il fallut, à plusieurs reprises, agrandir la salle. En 1769, ce théâtre prit le nom d'Ambigu-Comique, et remplaça ses acteurs par des enfants qui ne réussirent pas moins à attirer la foule, ce qui fit dire à Delille :

Chez Audinot, l'enfance attire la vieillesse.

Sous Louis XVI, on voit s'élever successivement le *Vaudeville*, qui, vrai théâtre national, s'établit rue de Chartres; la *salle Louvois*, rue de ce nom; le *théâtre Feydeau*, rue de ce nom; la *salle Molière*, rue Saint-Martin; le *théâtre Français*, rue Richelieu; l'ancien *théâtre de l'Opéra*, aujourd'hui *Porte-Saint-Martin* : cette salle fut construite en soixante-quinze jours, après l'incendie qui avait détruit (1784) la seconde salle de l'Opéra, au Palais-Royal. Le *théâtre de l'Odéon*, construit en 1779, sur l'emplacement de l'hôtel de Condé, que le prince de ce nom venait de céder au frère du roi, depuis Louis XVIII. Monsieur avait fait pratiquer une galerie souterraine pour établir une communication entre son palais du Luxembourg et la nouvelle salle, qui fut ouverte au public en 1782, sous le titre de *théâtre Français*. On y jouait la comédie et la tragédie. Cette salle prit, pendant la Révolution, le titre de *théâtre de la Nation*, et après, celui d'*Odéon*. Incendiée en 1799, ce fut l'empereur Napoléon qui la fit reconstruire (1807).

A ce sujet, l'on trouve cette anecdote dans les Mémoires de Lucien : Napoléon, ayant été instruit que les sénateurs avaient en caisse une somme de 15,50,000 francs, lorsque le corps du Sénat vint lui rendre ses hommages, demanda aux questeurs combien ils avaient en caisse. Ceux-ci, hésitant à répondre, disent qu'il leur est impossible de pouvoir le déclarer au juste. L'Empereur insiste pour le savoir, au moins à peu près. Eux de répéter qu'ils l'ignorent. « Eh bien, dit Napoléon, je suis plus avancé que vous, car je sais que vous avez 1,550,000 fr. à votre disposition. Je ne doute pas que votre intention soit d'en faire un usage convenable. — Sire, nous réservions cette somme pour élever un monument à la gloire de Votre Majesté. — Il n'en est pas besoin. Les habitants du faubourg Saint-Germain demandent le rétablissement de leur salle de spectacle ; vous seriez agréables à l'Impératrice si vous donniez son nom à ce théâtre. » L'expression d'un désir de l'Empereur était un ordre, et le Sénat fit restaurer la salle de l'Odéon.

Le *Cirque-Olympique*, boulevart du Temple, doit son origine à un Anglais, Asthley, qui avait établi un manége et un spectacle à voltige rue du Faubourg-du-Temple. La famille d'écuyers de Franconi lui succéda. La salle qu'ils avaient quittée, et où ils étaient revenus, étant devenue la proie des flammes, on construisit celle qui existe aujourd'hui boulevart du Temple. Il y avait aussi un cirque au Palais-Royal. Cette salle ayant été incendiée en 1798, on la remplaça par le bassin qui rafraîchit ce jardin. Dans le Palais-Royal se trouvait la salle Montansier, destinée d'abord à des marionnettes et autres spectacles enfantins, puis enfin au vaudeville.

De nos jours, une seconde salle, ouverte aux exercices d'équitation, est venue compléter la nouvelle ordonnance des Champs-Élysées. *Le Cirque* nouveau, dont l'architecture est bien appropriée à son objet, est un embellissement et un attrait de plus à cette promenade, qui en compte tant d'autres.

Nous ne parlerons pas de la foule de petits théâtres, de salles de concert qui s'élevèrent tout le long du boulevart et qui se sont perpétués jusqu'à nos jours ; nous dirons seulement qu'au goût des siècles précédents pour les processions et les cérémonies religieuses avait succédé une telle passion pour les plaisirs de la scène, qu'indépendamment de tous les théâtres où des artistes de profession exploitaient tous les genres, il s'établit encore de nombreux théâtres bourgeois : la plupart des grands seigneurs en avaient dans leurs hôtels. N'oublions pas que la Cité même vit s'élever un théâtre sur les débris de l'église Saint-Barthélemi (1792).

Places.

Paris s'embellit dans ce siècle d'une des plus belles et plus vastes places, la place Louis XV, admirablement située pour relier le jardin des Tuileries avec les Champs-Elysées. Les travaux commencèrent en 1754 et ne furent achevés qu'en 1772. Son plan, octogone, est dessiné par des fossés bordés de balustrades de pierre et flanqué de huit pavillons qui servent aujourd'hui de piédestal aux statues des principales villes de France. Primitivement, la place, divisée en quatre carrés de gazon entourés de grilles, avait au centre la statue équestre de Louis XV, par Bouchardon. Le prince était représenté en costume romain, avec la volumineuse perruque à la Louis XIV ; aux quatre angles du piédestal se trouvaient les quatre vertus cardinales, ce qui donna lieu à l'épigramme suivante :

> Oh! la belle statue! Oh! le beau piédestal!
> Les vertus sont à pied et le vice à cheval.

Ce monument, abattu à la révolution, vit à sa place l'affreux échafaud, où furent décapités l'infortuné Louis XVI, sa famille et plus de mille autres victimes de la Terreur. La place reçut à cette époque le nom de *place de la Révolution*, et porta la statue de la Liberté, qui fut remplacée, en 1800, par le modèle d'une colonne à la gloire des armées françaises: l'on changea alors son nom, d'odieuse mémoire, pour le nom de *Place de la Concorde*. Sous la Restauration, elle prit le nom de Place Louis XVI, et devait recevoir un monument expiatoire à la mémoire du roi martyr ; en 1830, elle reprit le nom de *Place de la Concorde*.

L'Obélisque de Louqsor, don du vice-roi d'Égypte, fier d'avoir décoré le palais de Sésostris, est venu des ruines de Thèbes se dresser sur les ruines des divers gouvernements que cette place a vus se succéder dans l'espace d'un siècle, lui qui, pendant quarante siècles, avait vu passer devant son immobile pierre tant de générations ! Deux belles fontaines, ornées de statues de bronze, représentant des fleuves et des dieux marins, ajoutent le charme de leurs limpides eaux à cette décoration monumentale, complétée par des colonnes rostrales surmontées de riches candélabres éclairés au gaz.

La magnifique colonnade du *garde-meuble de la Couronne*, élevée en 1660, dont les deux édifices consacrés aux ministère de la marine et des colonies forment les deux angles de la rue Royale, décore le côté de la place faisant face à la Seine, tandis que l'église de la Madeleine, occupant le

fond de la rue Royale, correspond dans une ligne droite avec le palais Bourbon, situé sur la rive gauche de la Seine, au bout du pont Louis XVI. Ce palais, élevé en 1772 et reconstruit en 1807, sert en ce moment à la représentation nationale. Ces deux monuments, dans le style de l'architecture grecque, se font perspective l'un à l'autre, en même temps qu'ils en sont une pour la place. Les riantes masses de verdure des Champs-Élysées et du Jardin des Tuileries forment un gracieux contraste avec cette décoration monumentale.

Le Champ-de-Mars, vaste parallélogramme ou carré long, de près de mille mètres sur cinq cents, entouré de trois côtés par des fossés revêtus de maçonnerie, ayant à droite et à gauche une quadruple rangée d'arbres, est situé entre l'École militaire, qui forme le fond du tableau, et la Seine. Ce lieu était destiné aux exercices des élèves de l'École. Les tertres qu'on voit aujourd'hui devant les arbres furent élevés à l'occasion de la fête de la Fédération, 14 juillet 1790, afin que tous les spectateurs fussent témoins du serment civique qui devait s'y prêter. Douze mille ouvriers furent employés à enlever sur la surface entière du terrain plusieurs pouces de terre qui furent transportés sur les côtés pour y former des gradins. L'enthousiasme d'alors était tel, que tous les Parisiens voulurent concourir à cette œuvre; cela devint une mode. On vit les membres des divers ordres, nobles, religieux, bourgeois ou peuple, sans distinction de rang ni de sexe, marchant deux à deux au son des tambours et des violons, chargés de pelles et de pioches, se rendre au travail. Tout le monde voulait avoir l'honneur d'ajouter sa brouette de terre au talus national. Les femmes mêmes se montraient, dans cette circonstance, ce qu'elles sont toujours, ardentes à signaler ainsi leur opinion. Une partie le faisait par peur.

Le Champ-de-Mars, qui sert maintenant aux évolutions militaires et aux courses de chevaux, a été le théâtre de scènes politiques et militaires qui se rattachent à la révolution, et aux gouvernements divers qui l'ont suivie.

Pont Louis XVI, ou de la Concorde, conduisant de la

place de ce nom au palais Bourbon: sa construction, entreprise en 1787, ne fut achevée qu'en 1790. On employa dans la maçonnerie les pierres provenant de la démolition de la Bastille.

Marchés.

Dans ce siècle, les principaux quartiers de la ville furent pourvus de marchés commodes et spacieux. *Le Marché des Innocents,* situé sur l'emplacement de l'ancien cimetière des Innocents, au centre de la partie nord de la ville. L'établissement de ce marché (1786) nécessita l'enlèvement des dépouilles mortelles qu'on y avait entassées depuis tant de siècles. On mit trois années à cette translation, et quoiqu'on y consacrât l'époque de l'hiver, l'odeur qu'exhalaient ces convois, traversant tout Paris pour se rendre aux Catacombes, engendra des maladies : on courut grand danger de la peste. Le sol du cimetière fut exhaussé, nivelé et pavé; au milieu, s'éleva la belle Fontaine des Innocents, et l'on établit aux alentours le vaste marché aux fruits et aux légumes.

Les Halles aux Draps et aux Toiles, à la Marée, aux Poissons, aux Poirées, se groupèrent autour de ce centre. La *Halle aux Cuirs* vint occuper l'emplacement de l'ancien hôtel de Bourgogne, rue Mauconseil, qui avait été le berceau de la Comédie Française, Italienne et de l'Opéra-Comique.

La Halle aux blés et aux farines, construite en 1763 et 1772, sur l'emplacement de l'hôtel de Soissons. Ce bel et utile édifice, bâti sur un plan circulaire, laisse au centre une vaste cour de forme ronde, couverte et décorée de pilastres et de médaillons. La face extérieure est percée de vingt-cinq arcades, et d'autant de fenêtres. On monte à une galerie supérieure par un escalier à double rampe, d'une admirable construction. La toiture ayant été détruite en 1802, en rétablissant la nouvelle coupole on supprima les fenêtres; aujourd'hui la lumière pénètre dans l'intérieur du monument par une lanterne placée au sommet, dont le diamètre est de trente et un pieds. A cet édifice est adossée *la colonne* dite *de Catherine de Médicis*, précieux reste de l'hôtel de Soissons. Il ne faut pas oublier le fameux écho qui fait entendre de tous les points de la salle le moindre son produit au milieu de l'édifice.

La *Pompe à feu* de Chaillot et celle du Gros-Caillou, servant à élever les eaux de la Seine, furent construites vers 1785, par les frères Perrier, alors à la tête d'une compagnie dite *des Eaux de la ville*. Le mécanisme de ces pompes, mû par la vapeur, est une des premières applications en France de ce merveilleux moteur si employé aujourd'hui.

Catacombes.

Après avoir parlé du Paris extérieur, il ne faut pas oublier la ville souterraine qui règne dans la partie méridionale de Paris. Les Catacombes sont d'anciennes carrières ; leur exploitation a fourni une partie des pierres avec lesquelles se sont élevées ces innombrables habitations qui abritent la population, et les majestueux monuments qui embellissent la capitale.

Des éboulements partiels, mais assez souvent répétés, avaient signalé le mauvais état dans lequel se trouvaient ces carrières, abandonnées depuis tant de siècles, et le danger que courait toute cette portion de la ville, menacée d'être engloutie dans les entrailles de la terre. Des réparations bien entendues et d'habiles constructions souterraines vinrent consolider le sol. En même temps, on doit à M. Lenoir, lieutenant-général de la police, l'heureuse idée de consacrer ces vastes tombeaux aux trente ou quarante générations que les siècles avaient entassées dans les cimetières de Paris : ainsi la ville fut assainie, et les *Catacombes* transformées en monument funèbre (1786). Dans ces longues et tortueuses galeries, les ossements, symétriquement rangés, tapissent les murailles; et des inscriptions apprennent de quels cimetières, de quelles églises ils ont été extraits. D'espace en espace, des sentences tirées des livres saints ou des écrivains anciens et modernes entretiennent l'esprit dans un religieux respect.

Ses Catacombes ont trois entrées : la première, par le pavillon occidental de la barrière d'Enfer; la seconde, à la Tombe Issoire, sur la route d'Orléans; la troisième, dans la plaine de Mont-Souris: la première est la plus fréquentée. Un escalier étroit descend de la profondeur de quatre-vingt-dix pieds jusqu'à la première galerie. Dans celle dite *du Port-Mahon*, on voit un plan en relief de ce port, fait par un ouvrier qui trouva par imprudence la mort dans ces souterrains.

On a rassemblé, dans deux compartiments de ces galeries, des échantillons de toutes les substances minérales qui composent le sol des carrières, ainsi qu'une collection de phénomènes ostéologiques, recueillis dans la répartition des ossements.

Poste. Ce service, réservé sous Louis XI aux besoins du gouvernement, fut employé pour les particuliers en 1630. Mais ce fut seulement sous Louis XIV que cette administration devint importante. En 1760, un conseiller au Parlement, nommé de Chamousset, établit la petite poste qui distribuait les lettres à leurs adresses dans Paris neuf fois par jour.

Mont-de-Piété. Cette institution, bien utile, organisée à l'instar des monts-de-piété d'Italie, et qui avait pour but de prêter sur gages à un intérêt raisonnable, s'établit (1777) d'abord rue des Blancs-Manteaux et rue de Paradis.

Loterie. Cette invention moins morale s'était établie sous des noms différents, entre autres celui de Tontine, avant le règne de François Ier. Ce prince avait donné à ces sortes de jeu une existence légale en les autorisant; Louis XIV les mit à la mode en en prenant l'occasion d'offrir aux dames et aux courtisans de sa cour des bijoux, des meubles précieux; on en fit aussi un moyen de bienfaisance, et plusieurs institutions religieuses ou utiles leur durent leur existence. Louis XV réduisit à trois les diverses loteries: *celles de France, de Piété* et *des Enfants trouvés.*

Maisons de Jeu. Les loteries excitèrent l'amour du gain; des maisons clandestines de jeux de hasard s'établirent; le gouvernement sentit bientôt le besoin de les régulariser: en 1775, il en existait douze. M. de Sartines, lieutenant de police, les autorisa en les assujettissant à une inspection sévère de la police et à payer un droit.

Bains. L'usage des bains, comme nous l'avons dit, remonte à la domination romaine; au moyen-âge, on les appelait *Etuves,* et plusieurs rues de Paris qui portent encore

ce nom prouvent que ces établissements étaient assez nombreux. Au XVII° siècle, les barbiers étaient en même temps étuvistes, et l'on allait se baigner chez eux avant le repas. Les étuves étaient devenues d'ailleurs des lieux de réunion et de plaisirs où se glissèrent de graves abus. Dans le xviiie siècle, ces établissements changèrent de nature, se régularisèrent et se multiplièrent en même temps que Paris s'accrut. Depuis la révolution surtout, on en vit s'élever un grand nombre : tous les quartiers de la ville en furent pourvus. D'importantes et élégantes constructions, accompagnées de jardins, leur furent consacrées sur la Seine, entre autres *les Bains du Pont-Neuf,* et ceux du *Pont-Royal,* à côté du château des Tuileries.

Sociétés. Plusieurs sociétés savantes prirent naissance dans ce siècle : *les Sociétés libre des Beaux-Arts, Royale de Médecine, l'Athénée,* rue de Valois, où les professeurs les plus célèbres ont fait des cours publics ; la *Société Philanthropique,* dans un but de bienfaisance, la *Société d'Agriculture,* etc.

Conservatoire des Arts et Métiers. Cet établissement, tel qu'il existe, destiné à conserver un échantillon des arts et de toutes les industries, s'éleva en 1794, sur l'emplacement de l'ancienne abbaye de Saint-Martin-des-Champs. Des écoles gratuites spéciales et des cours publics y favorisent l'instruction des classes pauvres.

Le Musée des Monuments Français vint occuper (1791) le couvent des Petits-Augustins, et l'on y réunit les débris précieux des monuments de tous les siècles. Le jardin du couvent, transformé en *élysée,* renfermait des tombeaux, entre autres celui d'Héloïse et d'Abeilard. Ce jardin devint, pendant la révolution, le rendez-vous des *muscadins,* des *victimes*[1], des *incroyables,* élégants du jour.

Les Expositions publiques de tableaux avaient commencé d'abord par une exposition au Palais-Royal (1673) et dans

---

[1] On nommait ainsi ceux qui avaient à déplorer la perte de quelque parent.

les grandes galeries du Louvre (1704). Sous Louis XV (1740), elles prirent une solennité que n'avaient pas eue les deux premiers essais.

Clubs. Emprunté aux Anglais, l'usage de ces réunions eut d'abord pour objet les arts et la littérature, ou la politique. Mais l'esprit de révolution qui fermentait dans ce siècle trouva là une arène propre au combat des opinions ; les passions s'exaltèrent dans la discussion, et bientôt les clubs prirent une attitude menaçante. C'est de leur sein que sortirent les plus fougueux apôtres du crime. Il faut citer parmi les clubs les plus célèbres, celui *des Jacobins*, qui s'établit en 1789 dans la salle de la bibliothèque du couvent des Jacobins, rue Saint-Honoré, et dont Robespierre était l'âme. Celui *des Feuillants,* dans le bâtiment des Feuillants, et celui *des Cordeliers*, qui tenait ses séances dans le couvent de ce nom, rue de l'École-de-Médecine. Dire que Marat, Danton et leurs collègues y exerçaient une grande influence, c'est prouver les affreux principes qu'on y professait.

Municipalité. Elle prit naissance spontanément le lendemain de la prise de la Bastille par le peuple (1789), et reçut une organisation régulière en 1792. Jusqu'à cette époque, l'administration municipale de Paris était partagée entre les différentes juridictions qu'avaient successivement enfantées les besoins de la capitale, et que nous avons citées en leur lieu. La nécessité de dominer le désordre, qui augmentait à chaque instant, composa l'assemblée, produit complet de l'élection, qui se nomma *municipalité*. C'est de son sein que naquit la trop célèbre *Commune* de Paris.

Division municipale. En 1789, Paris avait été divisé en *soixante districts;* l'année suivante, les districts furent remplacés par *quarante-huit sections;* en 1795, *douze arrondissements* leur succédèrent, et cette division subsiste encore aujourd'hui.

COSTUMES SOUS LOUIS XV
18e Siècle

Costumes et Modes du XVIII⁰ siècle

La mode, pendant ce siècle, subit l'influence des événements : tantôt folle et indécente, tantôt grave et sévère comme eux. Sous la Régence, le costume des hommes avait peu changé ; seulement les basques de la veste s'étaient allongées, et, ornées de franges, couvraient le haut-de-chausses, qui lui-même, en perdant de son ampleur, était devenu ce que nous avons appelé *culotte courte*. Le surtout s'était transformé en habit garni de broderies et de boutons de tous genres. Sous Louis XIV déjà, cet habit était devenu si évasé, que les jeunes gens avaient adopté les paniers pour en soutenir les pans ; et sous Louis XV cette mode devint générale pour les hommes. La cravate formait un gros nœud, et le jabot de dentelles ou de mousseline venait garnir l'ouverture de la chemise sur la poitrine, comme les manchettes garnissaient l'ouverture du parement de la manche de l'habit. La coiffure se compose d'abord du chapeau rond et plat, ombragé de plumes. Sous Louis XV, ce chapeau devient triangulaire, et la perruque a perdu de son volume. Frisée seulement sur les faces, les cheveux de derrière en sont contenus dans une espèce de sac de taffetas noir appelé *bourse* ; elle prend alors le nom de *perruque à la Régence*, et la poudre, abandonnée depuis Henri IV, est revenue. A la chaussure à hauts talons a succédé le soulier plat à grande boucle.

Les femmes ont remplacé les robes ouvertes sur le jupon par la robe ronde fermée à l'anglaise, sans taille marquée (voir notre gravure) ; quelquefois la jupe de cette robe, retroussée de chaque côté par des nœuds de ruban, forme le baldaquin. Le *mantelet*, espèce de déshabillé accompagné d'un capuchon, se mettait le matin. Jusqu'à cette époque, les femmes n'avaient point adopté la mode des perruques, elles la prirent dans ce siècle ; et, non contentes de faire abus du fard, pour relever l'éclat de leur teint, elles imaginèrent de se moucheter la figure avec des petits morceaux de taffetas noir gommé qu'elles plaçaient avec beaucoup d'art au coin de la bouche, des yeux, au menton ou sur les joues. Les femmes ne sortaient point sans leur boîte à mouches, afin de pouvoir réparer la perte de celle qui manquait. L'éventail était un meuble de rigueur, et bien jouer de l'éventail était devenu un art. Parmi les bijoux qui complétaient la toilette d'une femme, hors les colliers et les bracelets, la montre était indispensable, et souvent l'on en portait deux suspendues par des chaînes à la ceinture ; les femmes avaient emprunté aux hommes la canne, la tabatière et les breloques.

Les modes de la fin du dix-huitième siècle portent l'empreinte de la fermentation des esprits, et dans leur caractère d'exaltation elles semblent affecter une sorte d'indépendance des antiques lois de l'étiquette. Une foule d'innovations étrangères succèdent au vieil habit français. Le chapeau triangulaire est détrôné par le chapeau rond, qui prend la forme d'un pain de sucre, afin de pouvoir étaler trois rubans aux couleurs de la nation. En 1785, les hommes adoptent la lévite ou redingote à plusieurs collets ; le frac à l'anglaise, la polonaise, l'habit à grandes bavaroises et galonné, sont en vogue, même pour la bourgoisie ; l'habit français devient exclusif pour la cour. L'usage de la bourse est remplacé par la queue ou les cheveux retroussés en tresses nommées *cadenettes* (1789).

A la fin du règne de Louis XV, les femmes avaient repris la robe ouverte à taille étranglée et les paniers. Sous Louis XVI, la dimension des paniers prit de telles proportions, qu'elle amena une révolution en architecture ; on fut obligé d'élargir et d'élever les portes des appartements. La coiffure de deux pieds de haut, échafaudée de cheveux frisés, crêpés, poudrés, surmontés de pouffs, de coiffes, ornés de plumes, de perles et de fleurs, était un véritable monu-

COSTUMES SOUS LOUIS XVI
18ᵉ Siècle

ment qui plaçait la figure de celle qui la portait presque au milieu du corps. En 1785 la reine Marie-Antoinette, ayant perdu ses cheveux après une couche, adopta les coiffures basses, et la cour et la ville s'empressèrent de l'imiter. On mettait bien dans ses cheveux des rubans, des moulinets ; on se coiffait encore *en dormeuse, en papillon, en équivoque, à la grecque ;* mais l'on vit crouler les échafaudages des coiffures *à la Flore, en parterres galants, en chiens-couchants,* les *jardins anglais,* etc.

La robe longue s'ouvrit sur une jupe surchargée d'ornements, de falbalas ; les deux pans de devant se renversaient et allaient se réunir derrière par des nœuds, des agrafes ; tantôt on laissait traîner la queue de cette espèce de manteau, tantôt on la relevait sous les nœuds qui l'attachaient derrière. La gravure que nous offrons a pris la mode dans sa plus simple expression.

La fureur de la réforme se porta jusque dans le costume. Les femmes abandonnèrent ces modes trop aristocratiques, pour prendre presque le vêtement des hommes. La *polonaise,* sorte de robe à jupe fendue, très-courte et fort dégagée par devant, fit naître la mode des caracos, simples vestes garnies de falbalas. Ces caracos ressemblaient à l'habit d'homme ; ils avaient des parements, des revers et un collet, et l'on portait dessous de petits gilets. Les femmes se coiffèrent aussi du chapeau en pain de sucre orné, de gré ou de force, de la cocarde tricolore et de rubans aux couleurs de la nation. Les mules à talons qui formaient leur chaussure firent place aux souliers plats.

Les sinistres événements qui vinrent clore le règne de Louis XVI changèrent complétement le costume. Cette brillante élégance, son dévergondage même, furent remplacés un moment par une mise sévère et sombre comme le temps. Qui eût osé alors afficher un luxe qui devenait un arrêt de mort? Et qui n'avait à pleurer quelqu'un de sa famille, de ses amis, ou à craindre pour sa propre tête? Les femmes nobles s'emparèrent du bonnet rond, du déshabillé, du tablier populaires; un ample mouchoir vient se croiser sur le sein, ou bien un mantelet de taffetas noir enveloppe la taille d'une ombre protectrice.

Ce luxe de vêtement, auquel avait renoncé la noblesse, la petite bourgeoisie, le peuple même, s'en étaient emparés. On vit des marchandes des quatre saisons portant leur éventaire devant elles, crier leur marchandise, coiffées des volumineux chapeaux ornés de panaches ou de fleurs et vêtues de la robe à falbalas que venaient de quitter les femmes titrées. En revanche, les hommes révolutionnaires affectaient un odieux cynisme, et les noms de *sans-culotte* et *bonnet rouge* disent tout leur costume. Le titre de *muscadin* devenait un titre de proscription comme celui d'aristocrate.

Notions statistiques.

La superficie de Paris était :

Sous Jules César, de	15	hectares	28	centiares.
Sous Philippe-Auguste, de	252	»	85	»
Sous Charles VI, de	439	»	20	»
Sous Henri III, de	483	»	60	»
Sous Louis XIII, de	567	»	80	»
Sous Louis XIV, de	1,103	»	70	»
Sous Louis XV, de	1,137	»	12	»
Sous Louis XVI, de	3,437	»	43	»
Elle est actuellement de	3,450	»	00	»

Sa circonférence est de 27 kilomètres 287 mètres (sept lieues de 2,000 toises).

La population de Paris était :

En 1313, de 49,110 habitants environ.
En 1474, de 150,000 »
En 1590, de 200,000 »

En 1791, de 600,622 habitants environ.
Elle est aujourd'hui de 935,261 »

Paris, sous Louis XIV, renfermait 36 paroisses; aujourd'hui divisé en 12 arrondisements, chaque arrondissement est pourvu d'une paroisse, et 26 églises leur servent de succursales.—22 ponts sont établis sur la Seine.—14 ports facilitent le commerce et l'arrivage des approvisionnements, et 36 quais plantés d'arbres bordent l'une et l'autre rive de la Seine.—19 boulevards également plantés d'arbres forment une double ceinture à la ville, à laquelle 26 barrières donnent accès.

Inventions et Découvertes au XVIIIe siècle.

(1718). Établissement de la première manufacture de fer-blanc en France.

(1724). Pendule marine présentée à l'Académie des sciences, par Sully, célèbre horloger.

(1733). Quatre savants français, Bouguer, Godin, de Jussieu et La Condamine se rendent à Quito pour mesurer un degré du méridien sous l'équateur. Camus, Clairaut, Maupertuis et Lemonnier vont à Tornéo, vers le pôle nord, pour le même objet, afin de déterminer la forme de la terre.

(1752). Premier paratonnerre, inventé par Franklin, vu en France et placé sur la machine de Marly.

(1757). Cartes de France levées par Cassini, d'après les ordres de Louis XV.

(1759). Publication de l'*Encyclopédie*, dictionnaire général embrassant l'ensemble des connaissances humaines.

(1763). Introduction en France de l'inoculation que milady Montague avait importée en Angleterre, à son retour de Constantinople (1717).

(1773). Appareil chimique pour désinfecter l'air, inventé par Guiton de Morveau.

(1773). Miroir ardent inventé par Trudaine.

(1774). Composition de l'air atmosphérique, découverte par Lavoisier.

(1776). Edward Jenner découvre la vaccine, introduite en France en 1800.

(1782). Invention de la sténographie.

(1783). Invention des aérostats, par Montgolfier.

(1789). Création des assignats.

(1790). Division de la France en 83 départements. — Institution des jurés en matière criminelle.

(1790). Décret établissant l'uniformité des poids et mesures en France.—Institution d'un tribunal de cassation.—Publication du Code pénal de la marine.—Adoption par l'Assemblée nationale du drapeau tricolore.—Invention des panoramas, par un Écossais.

(1791). Guillotine inventée par Guillotin, docteur médecin, pour remplacer la potence et la roue.—Invention du télégraphe, par M. Chappe.

(1792). Décret portant que l'état civil des citoyens sera constaté par la municipalité.—Établissement du divorce en France.

(1792). Mesure astronomique de l'arc du méridien entre Barcelone et Paris, par MM. Delambre et Méchain.—Commencement de l'ère républicaine.—Découverte du galvanisme ou électricité animale, par Galvani.

(1793). Établissement du calendrier républicain.

(1795). Uniformité des poids et mesures établie d'après le calcul décimal.

(1796). Établissement d'un bureau des longitudes. — Invention de la lithographie, par Aloys Sennefelder, de Munich.—Exposition du système du monde par Laplace.

(1798). La stéréotypie, inventée par Firmin Didot.

(1799). Gaz hydrogène carboné appliqué à l'éclairage, par Le Bon, ingénieur français.

MAISONS ROYALES

AUX ENVIRONS DE PARIS

Chantilly.

Pourrions-nous terminer notre tableau sans faire une rapide excursion dans ces belles résidences royales qui avoisinent Paris, et qui servent de but de promenade aux habitants de la capitale lorsque leurs hôtes naturels en sont absents ?

En prenant la route du Nord, suivons la foule qui se dirige vers Chantilly pour assister aux courses de chevaux, plaisir emprunté aux Anglais et qui a pris en France droit de naturalisation. Pendant que les chevaux et leurs écuyers se préparent, que les spectateurs sont dans l'attente de juger auxquels de ces intéressants et intelligents animaux on doit décerner le prix de la course, parcourons le château, tout plein encore des souvenirs du grand Condé et de la magnifique fête qu'il y offrit à Louis XIV (1671), pour en donner une idée. Paris, dit-on, se trouva pendant trois jours sans musique, sans spectacle : ils étaient à Chantilly. La cour entière, défrayée aux dépens du prince, trouvait partout des plaisirs nouveaux et variés ; elle n'y avait pas le temps de respirer.

Louis XIV, enchanté de la position admirable de ce charmant séjour, désira compter *Chantilly* au nombre de ses maisons de plaisance ; il pria le prince d'en estimer la valeur et de le lui céder. Condé, voulant en même temps conserver son château sans déplaire au roi, lui fit cette adroite réponse : « Il est à Votre Majesté pour le prix qu'elle déterminera elle-même ; je ne demande qu'une grâce, c'est de m'en faire le concierge. —Je vous entends, mon cousin, répliqua le roi, Chantilly ne sera jamais à moi. »

L'ancien château fut bâti vers la fin du xve siècle, ainsi que le montrent ses restes ; le petit château, construit vers le xvie, au milieu des fossés de l'ancien, est le seul qui existe aujourd'hui. Dans les jardins, admirablement dessinés par Le Nôtre, les eaux de la Nonette distribuées avec art forment des cascades, des fontaines, une pièce d'eau, un canal et une foule de bassins au milieu des parterres. La forêt de Halatte, qui contient sept mille six cents arpents, encadre le tableau.

Les écuries de Chantilly, que l'architecture et la sculpture ont décorées avec profusion, sont un véritable palais élevé à la race chevaline, et peuvent contenir deux cent quarante

chevaux. Les chenils ne sont pas distribués moins grandement
que l'écurie ; ces bâtiments, en y joignant la boulangerie,
les remises, etc., forment un magnifique ensemble que leur
position avantageuse et l'harmonie de leur décoration font
prendre souvent pour le château même.

Château d'Ermenonville.

Le joli château d'*Ermenonville*, situé à quelques lieues
de Chantilly, pour n'avoir pas l'honneur d'être une résidence royale, n'en est pas moins célèbre ; il fut érigé en
vicomté par Henri IV, en faveur du capitaine Sarrède (Dominique Via), ce brave officier qui mourut de désespoir
à la nouvelle de la fin tragique du prince qu'il chérissait.

Le château d'Ermenonville était en 1778 la propriété de
M. de Girardin, qui s'était plu à embellir un séjour doté

par la nature de belles eaux et de magnifiques ombrages, et où les mouvements du terrain produisaient des points de vue pittoresques et variés.

Cette agreste et riante solitude fut habitée par Jean-Jacques Rousseau ; c'est là qu'il termina sa vie. Son hôte généreux, M. de Girardin, le fit inhumer dans l'île des Peupliers, située au milieu du lac que présente notre gravure. Le temple que l'on voit, érigé à la philosophie, porte cette inscription : « Ce temple imparfait de la philosophie encore imparfaite est consacré à Michel Montaigne, qui a tout dit. » Sur le chapiteau d'une colonne couchée au pied du temple, sont gravés ces mots : « Qui l'achèvera ? » Les six colonnes qui soutiennent l'édifice, inachevé à dessein, portent les noms de : Newton, Descartes, Voltaire, Penn, Montesquieu et Rousseau.

Le souvenir de l'immortel écrivain, du grand philosophe, remplit encore cette délicieuse retraite ; son tombeau a été même une sauvegarde contre la dévastation des armées étrangères ; en 1815, Ermenonville a été épargné.

Château de Compiègne.

C'est encore au nord de Paris, sur les bords de l'Oise, que se trouve le château de *Compiègne*, dans la ville de ce nom, ville historique s'il en fut ! L'on attribue sa fondation à Jules César. Là, se passèrent une foule d'événements : conciles, combats, traités, mariages de rois, etc., etc. ; mais de tous ces faits plus ou moins marquants dans nos annales, celui qui nous paraît le plus intéressant est la prise de la pucelle d'Orléans par les Anglais.

Enfermée dans Compiègne bloquée par les Anglais, et qu'elle défendait vaillamment, Jeanne d'Arc ayant fait une sortie de la place afin de protéger un convoi de vivres dirigé sur la ville par Xaintrailles, le maréchal de Boussac et le comte de Vendôme, était arrivée auprès d'une des portes. Résolue d'entrer la dernière, l'héroïne s'était placée à l'arrière-garde pour voir défiler ses soldats ; ils sont à couvert, elle se dispose à les suivre, mais la herse du pont s'abaisse subitement, la porte se referme devant elle : Jeanne, abandonnée, tombe au pouvoir de ses ennemis. Les habitants de Compiègne au désespoir, et soupçonnant Guillaume de Flavi, gouverneur de la ville, d'avoir fait fermer cette porte par trahison, le pendirent à l'une des murailles [1]. Près du *vieux-pont*, où la Pucelle fut prise, on lut longtemps cette inscription :

> « Cy fuct Jehanne d'Ark près de cestui passage
> « Par le nombre accablée et vendue à l'Anglais,
> « Qui brûla, le félon,
> « Elle tant brave et sage !
> « Tous ceux-là d'Albion
> « N'ont faict le bien jamais. »

Le château de Compiègne, que l'on voit aujourd'hui, fut commencé par Louis XI, achevé et augmenté par ses successeurs qui se sont plu à l'embellir. Entourée de vastes jardins, cette belle résidence, admirablement placée dans le voisinage de l'immense et antique forêt de Cuise, dont il reste les beaux bois ou forêt de Compiègne, a toujours été un séjour de prédilection pour les princes de France. Aussi, on répète encore ce vieil adage :

> « Oncques ne sort de Compiègne
> « Que volontiers n'y revienne. »

Tout près de la forêt se trouvent les ruines grandioses et pittoresques du château de *Pierre-Fonds*, célèbre dans l'histoire du moyen-âge.

---

[1] Ce fait était confirmé par un tableau peint sur bois qu'on voyait encore avant la révolution dans l'Hôtel-de-Ville de Compiègne.

Château de Madrid.—Bagatelle.—Longchamps.

Revenons à Paris, et dirigeons notre course nouvelle vers l'ouest de la capitale : nous trouverons, presque à ses portes, une série de charmants palais, de royales résidences.

En suivant la belle avenue tracée au milieu des Champs-Élysées, et que couronne si majestueusement l'Arc-de-Triomphe-de-l'Étoile, nous passons à côté de ce mausolée

élevé par Napoléon à la gloire des armées françaises, et nous arrivons au *Bois de Boulogne.* Autrefois, tout l'espace compris entre Paris, la Seine et Saint-Cloud, était une vaste forêt ; avec le temps, une grande partie des arbres abattus et les terres défrichées réduisirent la forêt aux proportions d'un bois entouré de murs et percé de routes magnifiques. Dans ce bois, ou plutôt dans ce parc, François 1er fit construire le *Château de Madrid,* pour servir de rendez-vous de chasse, et il s'y retirait volontiers pour s'y livrer au plaisir, parfois même à l'étude.

Le chiffre de Henri II et de Diane de Poitiers prouvait que ce prince fit acheter ce château, et qu'il l'habita avec la duchesse de Valentinois.

Henri III, qui y faisait de fréquents séjours, y avait formé une ménagerie d'animaux féroces et prenait plaisir à leurs sanglants combats : ayant un jour rêvé que ces animaux voulaient le dévorer, Henri, dans sa superstitieuse faiblesse, les fit tous tuer à son réveil ; et dès ce moment, il ne revint plus au Château de Madrid.

Henri IV en fit don à la reine Marguerite, sa première femme. Ce château fut détruit à la révolution.

Non loin de ce lieu, s'élevait le charmant pavillon de *Bagatelle* ou *Folie d'Artois,* qui fut d'abord une maison de campagne appartenant à Mlle de Charolais, princesse de Condé, qui y donna des fêtes brillantes ; à sa mort, cet agréable séjour fut acheté par M. le comte d'Artois ; les bâtiments, reconstruits par lui, l'élégance et l'originalité de leur décoration, les délicieux jardins qui les entouraient, justifiaient bien le nom de : *Folie d'Artois*. Citons un exemple : « La chambre à coucher du prince figurait une tente ; des faisceaux d'armes diverses en formaient les piliers ; les chambranles de la cheminée imitaient des canons, les chenets offraient la forme de deux petites pyramides de boulets; enfin le lit présentait un affût de canon au-dessus duquel des étendards étaient disposés en manière de rideaux. »

Tout près de ces maisons de plaisirs, *l'abbaye de Longchamps,* fondée au XIIIe siècle par la princesse Isabelle, sœur de saint Louis, offrait en contraste aux mœurs faciles de la cour l'austérité de ses religieuses et leur douce piété. Plusieurs princesses de France habitèrent cette communauté, entre autres Blanche, fille de Philippe-le-Long, et Jeanne de Navarre.

Dans les premières années du xviiie siècle, cette communauté devint célèbre par la parfaite exécution de ses chants religieux. Pendant la Semaine Sainte, Paris s'y rendait en foule pour y entendre chanter l'office des ténèbres. Bientôt, la mode s'empara de ce pèlerinage pieux d'abord ; on y fit assaut de luxe ; on y étala les nouvelles toilettes de la saison, les équipages ; enfin cette promenade annuelle, qui garda le nom de *Longchamps*, devint le lieu où la mode rendait ses oracles, et l'usage s'en est conservé jusqu'à nos jours. La Révolution a renversé l'abbaye ; les cloîtres, la chapelle où chantaient les religieuses forment aujourd'hui une maison rustique, une ferme. Mais qu'est-ce que cela fait à la foule ? elle a oublié le but primitif : la petite bourgeoisie va quelquefois jusqu'à la ferme boire du lait, sans donner un souvenir aux pieuses filles qui passèrent là une vie de prière

et de privations, tandis que l'aristocratie s'arrête au bois de Boulogne pour y faire parade de son luxe et de son élégance.

Le bois de Boulogne est souvent le témoin de ces paris, espèce de jeu emprunté aux Anglais, où l'on fait assaut d'adresse à conduire des chevaux de race, à leur faire sauter des barrières, franchir des fossés, des rivières, enfin surmonter tous les obstacles que présente le sol. Dans ces sortes de lutte, la cime d'un clocher éloigné sert de guide vers le but où se trouve le prix destiné au plus adroit, au plus agile, au plus heureux. Cet usage, ce plaisir, je dirai ce danger, se nomme *course au clocher*, et est devenu une passion.

Les beaux ombrages des Champs-Élysées servent de théâtre à toutes les fêtes populaires, et voient célébrer tous les anniversaires, tous les grands événements. Ils se peu-

plent alors de boutiques, de théâtres, de cafés ambulants ; et tandis que les élégants cafés, établissements somptueux enfantés par notre siècle, reçoivent la classe aisée, le peuple vient chercher sous des tentes modestes, espèce de cafés en plein vent, ce vin qui lui rend la gaieté et lui fait oublier un instant sa vie laborieuse, quelquefois même sa misère. Des bals publics, des jeux de toute espèce lui offrent des plaisirs proportionnés à ses moyens : le mât de cocagne, l'appât du prix qui brille au faîte de sa couronne, le feu d'artifice et l'illumination qui unit par une guirlande de feu tous les arbres de la longue avenue conduisant à l'Étoile.

Château de Saint-Cloud.

Une route qui traverse le bois de Boulogne vous conduit à Saint-Cloud, où se trouve l'une des plus jolies et des plus agréables résidences royales, la plus près de Paris. Le pays doit son nom à l'un des fils de Clodomir, échappé au poignard de ses oncles Childebert et Clotaire, qui se retira dans cette solitude, et y mourut en saint, n'ayant pu vivre en roi. Ce lieu intéressant, et qui aurait dû être tranquille, souffrit des querelles d'Armagnac et de Bourgogne, des guerres de religion et de celles de la Fronde. Henri III y fut assassiné par Jacques Clément, dans la maison de Gondi, une de celles qui forment le château d'aujourd'hui. Louis XIV acheta *Saint-Cloud* pour son frère, le duc d'Orléans, et Mansard, Lepautre et Girard concoururent à faire de quatre maisons de plaisance réunies le charmant palais que l'on voit aujourd'hui [1]. Le Nôtre dessina les jardins et sut habilement tirer parti du sol montueux et pittoresque et de sa riante exposition sur une colline qui domine et borde la Seine. De belles eaux, s'élevant en jets brillants ou retombant en cascade, de magnifiques ombrages, font de ce château un délicieux séjour.

[1] Voir page 298.

C'est à Saint-Cloud, dans la fameuse journée du 18 brumaire, que Bonaparte s'empara du pouvoir, qu'il partageait avec le Directoire. Proclamé empereur, le palais de Saint-Cloud devint sa résidence favorite.

Dans la partie du parc située au pied du coteau, baignée d'un côté par la Seine et percée de belles allées, se tient la

célèbre foire de Saint-Cloud, qui attire toujours une foule considérable.

Versailles

Louis XIV, l'année de son mariage (1660), dans la plénitude de son bonheur, de sa puissance, voulut marquer cette époque par une grande création, et il conçut le projet du palais et des jardins de *Versailles*. Sa jeune et ardente imagination, amante du grandiose et du merveilleux, dédaigna les belles résidences déjà formées, et c'est au milieu d'une forêt, sur un plateau élevé, entouré de collines et de coteaux boisés, qu'il voulut élever ce palais féerique où vinrent s'engloutir tant de richesses !

Ce lieu, choisi par Louis XIV, avait déjà attiré les regards de son père. Un beau soir d'automne, qu'emporté par l'ardeur de la chasse, Louis XIII s'était égaré dans les bois qui l'avoisinent, un moulin et une chaumière pittoresquement placés offrirent au prince et à sa suite un abri pour la nuit. Le lendemain, prêt à quitter le toit hospitalier du meunier, Louis XIII, frappé de la beauté du paysage qui l'environnait, rêva de s'y créer une agréable solitude où il pût respirer en paix, loin des tracasseries de la cour, et s'y soustraire quelques moments à la tyrannie de son ministre. Dans ce but, il y fit élever un petit pavillon, simple repos de chasse d'abord. Quelques années après (1630), le pavillon avait pris les proportions d'un petit château, qui a servi de noyau aux immenses constructions qui sont groupées à l'entour.

Louis XIV, par un sentiment délicat de piété filiale, voulut conserver intact le petit château primitif, quoiqu'il déran-

geât les plans de Mansard ; heureusement encadré, il se lie d'une manière agréable à l'ordonnance générale. Mansard et Lebrun épuisèrent les ressources de l'art et du génie, pour construire et décorer le palais que nous voyons, et qui, à son tour, vit les splendeurs du règne du grand roi. Une chapelle et un théâtre, chefs-d'œuvre dans leur genre, vinrent compléter ce palais immense qui servait d'habitation à la famille royale, à ses ministres, à ses gardes, et à près de trois mille familles formant alors l'entourage du souverain.

Les admirables jardins, dessinés par Le Nôtre, furent peuplés d'un monde de statues des plus célèbres sculpteurs. Au milieu de leurs groupes divers, se jouaient les eaux habilement ménagées et distribuées : tantôt s'élançant dans les airs en gerbes ou en jets brillants; tantôt calmes et limpides, dans d'agréables bassins, elles réfléchissaient les merveilles que l'architecture et la sculpture ont prodiguées dans ces lieux et les magnifiques ombrages qui leur servent de cadre.

Le Versailles souterrain n'est pas moins remarquable.

Pour produire ces nombreuses cascades, il fallut, par des aqueducs, des canaux, amener les eaux de dix lieues à la ronde, dans de vastes bassins ou réservoirs destinés à les recevoir ; de là, par des milliers de tuyaux, elles vont se répandre dans les divers bosquets dont elles animent les groupes de marbre. Ainsi, le sol sur lequel on marche dans le parc de Versailles est une sorte de parquet porté sur des voûtes innombrables. Louis XIV avait eu d'abord le projet d'amener à Versailles la rivière d'Eure, et d'énormes travaux avaient été entrepris ; mais ils furent abandonnés, après avoir absorbé des millions.

La même volonté qui avait créé le palais et les jardins de Versailles voulut qu'une ville s'élevât et en dépendît, et cette volonté présida à l'ordonnance de la ville nouvelle : la machine de Marly fit monter l'eau de la Seine, pour alimenter ses fontaines. Cette machine, détériorée, a été remplacée par la pompe à feu de Marly.

Les sommes dévorées par ces travaux gigantesques parurent tellement énormes à celui même qui les avait ordonnés, qu'il ne voulut pas qu'on pût en connaître le prix. Louis XIV déchira tous les comptes relatifs à Versailles.

Les deux Trianon.

Nous avons parlé de Versailles et de ses dispendieuses merveilles ; mais en créant ce prodige de l'art, Louis XIV avait trouvé tout près de là une riante position où la nature avait tout fait. « C'était, dit Mme de Sévigné, un pavillon au bout du parc de Versailles, où l'on cultivait des fleurs et des arbres à fruits ; on l'appelait le palais de Flore, et l'on venait souvent y faire des collations. » On y voyait des allées de jasmin, de myrte et d'orangers en pleine terre. Là se réunissaient aux plus belles fleurs les plus beaux et les meilleurs fruits. Mais bientôt le modeste pavillon fut remplacé par un palais, plus élégant que commode, à l'instar des villas italiennes : Louis XIV fit bâtir le *grand Trianon* pour y fuir les grandeurs de Versailles.

Louis XV, à son tour, fit élever tout près de là le *petit Trianon*, pour se soustraire à l'étiquette de la cour dans cette gracieuse et agreste solitude.

Les jardins et le palais du petit Trianon sont surtout célèbres par la prédilection que la belle et infortunée Marie-Antoinette avait pour ce frais séjour. Les chaumières de ce joli hameau, bâti à l'instar des villages suisses, rappellent l'anecdote de la jeune Suissesse que la reine avait fait venir pour diriger sa laiterie, et qui, au milieu des splen-

deurs de la cour et comblée des faveurs d'une princesse si bonne, ne pouvait oublier ses âpres montagnes, et surtout le fiancé qu'elle y avait laissé. Atteinte d'une mélancolie qui menaçait ses jours, la jeune fille pleurait sans cesse, et le nom de son amant s'échappait de sa bouche avec des soupirs : *Pauvre Jacques!* s'écriait-elle dans sa douleur. La reine s'aperçut de la tristesse de la jeune paysanne ; elle en apprit la cause, et bientôt Jacques, qu'elle avait fait venir à Paris, fut marié avec son amie, et l'heureux couple richement doté par la reine.

Ce trait de bonté de celle dont on pourrait en citer tant d'autres inspira la marquise de Travenet, qui composa sur cette aventure la romance naïve de *Pauvre Jacques;* l'air délicieux qu'elle y ajouta est une inspiration digne de Grétry. On sera peut-être bien aise de la trouver ici.

Pauvre Jacques! quand j'étais près de toi,
Je ne sentais pas ma misère ;
Mais à présent que tu vis loin de moi,
Je manque de tout sur la terre (*bis*).

Quand tu venais partager mes travaux,
Je trouvais ma tâche légère.
T'en souvient-il ? tous les jours étaient beaux :
Qui me rendra ce temps prospère?

Quand le soleil brille sur nos guérets,
Je ne puis souffrir sa lumière ;
Et quand je suis à l'ombre des forêts,
J'accuse la nature entière.

Pauvre Jacques! quand j'étais près de toi,
Je ne sentais pas ma misère ;
Mais à présent que tu vis loin de moi,
Je manque de tout sur la terre (*bis*).

Paroles et musique de la marquise de Travenet.

Marie-Antoinette et les femmes de sa cour, par un caprice à la mode alors, aimaient, habillées en bergères, à jouer aux mœurs rustiques du village; et par cette imitation de la simple nature, la reine cherchait à faire diversion aux plaisirs factices d'une cour où déjà l'injustice et la calomnie s'attachaient à ses pas.

La tour de Marlborough, que représente notre gravure,

mérite un regard pour le saule-pleureur que l'on voit auprès. Cet arbre, dont les nombreux rameaux se baignent dans le lac, fut planté par Marie-Antoinette, l'année même où elle fut obligée de quitter Versailles.

Château de Meudon.

Le château de Meudon remonte à une haute antiquité, puisque Childebert en donna la propriété à l'abbaye de Saint-Vincent, plus tard Saint-Germain-des-Prés. Sous le règne de François Ier, la belle duchesse d'Étampes le posséda par héritage de famille. Il passa ensuite à la maison de Lorraine. Guise en avait la propriété lorsqu'il fut assassiné à Blois. Ce château fut acheté par Louis XIV, qui le céda au dauphin, en échange de Choisy. Sur l'emplacement d'une grotte merveilleuse que le duc de Guise avait fait

construire, le dauphin fit élever un nouveau château, celui que présente notre gravure ; l'ancien a été démoli en 1803. Ce château, dont Louis XIV reprochait à son fils les proportions mesquines et qu'il disait ressembler plutôt à la maison d'un financier qu'à celle d'un grand prince, fut témoin de la vie douce et tranquille du dauphin avec la compagne qu'il s'était choisie après la mort de sa femme. Mlle Choin n'avait, dit-on, ni beauté ni jeunesse quand il l'épousa secrètement; mais elle était belle au moral et possédait le don de se faire aimer de tout le monde. Le roi, fort mécontent d'abord de cette liaison, finit par offrir à cette dame un logement à Versailles, qu'elle refusa. Sincèrement attachée au dauphin, elle continua à vivre loin de la cour. Un seul trait la fera juger. Le dauphin ayant fait un testament en sa faveur, elle le déchira : « Tant que je vous conserverai, lui dit-elle, je ne puis manquer de rien ; et si j'avais le malheur de vous perdre, mille écus de rente me suffiraient. »

Le dauphin mourut à Meudon de la petite vérole (1711) ; sa veuve se retira à Paris, dans l'ancien logement qu'elle habitait avant sa grandeur; elle y vécut simplement, dans l'exercice de toutes sortes de bonnes œuvres.

Meudon vit mourir à l'âge de neuf ans (1789) l'aîné des fils de Louis XVI. Napoléon fit réparer cette résidence que Marie-Louise habita de prédilection.

De la belle terrasse de Meudon on jouit d'un point de vue unique dans son genre.

Château de Saint-Germain-en-Laye.

Situé à côté de la belle forêt de ce nom, le *Château de Saint-Germain*, dont nous avons en son lieu indiqué l'antique origine, fut brûlé par les Anglais, en 1346, ainsi que la ville de Saint-Germain. Le roi Jean entreprit de rebâtir le château, et Charles V continua son ouvrage. Sous le malheureux règne de Charles VI, les Anglais, favorisés par Isabeau de Bavière, s'en emparèrent de nouveau, mais furent forcés plus tard de le rendre à Charles VII.

Les noces de François 1ᵉʳ furent célébrées à Saint-Germain; ce prince, qui se plaisait fort dans cette belle retraite, fit rebâtir le château et enclore de murs 416 arpents de la forêt, qu'on peupla de toute espèce de bêtes fauves amenées de Fontainebleau. Trois rois naquirent à Saint-Germain : Henri II, Charles IX et Louis XIV. Louis XIII y fut attaqué de la maladie dont il mourut. Pendant les troubles de la Ligue, Charles IX se réfugia avec toute sa cour à Saint-Germain. Henri IV, qui s'y plaisait beaucoup, fit bâtir pour la belle Gabrielle ce qu'on appela le *château neuf*, à peu de distance de l'ancien palais, dans une admirable position dominant le cours et la vallée de la Seine ainsi que les riants coteaux qui l'environnent. Il fit commencer aussi la magnifique terrasse, achevée sous Louis XIV, longue de 1200 toises sur 15 de large, d'où la vue embrasse un immense horizon au fond duquel se dessine la flèche élancée de l'abbaye de Saint-Denis, antique tombeau de nos rois.

Ce château neuf, qui fut témoin des réjouissances pour la naissance de Louis XIV, vit les larmes que ce prince inconstant fit verser à la douce et aimante duchesse de La Vallière, et vit mourir Mᵐᵉ Henriette d'Angleterre, dont Bossuet a immortalisé la fin tragique, la beauté, les vertus si subitement enlevées à la terre (1670). Après la chute définitive des Stuarts (1688) ce château servit de retraite hospitalière à Jacques II, roi d'Angleterre, et à sa famille.

Ce château, longtemps abandonné, tombait en ruines, quand le comte d'Artois, frère de Louis XVI, à qui il appartenait, résolut de le réédifier; la révolution ne lui en laissa pas le temps. Aujourd'hui il n'en reste plus qu'une aile qui porte le nom de *pavillon de Gabrielle,* et la chapelle appelée *berceau de Louis XIV,* parce que ce roi naquit dans l'étage supérieur de ce pavillon[1].

---

[1] Voir notre gravure page 346.

Le vieux château, plus solidement construit, et sur les dessins de Jules Hardouin Mansard, existe encore tel que

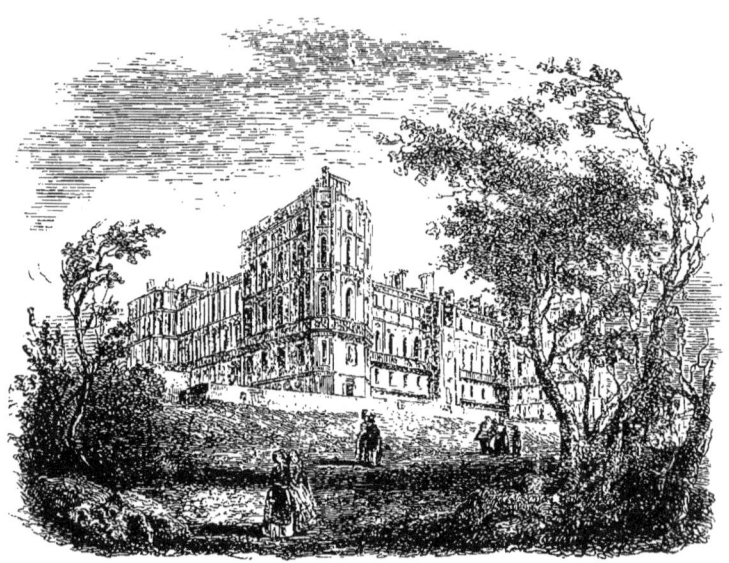

nous l'offrons ici. Le Nôtre présida aux embellissements du parc et acheva la terrasse commencée sous Henri IV.

Château de Fontainebleau.

Au sud et à quinze lieues de Paris, se trouve le *Château de Fontainebleau*, situé au centre de la forêt de ce nom, qui passe, à juste titre, pour la plus belle de France : l'origine du château remonte au règne de Robert. Saint Louis aimait beaucoup cette solitude, qu'il appelait *ses chers déserts*. Parmi les constructions dues à ce prince, la chapelle dédiée à la Sainte Trinité existe encore, ainsi qu'un pavillon dit de Saint-Louis.

Isabeau de Bavière habita longtemps ce château ; elle y fit faire des travaux importants ; plusieurs de ses enfants y furent élevés.

François Ier le reconstruisit presque en entier. Par les soins des habiles artistes, sous la direction de Sébastien Serlio, peintre et architecte de Bologne, que François Ier avait appelés, ce séjour se métamorphosa. Dans les vastes jardins bien plantés, il fit creuser des bassins, élever des fontaines, et leurs belles eaux ne contribuèrent pas peu à l'agrément de cette royale résidence. Il y fit aussi construire la fameuse grotte du jardin des pins, qui n'existe plus; mais une anecdote assez piquante en a conservé le souvenir.

Jacques V, roi d'Écosse, était sur le point d'épouser (1536) Madeleine de France, fille de François Ier. Dans les épanchements d'une gaie conversation, son futur beau-père lui avait confié le secret de cette grotte, au fond de laquelle se trouvait une fausse niche, d'où, par le moyen d'un miroir à réflexion enchâssé dans la rocaille, on pouvait voir les dames dans le bain. Sachant que la belle Madeleine devait prendre le plaisir du bain, le prince voulut profiter de la galante confidence; il gagna celui qui avait soin de cette grotte, et, par son entremise, il se cacha dans la niche. La princesse vint seulement accompagnée de Mlle de Vendôme; les deux jeunes filles, se croyant sans témoin, commencent à s'ébattre dans l'eau, s'y livrent à mille folies qui dévoilent une foule d'attraits. Mais si l'amoureuse curiosité du prince eut lieu d'être satisfaite par cette vue, il entendit une confidence qui le punit de son audace. La jeune princesse avoua à son amie qu'elle n'avait pu voir Don Juan d'Autriche, fils de Charles-Quint, sans un vif sentiment de préférence; elle ajouta que si on la mariait au roi d'Écosse, elle se regarderait comme une victime d'État. Elle le fut en effet. Mariée en 1537, Madeleine mourut en Écosse, six mois après, de regret et d'ennui.

Le château de Fontainebleau est plus que tout autre riche en souvenirs historiques; c'est là que fut découverte la trahison de Biron, qui porta un coup si sensible au cœur de Henri IV. C'est là que le maréchal fut arrêté, après que Henri eût employé pour l'amener au repentir tout ce que son amitié lui inspirait de plus persuasif.

Parmi les hôtes célèbres que reçut ce château, il faut citer Charles-Quint (1539), à qui François 1ᵉʳ fit dans ce séjour une magnifique et royale réception ; l'illustre exilée Henriette-Marie, fille de Henri IV et femme de l'infortuné Charles 1ᵉʳ, roi d'Angleterre (1644). Christine, reine de Suède, y vint après son abdication volontaire. Son séjour (1657) fut marqué par un drame sanglant qui sera une tache éternelle à la mémoire de cette femme extraordinaire. Le comte de Monaldeschi, grand écuyer de cette princesse, fut massacré par ses ordres dans la grande galerie des Cerfs, malgré les prières de ce malheureux, qui mourut sans courage. Le prêtre chargé par Christine de l'exhorter à la mort mit tout en œuvre pour fléchir la reine ; elle fut inexorable, et se retrancha sur ce que Monaldeschi était un traître et qu'elle avait les preuves de sa perfidie écrites et signées de sa main. Les motifs de ce meurtre sont demeurés un mystère.

Fontainebleau vit signer à Louis XIV la révocation de l'édit de Nantes (1679), qui exila de France tous les protestants. C'est dans cette même résidence que fut accepté le testament de Charles II, roi d'Espagne, qui plaçait sur le trône d'Espagne un petit-fils de Louis XIV.

Fontainebleau reçut en 1804 le pape Pie VII, venu en France pour sacrer Napoléon ; et ce même palais vit, en 1812, le pontife romain prisonnier de l'Empereur. Deux ans plus tard (1814), Napoléon, cédant à la coalition de toutes les puissances réunies pour l'abattre, signait dans ce même château son abdication. On conserve précieusement la table sur laquelle cet acte mémorable fut signé. Quoique ce château ait vu bien d'autres événements remarquables, il faut nous arrêter. Mais il est peu de maisons royales dont la vie historique offre autant d'intérêt.

Tous les édifices qui composent le palais de Fontainebleau, et qu'un étranger appelait, non sans raison, *un rendez-vous de châteaux*, portent l'empreinte des siècles qui les virent s'élever. Et cependant, reliés entre eux avec art, l'ensemble offre un tout qui n'est point dépourvu de grâce et même d'harmonie, et dont l'aspect est grandiose, quoique original [1].

La forêt de Fontainebleau, qui contient environ trente-deux mille huit cent soixante-dix-sept arpents, s'étend tout autour de la ville ; ses masses imposantes de verdure, ses sites pittoresques, ses points de vue variés, forment un magnifique cadre au château. Cette forêt, l'une des plus intéressantes de France, présente dans les accidents de ses roches bouleversées l'indice de quelque grand cataclysme naturel.

C'est à François Ier que se rattache l'origine du beau raisin de Fontainebleau. Ce prince fit planter près de la ville des vignes des meilleurs crus de France, particulièrement de Cahors, et fit venir de cette ville un vigneron pour les diriger. C'est Louis XV qui fit planter la fameuse treille dont la longueur excède mille quatre cents mètres ; elle produit, dit-on, année commune, de trois à quatre mille kilogrammes de chasselas.

C'est Henri IV qui fit creuser et entourer de murs *le canal*, l'un des plus beaux de France, qui comprend mille deux cents mètres de longueur sur trente-neuf de largeur.

Château de Vincennes.

Vincennes, situé à l'est de Paris, auprès du bois de ce nom, doit son origine à Philippe-Auguste, qui fit entourer ce bois d'épaisses murailles, et construire à son extrémité un

---

[1] Voir la gravure page 335.

hôtel de plaisance, pour se livrer plus commodément au plaisir de la chasse. Louis IX aimait beaucoup ce séjour, et c'est à l'ombre des chênes séculaires du bois qu'il se plaisait à rendre la justice, et à deviser avec Joinville, son historien et son fidèle ami.

En 1337, Philippe de Valois fit raser le vieux château et entreprit la construction du donjon. Charles V habita souvent *Vincennes* : on lui doit la construction de la sainte chapelle (1379) qu'on voit encore de nos jours. C'est sous le règne de Louis XI que Vincennes devint une prison d'État. Ce château, nous l'avons dit, fut témoin de l'affreuse agonie de Charles IX ; ces murs entendirent les plaintes du malheureux que les fantômes de ses victimes poursuivaient de leur sanglante image. Si nous interrogions les murs du donjon, ils nous parleraient de ce jeune duc de Beaufort, qui devint plus tard le roi des halles, enfermé à 26 ans (1643), et de son évasion après cinq mortelles années. Ils rediraient le nom de Condé et le dévouement de sa compagne, qui partagea avec lui une captivité de trois ans; et Conti, Longueville, Blancménil : tous ces noms nous diraient la guerre de la Fronde tout entière.

La figure générale du château de Vincennes forme un rectangle d'environ cent soixante-dix toises de longueur sur cent de largeur ; il se compose des anciens bâtiments construits sous Charles V, et de ceux élevés par Marie de Médicis, Louis XIII et Louis XIV. On voit encore des restes de tours carrées disposées avec symétrie et dont une seule entièrement conservée est le donjon. Le château est entouré de fossés, autrefois pleins d'eau vive, aujourd'hui à sec. Le donjon est lui-même entouré d'une enceinte particulière et de fossés profonds de quarante pieds : des tourelles, des ponts-levis, défendent les portes.

1 Voir la gravure page 289.

La sainte chapelle, fondée par Charles V, et rebâtie en partie sous les règnes de François I" et de Henri II, est un bel édifice gothique, orné à l'intérieur de riches vitraux, peints par Jean Cousin sur les dessins de Raphaël.

Le bois de Vincennes présente une étendue de mille quatre cent soixante-dix-sept arpents. Au centre est une étoile ornée d'un obélisque, où viennent aboutir neuf routes.

Il faut terminer ici cette imparfaite esquisse. Bien d'autres lieux mériteraient notre attention ; bien d'autres châteaux élevés par la magnificence de nos rois servent d'ornements aux environs de Paris. Ne pouvant tous les décrire, nous avons dû choisir de préférence ceux qui existent encore et font une élégante et riche ceinture à la capitale.

www.ingramcontent.com/pod-product-compliance
Lightning Source LLC
Chambersburg PA
CBHW071716230426
43670CB00008B/1028